权威·前沿·原创

皮书系列为
"十二五""十三五""十四五"时期国家重点出版物出版专项规划项目

BLUE BOOK

智 库 成 果 出 版 与 传 播 平 台

安徽蓝皮书
BLUE BOOK OF ANHUI

安徽社会发展报告（2023）

ANNUAL REPORT ON SOCIAL DEVELOPMENT OF ANHUI (2023)

主　编／范和生

社会科学文献出版社
SOCIAL SCIENCES ACADEMIC PRESS (CHINA)

图书在版编目（CIP）数据

安徽社会发展报告 . 2023 / 范和生主编 . --北京：
社会科学文献出版社，2024.2
（安徽蓝皮书）
ISBN 978-7-5228-3335-4

Ⅰ.①安…　Ⅱ.①范…　Ⅲ.①社会发展-研究报告-
安徽-2023　Ⅳ.①D675.4

中国国家版本馆 CIP 数据核字（2024）第 050663 号

安徽蓝皮书
安徽社会发展报告（2023）

主　　编／范和生

出 版 人／冀祥德
责任编辑／张　媛
责任印制／王京美

出　　版／社会科学文献出版社·皮书出版分社（010）59367127
　　　　　地址：北京市北三环中路甲 29 号院华龙大厦　邮编：100029
　　　　　网址：www. ssap. com. cn
发　　行／社会科学文献出版社（010）59367028
印　　装／天津千鹤文化传播有限公司

规　　格／开 本：787mm×1092mm　1/16
　　　　　印 张：26.5　字 数：395 千字
版　　次／2024 年 2 月第 1 版　2024 年 2 月第 1 次印刷
书　　号／ISBN 978-7-5228-3335-4
定　　价／138.00 元

读者服务电话：4008918866

《安徽社会发展报告（2023）》
学术委员会

主编简介

范和生 安徽大学创新发展战略研究院、安徽大学社会与政治学院教授，安徽大学拉丁美洲研究所所长、博士生导师。主要兼职：中国社会学会常务理事、中国社会心理学会常务理事、中国拉丁美洲学会常务理事、中国拉丁美洲和加勒比友好协会理事、安徽省社会心理学会会长、安徽省社会学学会副会长、安徽省老年学学会副会长、安徽省计生协会副会长、安徽省社会科学界联合会第八届委员会委员。出版专著10部，主编教材30多部。发表学术论文110多篇，其中在CSSCI（含扩展版）期刊上发表论文60余篇，《新华文摘》和《中国社会科学文摘》、人大复印报刊资料全文转载10余篇。《农村贫困治理与精准扶贫的政策改进》《返贫预警机制构建探究》《相对贫困治理长效机制构建研究》《中国应怎样认识拉美》《"中等收入陷阱"，本身就是理论陷阱？》《论乡村基层社会治理的主要问题》《社会组织参与社会治理路径拓展与治理创新》《中国对拉美大国的外交战略逻辑》等论文被广泛转载、传播和引用。主持国家社科基金一般项目、国家社科基金重大项目子项目等纵向课题8项，主持省、市、县各类横向课题30多项，获得安徽省社会科学成果奖二等奖、三等奖各1项，省社科联"三项课题"优秀成果一等奖2项，中国社会科学院优秀皮书报告二等奖1项、优秀皮书二等奖3项、三等奖2项，华东地区优秀图书二等奖1项，安徽省社科界第十五届、第十七届学术年会优秀论文一等奖2项等各类科研奖项近20项。主要研究方向：社会学理论、政治社会学、国际政治社会学、消费社会学。

序　言

《安徽社会发展报告（2023）》的成功出版，标志着该系列报告的第十一次亮相。作为"十二五""十三五""十四五"国家重点图书出版规划项目，2013年以来，累计获得中国社会科学院优秀皮书奖5次（二等奖3次）、优秀皮书报告奖5次、中国智库优秀成果一等奖1次。这一成就不仅是对安徽大学与社会科学文献出版社共同合作的肯定，也是对安徽省乃至全国参与该皮书研创的专家学者辛勤工作的认可。《安徽社会发展报告》已成为安徽大学乃至整个安徽省社会科学界的一张闪亮名片，其深远的智库功能、咨询价值和社会影响力日益凸显。

《安徽社会发展报告（2023）》通过对高质量发展、城乡社会建设、文化传承创新、乡村振兴以及专题报告五大主题的深入探讨，全面性反映了2022~2023年安徽经济社会发展所取得的历史性成就，系统性分析了安徽省经济社会高质量发展过程中面临的挑战与问题，辩证性剖析了安徽经济社会可持续发展的愿景与理路，前瞻性指出了建设现代化美好安徽与推进高质量发展的可行路径。

该蓝皮书的连续出版得益于各级组织的鼎力支持和广大社会科学工作者的智慧与努力。安徽大学将《安徽社会发展报告》作为文科平台和"双一流"建设项目的重要组成部分，长期致力于其建设与发展。中国社会科学院及国内相关领域的权威专家为安徽蓝皮书提供了宝贵的咨询意见和学术支持。安徽省内众多高校、科研院所、政府机关和社会组织围绕安徽社会发展进行了大量有效的科学研究，这些研究成果汇聚成本年度《安徽社会发展

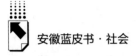

报告》。

在此，我要向所有支持和帮助《安徽社会发展报告（2023）》顺利出版的领导和同仁表达深深的感激之情。感谢安徽大学领导们一如既往的支持，感谢社会科学文献出版社的厚爱，感谢安徽省社会科学界联合会的指导和协助，感谢安徽省社会心理学会、安徽省社会学学会的大力支持，感谢所有相关专家学者、编辑人员为本书出版所付出的智慧和努力，尤其是安徽大学社会与政治学院蓝皮书编创团队，以及蓝皮书编辑部的耿言虎、王中华、范慧、唐惠敏、毛羽丰等人为本书出版付出的辛勤劳动，对此本人表示衷心的感谢！

《安徽社会发展报告（2023）》的成功出版，不仅为安徽社会发展研究提供了重要的参考和指引，也为推动安徽省经济社会高质量发展提供了科学依据和智力支持。期待《安徽社会发展报告》未来能继续发挥其独特的价值，为建设更加繁荣、美好的现代化安徽贡献更多的智慧和力量。

主编　范和生

2023 年 10 月 15 日

摘　要

2022 年是党的二十大胜利召开之年，也是踏上全面建设社会主义现代化国家、向第二个百年奋斗目标进军新征程的开局之年。安徽省坚持以习近平新时代中国特色社会主义思想为指导，认真贯彻落实党的二十大精神，全面贯彻新发展理念，坚持改革开放，坚持高质量发展，安徽发展实现"皖美"跃升，现代化美好安徽建设迈出坚实步伐。统筹疫情防控和经济社会发展，2022 年全省经济持续恢复，不断深化"一改两为"，科技创新成果丰硕，"双招双引"齐头并进，全方位多层次对接长三角，民生工程温暖人心，绿色发展加速度推进，徽风皖韵大放异彩，现代化"三农"建设取得新成就，合肥高质量发展迈上新台阶。安徽省高质量发展仍面临诸多不稳定不确定性因素：经济下行压力增大、科技创新体系不健全、长三角融合发展有限、县域经济发展不均衡、低碳产业转型困难、居民就业增收面临考验。本报告客观勾勒出 2022~2023 年安徽经济社会发展的总体脉络，对安徽经济社会发展过程中的矛盾与问题进行了全方位剖析，并指明了加快建设现代化美好安徽与推进高质量发展的可行路径。

在高质量发展篇，本报告认为安徽经济增速连续多年高于全国平均水平、领跑中部省份，安徽经济总量与沪苏浙的差距缩小、进入第一方阵。建立苏皖合作示范区是安徽全面对接沪苏浙的重要举措，需要加快打造省际交界合作创新先行区，构建一体化无缝对接体制机制。"专精特新"企业是未来工业领域的重要支撑，应持续加速推进"专精特新"企业培育。基于 2015~2020 年安徽省 16 个地市面板数据分析，应强化产业需求端对人才建

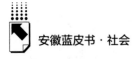
设的导向作用，发挥合肥、芜湖对周边地区的产业带动作用。

在城乡社会建设篇，本报告以淮北市相山区为例，认为需坚持党建引领，发挥"三大调解"在化解基层社会矛盾中的作用。通过探索安徽省55个县域内创业生态系统与创业活跃度之间的因果关系，为激发区域创业活力提供了理论指导。以阜南县域医改工作为例，应当打造基层健康共同体，进一步完善基层医疗卫生服务体系。

在文化传承创新篇，本报告认为提炼安徽文化精神、文化标识对谱写中国式现代化的安徽篇章意义重大，对提炼安徽文化精神宣传工作提出建议。基于新时代长江文化的概念新阐释，分析长江文化蕴含的文化自信底气，探索弘扬长江文化、提升文化自信的路径。长三角一体化需要推动区域间文化的交融创新，应充分发挥徽州空间文化在推进长三角一体化高质量发展中的当代价值。

在乡村振兴篇，本报告认为需要充分发挥安徽文化资源丰富的比较优势，努力探索安徽特色乡村振兴之路。通过分析岳西县主簿镇的"全域产业+全域治理""双全"治理模式，可以推广党建引领和数智赋能加速"四治"融合的"主簿样板"。基于安徽4县国家数字乡村试点的实践经验，认为全面推进数字乡村高质量建设应夯实数字技术基础，优化数字发展环境，健全数字教育体系，增强数字包容。

在专题篇，对2017~2022年安徽省人口发展形势进行了科学分析并提出人口发展的政策建议，对"大黄山"国际传播现状进行了数据分析，并针对对外传播提出对策建议，对合肥市引进科技人才工作进行了政策分析，并提出了政策优化措施。通过构建新的安徽省社会高质量发展指标体系，对2021年安徽社会发展情况进行了精准测算，对安徽各地市社会发展水平排名和社会高质量发展子指数加以分析，实时把握安徽社会发展动态。

关键词： 社会建设　乡村振兴　徽文化　美好安徽

目 录 ⤵

Ⅰ 总报告

Ⅱ 高质量发展篇

VI 专题篇

皮书数据库阅读**使用指南**

和经济社会发展，确保经济稳定向好和社会大局稳定，民生保障持续有力有效，高质量发展取得新成效，现代化美好安徽建设取得重大成就。

（一）打赢疫情防控攻坚战，全省经济持续恢复

2022年，我国新冠疫情防控任务依然艰巨繁重，安徽省严格按照党中央明确的"疫情要防住、经济要稳住、发展要安全"的指导原则，统筹做好疫情防控和经济社会发展的各项工作。在疫情防控工作中，坚持按照"外防输入、内防反弹"总策略和"动态清零"总方针，坚决阻断域外疫情的不断冲击，加强构建早期监测预警机制，筑牢外防输入防线，切实防止疫情规模性输入和冲击反弹。

在疫情防控形势下，安徽省经济发展总体平稳。从经济总量看，2022年全省生产总值为45045亿元，列中部地区第4位、全国第10位；经济同比增长3.5%，超过全国经济增速0.5个百分点，增速排全国第13位。全省全年社会消费品零售总额为21518.4亿元，比2021年增长0.2%，高于全国0.4个百分点。从三次产业看，三次产业高质量协同发展。第一产业增加值为3513.7亿元，同比增长4%，带动经济增长0.3个百分点；第二产业增加值为18588亿元，同比增长5.1%，带动经济增长2个百分点；第三产业增加值为22943.3亿元，同比增长2.2%，带动经济增长1.2个百分点。三次产业结构调整更加优化合理，由2021年的7.9∶40.5∶51.6调整为7.8∶41.3∶50.9，第一产业与第三产业占比减少，第二产业占比增加。[1] 从居民收入看，全省居民人均可支配收入为32745元，比2021年名义增长6%，实际增长3.9%（扣除价格因素），高于全国1个百分点。其中，城镇居民人均可支配收入为45133元，比2021年增加2124元，增速高于全国1个百分点；农村居民人均可支配收入为19575元，比2021年增加1203元，增速高于全国0.2个百分点。[2] 在财政

---

[1] 《2022年全省经济总体平稳》，安徽省统计局网站，http：//tjj. ah. gov. cn/public/6981/147904911. html，2023年3月22日。

[2] 《安徽省2022年国民经济和社会发展统计公报》，安徽省统计局网站，http：//tjj. ah. gov. cn/ssah/qwfbjd/tjgb/sjtjgb/147903181. html，2023年3月21日。

收支方面，2022年安徽省一般公共预算收入共计3589亿元，比2021年增加9.9%，总体来看财政收入平稳运行，高于预期评估。2022年安徽省一般公共预算支出8379亿元，比2021年增加10.4%，向社会保障、教育和农林水等领域倾斜，积极发挥财政对经济社会发展的调节与保障作用。① 综合来看，2022年安徽省积极稳定应对各种因素冲击，经济社会持续高质量发展。

（二）不断深化"一改两为"，行政效能全面提升

2022年，安徽省政府创造性地提出了"一改、两为、五做到"的政府工作要求，以高效率的政府服务助力市场和企业高质量发展。在"一改"，即"改进工作作风"方面，安徽省委和纪委监委先后出台《关于进一步改进作风的若干举措》《关于加强监督推动进一步改进作风为民办实事为企优环境的通知》《聚焦"六不"突出问题持续深入纠治"四风"工作方案》等政策文件，坚持改进工作作风，务实解决人民群众和企业反映的各种问题。在"两为"，即"为民办实事、为企优环境"方面，安徽省委和省政府通过出台《关于创建一流营商环境的意见》《关于促进市场主体提质扩量增效的意见》等文件，提出了"十做到"正面清单与"十严禁"负面清单，以优化营商环境，服务企业发展，推动了市场化法治化国际化的营商环境建设。② 出台一系列支持市场主体纾困发展、金融助企等支持企业发展的政策，新增减税降费及退税缓税缓费1276.9亿元，稳岗返还资金共计发放20.62亿元。③ 2022年，在全国工商联"万家民营企业评营商环境"调查中，安徽位列第8，比上年提升8个位次。④ 在"五做到"，即"做到

---

① 《2022年全省财政收支情况》，安徽省财政厅网站，https://czt.ah.gov.cn/public/7041/147568281.html。

② 《安徽省人民政府办公厅关于印发创优营商环境对标提升举措（2022版）的通知》（皖政办秘〔2022〕13号），安徽省人民政府网站，https://www.ah.gov.cn/szf/zfgb/554115301.html，2023年3月30日。

③ 《政府工作报告（2023年1月13日在安徽省第十四届人民代表大会第一次会议上）》，安徽省人民政府网站，https://www.ah.gov.cn/szf/zfgb/564212651.html，2023年2月17日。

④ 《"一改两为"提效能 踔厉奋发开新局》，安徽省人民政府网站，https://www.ah.gov.cn/zwyw/jryw/564217081.html，2023年3月6日。

对标对表、做到有求必应、做到真心真情、做到求真抓实、做到知敬畏守底线"方面,安徽省从企业发展实际出发,为企业专门打造一站式线上服务平台"皖企通",已推出公共招聘、场地租赁、产品发布等63项涉及企业发展的政务服务,推进政策补贴直达直享,上线2397项"免申即享"和2678项"一网通办"政策服务,为3.8万家企业发放兑现各类奖补资金39亿多元。

加快"数字政府"与"法治政府"建设,不断提升政务服务能力。在"数字政府"建设方面,安徽省积极筹建"全省一体化数据基础平台",网上政务服务的智能化水平加速提升。在全省各级政务服务中心推行"一制度两窗口",实行周末轮岗上班制度,办件30万件;创新设立涉企服务窗口,办件2.6万件。积极探索推广安徽省一体化智能自助系统,出台创新审批服务便民化等利民措施,推出700多个高频事项自助办,覆盖各级7×24小时政务服务大厅、社区、电信网点等服务场所近200个。持续深化"一网通办"改革,推动政府运行方式、业务流程和服务模式创新升级。迭代升级"皖事通",接入便民政务服务近万项。"皖事通"App访问量突破400亿次,在全国省级政务App中位列第一。加强跨省业务协同和数据共享,实现187项高频事项"跨省通办",长三角地区140项场景应用"一网通办",37类电子证照互认通用。① 根据中国软件评测中心发布的"2022年数字政府服务能力系列评估结果",安徽省被评为"2022年省级数字政府服务能力"优秀级。② 在"法治政府"建设方面,全省各级行政机关以"法治安徽建设走在全国前列"为目标导向,奋力推进依法行政和法治政府建设,为美好安徽建设构筑强有力的法治基础。2022年9月,安徽省司法厅出台《安徽省推进法治政府建设率先突破三年行动计划(2022—2024年)》,加

---

① 《全省数字化政务服务提质增效》,安徽新闻网,http://www.ahnews.com.cn/yaowen1/pc/con/2023-01/28/496_756331.html,2023年1月18日。

② 《合肥荣登"2022年重点城市数字政府服务能力"优秀级》,中安在线,http://ah.anhuinews.com/gdxw/202301/t20230105_6599739.html,2023年1月5日。

快推动法治政府建设水平跨入全国前列。① 积极参加中央依法治国办主办的第二批全国法治政府建设示范，合肥市、蚌埠市、南陵县入选全国法治政府建设示范市（县、区），黄山市、马鞍山市和芜湖市的部分项目入选全国法治政府建设示范项目，数量并列全国第二。② 强化基层法治调节功能，从人民群众身边事出发，创新发展"枫桥经验"，积极调动2万多个调解委员会和10万多名调解员的基层调节作用，完成1万多个"百姓评理说事点"建设。总体来看，数字政府蓬勃发展，法治安徽建设迈向更高水平。

（三）科技创新成果丰硕，发展动能更加强劲

创新一直是安徽省一张闪亮的名片。2022年，安徽省立足新发展阶段，坚持贯彻落实新发展理念，全面推动和融入新发展格局，大力实施科技创新"栽树工程"，充分发挥创新引领驱动作用，进一步拉高标杆、奋勇争先，只争朝夕、加压奋进，在科技创新成果、技术创新突破、原始创新发展等方面取得显著成就。③ 其一，2022年科技成果已登记23049项，其中各类财政资金支持形成的科技成果1252项。授权专利15.7万件，比2021年提高2%，有效发明专利14.5万件。全年输出技术合同成交额2216.7亿元，提高26.3%；吸纳技术合同成交额3070.8亿元，提高41.1%。安徽省已完成3个国家大科学装置建设，拥有国家重点实验室（含国家研究中心）12个、省重点实验室171个；省级以上工程技术研究中心521个，其中国家级9个；省级以上高新技术产业开发区20个，其中国家级8个。④《中国区域创新能力评

---

① 《安徽省人民政府关于2022年法治政府建设情况的报告》，安徽省司法厅网站，https：//sft. ah. gov. cn/public/7061/56686151. html，2023年3月27日。

② 《中央全面依法治国委员会办公室关于第二批全国法治政府建设示范地区和项目命名的决定》，人民网，http：//sn. people. com. cn/n2/2023/0104/c186331-40253450. html，2023年1月4日。

③ 《划重点！2022全省科技创新工作这么干！》，中安在线，http：//kjt. ah. gov. cn/public/21671/120917711. html，2023年4月6日。

④ 《安徽省2022年国民经济和社会发展统计公报》，安徽省统计局网站，http：//tjj. ah. gov. cn/ssah/qwfbjd/tjgb/sjtjgb/147903181. html，2023年3月21日。

价报告 2022》显示，安徽省区域创新能力跃升至全国第 7 位，连续 11 年在全国区域创新能力排名中位居前列。其中安徽省 4 个受评估一级指标进步明显，知识创造指标较 2021 年上升 3 位，全国排名第 7 位；知识获取指标较 2021 年上升 8 位，全国排名第 18 位；企业创新指标较 2021 年上升 1 位，排全国第 5 位；创新绩效指标较 2021 年上升 1 位，排全国第 7 位。[①] 其二，技术革新"攻关"不断。争取到 2 亿元的中央引导地方发展资金，排全国第 6 位。人机交互、动态存储芯片、研发设计类工业软件等产品成功打破国外垄断，全色激光投影显示等创新成果成功在北京冬奥会上应用，东超科技及本源量子选送项目参选首届全国颠覆性创新技术大赛并获最高奖项，关键核心技术领域攻克步伐加快。其三，原始创新高峰发展。合肥国家实验室率先实现全面入轨并完成规范化运行，深空探测实验室挂牌运行，稳态强磁场刷新世界纪录，二氧化碳"变"葡萄糖和脂肪酸等 2 项成果入选 2022 年度国内十大科技新闻，百公里级自由空间高精度时频传递等重大原创成果不断产出。[②]

科创与产业融合加速发展，高技能人才数量不断增长。2022 年，安徽省科技创新指数为 165.9，比 2021 年上升 17.4，对产业发展的支撑作用持续增加。[③] 企业作为科技创新主体能力进一步凸显，2022 年度净增国家级高新技术企业 3900 家左右，新增国家级企业技术中心 4 家。科研院所与企业加深合作，支持太赫兹激光主动成像和高性能生物基芳纶材料等新型科创成果不断转化落地，新增中科离子等 30 多家高新技术企业。滁州高新区和安庆高新区晋升为国家级高新技术产业园区。安徽省为聚焦创新成果转化、创新企业孵化、创新生态优化，于 2022 年 8 月正式发布《"科大硅谷"建设

---

① 《安徽省坚定下好创新"先手棋"，抓好科技创新"栽树工程"，推动更多创新成果就地转化为现实生产力——"创新安徽"动力澎湃》，《安徽日报》2023 年 1 月 2 日。
② 《区域创新能力升至全国第 7 位　我省科技创新实力迈上新台阶》，安徽新闻网，http://www.ahnews.com.cn/yaowen1/pc/con/2023-01/17/496_750411.html，2023 年 1 月 17 日。
③ 《我省科技创新指数新鲜出炉　较上年提高 17.4》，安徽省人民政府网站，https://www.ah.gov.cn/zwyw/ztzl/tdgzlfzdysdgjz/zxycx/564279121.html，2023 年 11 月 16 日。

实施方案》，以推动打造"科大硅谷"。① 2022年10月，由安徽省人民政府和中国科学技术大学、合肥市人民政府合力共建的中国科学技术大学科技商学院正式成立，旨在推动解决科研和经济联系不紧密、"两张皮"问题，利用中国科学技术大学雄厚的科技研发和人才培养能力，学科交叉培养复合型科技产业组织人才，培养有企业家精神的科学家和有科学家精神的企业家。积极支持未来产业发展，主办2022量子产业大会，组建30亿元左右的量子科学产业基金，引进启科量子等未来产业企业在安徽建设发展。坚持推动人工智能发展，2022年安徽省签约人工智能相关项目共计378个，涉及金额3292亿元，在全国人工智能创新发展排名中列第6位。② 2022年，安徽省累计拥有1170多万名专业人才，区域创新能力全国排名第7位，逐渐成为人才发展新高地。

（四）"双招双引"齐头并进，外贸投资规模扩大

2022年，安徽省围绕招商引资和招才引智（双招双引）发展，积极推动培育新的增长点，拓展出一条精准招商和产业招商的独具特色的发展道路。2022年5月，搭建赋能商协会发展的"1+8"政策体系架构，"1"即由省委办公厅和省政府办公厅联合出台的《关于更好发挥行业协会商会在"三地一区"建设和"双招双引"中作用的意见》，提出助力商协会培育发展和作用发挥的7个方面28条意见；"8"即由省民政厅和省工商联等相关单位为商协会助力"双招双引"发展而推出的一揽子"政策大礼包"，实现对商协会发展的有效支持。③ 2022年6月，出台《安徽省新兴产业引导基金组建方案》，成立主题基金群，围绕近年十大新兴产业，与商协会共同发展，形成产业链招商主形态，实现场景招商新模式，构建了全省市场化、专

① 《安徽省人民政府关于印发"科大硅谷"建设实施方案的通知》（皖政〔2022〕61号），安徽省人民政府网站，https：//www.ah.gov.cn/szf/zfgb/554156821.html，2022年8月2日。
② 《省科技厅2022年度工作总结及2023年工作计划》，安徽省科学技术厅网站，http：//kjt.ah.gov.cn/public/21671/121697541.html，2023年2月27日。
③ 《安徽省搭建"1+8"政策体系赋能行业协会商会发展新闻发布会》，安徽省人民政府网站，https：//www.ah.gov.cn/zmhd/xwfbhx/554128931.html，2022年5月18日。

业化的招商力量体系。① 2022 年 12 月，出台《关于促进人力资源服务业高质量发展的若干政策措施》，加大招才引智力度，提出人才引进和发展的相关政策措施，促进人力资源服务业高质量发展。② 截至 2022 年底，通过"双招双引"，安徽省新开工 50 亿元以上制造业项目共计 56 项，较 2021 年新增 51 项，其中 10 项制造业项目超百亿元，较 2021 年新增 8 项。新发政府专项债券 1707 期，获得国家政策性开发性金融工具大力支持的项目 214 项。③ 科创人才队伍不断壮大，截至 2022 年底，安徽省高技能人才新增 12.8 万人，入选国家人才计划 115 人。④

2022 年，安徽省外贸实现以稳促质，以质提稳，外贸规模再创历史新高。全年全省货物贸易进出口总值 7530.6 亿元，同比增长 8.9%。其中出口 4763.7 亿元，同比增长 16.4%；进口 2766.9 亿元，同比下降 1.9%。居中部地区第 2 位，中西部地区第 4 位，全国排名第 13 位，位次均与 2021 年持平。分别占全国外贸总值的 1.8%、长三角地区的 5%、中部六省的 19.9%。从出口商品看，机电产品和农产品等传统出口商品贸易值分别上升 18.5% 和 15.3%。贸易方式多元化，以一般贸易方式进出口 5492.9 亿元，增长 9%，占 72.9%，高于全国 9.2 个百分点；保税物流进出口 692.4 亿元，增长 63.1%，占 9.2%。市场采购贸易方式出口 31.1 亿元，增长 2 倍。贸易结构更加优化，对共建"一带一路"国家进出口总值高达 2094.7 亿元，比 2021 年增长 17%，占比 27.8%；对区域全面经济伙伴进出口总值为 1989.2 亿元，比 2021 年增长 10%，占比 26.4%。⑤ 从出口的地区看，对亚洲国家

① 《［两会聚焦］"双招双引"，凝聚高质量发展澎湃动力》，安徽新闻网，http://www.ahnews.com.cn/tebietuijian/pc/con/2023-01/16/3623_749506.html，2023 年 1 月 16 日。
② 《我省推动人力资源服务业高质量发展》，安徽新闻网，http://www.ahnews.com.cn/yaowen1/pc/con/2022-12/28/496_737165.html，2022 年 12 月 28 日。
③ 《［两会聚焦］"双招双引"，凝聚高质量发展澎湃动力》，安徽新闻网，http://www.ahnews.com.cn/tebietuijian/pc/con/2023-01/16/3623_749506.html，2023 年 1 月 16 日。
④ 《政府工作报告（2023 年 1 月 13 日在安徽省第十四届人民代表大会第一次会议上）》，安徽省人民政府网站，https://www.ah.gov.cn/szf/zfgb/564212651.html，2023 年 2 月 17 日。
⑤ 《2022 年安徽省外贸情况新闻发布会》，安徽省人民政府网站，https://www.ah.gov.cn/zmhd/xwfbhx/564207221.html，2023 年 1 月 18 日。

的出口总量最大，出口 1882.9 亿元，比 2021 年增长 17%。外商投资企业数量不断增长，2022 年新设外商投资企业 475 家。已签约合同利用外资42.9 亿元，实际使用的外商直接投资高达 21.6 亿元，较 2021 年增长17.8%。截至 2022 年底，89 家世界 500 强（含境外）企业在安徽省分设180 家企业。①

（五）多层次对接长三角，区域协调发展谱新篇

长三角城市群是我国最重要的城市经济群之一。长江三角洲一体化区域发展战略实施以来，从经济发展到协同创新，从产业集群到绿色生态，长三角区域综合发展态势良好，优化营商环境成效显著。安徽作为长三角一体化的"正式生"，积极融入长三角一体化建设，携手沪苏浙推动国家规划实施、重点协同事项贯彻落实，取得显著成效。一是文旅合作共建机制逐渐完善。2022 年 3 月 7 日，安徽省黄山市成功举办长三角文化和旅游联盟会议。沪苏浙皖文化旅游部门深入交流协商长三角文化旅游更高质量融合发展，并在会上共同推出长江三角洲文化旅游 2022 年度清单。② 二是长三角生态保护取得新成就。安徽深入贯彻落实"我们既要绿水青山，也要金山银山。宁要绿水青山，不要金山银山，而且绿水青山就是金山银山"的"两山"理念，在省际毗邻地区探索建立生态环境标准、监测、执法"三统一"，联合打造长三角生态屏障，2022 年长江流域国考断面水质优良比例达到 94.8%，同比上升 2.1 个百分点，生态环境质量改善显著。③三是携手共建长三角 G60 科技走廊取得新进展。2022 年 8 月 26 日，长三角 G60 科技走廊质量标准论坛在安徽省宣城市成功举办，共同探讨打造长三角 G60 科创走廊质量标准新高地等议题，全力推动长三角一体化发

① 《安徽省 2022 年国民经济和社会发展统计公报》，安徽省统计局网站，http://tjj.ah.gov.cn/ssah/qwfbjd/tjgb/sjtjgb/147903181.html，2023 年 3 月 21 日。
② 《2022 年长三角文化和旅游联盟联席会议召开》，安徽省文化和旅游厅网站，https://ct.ah.gov.cn/zwxw/wlyw/8599593.html，2022 年 3 月 8 日。
③ 《奋发有为 争先进位！2023 年全省生态环境保护工作会议在合肥召开》，安徽省生态环境厅网站，https://sthjt.ah.gov.cn/hbzx/gzdt/stdt/121488921.html，2023 年 3 月 20 日。

展和质量强国国家战略等议程，上海、嘉兴、杭州、金华、苏州、湖州、宣城、芜湖、合肥9个城市政府共同签署《质量强国中长期规划》联合行动方案，并启动"质量月"活动，多措并举共促区域高质量一体化发展。①

沪苏浙城市结对合作帮扶皖北城市强力开局。2021年12月，国家发改委发布《沪苏浙城市结对合作帮扶皖北城市实施方案》。综合考虑长三角地区各城市发展因素，安徽省共有8个市接受帮扶，上海市3个区、江苏省3个市、浙江省2个市为帮扶市（见表1）。②为做好结对帮扶配合工作，2022年3月，安徽省制定出台加快落实沪苏浙城市结对合作帮扶皖北城市工作方案，以三次产业高质量协同发展为重点，坚持有效市场和有为政府相结合、激发内力和借助外力相结合、长远谋划和分年实施相结合，提出了具体的落实方案与重点任务。经过一年的发展，上海三区、江苏三市、浙江两市分别与皖北八市形成了深度对接、紧密携手的结对帮扶格局，并通过开展互访、落实重点任务、推动多层次多主体合作等方式，在共建省际产业合作园区、促进资本与项目对接、提升民生共享水平、开展干部互派挂职等方面取得积极成果，激发了皖北地区内生发展动力。2022年11月，宁滁皖北省际产业合作园区集中揭牌，包括南京经开区凤阳省际合作园区、江宁—明光合作产业园、南京江北新材料科技园定远合作产业园等在内的一批省际产业园，突破行政区域的界限，深化产业合作，实现互利共赢。2022年12月，阜阳和苏州结对合作后招引的重大项目之一——安徽旭仁制冷设备有限公司正式投产。据初步统计，2022年1~10月，皖北八市利用沪苏浙资金在建亿元以上项目1589个，到位资金3486.48亿元。

---

① 《长三角共建G60科创走廊质量标准高地》，安徽新闻网，http：//www.ahnews.com.cn/yaowen1/pc/con/2022-08/29/496_658761.html，2022年8月29日。

② 《关于印发〈沪苏浙城市结对合作帮扶皖北城市实施方案〉的通知》，中华人民共和国国家发展和改革委员会网站，https：//www.ndrc.gov.cn/xwdt/tzgg/202112/t20211208_1307087.html，2021年12月8日。

表1　沪苏浙城市结对合作帮扶皖北城市安排

帮扶省(直辖市)	帮扶市(区)	受帮扶城市
上海市	闵行区	淮南市
	松江区	六安市
	奉贤区	亳州市
江苏省	南京市	滁州市
	苏州市	阜阳市
	徐州市	淮北市
浙江省	杭州市	宿州市
	宁波市	蚌埠市

　　资料来源：根据中华人民共和国国家发展和改革委员会印发的《沪苏浙城市结对合作帮扶皖北城市实施方案》整理。

（六）民生工程温暖人心，人民幸福感显著提升

　　民生工程与人民群众的利益息息相关，是人民群众幸福感与获得感不断增强的有力保障。安徽省高度重视民生工程建设与发展，2021年底33项民生工程目标任务全面完成。2022年，安徽省坚持在发展中不断增进民生福祉，实施了20项民生实事和10项暖民心行动。2022年3月，安徽省委办公厅、省政府办公厅印发《关于2022年创新民生工程建设模式办好20项民生实事的通知》，创新民生工程建设模式，办好百姓关心的民生大事，办好百姓每天都能感受到的民生小事（见表2）。[①] 2022年5月，安徽省又推出《暖民心行动方案》（见表3）。10项行动项目选择贴近群众期盼，确保"干的事"精准对接群众"盼的事"；行动举措谋划更富针对性，从群众最关心的事情干起；行动支持政策集成创新，使多元民生机制尽可能覆盖更多群众。[②] 截至2022年底，安徽省在实施20项民生实事和10项暖民心行动中共计投入920.7亿元，群众满意度高达91%，人民幸福感得到显著提升。

[①] 《一图读懂我省2022年20项民生实事》，安徽省财政厅网站，http：//czt. ah. gov. cn/czdt/cjsd/146511891. html，2022年3月11日。

[②] 《确保"干的事"精准对接群众"盼的事"　我省部署推进10项暖民心行动》，安徽省卫生健康委员会网站，https：//wjw. ah. gov. cn/ztzl/jkkqxd/56273761. html，2022年5月16日。

表2 安徽省2022年创新民生工程建设模式办好20项民生实事清单

工 程	责任单位	内 容
皖北地区群众喝上引调水工程	省水利厅	在25个县(市、区)开工35个项目(含毛集实验区)、续建8个项目、新建22座取水泵站、新建209公里输水管道、新建2901公里配水管线、新建17座加压泵站等
区域医疗水平提升行动	省卫生健康委、省发展改革委	加快建成国家儿童、创伤等区域医疗中心,加快建设8个专科医疗中心(含中医)
"四好农村路"建设	省交通运输厅	实施农村公路提质改造工程约4455公里,当年完成约4390公里
棚户区和老旧小区改造	省住房城乡建设厅	全省新开工9.68万户棚户区建设改造。城市老旧住宅小区全面改造1411个,覆盖居民25.44万户,房屋总建筑面积2402.95万平方米
养老服务和智慧养老	省民政厅	全省80周岁以上高龄老人均可享受高龄补贴,对经济困难和纳入低保的高龄老人补贴覆盖面高于60%;完成多于1万户特困家庭的适老化改造;开展每个城市不少于100张家庭养老床位建设试点;特困供养服务设施改造县级办结率达100%,新增村级养老服务站(农村幸福院)800个,养老机构护理型床位比重全省达到52%以上;智慧养老机构建设64家
幼儿托育和学前教育促进	省卫生健康委、省教育厅	新增约5.4万个托位,千人口托位数量提高到2.4个左右。对300所公办幼儿园进行新建或者改建,幼儿资助达到97602名。学前教育毛入园率提升到96%左右,普惠性幼儿园覆盖率全面达到85%以上,公办幼儿园在园幼儿比例达到55%
就业促进工程	省人力资源社会保障厅	多措并举实现求职用工精准对接,全省组织1万场以上就业招聘会,服务企业超过15万户次,达成就业意向高于20万人。为企业提供更多试点推广"三公里"圈,在全省每个县(市、区)选择2～3个社区进行试点;提供2万个就业见习岗位,完成5万个新技工系统培养任务
城乡适龄妇女"两癌"免费筛查	省卫生健康委、省妇联	对全省2.3万名城镇低保适龄妇女完成"两癌"免费筛查1次,对52万名35～64岁农村妇女完成宫颈癌筛查,对15万名农村妇女完成乳腺癌筛查
困难群众救助	省民政厅	全面落实低保、特困救助政策,做到应保尽保、应退尽退。针对城市和农村失能、半失能特困人员集中供养率提高到60%。加强对生活无着救助、临时救助和孤儿的基本生活保障,确保做到应救尽救。孤儿基本生活保障标准分别达到散居孤儿每人每月1100元,集中供养孤儿每人每月1500元。全面落实完善针对困难残疾人的生活补贴和重度残疾人的护理补贴政策

续表

工　程	责任单位	内　　容
重特大疾病医疗保险和救助工程	省医保局	完善包含基本医保、大病保险、医疗救助在内的三重制度综合保障制度，实现基本医疗保险参保率提高到95%以上，城乡居民基本医疗保险和职工基本医疗保险政策范围内住院费用报销比例分别稳定在70%和80%左右，大病保险合规费用报销比例高于60%
困难残疾人康复	省残联	对全省8万名困难精神残疾人发放药费补助，对符合条件的1.05万名残疾儿童和自闭症儿童实施康复训练救助，对1500名适配假肢矫形器或其他辅助器具的残疾儿童实施救助
困难职工帮扶	省总工会	按不超过当地本年12个月低保标准确定生活救助，按不超过当地本年10个月低保标准确定子女助学，按不超过当地本年个人负担部分确定医疗救助
中小学课后服务	省教育厅	全省应开展课后服务的4838所义务教育学校要求100%提供学生课后服务
15分钟健身圈建设	省体育局	统筹建设全民健身场地设施3500个
15分钟阅读圈建设	省委宣传部	构建600个城市阅读空间
"惠民菜篮子"运营	省发展改革委	开设500家"惠民菜篮子"门店，全年平价销售农副产品20万吨左右，预计优惠金额达到4亿元
老年助餐服务	省民政厅	扶持建设800个老年社区食堂（助餐点），积极展开农村老年人助餐服务试点工作，2022年建成超过100个农村助餐点
老年人门诊就医便民服务	省卫生健康委	开设老年友好医疗机构，其中包括省级医疗机构17家，市县级医疗机构335家。提供老年人快速预检通道，优化老年人就医服务流程，安排专人为老年人提供导诊服务
食品安全"你点我检"	省市场监管局	按照网络投票方式搜集消费者最关注的食品种类，完成400个批次食品安全监督抽检
城乡困难群体法律援助	省司法厅	完成8.16万件法律援助案，对符合法定条件的经济困难公民和其他当事人提供无偿援助

　　资料来源：根据中共安徽省委办公厅、安徽省人民政府办公厅《关于2022年创新民生工程建设模式办好20项民生实事的通知》整理。

表3 安徽省2022年暖民心行动清单

行　动	内容	2022年效果
就业促进行动	①以社区服务为载体,助力"家门口"就业; ②以扩容提质为关键,促进重点群体就业; ③以供需匹配为抓手,强化企业用工服务; ④以提升质量为支撑,深化多元服务机制	强化高校毕业生、农民工、就业困难人员等重点群体就业,开发青年见习岗位共计7.9万个,开发短期见习岗位共计3.3万个,开发公益性岗位共计7.8万个,开发临时性、特设岗位共计3.3万个,新增技能人才53.6万名
老年助餐服务行动	①优化老年助餐服务布局; ②扩大老年助餐服务供给; ③提升老年助餐服务质量; ④创新老年助餐服务配送	在城市建设完成3321个老年食堂(助餐点),在农村建设完成3026个老年食堂(助餐点)
健康口腔行动	①加强口腔预防保健; ②加大医保支付力度; ③优化群众就医流程; ④加大优质资源扩容; ⑤加强口腔专业人员队伍建设; ⑥加强行业监督管理	累计完成39.3万名6~9岁儿童窝沟封闭、32.7万名3~6岁儿童局部涂氟,分别覆盖12%、18.6%的适龄儿童
安心托幼行动	①突出普惠原则,明确提出要建设一批普惠性托育机构; ②突出便利要求,优化幼儿园布局,明确延时服务时间; ③突出政策供给,完善补助政策,明确学前教育普及普惠发展目标激励政策,落实土地划拨和各项税费、价格优惠政策	新增0~3岁普惠托育机构托位7.65万个,新增公办幼儿园学位6.38万个
"新徽菜·名徽厨"行动	①加强徽菜师傅职业技能培训; ②开展徽菜师傅就业创业服务; ③打造徽菜餐饮文化品牌	开展徽菜师傅技能培训3.7万人次,打造徽菜美食文化品牌
快乐健身行动	①聚焦"小区",完善百姓身边健身设施; ②聚焦"小区外",加快城市健身步道建设; ③聚焦"城市中",激发市场盘活资源; ④聚焦"有氛围",增强群众健身意识	改造或配建3703个居住小区、3738个行政村的体育健身设施,开展体育培训109万人次

续表

行 动	内 容	2022 年效果
放心家政行动	①聚焦素质提升,解决家政服务"不满意"问题; ②聚焦主体引育,解决家政服务"不好找"问题; ③会同各地各有关部门聚焦诚信建设,解决家政服务"不放心"问题; ④聚焦服务创新,解决家政服务"不省心"问题	培训家政服务人员 62.1 万人,新增家政服务人员 11.3 万人,家政服务行业专业化程度不断提高
文明菜市行动	①突出改造硬件设施,推动菜市标准化; ②突出改观卫生环境,推动菜市清洁化; ③突出改善管理秩序,推动菜市规范化	完成整治改造城区菜市 184 个,乡镇菜市 426 个,基本解决菜市"臭烘烘、湿漉漉、黑乎乎、乱糟糟"等突出问题
便民停车行动	①扩大停车设施有效供给; ②加强城市停车设施管理; ③提升城市停车配套服务	新增城市停车泊位数 40 万个,其中新增公共停车泊位数 7.9 万个,有效缓解"停车难"问题
老有所学行动	①聚焦"学得了"这一数量目标,扩大现有老年学校的办学空间,提高使用效益; ②围绕"学得好"这一质量目标,在教学团队、课程资源、示范学校、老年智慧教育等方面加大推进力度,提升老年学校办学水平,切实把好老年"学关"	借助改建、扩容、新设、网办等多种渠道扩展办学空间场所,全省老年学校新增学习人数 66.5 万人,参与学习教育活动的老年人达到 221.6 万人

资料来源:根据安徽省人民政府"暖民心行动"系列新闻发布会整理。

2022 年,皖北 9 县(区)群众成功喝上引调水,城乡供水一体化进展加快。为促进就业,安徽省出台"53353"拓岗就业举措,增加就业岗位39.5 万个。实施百万大学生兴皖行动和离校未就业毕业生就业服务攻坚行动,高校毕业生实现高达 94.9% 的去向落实率。持续落实创业安徽行动,创业担保贷款共计发放 140 亿元,财政贴息共计发放 6.2 亿元。稳定推进农民工就业,农民工就业 1998.2 万人,较 2021 年增加 17 万人。出台脱贫人口稳岗就业政策，脱贫人口、防止返贫监测对象务工规模达196万人。现代化义务教育均衡发展，5个县（市、区）上榜全国义务教育优质均衡先行创建县（市、区）。高等教育结构调整，实施高等学校学科专业结构改革，撤销461个本科专业校点，增设270个专科专业。全面推进16家市级传染病专科医院（院区）传染病救治能力提升工程，61家县级医院儿童和创伤国家区域医疗救治中心建设运行。加快建设全国领先的中医药强省，推出《安徽省促进中医药振兴发展行动计划（2022—2024年）》，中医院传承创新稳步发展，全省有283家中药企业，收入共计486.2亿元，位列全国前三。文化事业发展更上一层楼，《觉醒年代》等3部作品在国内外吸引大批观众，并荣获精神文明建设"五个一工程"优秀作品奖，"明中都遗址考古发掘"取得新进展，入选"全国十大考古新发现"。① 进一步构建社会保障安全网，全省5941万人持有社会保障卡，占常住人口的97.2%，其中2385万人持有最新一代社会保障卡，3792万人持有电子社会保障卡。②

（七）绿色发展加速推进，生态环境稳中向优

安徽省认真践行"绿水青山就是金山银山"的理念，全方位、全省域、全过程加强生态环境保护，大力推动绿色低碳发展，生态环境质量稳中向优，江淮大地天更蓝、山更绿、水更清。2022年2月，出台《安徽省"十四五"生态环境保护规划》，通过设立17项规划指标，推动人与自然和谐共生的美丽安徽建设目标尽快实现。③ 2022年5月，出台《安徽省国土空间生态修复规划（2021—2035年）》，将安徽省的国土空间划分为9个修复分区，并通过构建"问题识别+分区修复+项目化实施+政策支撑+分工协作"

---

① 《政府工作报告（2023年1月13日在安徽省第十四届人民代表大会第一次会议上）》，安徽省人民政府网站，https://www.ah.gov.cn/szf/zfgb/564212651.html，2023年4月15日。

② 《2022年度安徽省人力资源社会保障事业发展统计公报》，安徽省人力资源和社会保障厅网站，https://hrss.ah.gov.cn/public/6595721/8779839.html，2023年7月1日。

③ 《〈安徽省"十四五"生态环境保护规划〉政策解读》，安徽省生态环境厅网站，https://sthjt.ah.gov.cn/hbzx/gzdt/stdt/120859191.html，2022年3月2日。

的生态保护修复体制机制，促进形成优质高产的农业空间、山清水秀的生态空间、健康安全的城镇空间。① 生态环境治理取得显著成效，2022 年全省 $PM_{2.5}$ 平均浓度为 34.9 微克/米³，连续两年达到国家二级标准，地表水国考断面水质优良比例为 86.1%，创有监测纪录以来最好水平，污染防治攻坚战成效考核连续两年获优秀等级，位次提升至全国第 8 位，公众生态环境满意率达 92.8%，已连续三年超九成，人民群众生态环境获得感、幸福感明显提升。②

2022 年安徽省高度重视农村生活污水和黑臭水体治理工作的推进。2022 年 3 月，出台《安徽省乡镇政府驻地生活污水处理设施提质增效、农村生活污水和农村黑臭水体治理实施方案（2021—2025 年）》，2022 年 6 月，出台《安徽省农业农村污染治理攻坚战实施方案（2021—2025 年）》；紧随其后，安徽省生态环境厅与国开行安徽省分行、农发行安徽省分行等分别签订《共同推动打好污染防治攻坚战备忘录》，会同国开行安徽省分行制定《支持安徽省农村生活污水治理项目工作方案》，推动政银合作，促进农村污水治理；编印《安徽省农村生活污水处理典型模式汇编》和《部分地区农村生活污水治理典型介绍》，推广污水治理典型，推进污水规范治理。坚持制定标准，推动规范化治理工作的有序进行。安徽省生态环境厅和省市场监管局共同制定《安徽省农村生活污水治理设施水污染物排放标准》，分类确定控制指标和排放限值；制定《安徽省农村生活污水处理技术规程》和《安徽省农村生活污水集中处理设施运营维护及效能评价标准》，规范污水治理设施设计、施工、运行维护和污染排放，指导解决农村生活污水治理工作中存在的问题。安徽省 2022 年新增完成 413 个乡镇政府驻地生活污水处理设施提质增效任务后，多措并举推进农村生活污水和黑臭水体治理工作取得显著成效，全省 1180 个乡镇政府驻地生活污水处理设施累计完成提质增效任务 797 个，占设施总数的 67%；完成提质增效后的污水处理设施污水

---

① 《国土空间生态修复规划出台　全省划分 9 个修复分区》，安徽省人民政府网站，https：//www.ah.gov.cn/public/1681/554139821.html，2022 年 6 月 2 日。
② 夏梦：《我省生态环境质量显著改善》，《安徽工人日报》2023 年 3 月 30 日。

收集覆盖率基本达到75%；新增完成农村生活污水治理任务761个，全省累计完成3391个行政村生活污水治理，农村生活污水治理率为23.1%，同比上升5.1个百分点，超额完成国家下达安徽省年度目标任务2.1个百分点；新增826处农村黑臭水体治理任务已全部完成，全省已治理农村黑臭水体883处，治理率为24.5%。①

（八）文化旅游深度融合，徽风皖韵大放异彩

2022年面对疫情防控与文旅行业复苏振兴的双重任务，全省以奋勇争先、承压克难的精神，统筹疫情防控与文旅发展，千方百计稳住文旅经济基本盘，文化和旅游高质量发展迈上新台阶。一是公共文化服务水平显著提升。2022年5月26日，安徽省美术馆正式建成并向公众开放，成为安徽省文化发展新地标。全省建成"城市书房""文化驿站"等新型公共文化空间490多个，成为市民家门口的"文化客厅"。公共文化场馆免费开放全覆盖，开展各类活动2.6万场、参加人次4000多万。二是文艺创作层出不穷。围绕乡村振兴、长三角一体化等现实题材，全省创作推出了一大批戏剧、音乐、舞蹈、美术等项目，其中10部大戏、20个小戏入选省级戏剧创作孵化计划。黄梅戏《不朽的骄杨》入选第十三届中国艺术节"文华大奖"终评，20多个作品参加全国展演展览。23个项目获国家艺术基金立项资助，入选数量居全国第8位。安庆黄梅戏展演周六大项23场活动吸引490万人次在线观看。开展全省濒危剧种戏曲公益性演出、文化惠民巡演乡村行等活动4200多场，有力促进了地方戏曲保护传承。三是文化遗产丰富多样。完成安徽长江文物资源专项调查，共有不可移动文物1.1万多处。马鞍山含山凌家滩国家考古遗址公园正式挂牌，芜湖繁昌窑国家考古遗址公园获批立项。滁州明中都遗址考古发掘入选"全国十大考古新发现"。蚌埠固镇垓下遗址等6家单位被评为首批省级考古遗址公园。入选联合国教科文组织人类非物

---

① 《省厅召开2023年1月例行新闻发布会，介绍我省农村生活污水和黑臭水体治理工作开展情况》，安徽省生态环境厅网站，https://sthjt.ah.gov.cn/hbzx/gzdt/stdt/121513751.html，2023年4月3日。

质文化遗产代表作名录的有黄山毛峰、太平猴魁、六安瓜片、祁门红茶制作技艺。安徽省政府公布第六批省级非遗代表性项目名录147项，全省总数达626项。徽州古城景区和西递景区等10个项目入选2022年全国非遗与旅游融合发展优选名录。①

徽风皖韵大放异彩。安徽省高度重视"徽风皖韵"的发展与对外传播，不断增强安徽文化的归属感与软实力。2022年开春，开展"徽风皖韵"每日一图宣传，充分展现了安徽精彩山水、魅力人文、城乡新貌，受到大批网友点赞。2022年2月，安徽省农业农村厅、安徽省发展改革委印发《安徽省"十四五"农业农村现代化规划》，提出要打造徽风皖韵美丽乡村升级版。② 2022年6月，"2022年中国有约"国际媒体采访团走进安徽，向世界展现秀美安徽，向全球讲述徽风皖韵。③ 2022年8月，徽风皖韵精彩亮相第七届中国非遗博览会。安徽省精选宣纸制作技艺、徽墨制作技艺、歙砚制作技艺等18个涵盖传统技艺、传统美术、曲艺、民俗等多个门类的非遗项目参与"欣欣向荣"大运河沿线非遗展、"茶和天下"中国传统制茶技艺及其相关习俗等内容，淮北大鼓、庐州古琴、太平猴魁等非遗项目代表性传承人现场展演、活态展示，多维度、全方位展示了全省非遗保护重要成果以及大运河（安徽段）非遗的文化精髓。④ 2022年9月，安徽博物院在世界制造业大会期间全力做好客商"徽风皖韵"参观工作，推动了徽州版画拓印、庐州面塑、茶艺表演和庐阳糖画等徽州传统非遗文化的对外传播。⑤ 由安徽省图书馆开展的"云游中国——徽风皖韵"项目，通过"微视频"方式展示、

---

① 《省文化和旅游厅2022年工作总结》，安徽省文化和旅游厅网站，https://ct.ah.gov.cn/public/6595841/8773135.html，2023年3月1日。
② 《省文化和旅游厅2022年工作总结》，安徽省文化和旅游厅网站，https://ct.ah.gov.cn/public/6595841/8773135.html，2023年3月1日。
③ 《"梦"见徽州"皖"美相遇——"2022年中国有约"国际媒体主题采访活动综述》，中安在线，http://ah.anhuinews.com/szxw/202207/t20220705_6118740.html，2022年7月5日。
④ 《徽风皖韵精彩亮相第七届中国非遗博览会》，安徽省文化和旅游厅网站，https://ct.ah.gov.cn/zwxw/gzdt/8736567.html，2022年8月26日。
⑤ 《皖风徽韵"皖美绽放"——安徽博物院全力服务2022世界制造业大会》，安徽省文化和旅游厅网站，https://ct.ah.gov.cn/zwxw/gzdt/8737852.html，2022年9月26日。

宣传、推广安徽各地文化与旅游资源，获登国家公共文化云 2022 年度榜单，在全国位列第 5。①

（九）推深做实乡村振兴，现代化"三农"建设取得新成就

2022 年是安徽省巩固扩大脱贫攻坚成果同乡村振兴有效衔接的深化之年。安徽省坚持聚焦"守底线、抓发展、促振兴"的工作主线，全力推进责任落实、政策落实、工作落实，全面巩固拓展脱贫攻坚成果，坚持推动乡村全面振兴，各项工作扎实有效推进、取得显著成效。一是政策体系更加完善。安徽省在 2022 年相继出台《关于支持省乡村振兴重点帮扶县的实施意见》《关于有效应对新冠肺炎疫情影响持续巩固拓展脱贫攻坚成果的通知》《关于深入推进"五大帮扶"工作实施方案》《关于省级领导联系和省直单位定点帮扶乡村振兴有关县（市、区）的通知》《2022 年易地扶贫搬迁安置点乡村治理专项行动实施方案》《安徽省"十四五"巩固拓展脱贫攻坚成果同乡村振兴有效衔接规划》等政策方案，助力乡村建设行动，推进安徽省乡村振兴走在全国前列。② 二是脱贫成果再攀高峰。全省 3000 个出列村村均集体经济收入 59.7 万元、增长 32.8%，脱贫人口年人均纯收入 15514 元、增长 13.7%；"三保障"和饮水安全保障水平持续巩固提升，兜底保障水平稳步提升，防止返贫监测帮扶机制进一步健全，五大帮扶全面深化，衔接资金用于产业比重超过国家要求，脱贫地区产业帮扶加快发展，脱贫劳动力务工就业规模再创新高，脱贫人口小额信贷增速明显、居全国前列，光伏发电收益创历史纪录，资金项目进度始终处于全国第一方阵。③ 三是美丽乡村环境优化。2022 年安徽省通过持续推进农村人居环境"三大革命""三大

---

① 《安徽省图书馆"云游中国——徽风皖韵"系列视频荣登国家公共文化云 2022 年度必看榜》，安徽省文化和旅游厅网站，https：//ct. ah. gov. cn/zwxw/gzdt/8778752. html，2023 年 6 月 30 日。

② 《省乡村振兴局 2022 年度重大行政决策事项目录清单》，安徽省乡村振兴局网站，https：//xczxj. ah. gov. cn/public/6595771/8742144. html，2022 年 12 月 23 日。

③ 《省乡村振兴局 2022 年工作情况》，安徽省乡村振兴局网站，https：//xczxj. ah. gov. cn/public/6595771/8743005. html，2023 年 1 月 12 日。

行动"，持续加强农村人居环境整治，农村面貌焕然一新。截至 2022 年 11 月底，全省累计完成农村改厕 30.2 万户，超额完成全年 27 万户目标任务，创建农村改厕提升与长效管护机制示范县 18 个，建立农村改厕管护服务站 1200 多个；农村生活垃圾治理全面推进，农村生活垃圾无害化处理率达到 78.5%；农村生活污水治理梯次推进，完成 736 个行政村生活污水治理任务，802 个农村黑臭水体治理任务，均占年度任务的 97%，农村生活污水治理率达 22.7%。

2022 年，安徽省持续推进农业农村现代化发展，现代化"三农"建设取得新成就。一是粮食总产再创历史新高。2022 年全省粮食播种面积 10971.3 万亩，较 2021 年增长 6.9 万亩；总产 820.02 亿斤，较上年增长 2.5 亿斤，再创历史新高，面积、总产仍居全国第 4 位。其中夏粮生产 1722.4 万吨，居全国第 3 位，较 2021 年增加 22.4 万吨，增量在全国排名第 2 位。① 二是农村改革"大托管"示范初获成功。"大托管"是现代农业生产的最新组织形式，由村集体经济组织统一托管农户土地开展生产经营，或者再委托给生产服务主体经营；农业生产服务组织跟进技术和物资服务，银行跟进信贷服务；保险机构提供种植收入等保险，给予保险托底。2022 年 4 月，安徽省选择 21 个产粮大县开展"大托管"示范，示范面积达到 200 万亩。示范效果明显，21 个示范县实际示范面积 485 万亩，共计节本约 1.8 亿元、增产约 1.82 亿斤、增加效益 2.5 亿元，亩均节本约 93 元、增产约 94 斤，亩均节本增效约 223 元。参与"大托管"改革农户 27 万户，户均增收 900 元左右。实施"大托管"的 1100 个村集体收入 1.6 亿元，村均收入 14.5 万元。② 三是乡村产业加速发展。2022 年，全省农产品加工业总产值 1.55 万亿元，年销售额超 100 亿元的农业产业化龙头企业 10 家，十大千亿

① 《【2022 年重点工作—粮食生产】820.02 亿斤，安徽粮食总产再创历史新高，位居全国第四!》，安徽省农业农村厅网站，http://nync.ah.gov.cn/public/7021/56565801.html，2022 年 12 月 12 日。
② 《【2022 年重点工作—农村改革】"大托管"托出大丰收》，安徽省农业农村厅网站，http://nync.ah.gov.cn/public/7021/56566571.html，2022 年 12 月 13 日。

级绿色食品产业全产业链总产值跨越万亿台阶，达 1.1 万亿元，同比增长 8%。全省国家级重点农业产业化龙头企业 83 家，较 2018 年增加 34 家。积极解决脱贫户的产业发展难题，2022 年安徽省指派 9900 多名产业发展指导员实地到原有脱贫任务的县帮助解决脱贫户发展产业中遇到的困境，共有 1.38 万名农业技术人员每人联系 2 户脱贫户帮助实现可持续性产业脱贫。[①]

（十）"五大名城"系统集成，合肥高质量发展迈上新台阶

2022 年，合肥在省委、省政府和市委的坚强领导下，贯彻落实新发展理念，积极推动"五大名城"建设，做好疫情防控与经济社会发展统筹规划，努力为建设现代化美好安徽建设做贡献，为实现经济社会的高质量发展而奋斗。

2022 年 3 月，安徽省发展改革委出台《安徽省新型城镇化规划（2021—2035 年）》，提出支持合肥打造"五大名城"。在过去的一年里，协同发展的"五大名城"大放异彩。一是建设科创名城赢得新优势。2022 年，合肥在全球"科研城市"中居第 16 位，比 2021 年提升 4 位，在全球"科技集群"中居第 55 位，比 2021 年提升 18 位。科技领域支出共计 245.7 亿元，比 2021 年增加 41.1%。现有大科学装置 12 个，在全国排名第 3 位。积极吸引科技资源集聚，一个新型研发机构政策扶持期最长可以持续五年，财政补助最高可达 1 亿元。2022 年合肥市发明专利授权量首破万件、技术合同交易额首破千亿元，入选国家知识产权强市建设示范城市。二是建设产业名城取得新成就。2022 年合肥市投入科技产业政策资金超 90 亿元，资金帮助科技企业约 4000 家次。"芯屏汽合""急终生智"成为优势主导产业，成为合肥市新增长动力。入选全国首批产业链供应链生态体系建设试点城市，在全国先进制造业百强城市排名中居第 11 位，战略性新兴产业对工业增长的贡献率达 84%，规上工业总产值突破万亿元，工业投资增速、新增

---

① 《［新时代新征程新伟业·深入学习贯彻全国两会精神］奋力谱写乡村振兴新篇章》，安徽新闻网，http://www.ahnews.com.cn/yaowen1/pc/con/2023-03-27/496_802315.html，2023 年 3 月 27 日。

规上企业数创十年新高。产业主体茁壮成长，净增 1834 家国家级高新技术企业，新增 78 家国家级"专精特新"小巨人，新增百亿工业企业 8 家，新增上市企业 14 家、科创板 6 家。家电产业发展显著，产业总值共计 900 亿元左右。美的、格力等世界 500 强家电企业基地落户合肥。三是建设生态名城呈现新进展。全面建成环湖十大湿地，获批"国际湿地城市"。巢湖富营养指数降幅超过近五年总和，连续两年消灭蓝藻异味。水环境质量全面改善，县级及以上饮用水水源地水质全部达标，达标率成功实现 100%。$PM_{2.5}$浓度均值创近十年最低，空气优良率创十年来新高。常态化开展城市体检的"合肥经验"、积极探索片区更新的"合肥做法"得到全国推广。四是建设活力之城展现新气象。对外开放带来生机与活力，2022 年合肥市进出口总额共计 3610.9 亿元，占安徽省进出口总额比重高达 48%。全国"双创"活动周合肥主会场别具特色，全国网络安全宣传周集聚妙智，世界制造业大会和集成电路大会蜚声海内外，世界声博会展现合肥声音。获批成立国家科创金融改革试验区，建立全国首个场景创新促进中心，构建政府母基金，科创、产业基金规模累计突破 3000 亿元。"网上政务服务"连续四年位居全国前列，"万家民营企业评营商环境"首次入围全国前十。公铁海多式联运获选国家示范工程，全国推广合肥服务贸易创新发展试点实践案例。五是建设幸福之城迈出新步伐。城市大建设投资已突破千亿元大关，42 公里二环高架成功贯通，全国推广城市生命线"合肥模式"。合肥轨道交通五号线北段开通运营，轨道交通实现五线联运。60% 的行政村成为经济强村，112 个贫困村村均实现经营性收入过百万元。建设普通高中"双新"示范区，在全国具有典型性。开设创伤和儿童两个国家区域医疗中心，获批心血管和中医两个国家区域医疗中心。合肥市青少年活动中心等公益项目建设获批开展，社区"三公里"就业圈让就业服务触手可及，养老服务质量监测满意度居全国榜首，当选"2022中国最具幸福感城市"。[1]

---

[1] 《合肥市 2023 年政府工作报告》，合肥市人民政府网站，https://www.hefei.gov.cn/zwgk/public/1741/108461202.html，2023 年 1 月 4 日。

合肥高质量发展迈上新台阶。一是经济高质量发展。全年实现地区生产总值12013.1亿元，比2021年增长3.5%（按不变价格计算）。其中，第一产业增加值同比增长3.9%，达到379.2亿元；第二产业增加值同比增长5.3%，达到4394.5亿元；第三产业增加值同比增长2.4%，达到7239.4亿元。三次产业结构为3.2∶36.6∶60.2。按常住人口计算，人均地区生产总值为125798元（折合18703美元），较2021年增加4824元，百姓生活水平稳定持续提升。二是科创行业发展迅速。全市建成3个国家大科学装置，分别是全超导托卡马克、稳态强磁场和同步辐射。2022年底建成71个院士工作站，138名两院院士在肥服务。拥有12个国家级（重点）实验室，128个省级（重点）实验室，139个省级以上工程技术研究中心，151个省级以上工程研究中心，67个省级以上工程实验室，442个省级以上企业技术中心，107个市级以上科技企业孵化器，122个市级以上众创空间。2022年共有5792项科技成果登记在册，授权专利共计5.93万件，签订输出技术合同14929项，成交金额累计647.44亿元。[①] 三是民生福祉持续增进。合肥市2022年民生支出超1100亿元，占一般公共财政预算支出的84%。"暖民心行动"年度目标任务全部完成，民生工程稳步推进。稳岗成效明显，城镇新增就业13.5万人，重点企业解决用工需求近20万人，零就业家庭保持动态清零，"根治欠薪"工作扎实推进。学前教育促进工程、义务教育经费保障机制、高中阶段家庭经济困难学生资助和中小学及中职教师培训等教育民生工程积极推进，合肥市属学校的24个市级政府投资公益性项目成功开展。拓展优质教育供给，新建幼儿园、中小学105所，新增学位7.7万个，幼儿园公办率、普惠率分别达到56%、92%。促进优质教育全面发展，优质教育集团城区覆盖率达70%，"新优质学校"创建覆盖面达30%以上，成功完成义务教育课后服务全覆盖、幼儿园延时服务全覆盖的工作目标。[②]

---

① 《合肥市2022年国民经济和社会发展统计公报》，合肥市统计局网站，https：//tjj. hefei. gov. cn/tjyw/tjgb/14975099. html，2023年3月30日。

② 《合肥市2023年政府工作报告》，合肥市人民政府网站，https：//www. hefei. gov. cn/zwgk/public/1741/108461202. html，2023年1月4日。

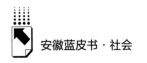

二 2022～2023年安徽社会发展的主要挑战

2022年，安徽省积极妥善应对各种超预期因素冲击，全省经济实现高质量发展，社会大局保持稳定。在看到安徽省经济社会发展取得显著成就的同时，我们也应该清醒地认识到，安徽省高质量发展仍面临诸多不稳定不确定性因素，发展不平衡不充分问题仍然突出。

（一）经济下行压力增大，稳增长促发展困难重重

2022年，安徽省顶住内外部多重压力，经济保持在合理区间运行，主要指标增长速度快于全国，总体上实现了经济发展的稳定向好。然而，成绩来之不易，经济下行压力仍在增大，稳增长促发展面临严峻挑战。

首先，经济恢复基础尚不牢固。尽管2022年安徽省生产总值比2021年增长3.5%，但是增速放缓4.8个百分点。分产业来看，第一产业增速放缓3.4个百分点，第二产业增速放缓2.8个百分点，第三产业增速放缓6.5个百分点。人均地区生产总值73603元，虽然比2021年增加3927元，但是比2021年增加值下降3983元（2021年人均地区生产总值比2020年增加7910元）。其次，消费增长动力不足。2022年全省居民消费品价格比2021年上涨2%，但是全年社会消费品总额21518.4亿元，只比2021年增长0.2%，增速下降16.9个百分点。部分城市出现全年社会消费品总额下降情况，消费市场运行低迷。淮北市实现社会消费品零售总额494.9亿元，同比下降5.1%，降幅较前三季度增加2.2个百分点。其中，限上消费品零售额119亿元，同比下降8%，居全省第15位。① 再次，规模以上工业利润明显减少。2022年安徽省规模以上工业企业累计利润共计2449.7亿元，比2021年减少8.5%。在规模以上工业企业中，国有控股企业实现利润643.1亿元，

---

① 《消费市场运行低迷　激发消费潜力仍需加力》，淮北市统计局网站，https：//tj. huaibei. gov. cn/xwzx/tjfx/57509931. html，2023年2月2日。

比 2021 年减少 20.8%；股份制企业利润总额比 2021 年减少 8.5%，下降到 2039.7 亿元；外商及港澳台商投资企业合计获得利润 339.8 亿元，比 2021 年减少 12.8%；私营企业实现利润总额 756.9 亿元，比 2021 年减少 5.7%。从工业分类来看，全省 40 个工业大类行业中，17 个行业利润总额较 2021 年增加，23 个行业减少，其中非金属矿物制品业下降 38.2%，计算机、通信和其他电子设备制造业下降 63.4%，石油、煤炭及其他燃料加工业下降 75.8%，黑色金属冶炼和压延加工业由盈利转为亏损。[①] 最后，房地产业发展不佳。2022 年，安徽省房地产市场下行压力加大，房地产开发投资和商品房销售低迷，房价运行稳中趋降。受房地产刺激政策影响，下半年降幅较上半年有所收窄。总的来看，房地产业处于深度调整期。自 4 月以来连续七个月，全省房地产开发投资保持负增长，1~10 月，全省房地产开发投资下降 5.8%，居全国第 10 位、长三角第 2 位，降幅低于全国平均水平 3 个百分点。其中，住宅投资下降 6.1%，占全部房地产开发投资的 82.3%。1~10 月，全省商品房销售面积 6440.29 万平方米，下降 26.1%，降幅高于全国 3 个百分点，居全国第 17 位、长三角第 2 位；全省商品房销售金额 4661.11 亿元，下降 32.1%，降幅高于全国 6 个百分点，居全国第 20 位、长三角第 2 位，销售面积与销售金额呈现持续"双下跌"。[②]

（二）科技创新体系不健全，高素质人才供给不足

2022 年，安徽省坚持把科技创新摆在全省发展的重要位置，加快推进创新型省份建设，实施科技创新"栽树工程"，"科技创新策源地"实现了跨越式发展，为现代化美好安徽建设提供了有力的科技支撑。但是在肯定安徽省科技发展取得显著进步的同时，也应该理性看到在进一步发展中面临的障碍与问题。

[①] 《2022 年全省规模以上工业利润下降 8.5%》，安徽省统计局网站，http://tjj.ah.gov.cn/ssah/qwfbjd/qwfb/147585901.html，2023 年 2 月 3 日。

[②] 《第 776 期 2022—2023 年安徽省房地产业发展形势分析与展望》，安徽省发展和改革委员会网站，https://fzggw.ah.gov.cn/jgsz/wsdw/sjjxxzx/jjly/147521081.html，2023 年 1 月 12 日。

首先，科技成果转化有待加强。在2022年登记的22874项应用技术类科技成果中，共有18181项得到应用，其中9501项达到产业化应用水平，6604项小批量小范围应用，2076项试用，分别占应用技术类科技成果总数的41.54%、28.87%和9.08%，达到产业化应用水平的成果占比不到50%，科技成果转化应用能力不足。其次，科技成果经费投入略显不足。较2021年，科技成果经费投入减少了125.13亿元，国家和部门总投入减少了1.05亿元、自有资金投入减少了130.1亿元，仅有地方投入增加了1.34亿元。再次，技术交易增速放缓。2022年，全省共吸纳技术合同30116项，合同成交额3070.82亿元，较2021年增长41.1%，但较2021年增速放缓51.2个百分点。2022年，全省共输出技术合同29494项，合同成交额2216.72亿元，较上年增长26.3%，但较2021年增速放缓110个百分点。2022年，全省高等院校和事业单位性质科研院所共输出技术合同8288项，技术合同成交额43.51亿元，分别占全部输出技术合同的28.1%和2.0%；全省高等院校和事业单位性质科研院所共吸纳技术合同1798项，技术合同成交额142.39亿元，分别占全部吸纳技术合同的6.0%和4.6%，高等院校和事业单位性质科研院所的技术创新能力有待提升。最后，顶尖人才缺失。2022年，安徽省共有各类专业技术人才477万名，其中包含49.7万名高层次人才，全省科研单位达7267家。35万人从事研发活动，但两院院士在皖数量稀少。两院院士，是国家设立的科学技术和工程科学技术方面的最高学术称号，是科技创新顶尖人才的典型代表。目前，安徽省共拥有39名两院院士，同长三角地区其他省市相比较为落后，未来顶尖人才引进工作仍有很长的路要走。[①]

（三）长三角融合发展有限，区域协调面临考验

近些年，安徽加快推动长三角一体化发展，聚焦优势产业和重点领域，

---

① 《安徽省新当选3名院士、院士总数已达39名》，安徽省科学技术厅网站，http://kjt.ah.gov.cn/kjzx/gzdt/120684511.html，2021年11月18日。

始终树牢"走在前列、争创一流"的拼搏精神,紧扣一体化和高质量两个关键词,携手沪苏浙推动国家规划实施、重点协同事项落实,取得阶段性成效。然而长三角一体化发展在为安徽带来了前所未有的战略机遇的同时,也使安徽面临经济发展存在差距、产业结构转型困难、协同体系发展不健全等多方面挑战。

首先,经济发展相对落后。长三角地区在国家经济发展格局与对外开放大局中具有举足轻重的战略地位。2022年,长三角三省一市地区生产总值合计约29.03万亿元,约占全国GDP的1/4,与2021年相比,合计量增加1.42万亿元。安徽经济发展成就显著,黄山市GDP首次越过千亿"门槛",为长三角经济发展作出突出贡献,长三角所有设区市的经济体量均达到千亿元以上。但是,从经济总量看,上海、江苏、浙江和安徽的生产总值分别是44652.8亿元、122875.6亿元、77715亿元和45045亿元。安徽与沪苏浙仍存在较大差距,居三省一市末位。具体到城市GDP来看,江苏省6市上榜前十,分别为苏州市、南京市、无锡市、南通市、常州市、徐州市;浙江省3市上榜前十,分别为杭州市、宁波市、温州市;安徽省只有合肥市进入前十榜单,位列第6,远落后于苏浙两省。从长三角各地市GDP名义增长率看,安徽省各市经济发展仍需加大动力。2022年长三角各地市GDP名义增长率排名中,舟山市、宿迁市、常州市位列前三。江苏4市上榜前十,为宿迁市、常州市、连云港市、盐城市;浙江4市上榜前十,为舟山市、绍兴市、宁波市、丽水市;而安徽只有2市上榜前十,分别为池州市、滁州市,且位次靠后,居第7、第8位。① 其次,产业结构升级受限。现今,上海、江苏和浙江的产业结构均转型升级为"三二一"结构,而安徽的产业结构虽然持续优化升级,但第二产业所占比重依然很大(见表4),产业结构水平不仅低于长三角其他两省一市,而且低于全国平均水平,尤其是现代服务业发展相对落后。安徽只有加快推进产业转型升级,推动科技合作与产

---

① 《中国长三角GDP规模均超千亿 长三角41市交出2022年度亮眼"成绩单"》,新蓝网,http://i.cztv.com/v/4296851.html,2023年2月11日。

业对接，带动现代服务业发展，才能在长三角一体化发展中获得更高质量更快速度提升。最后，协同体系发展不健全。长三角区域交通发展不平衡，资源、要素流动不顺畅等问题依然存在，各省市包含商品、金融和劳动力的统一大市场尚未构建等。三省一市联动发展不够，协同体系建设有待完善。[1]

表4 2018~2022年安徽省三次产业结构情况

年份	三次产业结构	年份	三次产业结构
2018	7.9 : 41.3 : 50.8	2021	7.9 : 40.5 : 51.6
2019	7.9 : 40.6 : 51.5	2022	7.8 : 41.3 : 50.9
2020	8.2 : 40.5 : 51.3		

资料来源：2018~2022年《中国统计年鉴》。

（四）城市能级差异明显，县域经济发展不均衡

2022年，安徽实现了经济社会高质量发展。但是从安徽省各城市发展来看，16市能级差异明显，县域经济发展不均衡。

一是皖北发展相对滞后。皖北地区位于淮河流域，历史上深受中原文化与吴楚文化影响，拥有众多历史文化古迹，但在经济发展上却处于"洼地"。2022年皖北六市中，只有阜阳GDP达到3233.3亿元，成为安徽省内前五中唯一的皖北城市，但是人均GDP却是垫底水平。其中淮南市以GDP 1541.1亿元处于安徽省后五位，经济发展薄弱。二是地区发展差异明显。GDP排在第一的是合肥，达到了12013.1亿元，成为安徽省唯一突破十万亿大关的城市。合肥是近十年我国经济发展速度最快的城市，主打科创发展，招商引资各项科技产业，目前已成为我国四大科教城之一，与北京、西安、成都并列其中。紧随其后的是芜湖，排在省内第二，芜湖作为华东地区

---

① 《安徽省政协十二届四次会议大会发言材料 推进安徽自贸区与长三角一体化协同发展的建议——杨莲娜委员代表民革安徽省委的发言》，中安在线，http://ah.anhuinews.com/ziliaoku/202101/t20210129_5098277.html，2021年1月29日。

重要的科教、港口城市，工业化水平较高，2022年地区外贸进出口均表现优异，经济总量达到了4502.13亿元，直接领先滁州约1000亿元，两市经济发展明显存在较大差距。宣城、淮南、淮北、铜陵、池州、黄山六市GDP均在2000亿元以下，经济发展缓慢。三是经济区域结构发展不平衡。皖江经济区产业层次相对较高，其高新技术产业和汽车及工程机械、家用电器、化工及新型材料等产业高附加值提高了该区域产业竞争力；皖南地区的黄山依托丰富的煤炭资源发展煤矿经济，其他皖南地区的工业层次不高、经济成果有待优化。皖北和皖西的大部分地区第一产业占比显著，工业基础比较薄弱。四是县域经济发展不均衡。县域经济发展的不平衡不充分是国内大循环的短板，也是做大做强国内循环、促进国内国际双循环相互补充的潜力所在。安徽县域发展在空间分布上，呈现"北强南弱中部凸起"的特征。皖北县域、皖中县域和皖南县域在常住人口数量、经济总量和人均地区生产总值方面呈现较大的差异。北部和中部的人口数量和经济总量远高于南部地区，在人均地区生产总值上皖南地区相对高于其他地区。此外，县域之间存在资源和要素流通壁垒，存在一些各自为政的现象，不利于全国统一大市场的建设。①

（五）低碳产业转型困难，生态文明建设仍需紧盯

新时代十年，安徽省生态环境保护发生了历史性、转折性、全局性变化，在对生态文明建设和生态环境保护工作的认识高度、生态环境保护工作措施力度、生态环境质量改善幅度、群众对生态环境保护工作认同程度方面实现四个前所未有。推动绿色循环低碳发展步履坚实，建设美丽安徽的基础愈加牢固，生态环境治理体系日臻完善，生态环保铁军队伍建设更加坚强。但是我们也应该清醒地认识到，安徽省仍面临生态保护与环境治理等多方面压力。

---

① 《双循环新发展格局下安徽省县域经济发展的路径研究》，亳州新闻网，http://www.bozhou.cn/p/275998.html，2022年10月31日。

首先，主要污染物排放浓度高。2022年上半年，按照《环境空气质量标准》（GB3095-2012）评价，16个城市优良天数比例在62.4%（淮北市）~99.4%（黄山市），平均优良天数比例为76.5%。污染天数占比23.6%，其中轻度、中度、重度污染天数比例分别为19.7%、3.5%、0.4%。超标天数中以$PM_{2.5}$为首要污染物的天数最多，臭氧（O_3）次之。按照城市环境空气综合指数评价，上半年空气质量相对较差的3个城市是淮北市、阜阳市和蚌埠市（第14~16位）。全省$PM_{2.5}$平均浓度在22（黄山市）~54（淮北市）微克/米³，平均为40微克/米³，与2021年同期相比上升2.6%。O_3日最大8小时平均第90百分位浓度范围为135（黄山市）~175（亳州市）微克/米³，平均为161微克/米³，与2021年同期相比上升4.5%，安徽空气质量有待提升。其次，酸雨防治还需加强。酸雨，即酸性的雨，是指pH值小于5.6的大气降水。空气中的二氧化硫、氮氧化物等酸性物质和空中水汽相结合，形成的降雨叫作酸雨。酸雨会对人们日常生活和生产活动产生一定危害性，如使地表水酸化，影响农作物生存，森林土壤退化，甚至深入地下水，居民饮用后会对身体健康产生不利影响。[1] 2022年上半年，安徽省和酸控区平均酸雨频率分别为11.8%和19.3%。马鞍山、安庆和黄山三市出现酸雨，酸雨频率范围为12.0%（马鞍山）~57.9%（黄山）。与2021年同期相比，全省和酸控区酸雨频率分别上升3.2个和2.9个百分点。滁州和黄山两市酸雨频率分别下降6.3个和11.5个百分点，安庆和马鞍山两市酸雨频率上升9.4个和11.1个百分点。再次，淮河流域水质面临安全挑战。以化学需氧量、高锰酸盐指数和总磷为主要污染指标的淮河流域，2022年上半年总体水质为轻度污染。淮河主要支流总体水质为轻度污染，122个断面中劣V类水质断面比例为0.8%（1个）。六安市沣西干渠上楼断面水质为劣V类，劣V类指标为总磷，浓度为0.846毫克/升。[2] 最后，环保工作任重道远。第二轮中央生态

---

[1] 《酸雨的形成及分类》，新华网，http://m.xinhuanet.com/2018-08/13/c_137386050.htm，2018年8月13日。

[2] 《安徽环境质量半年报（2022年上半年）》，安徽省生态环境厅网站，https://sthjt.ah.gov.cn/public/21691/121102951.html，2022年7月22日。

环境保护督察报告显示，安徽省在一些地方和部门贯彻习近平生态文明思想不够到位、长江及巢湖保护修复仍不到位、皖北地区大气污染治理推进不力、突出生态环境问题亟待解决。① 安徽省委、省政府及时制定整改方案，逐一明确整改问题、任务、标准、责任，做到可操作、可检查、可考核。2021~2022 年，省委常委会会议、省政府常务会议共研究部署生态文明建设、生态环境保护和突出生态环境问题整改等工作 57 次，省委、省政府主要负责同志对生态环境保护工作作出批示 276 件次。省级负责同志常态化赴一线开展包保工作，省直相关部门开展调研包保工作 180 余次。② 未来，安徽省在深入打好污染防治攻坚战、扎实推进突出生态环境问题整改等方面仍需严阵以待。

（六）居民收入水平有待提升，就业增收面临考验

提升居民收入水平，是实现共同富裕的题中应有之义，是增进民生福祉的内在要求。尽管近五年来，安徽省人民生活水平显著提升，居民人均可支配收入从 23984 元增加至约 32600 元，新增城镇就业人口 347.7 万人，但是仍存在全省居民人均可支配收入低于全国居民人均可支配收入、中等收入群体比重偏低、就业结构与产业结构不匹配等问题。

首先，居民收入水平有待提升。安徽省居民人均可支配收入比全国平均水平低。2022 年全省居民人均可支配收入为 32745 元，按常住地分，城镇居民人均可支配收入和农村居民人均可支配收入分别为 45133 元和 19575 元。2022 年，全国居民人均可支配收入为 36883 元，按常住地分，城镇居民人均可支配收入达到 49283 元，农村居民人均可支配收入达到 20133 元。安徽省居民人均可支配收入与全国居民人均可支配收入仍有

---

① 《中央第三生态环境保护督察组向安徽省反馈督察情况》，安徽省生态环境厅网站，https://sthjt. ah. gov. cn/hbzx/gzdt/stdt/120482101. html，2021 年 7 月 20 日。
② 《安徽省公开第二轮中央生态环境保护督察反馈问题整改情况》，中华人民共和国生态环境部网站，https://www. mee. gov. cn/ywgz/zysthjbhdc/dczg/202302/t20230224_1017444. shtml，2023 年 2 月 24 日。

4138 元差距，从城乡来看，安徽省城镇居民人均可支配收入低于全国城镇居民人均可支配收入 4150 元，安徽省农村居民人均可支配收入低于全国农村居民人均可支配收入 558 元。其次，中等收入群体比重偏低。安徽省中等收入群体近年来不断壮大，但总体规模依然偏小，占全省比重不足40%。中等收入群体的主要就业领域分布在垄断性行业、密集型行业，以及收入水平较高的信息服务等新兴行业，但是这些产业总体上吸纳的就业数量有限。对就业贡献较大的住宿餐饮、居民服务、纺织服装等行业平均工资较低，薪资水平排名相对靠后。[①] 为此，安徽省委、省政府提出未来将注重增加低收入者收入、扩大中等收入群体和调节过高收入。到 2027 年，中等收入群体比例力争达到 42%。[②] 最后，就业增收面临考验。一是 2022年困难群体数量增加。受疫情、灾情、经济等因素影响，在外务工人口无法及时返回务工地，本地就业的农民工可能失业，加上物价上涨等因素，享受低保、临时救助等困难群体数量有所增加，就业难度也有所加大。二是保障资金压力增大。2022 年以来，面对疫情、灾情等严峻考验，宏观经济持续下行的压力有所增大，财政收入下行。同时，随着救助群体的扩大，各类救助标准自然增长，资金需求不断增加，对主要依靠财政资金保障的困难群众救助和兜底保障提出挑战。三是毕业生招录仍存在难度。安徽省多个地区人力资源社会保障、教育和民政等部门间联动性不足，部分市县推进力度不够。另外，民政部门开发的岗位，大多是最基层的服务岗位，待遇低、落差大，对高校毕业生的吸引力不强，招录应届毕业生存在一定难度。[③]

---

① 《安徽中等收入群体情况报告：收入分配改革期待"橄榄型"结构》，安徽网，http://www. ahwang. cn/anhui/20201012/2166880. html，2020 年 10 月 12 日。

② 《增进民生福祉　促进共同富裕　到 2027 年全省中等收入群体比例力争超四成》，安徽省人民政府网站，https://www. ah. gov. cn/zwyw/ztzl/xxgcddesdjs/xxgc/564222961. html，2023 年 3 月 31 日。

③ 《关于 2022 年稳就业工作情况的报告》，安徽省民政厅网站，http://mz. ah. gov. cn/public/21761/121428881. html，2022 年 12 月 29 日。

三 以中国式现代化引领现代化美好安徽建设的主要举措

2023 年，是全面贯彻落实党的二十大精神的起步之年，也是全面踏入建设社会主义现代化国家的开局之年。面对新时代、新任务、新要求，安徽省要强化"两个坚持"、全力实现"两个更大"，进一步找准在国内大循环和国内国际双循环中的位置和比较优势，扬长补短、精准发力，加快建设经济强、格局新、环境优、活力足、百姓富的现代化美好安徽，为"三地一区"和"七个强省"建设持续注入强劲动能，为中国式现代化新征程谱写上更加壮丽的安徽篇章。

（一）明辨内外发展环境，准确把握发展先机

安徽在新的发展阶段面临新的发展机遇与挑战，要理性辨识内外发展环境，准确把握发展先机。目前，安徽正处于服务全国构建新发展格局、重大战略叠加效应集中释放、新一轮科技革命和产业变革深入发展、全球产业链供应链调整重构、制度优势和治理效能持续彰显等战略机遇期，同时也面临不同国家、不同产业存在分化现象，疫情冲击对经济全球化和产业链供应链的影响仍将持续发酵，地缘政治风险较高；长三角区域竞争合作带来的虹吸效应明显，中部省份加速崛起竞争激烈；重点领域和关键环节改革任务仍然艰巨等挑战。[①]

面对以上机遇与挑战，安徽首先要加强思想引领。坚持以习近平新时代中国特色社会主义思想为指导，聚焦中心、服务大局，与时俱进、守正创新，找出问题、查弱补短，凝聚共识、防范风险、提升能力，为建设现代化美好安徽凝聚人心和力量，不断推动全省各领域事业高质量发展。其次，增

---

① 《解读〈"十四五"时期安徽经济社会发展的历史方位和机遇挑战〉》，安徽省发展和改革委员会网站，https://fzggw.ah.gov.cn/jgsz/jgcs/fzzlhghcsgmjjdybgs/ghjzc/146539121.html，2022 年 3 月 24 日。

强风险意识。全省上下要紧紧围绕两个大局，深刻认识新发展阶段带来的新机遇，社会主要矛盾变化带来的新要求，纷繁复杂局势带来的新挑战，做到心中有数，树立底线思维，保持战略定力，把安徽的事情办好，认识和把握发展规律，在危机中培育机遇，在变局中开创新局。最后，贯彻落实发展战略。一是充分发挥安徽区位交通、市场腹地、人力资源、生态环境优势，抢占巨大的国内市场空间，形成促进经济社会发展的强劲需求拉动力。二是协同打造"一极三区一高地"，叠加"一带一路"倡议和长江经济带发展、促进中部地区崛起等战略，增强安徽高质量发展动能，在新一轮区域格局重塑中提升发展位势。三是持续发挥"关键变量"作用，聚集科教资源，集中重大创新平台，加快培育壮大新兴产业，抢占未来科技和产业发展制高点。四是加快构建现代产业体系，对传统优势产业转型升级扩大有效投入，吸引国内外资本和新兴产业加快布局。五是加快依托自由贸易试验区等重大改革开放平台，推动改革系统集成、协同高效，加快破除深层次体制机制障碍，构建高水平开放型经济新体制，更好发挥有效市场和有为政府"两只手"作用，更好利用国内国际两个市场两种资源。①

（二）加强教育科技培育，服务"三地一区"建设

2022年以来，安徽省在经济社会发展全局中谋划科技创新，大力实施科技创新"栽树工程"，加快科技成果转化应用体系建设，推动科技产业融合发展，推动"科教大省"跨越发展为"科技创新策源地"，推动构建科技成果转化应用体系。在新的发展形势下，安徽省仍要加快建设科技强省和人才强省，服务"三地一区"建设。

一是构建高质量教育体系。大力实施科教兴皖战略，加强高峰学科建设，大力调整学科专业结构，提升教育链、人才链与产业链、创新链的匹配度，为推进文化强省和人才强省建设积聚力量，为"三地一区"建设培育

---

① 《解读〈"十四五"时期安徽经济社会发展的历史方位和机遇挑战〉》，安徽省发展和改革委员会网站，https://fzggw.ah.gov.cn/jgsz/jgcs/fzzlhghcsgmjjdybgs/ghjzc/146539121.html，2022年3月24日。

多样专业人才。培养造就一支高素质教师队伍，加快教育数字化转型，强化保障支撑。[①] 二是助力科创平台建设。围绕产业链创新链，以实施省级科技创新平台体系重塑"赋能"计划为总抓手，以完善创新平台运行管理和激励机制为重点，着力打造定位清晰、功能完善、结构合理的高能级创新平台。尽快培育国家战略科技力量，争取建设新型国家实验室和全国重点实验室，推动科研成果转化为现实生产力，积极推进科技创新策源地建设。三是提速产业创新。主动适应科技与产业深度融合的要求，以科技创新带动传统产业转型升级，打造创新产业载体和集群，加快破解"科技产业两张皮"问题，带动量子信息未来产业和人工智能产业发展，推动新兴产业聚集地建设。四是促进体制机制变革。破除体制机制障碍，形成支持全面创新的基础性制度，把科技作为第一生产力所蕴藏的巨大潜力最大限度地解放和激发出来。改革科研攻关机制，加快推进重大基础研究项目，建立以重大攻关任务为牵引的创新资源整合配置机制，加快构建"三个整合"体制，即整合配置创新资源、产学研一体联动、系统重塑科研用奖管理项目全过程。强化企业创新主体地位，加大对企业科技人才、创新平台、仪器设备、科技项目、成果奖励等方面的培育力度，推动更多高新技术企业上市发展。优化省级自然科学基金扶持机制，完善省级科学技术奖励政策，推动基础研究向更高质量发展。[②]

（三）深化三次产业发展，完善现代产业体系

坚持系统思维，把增强产业链韧性和竞争力摆在重要位置，实施三次产业高质量协同发展行动计划，明确各产业目标、路径和举措，产业链供应链韧性和安全性持续增强，优质发展动力不断被激发，产业体系现代化水平进

---

① 《贯彻落实党的二十大精神　加快建设高质量教育体系》，安徽省人民政府网站，https://www.ah.gov.cn/zwyw/jryw/554180381.html，2022年11月4日。

② 《贯彻党的二十大精神　加快建设科技强省　努力开创科技工作新局面——2023年全省科技工作会议在合肥召开》，安徽省科学技术厅网站，http://kjt.ah.gov.cn/kjzx/ztzl/dsxxjy/xdthjl/121398161.html，2023年1月6日。

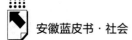

一步提升。今后一个时期，我国经济增长的内需潜力将继续释放，国内市场主导经济周期的特征将更加明显。因此，安徽省要在三次产业高质量协同发展上取得新突破，持续深化三次产业发展，完善现代产业体系，服务智能绿色的制造强省建设。①

一是推动一产"两强一增"。全力夯实粮食生产根基，全力推进高标准农田建设，大力推进农业机械化、智能化，为农业现代化插上科技的翅膀，将发展农业科技摆在更加突出的位置。完成小田变大田改造、农田水利"最后一米"建设等任务；着力强化农业发展支撑，大力发展乡村产业，加强种养业提质增效、农业全产业链建设；坚持"绿水青山就是金山银山"的发展理念，推进农业绿色循环发展；稳定农民经营性收入、工资性收入、转移性收入的同时，通过用好改革这一法宝，着力提高财产性收入，将农民手中的"沉睡资源"变成口袋里的"真金白银"。② 二是深化二产"提质扩量增效"。坚定实现制造业总量合理增长，壮大制造业整体实力；着力提质量，大力实施绿色发展行动，坚定不移走低碳发展、绿色制造、集约循环之路，推动制造业高端化、智能化、绿色化发展；持续增效益，深化"亩均论英雄"改革，推动企业以管理创新促进技术创新、产品创新，提升规模以上工业企业利润率，增强企业核心竞争力。③ 三是聚焦三产"锻长补短"。坚持在国内国际双循环格局中谋划发展路径，推动建设长三角联通中西部、对接京津冀和粤港澳的重要开放枢纽；促进生产性服务业向专业化、价值链高端延伸，顺应新一轮科技革命和产业变革趋势；积极打造文化旅游精品，加强公益性、基础性、普惠性服务供给，增强人民群众获得感、幸福感。④

---

① 《三次产业高质量协同发展步履铿锵——稳中求进·2022 安徽经济发展报告③》，安徽省人民政府网站，https://www.ah.gov.cn/zwyw/ztzl/xxgcddesdjs/xxgc/554201591.html，2022 年12 月29 日。

② 《深化一产"两强一增"大力推进农业农村现代化新闻发布会》，安徽省人民政府网站，https://www.ah.gov.cn/zmhd/xwfbhx/564218131.html，2023 年3 月9 日。

③ 《深化二产"提质扩量增效"，推动制造业高端化、智能化、绿色化发展新闻发布会》，安徽省人民政府网站，https://www.ah.gov.cn/zmhd/xwfbhx/564217771.html，2023 年3 月7 日。

④ 《深化三产"锻长补短"构建优质高效服务业新体系新闻发布会》，安徽省人民政府网站，https://www.ah.gov.cn/zmhd/xwfbhx/564224991.html，2023 年4 月6 日。

（四）强化国际国内市场联动，提高对外开放水平

2022年，安徽省高效统筹疫情防控和开放发展，扩外贸、引外资、促外经、强平台，全省开放型经济实现了高质量发展。未来，安徽省仍要深入贯彻落实党的二十大精神，把"拼经济"摆在最突出位置，稳中求进、创新突破，着力实施开放领域"两扩三强"行动，全力推进高水平对外开放，力争安徽开放型经济各项指标在全国争先进位。

一是充分发挥出口对经济的支撑作用。通过强化企业引育壮大、积极开拓国际市场、培育新业态新模式等途径，不断扩大进出口规模，加快提升安徽外贸综合竞争力；持续优化出口市场结构，鼓励出口市场多元化发展，根据安徽企业自身发展需要积极开拓新兴出口市场；推动培育跨境电商，积极利用经济发展新平台创新商品出口方式，带动大中小型企业构建外贸出口新模式。二是坚持"招大引强"。积极向全球市场出动，鼓励"走出去"，助推"引进来"，通过举办招商对接活动和构建招商联络平台等方式，发展形成"招大引强"新浪潮；建立国家和省级重点外资项目清单，鼓励各地市结合当地产业企业发展特色，扩大产业企业发展"朋友圈"，落实外商投资准入负面清单，提升政策对接企业服务水平；持续举办"天下徽商""资安徽行""跨国公司对接会"等品牌活动，吸引更多外资企业落户安徽，着力打造吸引外资"强磁场"。三是着力实施强外经大促进行动。以RCEP和"一带一路"为重点，不断提升统筹两个市场、两种资源的综合能力，促进跨国产业链的协同合作；推动新能源、高端装备制造等重点产业合作深化升级，抓住产业发展重要战略期；推动铜陵国家农业科技园等产业园区开展合作，针对园区内现代农业、人工智能和食品加工等安徽优势产业积极加强对外联系。四是推动中国（安徽）自贸试验区建设。牢记"为国家试制度、为地方谋发展"使命，大胆试、大胆闯、主动改，依托长三角自贸试验区联盟，加强与沪苏浙自贸试验区的联动发展，奋力推进中国（安徽）自贸试验区争先进位。五是加快推进国家级经开区创新提升。加大园区招商推介力度，全力做大开放型经济规模；支持引进十大新兴产业领头企业、研发中

心和设计中心，全力做强高端产业加速集聚；推进开发园区管理机构改革，全力做优园区管理体制。①

（五）推动区域协调发展，加快融入长三角一体化

促进区域协调发展，是贯彻新发展理念的重要内容，是推进共同富裕的内在要求。安徽省应当充分发挥战略叠加效应，有效衔接、贯通落实国家区域协调发展战略和区域重大战略，推进城乡融合发展和新型城镇化，贯彻落实长三角一体化发展，在加快推动现代化美好安徽建设上取得更大进展。

一是推进城乡融合发展。坚持以工补农、以城带乡推进城乡要素双向自由流动和公共资源合理配置，缩小城乡发展差距和居民生活水平差距。将县域作为基本单位，把城乡一体化发展试验区作为突破口，构建工农互促、城乡互补、协调发展、共同繁荣的新型工农城乡关系。通过数字化发展促进城乡深度融合。探索农业数字化转型、深化乡村电商发展、完善数字基础设施建设、发展乡村数字普惠金融等多种方式，补足乡村数字建设短板，使城乡居民共享数字发展成果，推动实现共同富裕。加大对乡村地区民生的扶持力度。重点提升乡村基本公共服务水平，不断完善乡村医疗体制建设，推动城乡教育均衡发展，加快步入城乡融合高质量发展之路。二是深入实施新型城镇化战略。坚持统筹规划、优化布局、分工协作、以大带小，积极构建"一圈一群一带"联动发展、大中小城市和小城镇协调发展的城镇化发展格局，加快构建疏密有致、分工协作、功能完善的城镇化空间格局；坚持把推进农业转移人口市民化作为新型城镇化的首要任务，存量优先、带动增量，健全配套政策体系，高质量推动农业转移人口全面融入城市，为实施扩大内需战略提供强劲支撑。坚持新型工业化、信息化、城镇化、农业现代化同步推进，发展城市功能，提升城市品质，培育城市活力。② 三是推进长三角一

---

① 《强化国内国际市场联动　提高开放型经济发展水平新闻发布会》，安徽省商务厅网站，https：//commerce. ah. gov. cn/public/21711/121551961. html，2023 年 4 月 22 日。

② 《【新型城镇化】安徽省"十四五"新型城镇化实施方案》，安徽省发展和改革委员会网站，https：//fzggw. ah. gov. cn/jgsz/jgcs/fzzlhghcsgmjjdybgs/ghjzc/147680001. html，2023 年 2 月 6 日。

体化高质量协同发展。立足安徽实际，提高经济发展质量与速度，加快对长三角其他地区的经济追赶步伐。积极发挥企业主体作用，将安徽省产业发展政策积极与长三角其他地区对接，共同形成长三角地区促进企业发展的良好区域政策环境。用好产业链供应链跨区域协调机制，推动与沪苏浙产业链深度嵌入、融合发展，促进省际产业合作园区提质升级，加快省际毗邻地区新型功能区建设。以科技创新共同体为依托实施一批联合攻关项目，协同推进 G60 科创走廊建设，不断推进连接东中部交通枢纽功能的跨省重大基础设施和智能交通建设。推动各领域各行业与沪苏浙建立紧密型、互补型合作关系，深化皖北地区与沪苏浙城市之间的结对帮扶与深度合作。①

（六）注重生态环境保护，协同推进降碳减污

党的二十大报告明确提出，中国式现代化是人与自然和谐共生的现代化。这赋予了生态环境保护工作新的历史使命，为做好生态环境保护工作注入了新的动力，也对安徽省生态环境保护工作提出了新的更高要求。要紧密结合安徽实际，特别是新发展阶段特征，坚持顺势而为、应势而谋、乘势而上，做到准确识变、科学应变、主动求变，服务山水秀美的生态强省建设，统筹推进生态环境高水平保护与经济高质量发展。

一是大力推动发展方式绿色低碳转型升级。要坚持引导发展方式绿色转型，为全省经济高质量发展提供有力支撑，以减污降碳协同增效为总抓手，大力推进传统产业绿色化、低碳化升级改造，着力推进产业结构调整；着力推进重点领域降碳，协同推动能耗"双控"逐步向碳排放总量和强度"双控"制度转变等，全面加快低碳转型步伐。完善绿色转型制度建设，将绿色转型要求落到实处，并从法律法规、政策落地、公众参与等多途径提供保障与支持。二是深入推进环境污染治理工作。积极推动重污染天气消除、臭

---

① 《安徽政府工作报告提出深化长三角一体化发展》，安徽省发展和改革委员会网站，https：//fzggw.ah.gov.cn/jgsz/jgcs/zsjqyythfzc/gzdt/147567791.html，2023 年 1 月 19 日。

氧污染防治和柴油货车污染治理等重点工作开展；加快落实重点行业绩效分级，完善区域重污染天气联动应对体系；开展VOCs污染问题排查整治、氮氧化物污染治理提升、臭氧精准防控体系构建和污染源监管能力重点提升行动；统筹治理水资源、水环境和水生态，完善长江流域水生态考核，健全江淮运河水质保障体系建设，开展淮河流域水质提升计划。三是着力提升生态系统多样性、稳定性、持续性。坚持山水林田湖草沙一体化保护和系统治理，推动系统谋划并实施一批生态保护修复工程。坚持对生物多样性进行长期持续保护，遵循保护和发展密切结合的原则要求，对生物多样性保护区进行严格监管，积极推进可持续发展战略。四是加快构建现代环境治理体系。坚定不移把生态环境领域改革推向前进，建立推动职能部门做好生态环境保护工作长效机制，全面推进排污权交易改革，积极参与全国碳排放权交易市场建设。顺应形势变化需要，理清生态环境主管部门与其他相关部门的责任关系，实现环保政策持续性发展、生态安徽建设持续性推动。①

（七）全面推进乡村振兴，持续深化农村改革

全面推进乡村振兴和加快建设农业强国，是党中央围绕全面建成社会主义现代化强国作出的重要战略部署。安徽省要坚持以习近平新时代中国特色社会主义思想为指导，全面贯彻落实党的二十大精神，深入贯彻落实习近平总书记关于"三农"工作的重要论述和对安徽作出的系列重要讲话指示批示精神，全面推进乡村振兴，加快建设高质高效的农业强省。

一是夯实粮食生产根基。坚定不移抓好粮食生产，对种粮大户的好做法进行总结推广，带动广大农民多种粮、种好粮，使粮食综合生产能力不断增强；加快农业发展方式转变，用好农业科技这个"利器"，推进科技强农向种养加储销全链条延伸；完善多元食物供给体系建设，树立大食物观，培育壮大食用菌产业。优化种植结构，不断提高单产水平，重视推动

---

① 《奋力推动绿色发展，促进人与自然和谐共生》，安徽省生态环境厅网站，https：//sthjt. ah. gov. cn/hbzx/gzdt/stdt/121538301. html，2023年4月17日。

防灾减灾工作，提升区域粮食增产潜力。二是完善农业基础设施建设。对农业基础设施建设进行合理规划，准确把握安徽省各地区农业基础设施建设水平，不断完善农村集体资产管理，使农村集体资产取之于民并用之于民。严格实行耕地保护制度，探索建立耕地种植用途管控机制；加强高标准农田建设，制定升级高标准农田的方案举措，确立县级人民政府农田水利设施管护责任；推动水利基础设施建设，促进水美乡村建设；强化农业防灾减灾能力建设，提升重点区域森林火灾综合防控水平，实现森林防火管理体系和治理能力向现代化方向发展。① 三是持续推进农业农村改革。坚持推动农业农村现代化和共同富裕，为促进农业农村现代化植"根"固"本"铸"魂"。要密切注意发展时期和环境的变化，保证实现农业农村优先发展落实落地。主动顺应时代发展要求，确保农业农村改革重点及时转移，一方面继续巩固拓展还权、确权、活权、优化环境成果，另一方面不断满足农业农村改革更好地面向赋能发展和联合融合的要求，实现乡村振兴与农村改革全面发展。②

（八）多点发力保障民生，满足人民群众美好生活需要

近年来，安徽省组织实施一系列重大战略、重大规划、重大政策、重大改革、重大工程，着力保基本、兜底线、促公平，在发展中不断增进民生福祉，人民生活全方位改善，共同富裕取得新成效。今后，安徽仍要在发展中持续提高保障和改善民生的水平，不断满足人民群众美好生活需要。

一是完善初次分配、再次分配、第三次分配协调配套政策体系。努力提高国民收入分配中居民收入的比重，提高初次分配中劳动报酬所占比重，着

---

① 《中共安徽省委　安徽省人民政府关于做好 2023 年全面推进乡村振兴重点工作　加快建设农业强省的实施意见》，安徽省乡村振兴局网站，https：//xczxj.ah.gov.cn/zxdt/fpyw/8775351.html，2023 年 4 月 17 日。

② 姜长云：《新发展阶段全面深化农业农村改革需要把握的方向》，《陕西师范大学学报》（哲学社会科学版）2022 年第 5 期。

力促进共同富裕。重点增加低收入者收入，扩大中等收入群体，调节过高收入。[1] 把握数字经济发展趋势，推动数字技术进步以提高经济发展效率，针对数字转型过程中产生的弱势群体实施积极救助和数字技术培训。积极履行政府再分配调节职能，推动有利于缩小收入差距的税收制度改革，鼓励社会团体等进行慈善捐赠。营造良好的社会舆论环境，加深人民群众对收入分配制度改革复杂性与艰巨性的认识，多个部门协同推进收入分配配套政策体系的改革与完善。二是落实社会救助标准动态调整机制。重点关注城市困难群体、因灾因疫临时受困群体，完善省级社会救助大平台，充分发挥临时救助"救急难"作用，更好实现主动救助、精准救助。深入开展困难群众救助补助资金审计发现问题专项治理行动，全面健全困难群众救助资金监管和政策落实的体系机制，坚决兜住兜准兜好全省民生保障的底线。[2] 三是多举措稳定扩大就业。强化就业优先政策，扩大就业总量，优化就业结构，推动实现更加充分更高质量就业；精准对接落实，根据行业、地方和企业需求，实施就业促进行动，促进供需匹配；发挥市场作用，培育引进人力资源服务机构，积极打造劳务品牌，提高就业服务质效；搭建长三角地区就业渠道网络，加强与沪苏浙市县和开发园区用工对接；瞄准市场紧缺、产业急需，以企业为主体，加强针对性职业技能提升培训。[3]

参考文献

黄承伟：《全面推进乡村振兴是新时代建设农业强国的重要任务》，《红旗文稿》

---

[1] 《安徽深入实施暖民心行动　书写民生发展新篇章》，新华网，http：//www.ah.xinhuanet.com/2023-03/30/c_1129479819.htm，2023 年 3 月 30 日。

[2] 《坚决兜住兜准兜好民生保障底线》，安徽省民政厅网站，http：//mz.ah.gov.cn/xwzx/mtgz/121419031.html，2023 年 2 月 6 日。

[3] 《郑栅洁在省委专题会议上强调　以超常规力度稳定和扩大就业　以更加务实举措促进居民增收》，安徽新闻网，https：//www.ah.gov.cn/zwyw/jryw/554140851.html，2022 年 6 月 3日。

2023 年第 2 期。

姜长云：《新发展阶段全面深化农业农村改革需要把握的方向》，《陕西师范大学学报》（哲学社会科学版）2022 年第 5 期。

《政府工作报告（2023 年 1 月 13 日在安徽省第十四届人民代表大会第一次会议上）》，安徽省人民政府网站，https：//www. ah. gov. cn/szf/zfgb/564212651. html，2023 年 2 月 17 日。

《安徽省 2022 年国民经济和社会发展统计公报》，安徽省统计局网站，http：//tjj. ah. gov. cn/ssah/qwfbjd/tjgb/sjtjgb/147903181. html，2023 年 3 月 21 日。

《形成共促高质量发展合力（人民论坛·两会·迈步新征程）》，中国共产党新闻网，http：//cpc. people. com. cn/n1/2023/0309/c64387 - 32640066. html，2023 年 3 月 9 日。

《确保"干的事"精准对接群众"盼的事"我省部署推进 10 项暖民心行动》，安徽省卫生健康委员会网站，https：//wjw. ah. gov. cn/ztzl/jkkqxd/56273761. html，2022 年 5 月 16 日。

高质量发展篇
High-quality Development

B.2
长三角一体化背景下安徽经济崛起的
逻辑与前景展望*

洪功翔**

摘　要： 安徽经济增速连续多年高于全国平均水平、领跑中部省份，安徽经济总量与沪苏浙的差距在缩小、进入中国第一方阵，表明安徽经济正在崛起。工业发展的强力拉动、中心城市带动作用发挥、创新驱动引领、多种所有制经济发展共同推动和积极融入全球市场体系，是安徽经济崛起的背后逻辑。只要安徽抓住构建新发展格局、国家重大战略叠加效应集中释放、习近平总书记为安徽高质量发展把脉定向、"下好创新先手棋"厚积薄发带来的新机遇，则安徽的崛起态势是可持续的。中国发展是个有机整体，各个区域经济保持良好发展态势，中国经济就会延续增长奇迹。因此，解析区域经济发展的密码，具有重要的理论价值与借鉴

---

* 基金项目：安徽高校协同创新项目"安徽深度融入长三角跨界协同治理"（GXXT-2019-039）。
** 洪功翔，安徽工业大学商学院二级教授，博士生导师，主要从事创新驱动与区域经济发展研究。

意义。

关键词: 安徽经济崛起　工业强省　创新驱动　龙头带动

新时期以来,安徽经济呈现加速崛起的态势。2020 年 8 月 18 日至 21 日,习近平总书记在安徽考察期间,对安徽各项工作取得的成绩,尤其是经济发展的"争先进位"给予充分肯定。在全面开启社会主义现代化建设新征程、深入贯彻新发展理念、加快构建新发展格局的新阶段,有必要对安徽经济崛起的背后逻辑进行理论总结。

一　安徽经济呈现良好的崛起态势

判断一个地区经济发展状况,既要纵向地与历史比,也要横向地与其他地区比,而且是多指标比较,唯有如此才能全面反映其发展态势。下文将安徽经济分别与全国平均水平、发达的沪苏浙,以及同处于中部的省份进行比较。

(一)安徽经济增速连续多年高于全国平均水平

安徽经济发展是在曲折中前进的。作为中国改革开放发源地,安徽在改革开放初期率先实行家庭联产承包责任制,大大调动了农民的生产积极性,促进了农业劳动生产率的提高和农村经济的全面发展。从安徽地区生产总值占全国比例看,由 1979 年的 3.10% 增加到 1982 年的 3.48%、1984 年的 3.65% 和 1986 年的 3.69%。由于没有抓住 20 世纪 80 年代乡镇企业发展的机遇和 20 世纪 90 年代对外开放的机遇,家庭联产承包责任制释放的改革红利未能持续太久。安徽地区生产总值占全国比例由 1986 年的 3.69% 下降到 1990 年的 3.49%、1995 年的 3.27%、2000 年的 3.12% 和 2005 年的 3.03%,成为中部"坍陷"的省份之一。2008 年以来,安徽 GDP 增长速度已连续 15

年保持在全国平均水平之上，最高点出现在2012年，GDP增速高于全国平均水平4.4个百分点。安徽GDP从2008年的8851.66亿元增加到2021年的42959.2亿元，增长了3.85倍，同期全国GDP只增长了2.58倍。安徽GDP占全国比例由2010年的3.22%，增加到2015年的3.46%、2022年的3.72%（见表1）。

表1 部分年份安徽GDP占全国GDP的比例

单位：%

年份	1979年	1982年	1984年	1986年	1990年	1995年	2000年	2005年	2010年	2015年	2021年	2022年
占比	3.10	3.48	3.65	3.69	3.49	3.27	3.12	3.03	3.22	3.46	3.76	3.72

资料来源：根据《中国统计年鉴》和国家统计局、安徽省统计局发布相关数据整理。

（二）安徽经济增速连续多年在中部地区位于前列

2010～2022年，安徽经济增速一直高于河南，有9年高于湖南，有7年高于湖北，有6年高于江西。其中，2012年、2013年、2020年，安徽GDP增幅居中部第一，2016～2018年，安徽GDP增速连续三年高于湖南、湖北。从GDP看，2010年安徽、湖南、湖北、江西、山西、河南分别为12359.33亿元、16037.96亿元、15967.61亿元、9451.26亿元、9200.6亿元、23092.36亿元，安徽GDP与湖南、湖北、江西、山西、河南之比分别为0.77、0.77、1.31、1.34、0.54。到2022年，安徽、湖南、湖北、江西、山西、河南的GDP分别为45045亿元、48670.37亿元、53734.92亿元、32074.7亿元、25642.59亿元、61345.05亿元，安徽GDP与湖南、湖北、江西、山西、河南之比分别为0.93、0.84、1.40、1.76、0.73。很明显，安徽与湖南、湖北、河南GDP的差距在缩小，江西、山西与安徽GDP的差距在扩大。2010～2021年，安徽、湖南、湖北、江西、山西、河南的GDP分别增长了2.48倍、1.87倍、2.13倍、2.13倍、1.46倍、1.55倍，表明近十年安徽经济平均增速在中部地区位于前列。

（三）安徽经济总量与沪苏浙的差距在缩小

2008 年之前，上海、江苏、浙江的 GDP 增速大多数年份快于安徽，从 2008 年开始，安徽 GDP 的增速一直快于上海，2021 年以外的其他年份快于江苏、浙江。正因为如此，改革开放以来，安徽经济总量与上海、江苏、浙江相比，经历了先扩大后缩小的过程。1985~2005 年，安徽 GDP 与上海、江苏、浙江 GDP 相比，所占比例呈下降趋势，2005~2018 年、2022 年，安徽 GDP 与上海、江苏、浙江 GDP 相比，所占比例不断上升，安徽经济总量与沪苏浙经济总量的差距在缩小（见表 2）。

表 2　相关年份安徽省 GDP 占上海、江苏、浙江 GDP 比例

单位：%

年份	1985 年	1990 年	1995 年	2000 年	2005 年	2010 年	2015 年	2018 年	2022 年
上海	71	84	81	67	59	72	88	92	101
江苏	51	47	39	35	29	30	31	32	37
浙江	77	73	57	50	40	45	51	53	58

资料来源：根据《中国统计年鉴》和沪苏浙皖发布相关数据整理。

（四）安徽经济总量与人均 GDP 在全国排名提升迅速

2000 年以来，安徽经济增长速度在全国排名不断提高，由 20 多位次，上升到 10 多位次，再到前十。其中，2015~2021 年安徽 GDP 增长速度连续 7 年位列前十。与此相适应，安徽 GDP 在全国排名稳步提升，2000~2007 年是第 15 位，2008~2015 年是第 14 位，2016 年、2017 年、2018 年连续三年排名都是第 13 位。2019 年安徽 GDP 在全国排名跃升至第 11 位，增长速度在全国排第 7。2021 年安徽 GDP 虽然在全国排名仍处在第 11 位，但与第 10 位的上海 GDP 只相差 255.65 亿元。2022 年安徽生产总值进入全国前列，GDP 排名进入全国前十（见表 3）。

表3 相关年份安徽经济总量和经济增速在全国排名

年份	2000年	2005年	2010年	2015年	2016年	2018年	2019年	2020年	2021年	2022年
经济总量排名	15	15	14	14	13	13	11	11	11	10
增速排名	25	25	11	9	6	7	7	4	8	14

资料来源：根据《中国统计年鉴》和各省份发布的2021年经济运行情况相关数据整理。

安徽人均GDP在全国排名从2011年的第26位，上升到2020年的第13位，十年间向前移动了13位，可谓进步神速。在这十年间，人均GDP增速有7次挤进全国前十，分别是2011年、2013年、2016年、2017年、2018年、2019年和2020年（见表4）。安徽人均GDP从2009年的16391元增加到2021年的70321元，12年间增加了3.29倍，同期全国人均GDP只增加了2.09倍。

表4 2011~2020年安徽人均GDP和增速在全国排名

年份	2011年	2012年	2013年	2014年	2015年	2016年	2017年	2018年	2019年	2020年
人均GDP排名	26	26	25	26	25	25	24	13	13	13
增速排名	8	11	6	19	20	9	10	2	10	7

经过多年不懈奋斗，安徽经济发展取得新的历史性成就，经济规模在全国排名争先进位、跻身第一方阵，发展格局实现从"总量居中、人均靠后"向"总量靠前、人均居中"的历史性跨越，呈现典型的崛起特征。

二 安徽经济崛起的逻辑

中国经济是由各区域组成的有机整体，只有各区域发展得好，中国经济才能延续增长奇迹。经济发展是有规律的，在区域竞争日益激烈和发展环境大体相同的大背景下，安徽经济的争先进位，说明安徽一定是做对了什么。总结安徽经济崛起的基本经验，可以从以下五个方面来看。

（一）工业发展强劲拉动是安徽经济崛起的前提

工业是国民经济的根基、实体经济的主体，是吸纳就业、决定国家竞争力、推动高质量发展的主导力量。中外经济发展事实表明，工业化是经济增长的"发动机"，人类社会财富积累始于工业化。一个国家或地区的经济发展，需要工业的强劲发展作为支撑。陈佳贵等提出，工业化代表以工业为主的某一国家或地区的经济发展过程或经济现代化进程，工业发展是工业化中的一个显著特征，很多经济体的发展可以缩影为工业的发展。[①] 工业发展对安徽经济增长的强劲拉动，源于"工业强省"战略的实施。2006 年，安徽省"十一五"规划首次将"工业强省"战略纳入五年发展目标当中。2007年 8 月，安徽省委、省政府专门召开工业强省大会，明确提出大力推进"工业强省"战略，坚持走新型工业化道路，加快资源大省向新型工业强省的跨越。在"工业强省"战略推动下，安徽省抢抓承接产业转移来弥补自身工业基础薄弱短板。2010 年，皖江城市带承接产业转移示范区获国务院批准，成为国家战略示范区。2010~2015 年，示范区累计引进亿元以上省外资金 23817.5 亿元、实际利用外商直接投资 399.6 亿美元，分别年均增长25.4%、21.4%。[②] 鉴于示范区建设取得了显著成效，国家发展改革委同意安徽省修订《皖江城市带承接产业转移示范区规划》，打造"升级版""皖江城市带承接产业转移示范区"。与此同时，在长三角一体化战略推动下，2019 年沪苏浙来皖投资在建亿元以上项目 2979 个，实际到位资金 6414 亿元，同比增长 12.4%，实际到位资金占安徽省外实际到位资金的 51.2%。[③] 2020 年沪苏浙来皖投资在建亿元以上项目 3493 个，实际到位资金 7490.5 亿元，同比增长 16.8%，实际到位资金占安徽省外实际到位资金的

---

① 陈佳贵、黄群慧等：《工业大国国情与工业强国战略》，社会科学文献出版社，2012。
② 安徽省人民政府：《皖江城市带承接产业转移示范区规划（修订）》（皖政〔2016〕100 号）。
③ 赵华：《打造开放新高地，协同构建新格局》，《安徽日报》2020 年 9 月 8 日。

53.1%。① 2021 年，沪苏浙在皖投资在建亿元以上项目 4167 个，实际到位资金超过 9000 亿元，同比增长 22.6%，占全省的半壁江山。② 安徽不断优化招商引资环境，抓住了国内外产业大规模转移的历史契机和我国东部地区产业升级的大好机遇，在更大范围、更高层次上承接了国内外大批产业转移，工业产业获得了长足发展。2008~2022 年的统计数据表明，安徽工业的增速除在 2016 年和 2019 年与 GDP 增速持平、2015 年落后 0.2 个百分点外，其他 12 年都超过其 GDP 增速。在有的年份超过比较多，如 2010 年、2011 年工业增速分别比其 GDP 增速快 7.0 个百分点、5.3 个百分点。同时期，安徽工业增速除在 2015 年与第二产业增速持平、2019 年落后 0.5 个百分点外，其他 13 年都超过第二产业增速（见表 5）。

表 5　2008~2022 年安徽 GDP 增速、第二产业增速与工业增速的比较

单位：%

年份	2008 年	2009 年	2010 年	2011 年	2012 年	2013 年	2014 年	2015 年
GDP 增速	12.7	12.9	14.5	13.5	12.1	10.4	9.2	8.7
二产增速	16.4	16.8	20.7	17.9	14.4	12.4	10.3	8.5
工业增速	18.3	17.4	21.5	18.8	15.3	13.3	10.8	8.5

年份	2016 年	2017 年	2018 年	2019 年	2020 年	2021 年	2022 年
GDP 增速	8.7	8.5	8.02	7.5	3.9	8.3	3.5
二产增速	8.3	8.6	8.5	8.0	5.2	7.9	5.1
工业增速	8.7	8.9	9.2	7.5	6.0	8.9	6.1

资料来源：根据相关年份"安徽省国民经济和社会发展统计公报"和安徽统计年鉴整理。

在较快增长速度带动下，安徽工业增加值由 2008 年的 3238.44 亿元增加至 2022 年的 13879 亿元，15 年增长了 3.29 倍，有力推动了安徽经济的加速崛起，并助推安徽首次入围全国制造业十强省。不仅如此，工业发展会推

---

① 安徽省统计局：《安徽省 2020 年国民经济和社会发展统计公报》，《安徽日报》2021 年 3 月 15 日。

② 《辉煌十年看安徽丨安徽：高质量发展迈出新步伐》，https：//baijiahao.baidu.com/s?id＝1746984817065574572&wfr＝spider&for＝pc。

动工业化，工业化过程总是伴随着产业集中、集聚和集群发展，带动城市化水平的提高，直接或间接催生一些新需求、新服务和新业态，扩大了社会生产可能性边界，名副其实成为经济增长的主引擎。

（二）中心城市带动作用发挥是安徽经济崛起的重要支撑

大量研究表明，中心城市既是区域经济发展壮大的结果，又对区域经济发展起着引领、带动作用。[1] "增长极理论""中心地理论""圈层结构理论""核心—边缘理论"[2]都强调，区域经济发展需要城市的带动，尤其是中心城市的带动[3]。合肥是安徽省会所在地，是经济、文化、科教、金融和商务中心，是省内经济实力最强、最大的中心城市。其发展能级，直接影响到安徽经济的发展。安徽省政府高度重视合肥作为区域中心城市的发展和其对安徽经济发展带动作用的发挥，2004 年以来的安徽省政府工作报告，都反复强调加快合肥现代化大城市建设，着力提高省会城市首位度，不断增强中心城市带动力，以及反复强调加强合肥经济圈建设、都市圈建设，加快建设合肥长三角世界级城市群副中心，打造全国有重要影响力的区域增长极。为发挥合肥市的龙头带动作用，安徽还通过行政区域调整，把人口和要素资源不断向合肥积聚，以增强合肥市的经济实力和核心竞争力，以期加快形成带动区域经济发展的动力源和辐射源。2011 年 8 月，安徽省行政区划调整，撤销原地级市巢湖市，原居巢区改设县级巢湖市，由安徽省直辖、合肥市代管，庐江县划入合肥市。同时，合肥强化资本运作，通过"以投带引"招商引资新模式，引入并培育了新型显示器件、半导体和新能源汽车等新兴产业集群，夯实了现代产业的厚实根基，跑出了经济发展的"加速度"。2009~2022 年，合肥市 GDP 的增长速度连续13 年超过安徽省 GDP 增长速度（见表6）。

---

[1] 丁如曦、刘梅、李东坤：《多中心城市网络的区域经济协调发展驱动效应——以长江经济带为例》，《统计研究》2020 年第 11 期。

[2] 何伟：《中心城市区域经济发展带动作用主要理论研究回顾》，《淮阴工学院学报》2001 年第 3 期。

[3] 高玲玲：《中心城市与区域经济增长：理论与实证》，《经济问题探索》2015 年第 1 期。

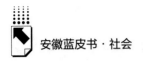

表6 2009~2022年合肥市GDP增长速度与安徽省的比较

单位：%

年份	2009年	2010年	2011年	2012年	2013年	2014年	2015年
安徽省	12.94	14.59	13.51	12.1	10.44	9.2	8.73
合肥市	17.8	17.0	15.4	13.6	11.5	10.0	10.5
年份	2016年	2017年	2018年	2019年	2020年	2021年	2022年
安徽省	8.68	8.46	8.02	7.5	3.9	8.3	3.5
合肥市	9.8	8.5	8.5	7.6	4.3	9.2	3.5

资料来源：根据相关年份"安徽省和合肥市国民经济和社会发展统计公报"整理。

在经济高速增长的带动下，2020年合肥市单年GDP首次破万亿元，在全国城市中的排名由2009年的第41位进入第20位。2009~2022年，合肥市GDP占安徽省的比例由20.89%上升到26.67%，对安徽省GDP增长的贡献由1/5增加到1/4以上。安徽省有16个地级市，其中合肥市对安徽经济增长的贡献达1/4以上，足以说明合肥市的经济增长在全省的作用是非常重要的，其发展对全省经济发展起到了很大的带动作用。目前，合肥正以黑马姿态成为我国高速发展城市的优秀代表。展望2035年，合肥将通过建设全球科创新枢纽、区域发展新引擎、美丽中国新样板、城市治理新标杆、美好生活新天地，真正成为安徽省的强力龙头与长三角的西翼中心，跻身一流省会城市行列。合肥兴，安徽兴；合肥强，安徽强；合肥崛起，则安徽崛起。可以预期，在扩散效应、辐射效应以及示范效应带动下，合肥将在加快建设新阶段现代化美好安徽中发挥更大作用。

（三）创新驱动引领是安徽经济崛起的基本动力

习近平总书记多次强调，谁牵住了科技创新的"牛鼻子"，谁走好了科技创新这步先手棋，谁就能占领先机，赢得优势。安徽坚持以习近平新时代中国特色社会主义思想为指引，把创新作为引领发展的第一动力，下好创新"先手棋"，走活高质量发展"一盘棋"。[①] 一是抢抓国家创新驱动发展战

---

① 李锦斌：《努力走出经济高质量发展新路》，《人民日报》2019年4月22日。

略，全力争取国家战略平台，拥有合肥综合性国家科学中心、合芜蚌国家自主创新示范区、系统推进全面创新改革试验省和国家创新型试点省等四大国家级科技创新平台。"四个一"创新主平台已成为安徽建设现代化经济体系的重大支撑和推进自主创新的主要抓手。二是为了充分发挥战略性新兴产业的引领带动作用，安徽省政府从 2015 年开始决定加快建设一批战略性新兴产业集聚发展基地，到 2020 年全省共有 26 个重大新兴产业基地。为加快推进重大新兴产业基地、重大新兴产业工程、重大新兴产业专项建设，构建创新型现代产业体系，安徽省财政设立 300 亿元的省"三重一创"产业基金。在各项政策支持下，全省重大新兴产业基地迈上了高速高质量发展的快车道，基地产值年均增速达 17.7%。其中，合肥集成电路、新型显示器件、人工智能和铜陵先进结构材料入选首批国家级战略性新兴产业集群，合肥智能语音入选国家先进制造业集群，新型显示实现"从砂子到整机"的整体布局，集成电路集聚产业链企业 300 余家，长鑫 19 纳米动态存储芯片实现量产，华米可穿戴设备销量全球第一。三是按照"储备一批、培育一批、推荐一批"的思路，梯次推进企业技术中心建设，构建了国家实验室、大科学装置、交叉前沿平台，以及以"一室一中心"为核心的创新平台体系。一批在国内有影响的高水平新型研发机构，已成为安徽省科技创新发展的重要策源地。四是出台了一系列促进科技创新发展的政策措施，实现了研发、转化、产业化等科技创新各个环节全覆盖，逐步构建了具有安徽特色的科技创新制度体系。[①]

安徽坚持科技创新和产业创新联动，围绕产业链部署创新链，围绕创新链布局产业链，切实把科技资源优势转化为产业发展优势。"十三五"期间，安徽战略性新兴产业产值年均增长 17.3%，高新技术产业增加值年均增长 15.1%，对工业增长的贡献率均已超过 70%。[②] 在集成电路、新能源汽车、光伏太阳能等新兴产业热门赛道上善用市场逻辑、资本力量抢先突围布

---

① 汪永安：《下好创新先手棋，安徽全方位激发科技创新活力》，《安徽日报》2019 年 4 月 17 日。
② 《跨越争先 迈向全国第一方阵》，《安徽日报》2021 年 10 月 28 日。

局，实现"现象级"突破。2020 年，即使受疫情影响，安徽的动能转换继续保持良好发展势头。在地区经济增速只有 3.9%的情况下，规模以上工业中，高新技术产业和装备制造业增加值比上年分别增长 16.4%和 10.3%，占比分别为 43.8%和 33.5%。战略性新兴产业产值增长 18%，其中新一代信息技术产业、高端装备制造产业、新材料产业、生物产业、新能源汽车产业、新能源产业和节能环保产业产值分别增长 28.5%、9.3%、14.8%、22.7%、23.1%、29.6%和 8.9%。[①]

（四）多种所有制经济共同发展是安徽经济崛起的基本条件

多种所有制经济共同发展是中国改革开放 40 多年取得世所罕见经济快速发展奇迹的一条基本经验。从所有制视角看，一个地方的经济总是由各种不同具体的所有制形式组成的。每种所有制形式发展得好，整个经济自然发展得好。改革开放以来，安徽省委、省政府高度重视多种所有制经济的共同发展。一方面，安徽省委、省政府认真贯彻党中央、国务院决策部署，持续深化国资国企改革，改革重点领域和关键环节取得一系列重要成果，有一批省属企业在改革中发展壮大，如安徽海螺集团有限责任公司、铜陵有色金属集团控股有限公司在 2019 年度进入世界 500 强第 441 名、第 461 名，2022 年度进入世界 500 强第 353 名、第 400 名。2016~2020 年，安徽省属国有企业资产总额、所有者权益、营业收入、利润总额分别年均增长 6.5%、11.8%、8.6%、34.1%。[②] 2020 年末，省属企业资产总额 1.77 万亿元，所有者权益 7704.6 亿元，同比分别增长 10.2%和 13.4%，实现营业总收入 9228.1 亿元、同比增长 11.7%，利润总额 866.3 亿元、同比增长 12.6%，营业总收入和利润总额均创历史新高。与全国省级国资监管企业相比，安徽省属企业营

---

① 安徽省统计局：《安徽省 2020 年国民经济和社会发展统计公报》，《安徽日报》2021 年 3 月 15 日。

② 《省国资委主要负责同志解读〈安徽省国企改革三年行动实施方案（2020—2022 年）〉》，安徽省人民政府国有资产监督管理委员会网站，http://gzw.ah.gov.cn/ztzl/zt/gqggsnxd/55548891.html。

业总收入和利润总额分别居第 7 位、第 3 位，继续保持全国第一方阵。①

另一方面，出台一系列政策鼓励支持非公有制经济发展。1998 年 3 月，安徽省委、省政府作出《关于进一步加快发展个体私营经济的决定》，2003 年 9 月作出《关于加快民营经济发展的决定》，2007 年 2 月印发《关于进一步加快个体私营等非公有制经济发展推进全民创业的意见》，2013 年 2 月印发《关于大力发展民营经济的意见》，2018 年 11 月印发《关于大力促进民营经济发展的若干意见》，用以支持、引导非公有制经济发展。② 同时，出台政策积极利用外资和境外投资。如 2012 年 3 月安徽省人民政府制定颁布了《安徽省"十二五"利用外资和境外投资规划》，2016 年 12 月制定颁布了《安徽省"十三五"利用外资和境外投资规划》，2017 年 10 月出台了《关于促进外资增长的实施意见》，2018 年 9 月出台了《关于积极有效利用外资推动经济高质量发展的实施意见》，用以吸引、支持外商投资企业、港澳台商投资企业来安徽发展。安徽民营企业继 2013 年经济总量突破万亿元大关之后，2018 年达 20490.1 亿元，2019 年达 22421.3 亿元。2008 年民营经济占安徽经济的 51.6%，2019 年进一步提升至 60.4%，具有"六六七八九"的特征，即贡献了 60% 以上的地区生产总值、60% 以上的税收、70% 以上的技术创新成果、80% 以上的城镇劳动力就业和 90% 以上的企业数量。③

国有经济与民营经济是相辅相成、共生发展的关系，安徽经济的强势崛起，与国有经济、民营经济都得到较好发展紧密相连。事实证明，"两条腿"走路，比"一条腿"走路走得稳、走得协调。④

（五）积极融入全球市场体系是安徽经济崛起的助推器

对外开放是中国的基本国策。党的十四届三中全会明确提出，要充分利

---

① 田婷：《国资监管企业利润总额逾千亿》，《安徽日报》2021 年 1 月 27 日。
② 秦柳：《从"补充"到"基础"：安徽民营经济不断发展壮大》，《江淮文史》2018 年第 6 期。
③ 程利华、王传龙、张波：《安徽民营经济发展情况报告》，《统计科学与实践》2020 年第 4 期。
④ 洪功翔、顾青青、董梅生：《国有经济与民营经济共生发展的理论与实证研究——基于中国 2000—2015 年省级面板数据》，《政治经济学评论》2018 年第 5 期。

用国际国内两个市场两种资源，优化资源配置……发展开放型经济。理论研究显示，通过对外贸易可以获取所需要的短缺资源，拓展产品的市场空间，增加就业，提高创新能力，推动产业结构转型升级[①]，国际和国内市场的协同互补式扩张是保证经济可持续发展的关键因素[②]。中国40多年的对外开放实践证明，中国打开国门搞建设，以开放促改革促发展，积极利用国际国内两种资源两个市场，实现了从封闭、半封闭到全方位开放的伟大历史转折，走出了一条中国特色社会主义发展道路。[③] 安徽的经济崛起也表明，两种资源两种市场利用得好，经济就发展得好。

从出口额看，1985~2005年，安徽省出口额由3.1亿美元增加到51.9亿美元，增加了15.7倍，中国出口额由273.5亿美元增加到7619.5亿美元，增加了26.9倍。由于这一时期安徽出口的增长速度远低于全国出口的增长速度，安徽出口额占全国比例由1.12%下降到0.68%。与此同时，安徽GDP占全国比例由3.64%下降到3.03%，成为中部"塌陷"省份之一。2005~2020年，安徽省出口额由51.9亿美元增加到455.8亿美元，增加了7.78倍，中国出口额由7619.5亿美元增加到25999.1亿美元，增加了2.4倍。这一时期，安徽省出口的增长速度远远高于全国出口的增长速度。与之相对应的是，安徽省经济增长速度连续多年高于全国经济增长速度，安徽GDP占全国比例由3.03%上升到3.81%，呈现蓬勃崛起态势。出口是进口的基础。安徽进出口额在全国所占比例及其变化，与出口额在全国所占比例及其变化，是基本一致的（见表7）。

从吸引外商投资看，外商投资企业在安徽投资总额由1997年的90.1亿美元上升到2019年的1656亿美元，占全国比例由1.19%上升到1.87%，同样为安徽经济崛起提供了有力支撑。

---

① 田素华、尹翔硕：《论经济增长过程中的要素约束与发展对外贸易》，《复旦学报》（社会科学版）2006年第2期。

② 曾宪奎：《新形势下的两个市场两种资源分析》，《中国劳动关系学院学报》2021年第1期。

③ 黄勇、谢琳灿：《中国对外开放40年伟大实践与重要启示》，《旗帜》2019年第2期。

表 7 1985~2022 年安徽进出口额、出口额占全国的比例

单位：%

年份	1985 年	1990 年	1995 年	2000 年	2005 年	2010 年	2015 年	2018 年	2020 年	2022 年
出口额	1.12	1.05	0.94	0.87	0.68	0.79	1.45	1.46	1.75	1.79
进出口额	0.62	0.64	0.71	0.71	0.64	0.82	1.23	1.36	1.67	1.98

资料来源：根据中国统计年鉴、安徽统计年鉴和中国、安徽社会经济发展统计公报整理。

尽管对外贸易和外商直接投资，对安徽经济崛起起到了助推作用，但与高标杆的江苏、浙江相比，仍有较大差距。以 2020 年为例，安徽的出口额分别为江苏、浙江的 13.0%、13.6%，外商投资企业在安徽投资总额分别为江苏、浙江的 14.0%、33.1%。因此，对安徽来说，进一步提高利用两个市场两种资源的能力至关重要。

三 安徽经济崛起的前景展望

虽然世界正经历百年未有之大变局，新冠疫情冲击使这个大变局加速演变，国际环境日趋复杂，风险源风险点明显增加，世界经济发展的不确定性进一步加大，但支撑我国高质量发展的要素条件没有改变，长期稳中向好的总体势头没有改变，安徽仍处于重要战略机遇期。

（一）构建新发展格局带来的新机遇

党的十九届五中全会提出，"加快构建以国内大循环为主体，国内国际双循环相互促进的新发展格局"。新发展格局中中国经济同样需要全球化，但主场要放在国内进行，利用强大的内需来连通国内外市场，推动国内市场循环，带动市场主体参与国际市场循环。在主场全球化下，中国经济体在全球经济中从配角走向主角，中国市场上升为全球重要市场甚至主要市场，中国在继续保持世界供给中心的同时，也上升为世界需求主体和市场中心。如果说客场全球化更有利于沿海省份，在主场全球化下，打造强大的内需市场

给非沿海区域带来了更多更平等的发展机遇。主场全球化有利于作为内陆、地处中部地区的安徽发挥区位交通、市场腹地、生态环境、人力资源优势，承接更多的产业转移，打造商品和要素循环畅通的巨大引力场。但机遇是由人来识别和行动的，具有转瞬即逝的特点。因此，对地方政府和企业而言，抓住以国内大循环为主体的机遇尤为重要。

（二）国家重大战略叠加效应集中释放带来的新机遇

展望"十四五"和面向2035年，安徽省仍面临重大战略叠加效应集中释放的新机遇。一方面，安徽是多个国家战略全覆盖的省份。如长江经济带建设、长三角一体化发展和中部崛起等多个国家战略部署全覆盖，在全国区域发展格局中的地位得到全面提升，为高质量发展注入了新的强劲动力、创造了更加广阔的空间。另一方面，安徽省还享有国家多重政策支持红利。如皖江城市带承接产业转移示范区建设被纳入国家发展战略，有利于推进皖江城市带与合肥经济圈聚合发展，加快芜湖、马鞍山跨江联动发展。安徽自贸试验区的三个片区合肥、蚌埠、芜湖扬帆起航，有利于打造改革开放新高地。合芜蚌自主创新示范区建设、合肥科技创新试点城市建设、合肥综合性国家科学中心建设，有利于加快打造科技创新策源地和新兴产业聚集地。合肥都市圈建设、长三角副中心城市建设，有利于推动中心城市合肥做大做强。多重政策优势互补、主体功能定位清晰，形成了一个多极支撑、不同类型的国家层面战略规划体系。目前，各项政策效应不断释放，日渐凸显。如习近平总书记亲自擘画和推动把安徽纳入长三角一体化发展战略，为安徽发展筑势赋能，赋予安徽发展前所未有的战略机遇。

（三）习近平总书记为安徽高质量发展把脉定向带来的新机遇

在决胜全面建成小康社会、开启全面建设社会主义现代化国家新征程的关键节点，在收官"十三五"、谋划"十四五"的关键阶段，习近平总书记亲临安徽视察，发表系列重要讲话，就疫情防控、社会经济发展、河流湖泊安全、生态环境安全等方面作出重要指示，为安徽高质量发展擘画美好蓝图。他要求安徽"坚持改革开放，坚持高质量发展，在构建以国内大循环为主体、国内国际双循环相互促进的新发展格局中实现更大作为，在加快建设美好安徽上取得新的更大进展"。他还提出安徽"要深刻把握发展的阶段性新特征新要求，坚持把做实做强做优实体经济作为主攻方向，一手抓传统产业转型升级，一手抓战略性新兴产业发展壮大，推动制造业加速向数字化、网络化、智能化发展，提高产业链供应链稳定性和现代化水平"。习近平总书记全方位地为安徽社会经济发展把脉定向，使安徽的发展目标更明确，思路更清晰。

（四）"下好创新先手棋"厚积薄发带来的新机遇

多年来，安徽坚持大创新大发展、小创新小发展、不创新难发展的发展理念，坚定不移实施创新驱动发展战略，着力"下好创新先手棋"，区域创新能力稳居全国第一方阵，以"芯屏器合"为标识的现代产业体系加速形成，创新动力越发强劲，呈现厚积薄发的良好态势。一是新一轮科技革命和产业变革深入发展，前沿引领技术和颠覆性技术创新正在塑造新的经济形态，有利于安徽省发挥科教资源集聚、重大创新平台集中的"关键变量"作用，在世界科技竞争中抢占新的制高点。二是从国家到地方，从高等院校科研院所到企业，一系列科技创新重大战略平台持续完善和升级，孕育了战略性新兴产业成长壮大的盎然生机。三是科技资源优势正在转化为产业发展优势。如围绕科大讯飞智能语音技术设立的"中国声谷"，2020 年实现营业收入 1060 亿元、入园企业 1024 家的"双千"发展目标。2021 年 10 月，合肥量子计算创新创业平台成功上线，必将推进量子科技产业的持续发展。四是吸引海内外创新资源、创新人才向合肥集聚，向安徽集聚。合肥赢来的创新之城、风投之城标识，正在迸发出强烈的"磁场效应"，对吸引企业、项目、人才、资本向合肥集聚发挥着不可估量的作用。

尤其是安徽省委、省政府在经济社会发展的实践中，深邃思考和精确把握习近平新时代中国特色社会主义思想，扎实推动习近平总书记考察安徽重要讲话精神落地生根、开花结果，不断深化对做好经济工作的规律性认识，

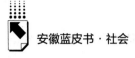

团结带领安徽人民真抓实干、埋头苦干,朝着第十一次党代会擘画的目标奋勇前进。因此,安徽经济继续保持加速崛起、再接再厉再造"安徽震撼"是可期的,中共安徽省第十一次党代会提出的,未来五年安徽地区生产总值力争达到6.5万亿元,城镇居民人均可支配收入接近全国平均水平,农村居民人均可支配收入超过全国平均水平,中等收入群体比例超过40%,是可以实现的。

B.3
苏皖合作示范区省际毗邻区域
一体化发展研究[*]

伍万云　张　骥　吴　波　罗继国[**]

摘　要： 苏皖合作示范区建立是安徽全面对接沪苏浙的重要举措。课题组
　　　　深入江苏省溧阳市，安徽省郎溪县、广德市等地调研。苏皖合作
　　　　示范区在基础设施、产业发展、生态环境、资源利用、民生福祉
　　　　等方面勇于探索，在重点领域合作、重大项目布局、保障措施等
　　　　方面做好了衔接。然而，在跨区域利益共享、风险共担、均衡化
　　　　发展、生态多元化补偿等方面，亟待破除行政壁垒。如何打造省
　　　　际交界合作创新先行区，构建一体化无缝对接体制机制，课题组
　　　　提出统筹规划、多评合一，探索省际毗邻区域一体化路径；尝试
　　　　建立跨区域利益共享、风险共担机制，促进苏皖合作示范区均衡
　　　　化发展；加快三地先导区建设，在苏皖合作示范区省际毗邻区域
　　　　规划同谋、人才共育等领域一体化发展。

关键词： 长三角一体化　苏皖合作示范区　创新先行区　省际毗邻

苏皖合作示范区（以下简称"示范区"）是《长江三角洲区域一体化发

---

　* 基金项目：2022年安徽省党校（行政学院）系统重点智库课题"一体化推进苏皖合作示范
区高质量发展研究"（QS2022081）。

** 伍万云，中共宣城市委党校综合教研室副主任，教授，主要从事区域经济研究；张骥，宣城
市苏皖合作示范区管委会区域合作局局长，从事区域经济研究；吴波，安徽省委党校社会与
生态文明教研部，教授，从事城镇化研究；罗继国，中共旌德县委党校副校长，从事区域经
济研究。

展规划纲要》（以下简称《规划纲要》）的重要落地区域，也是长三角省际毗邻区块或政策区块的示范区，涉及江苏省常州市的县级市溧阳市，安徽省宣城市下辖的郎溪县、广德市，2021年三地GDP总计1850.5亿元，比宣城市全市GDP（1835亿元）高出约15亿元，可见示范区属于典型的以强带强、以强统强的区域，示范区建设作为实施省际毗邻区域协调发展战略的实践，其跨区域合作成效直接关系到示范区在基础设施、产业发展、科技创新等方面的成效。关键是破解跨区域行政壁垒，构建省际毗邻区域一体化税收征管、一体化生态补偿标准、一体化产业发展空间布局、一体化人才共育等省际毗邻区域体制机制。课题组试图参照"青湖嘉"长三角生态绿色一体化发展规划，在文化旅游深度融合、民生福祉互利共享等方面寻求省际毗邻区域一体化建设，旨在促进两省三地在基础设施、产业发展、生态文明、资源利用等方面深度合作，真正实现省际毗邻区域一体化高质量发展，最终实现共同富裕。

一 国内外研究现状

（一）三维视域下国内外研究现状探析

1.政策维度

2018年11月，国家发改委正式批复《苏皖合作示范区发展规划》，是目前国内唯一的跨省毗邻区域三地共建的产业合作平台。2021年4月，江苏省溧阳市与安徽省郎溪县、广德市签署《高质量推进苏皖合作示范区建设协议》。2021年5月，宣城市人民政府出台《高质量推进苏皖合作示范区建设三年行动计划（2021—2023年）》（宣政〔2021〕29号），提出至2023年，苏皖合作示范区区域和品牌价值显著提升，基础设施网络体系初步形成，生态经济产业体系初步建成，民生福祉互利共享取得成效。[①] 2022

---

① 宣城市人民政府：《关于印发高质量推进苏皖合作示范区建设三年行动计划（2021—2023年）的通知》（宣政〔2021〕29号），2021年5月28日。

年 4 月，宣城市苏皖合作示范区管委会印发《苏皖合作示范区和"一地六县"合作区宣城区域 2022 年工作要点》，明确提出以示范区为先导，先行先试，实干快干。[1]

2. 理论维度

沈虹等提出，"坚持规划引领、勇于机制创新、找准合作主题，久久为功"。[2] 范朝礼从意义、谋划、路径三个层面，提出做好苏皖合作示范区生态经济区规划。中共郎溪县委组织部提出党建集群引领、打造品牌集群、强化服务集群，推动产业集群高质量发展。[3] 张娟娟从开放要素市场、推进园区合作共建、构建信息互通平台、加强人才交流合作、建立工作推进机制等八个层面提出推动苏皖合作示范区建设。

3. 实践维度

自 2018 年 11 月国家发改委批复"示范区"以来，江苏省溧阳市、安徽省郎溪县和广德市三地政府多次召开决策层、协调层和执行层会议，示范区各项工作取得积极进展。2021 年 10 月，示范区在郎溪召开决策层会议，三地四大班子领导就深化示范区建设，在更大范围推动一市三省交界地区融入长三角一体化发展国家战略，进行深入交流并提出具体工作建议。各项工作得到系统部署和有效落实。2022 年以来，安徽、江苏两省及三地政府十分重视示范区建设成效评估报告，随时接受国家发改委验收。

（二）国内外研究现状述评

综上所述，示范区是全面对接长三角一体化，加快三地先导区建设，谋求在跨区域合作项目利益分享、税收分成、公共服务共享、经济发展均衡等方面率先探索一体化。然而，跨区域行政壁垒如何破除？体制机制怎样有效

---

[1] 宣城市苏皖合作示范区管委会：《苏皖合作示范区和"一地六县"合作区宣城区域 2022 年工作要点》，2022 年 4 月。

[2] 沈虹、黄钰：《民盟中央调研组赴溧阳 调研苏皖合作示范区建设情况》，《常州日报》2018 年 4 月 12 日。

[3] 余克俭、李伟：《宣城市郎溪县加快推进苏皖合作示范区建设》，人民网，2021 年 7 月 5 日。

无缝对接？如何构建利益共享、风险共担机制？怎样推进示范区高质量发展？这是本课题研究的重点。课题试图从产业链跨界合作、生态环境共建共治、民生福祉互利共赢、跨区域帮扶合作共享等层面寻求突破。借鉴中新苏滁高新技术产业开发区模式，积极探索股份合作利益共同体。通过对苏皖合作示范区进行探索性研究，分析其形成基础、运行机理和影响因素。

二 苏皖合作示范区省际毗邻区域一体化的主要做法及其成效

（一）示范区主要做法

1. 创新体制机制，省际行政壁垒不断打破

一是共建示范区合作体制机制。溧阳市、郎溪县、广德市三地，常态化召开联席会议，协调各项合作事项。每年排定示范区重点工作和重大项目（事项）计划表，实现重大项目、重大工程等相向谋划、协同推进。2020年，三地国有平台公司各出资5000万元，成立苏皖合作示范区产业合作发展有限公司。2022年，示范区决策层联席会议在广德召开，重点谋划示范区省际毗邻地区一体化规划建设。二是构建一体化发展大格局，拧紧齐抓共管"责任链"，进一步加大向上对接和争取力度。郎溪县持续挖掘安徽省"二十条"政策红利，设立苏皖合作示范区郎溪片区管委会和党工委。

2. 以绿色产业为突破，产业协作效应凸显

一是以绿色产业为突破口，生态共保。建立完善郎溪县、广德市、溧阳市联保共治工作制度，定期开展涵盖跨省界国控考核断面联合监测。凌笪镇和天目湖镇签订《天目湖流域苏皖区域上下游横向生态补偿备忘录》。如皖苏浙产业合作园区（广德经开区），在2021年度安徽省级以上开发区综合考核评价中居第14位，获批国家绿色低碳示范园区。二是深化产业发展协作共赢改革。借助长三角旅游"一卡通"，广德、溧阳、郎溪联合推出旅游精品线路，促进三地旅游一体化发展。

3. 聚力规划共编，共建产业创新平台

一是深入谋划规划编制方案。2021 年 7 月印发的《长三角一体化发展规划"十四五"实施方案》中，苏皖合作示范区等"一地六县"事项被列入重点建设内容。2021 年 12 月，苏皖两省共同编制《苏皖合作示范区发展行动方案（2022—2025 年）》。郎溪、广德两地根据安徽省政府第 62 号会议纪要精神，编制完善《长三角（安徽）生态绿色康养基地策划方案》。二是共同建设产业创新平台。依托行业领军企业联合建立技术研发中心，推进优势主导产业建立行业研究院（所），为同行业企业提供技术服务。深入分析研判现状，进一步明晰合作共建示范区的区域边界、路网规划、产业定位、合作模式、共享机制等基础性工作。巩固拓展华菱、广利川等行业领军企业科技创新项目协作，充分发挥国家动力电池检测中心等平台作用，共同打造创新平台。

4. 强化要素保障，打造项目建设"重要引擎"

一是强化项目推进。广德市采用现场观摩和工作推进会方式，实行 5 亿元以上项目每周跟踪调度、10 亿元以上项目市级领导联系包保制。二是深化改革，构建"标准地+承诺制"盘活闲置土地模式。近年来，溧阳市累计嫁接盘活土地 187 宗面积 7414 亩，经开区连续 6 年位居江苏省土地集约利用排名前五。三是转变营商环境服务方式，实行妈妈式服务。提升为企办事能力，推行延时服务"不打烊"、预约服务"不等候"、上门服务"不奔波"等"三不"政务服务模式。创新经开区企业家座谈机制，坚持"企业吹哨、部门报到"。

（二）示范区取得的成效

1. 基础设施统筹共建，连通性显著增强

商合杭高铁在郎溪、广德分别建立站点，加快便利了示范区东向对接融入长三角。随着溧宁高速、沪皖大道等建成通车，广德、溧阳、郎溪彼此主城区之间迈入"半小时通勤圈"。芜申运河定埠港建成运营，使安徽内河航

道顺利连通接入长三角内河航道。示范区"两纵、两横、三节点"的综合交通网络格局已经构建成形。

2.生态环境整体改善,宜居性持续彰显

一是生态合作创新样板。溧郎广三地毗邻流域相通,下游溧阳天目湖和上游广德、郎溪的跨界水环境污染风险高发,从2018年溧阳天目湖和广德庙西村启动上下游"点对点"水体生态补偿开始,发展到2020年溧阳市天目湖镇与郎溪县凌笪镇共同探索洙槽河生态修复机制,加强新杭、邱村、誓节、桃州、凌笪、涛城矿区联合修复与协同验收。二是三地毗邻地区建立生态环境联防联控机制,共同开展跨区域水质检测、跨界河湖巡查、跨流域执法。溧阳、郎溪、广德等环保部门彼此建立环境污染联防共治机制,跨界水污染联防联控和流域污染联合治理成效显著。2021年,郎溪、广德被列入《新安江—千岛湖生态保护补偿试验区建设方案》试验协同区,溧阳、郎溪、广德三地建立损害者补偿机制,郎溪、广德获得溧阳生态补偿金300多万元。2022年以来,三地共开展联合环保行动8次。溧郎广三地毗邻流域相通,水土生多领域全方位联动治理的格局已形成。

3.经济发展提质增效,均衡性明显提高

一是实施园区共建,注重产业异质协同。示范区通过经济开发区加挂合作园区牌子、成立跨区联合管委会等模式,如以郎溪经济开发区和广德经济开发区为载体的"一区多园"模式。当前,示范区特色产业板块在长三角已具备一定的市场竞争力。[1] 2021年示范区财政收入较2015年增长97.43%。科技创新能力实现新突破,万人发明专利拥有量达17件,为2015年的5倍。二是服务业在三地的贡献率进一步提升。成立市、县两级一体化苏皖合作示范区产业合作发展有限公司,为共建创新和孵化平台、建立绿色产业基金提供了机构和制度保障。组建长三角生态绿色康养基地、长三角(宣城)航空航天科技产业园专班,初步形成市级协调推进、溧郎广三地主动作为的良好局面。

---

[1] 溧阳市、郎溪县、广德市签署《高质量推进苏皖合作示范区建设协议》,2021年4月。

4. 社会发展质效提升，共享性不断提高

一是三地旅游收入快速增加。2018～2021 年三地旅游总收入、旅游人数从 186 亿元、2086 万人次增至 256 亿元、2234 万人次，旅游总收入提升 37.6%。农业休闲、特色庄园等新兴文商旅业态不断涌现。二是民生幸福获得感不断增强。建立示范区网上人力资源市场，搭建三地人力资源和企业需求共享信息平台，五年累计新增城镇就业约 17 万人。建立苏皖三地协防联防合作制度，梳理了核发居民身份证、户口迁移、人口信息查询等通办事项。医疗卫生信息管理平台建设加快推进，2021 年底三地已实现参保人员异地就医住院费用实时结算。

三 苏皖合作示范区省际毗邻区域一体化发展的形势与问题

（一）面临的形势

1. 迈入新发展阶段，开启一体化建设新征程

我国经济转向高质量发展阶段，当前，苏皖合作示范区面临行政壁垒仍未完全打破等挑战。然而，向共同富裕迈进已成为新时代的主题，有利于示范区形成协同创新的产业分工合作体系，促进基本公共服务便利共享。

2. 践行新发展理念，探索高质量发展新路径

当前，在长三角东、西板块发展不均衡的情况下，通过区域合作、省际协同促进区域均衡、高质量发展已成为题中应有之义。这对示范区探索一条不同于地处城镇化密集区的青吴嘉示范区的发展路径提出了新的更高要求，同时也为示范区发展带来了新的重大机遇。有利于充分探索深化生态文明建设与"两山"转化同步推进，在推进区域协调中促进城乡融合，为推动示范区生态优势转化提供新支撑，为示范区创新发展激发新活力。

3. 构建新发展格局，增强欠发达地区新动能

苏皖合作示范区地处长三角范围内，是长三角向中部地区传递辐射发展

能级的重要门户，是引领构建国内大循环的关键节点区域。深化苏皖合作示范区建设，为充分发挥长三角在省际毗邻区域一体化高质量发展中的作用奠定基础。与此同时，充分利用欠发达区域要素资源丰富、绿色空间广阔的比较优势，推进生态资源转化成生态产品，推动绿色产业优化升级，将生态优势转化为绿色农业、绿色制造、绿色旅游的产业优势，把发展落差转化为发展空间，不断增强欠发达地区发展新动能。

（二）存在的问题

1. 区域协调机制体制还需进一步健全

《中共中央　国务院关于建立更加有效的区域协调发展新机制的意见》规划实施以来，三地注重顶层设计和机制体制创新引领，探索建立跨界断面生态补偿机制还存在以下难题。一是跨区域共建共享共保共治机制尚不完善。省、市、县联席会议制度仍需健全，尽管三级运作协调机制让示范区三地横向协商更顺畅，但省级、县级、园区和镇村级之间尚未形成常态的纵向对话沟通机制，不仅不利于跨省重点项目及其配套要素投入问题的协商解决，也导致交界镇村未能及时前置处理项目争议，围绕垃圾场、污染企业等"邻避设施"区位选址与布局，交界地镇村项目落定和推进矛盾重重。① 二是政策标准不统一。三地4个省级以上开发园区，尚未一盘棋统筹，制定的政策措施门类繁杂，招商存在同质化竞争。2021年宣城市委统战部调查结果显示，宣城市营商环境政策措施满意度为79.43%。三是市场活力和竞争力不够强。4个省级以上开发园区均设立了平台公司，但平台公司主要承担投融资职能。而管委会承担投资服务、开发建设、社会管理等大部分职能，造成机构庞大、人浮于事，活力不足、效率低下。四是专业人才短板问题突出。金融投资、项目管理、招商引资等专业人才稀缺，开发园区经营管理水平较低，专业能力不强。五是资源节约集约水平不高。4个省级以上开发园

---

① 《［两会连线］安徽省人大代表张千水：深化苏皖合作示范区及"一地六县"合作区建设》，央广网，2022年1月19日。

区亩均税收 9.24 万元，与长三角先进开发园区存在较大差距。

2. 产业集聚度不高，产业特色协作体系还需进一步完善

依托三地产业基础和优势，绿色制造、绿色农业、绿色旅游协同发展的产业格局已经成形。然而，在新理念、新格局下，构建绿色创新协同产业体系仍然有以下方面有待完善：一是在绿色制造方面，产业链和创新链融合发展不足，产业高端化、集群化程度整体不高，龙头企业跨区合作较为少见，"一区多园"产业合作机制虽然已经初步建立，但产业转移税收利益分成机制、园区扶持政策延伸共享机制以及创新和孵化平台建设仍需积极探索。二是在绿色农业方面，农业发展联盟尚未建立，长三角绿色农产品产地的区域形象有待推广宣传，特色农产品深加工和产品附加值仍需提升，"农业+"新增长点需要挖掘培育。三是在绿色旅游方面，三地开发阶段、开发规模不同步，加之跨界旅游景区尚未有效探索形成利益分成的合作机制，旅游区域间缺乏项目抓手和共同利益驱动，旅游景区由点而线、以线扩面的全域互动尚未形成。

3. 生态环保跨界合作还需进一步深化

生态环保跨界深层合作的行政壁垒有待进一步打破。一是受行政区思维影响，跨界地区环保设施共建难度大。区域环境风险预警应急体系、区域污水处理设施统筹工程、固体垃圾及危险废弃物联合处置工程等进展较慢，水污染联防联控和流域污染联合执法与联合审查、污水和固废联合处置工程的跨界选址、运作成为生态合作的敏感地带。二是两省在断面排放标准上存在不一致的情况，导致下游补偿缺乏动力，削弱了生态环境共保共育的合作效果。三是环境保护许可证一体化制度有待完善。"两山银行"、市县一体化国投公司等需摸索推进，影响制约了区域化生态资源向生态产品转化。

4. 发展基础要素支撑还需进一步加力

土地和资金要素保障不足，制约基础设施建设正常推进。由于溧郎广的空间发展方向和阶段需求各异，省际道路规划技术、规划等级、建设时序和财政倾斜力度均不一致，部分省际联通公路未能实现行政等级及规划技术等级的无缝对接。在国土空间指标上，根据目前的土地政策，除国家公路网规划及省级高速公路等特定项目外，占用基本农田的项目预审难以推动，溧广

高速溧阳段等多条省际公路升级改造受基本农田和土地指标限制难以推进。在财政资金保障上,受融资渠道较窄、交通投资无法列入国资平台等要素影响,交通基础设施只能依赖有限的地方财政,导致部分道路建设项目难以实施,社会经济效应难以充分发挥。

5.优质公共服务共享还需进一步拓展

一是地方在民生领域机制创新空间较小,深化跨界公共服务合作存在堵点。民生领域受国家及两省政策影响较大,共同创办职教或专业学院、实施医疗资源共享工程、市民待遇逐步同城等均需在省级及以上政策的支持下才能顺利完成。在教育领域,教育主管部门缺乏有效的对接衔接平台和常态化沟通机制,三地校际优质师资、干部的合作覆盖面和合作形式仍较为单一,受"职教招生不出大市"制度制约,三地职业院校尽管各具职教优势,但合作办职业教育仍有困难。二是从省外看,江苏对合作热情不高,大部分停留在规划和合作协议上,造成"剃头挑子一头热"。如社会保障领域,苏皖两省基本医疗保险政策、社保缴纳标准尚不一致,居民服务"一卡通"也未落实,工伤、失业保险待遇转移衔接未能深化开展。三是从省内看,政策辐射效应不明显,省领导高度重视毗邻地区建设,出台高质量发展苏皖合作示范区等政策,但实际操作性不强,针对日益凸显的发展要素制约没有起到很好的引领作用,比如土地、能耗、环境、产能等领域。

四 苏皖合作示范区省际毗邻区域一体化发展的路径选择

(一)创新一体化示范区体制机制,以强带弱、以强统弱

1.进一步健全省、市、县联席会议制度

一是建立全方位政府合作机制。建立省、市、县三级联席会议制度,创新政府间协调方式,建立政府合作机制,推动成本共担、利益共享和促进优势互补互赠。三地政府积极与上级政府及有关部门沟通,制定支持苏皖合作

示范区政策。二是完善多层次多部门对话机制。形成省级、县级、园区和镇村级紧密合作的对话体系。省级层面，协调两省发改、交通、水利、自然资源、农业农村、旅游等部门对话，解决示范区重大政策、跨省重点项目以及合作投入机制、土地指标、利益共享等难题。市级及三地党政主要领导支持和落实联席会议决策，园区重点开展产业对接、投资洽谈工作，临界镇村开展基础设施对接、环境维护、民生服务等事务性对话和推进工作。

2. 狠抓合作项目运作与建设

加强国有融资平台的交流和合作，围绕重大设施建设、主要园区发展、重点产业布局、公共服务共享等方面开展投融资合作，招引牵动性重大项目。鼓励各类资本参与三地产业投资和产业创新，鼓励"大众创业、万众创新"，建设一批在长三角地区有影响力的产业基地。

3. 推进一体化制度创新

支持郎广片区在示范区规划对接、重点项目推进、共建园区管理模式创新、重点要素市场一体化、生态环境联保共治、基本公共服务均衡化、林长制改革等方面，创新合作机制，扩大合作成果，积极探索合作示范区统一规划管理。

（二）强化要素支撑，构建现代化跨区域合作体系

1. 强化市县共建，打好"管委会+平台公司"主动战

对标沪苏浙支持长三角生态绿色一体化发展示范区经验做法，探索"管委会+平台公司"管理模式。管委会遵循精干高效、服从功能、服务发展原则，由示范区及溧郎广片区管委会人员组成，不新增编制和人员，行政关系、工资关系保持现渠道不变。资金方面，实行公司化运作。加大省级财政对溧郎广片区支持力度，实行省级股权投资基金+溧郎广共同出资，分别设立溧阳、郎溪、广德产业发展投资基金。2021~2025年，省级股权投资基金、宣城市、常州市对每只基金每年各出资1亿元，溧阳市、郎溪县、广德市每年各出资1亿元。鼓励银行、担保增信等方面给予支持，以创业投资、抵押担保等方式进行融资。事权上，管委会统筹推进，负责行政审批、项目

服务等职能，合资公司负责开发建设和市场运营等职能。财权上，10年内财政收入（含政府性基金收入）地方所得部分全额留存属地政府，由属地政府全额返还至平台运营公司滚动发展；10年后，市县商议确定收益比例。

2. 保障建设用地供给

增加溧阳市、郎溪县、广德市土地开发强度，支持溧郎广片区按照土地要素跟着项目走、项目用地跟着规划走的原则，对符合国土空间规划的，保障项目用地计划指标。在溧郎广片区难以落实耕地占补平衡指标，且市域范围内调剂确有困难的省重大项目建设用地计划，支持参与省级统筹易地调剂解决。

3. 加大双招双引力度

支持依法依规制定招商引资优惠政策和招商激励办法。鼓励采取第三方产业招商、强化招商引资推进机制，支持溧郎广片区依托省驻沪苏浙各类合作平台，加强双招双引工作力量。适当增加优质企业参加广交会等活动的展位。允许"一事一议"引进高层次人才、高技能人才。比照皖北地区给予支持，支持参与长三角地区干部互派挂职、跟班学习和实践锻炼。

（三）深化示范园区改革，构建共建共担利益分享机制

1. 全面推行"小管委会+运营公司"改革

一是借鉴长三角先进开发园区管理体制机制，全面改革，推动政企分开、政企合作，不断深化"小管委会、大公司"模式。二是深化平台公司市场化改革。管委会瘦身改革，剥离部分社会职能，聚焦经济管理、投资服务。平台公司全面市场化改革，由单一投融资平台转变为市场运营主体，聚焦园区开发建设、产业投资、运营管理。属地政府专业化改革，具体承担开发园区内社会管理、公共服务等职能。三是强化"四资"（资金、资本、资产、资源）统筹能力，设立"企业集团公司"，将符合条件的优质资源、优质资产市场化注入公司，提高运营公司造血能力。四是引进长三角先进运营主体，开展混合所有制改革。放大国有资本功能，提高专业化运营水平。五是探索反向混合所有制改革。引进园区优质企业、投资机构、中介服务机

构、科研院所等社会资本参与，共同建设运营园区，享受园区发展红利，形成共建共享利益共同体。

2. 实施绿色低碳生产方式改革

一是统一项目准入标准，创新共建共享合作机制。国家级开发园区和溧阳市、郎溪、广德经开区实行"345"标准（开发园区亩均税收达到30万元、亩均投资达到400万元、亩均产值达到500万元），其他开发园区实行"234"标准（开发园区亩均税收达到20万元、亩均投资达到300万元、亩均产值达到400万元）。① 二是干部员工实行考核激励改革。全面推行"员额制"和"全员聘用制"，以干事创业、奖励实绩为导向，激发人才内生动力，让各类人才人尽其才。三是参照上海临港集团、张江集团等模式，以园区平台公司为龙头，对市域范围内国家级、省级开发园区平台公司进行并购、重组、托管，壮大龙头企业、推动专业化运营。四是实行股份制改革。以龙头平台公司为主体，借壳上市或包装子公司上市，实现品牌化。降低运营成本，提高运营效益，提升开放合作水平。五是强化高频对接，打好政策争取突破战。争取国家层面出台"苏皖合作示范区发展行动方案（2022—2025年）"，加大政策支持力度。争取将沪苏浙皖省际毗邻地区纳入国家出台的《关于推动省际交界地区合作发展的指导意见》，突出管理体系的扁平化，提高工作质效。

（四）深化产业集群发展协作共赢，推动公共服务便利共享

1. 建设产业创新平台

一是支持省内外企业、高校和科研院所在溧郎广片区设立新型研发机构、创新载体、市场化运作的产学研一体化基地等，鼓励创建省产业创新中心、省工业设计中心等，支持上海航天技术研究院603等基地建设。二是促进科技成果转化。鼓励创建市场化运作的科技成果转化中试基地、专业化科技成果转化促进中心等。支持优先对接安徽创新馆、沪苏浙各类科技交易市

---

① 郭燕如：《苏皖合作示范区"三聚力"打造新兴产业增长极》，《宣城日报》2022年1月24日。

场，推动科技成果在溧郎广片区率先转化。

2. 提升产业园区公共服务功能

一是支持溧阳市、郎溪、广德经开区扩区，申创国家级经济开发区。支持开发园区申创各类改革试点，建设定埠港临港产业园，优化提质。推动农业产业化强园、强企、强品牌建设，鼓励创建省际毗邻地区新型功能区。二是扩大优质教育资源供给。支持国内外一流高校在示范区建立产教融合实训基地等。三是扩大优质医疗资源供给。支持省内外三甲医院在溧郎广片区建立分院或特色专科，开展多种形式的合作办医。加快建成以社会保障卡为载体的居民服务"一卡通"，支持建设郎广医养基地。

（五）建立省际毗邻区域生态受益区与保护区之间多元化生态补偿制度

1. 生态环境共治先行示范

一是开展生态补偿机制探索、重点流域协同整治、生态环境联合执法等工作。二是深化重大水利、环保等设施协同规划和共建共享。推动绿色食品区域品牌共建和文旅合作共赢，积极谋划园区品牌共享和政策示范推广。三是在规划环评审查、项目环评审批、总量核定等业务办理方面开辟绿色通道。主要污染物排放总量指标经充分挖潜后确有困难的缺口部分，在全省范围内给予统筹支持。省统筹考虑建设实际，给予能源消费增量支持。四是强化项目支撑。对符合条件的重大工程优先纳入市领导联系项目，适当降低溧郎广片区配套比例。推动实现示范区和"一地六县"合作区项目审批核准备案信息互联互通、数据共享。①

2. 共建省际毗邻区域生态环保合作先行区

省际毗邻地区具备相似度高、交流面广、融合性强的先天优势，示范区建设以跨界地区为聚焦点和突破点，将社渚、梅渚、邱村作为溧阳、郎溪、

---

① 上海市、浙江省、安徽省、江苏省联合签订《共建长三角产业合作区战略合作框架协议》，2020 年 6 月。

广德三地先行开展省际毗邻区域生态环境合作的先导区，积极打造社渚—梅渚和天目湖—邱村—凌笪—新杭两大融合板块。其中，社渚—梅渚融合板块以生态绿色产业园区合作共建为重点，打造长三角一体化生态优先绿色发展产业集中先导区，强化区域联合执法，形成以绿色产业合作为特色、多领域协调推进的格局。天目湖—邱村—凌笪—新杭板块以生态环境共保联治为引领，同步推进产业合作、矿山治理、旅游开发、道路建设，形成良好的发展局面。

B.4
安徽"专精特新"企业成长生态研究[*]

高智林　赵　颖[**]

摘　要： "专精特新"企业作为未来工业领域的重要支撑，是强链补链的主要力量。大力推进"专精特新"中小企业培育，打造良好的"专精特新"成长生态，是我国企业拓展核心竞争力的重要途径，也是我国实现创新要素转型的重要抓手，是落实供给侧改革、提高全要素生产率、推动工业制造业蓬勃健康发展的重要方针，对我国部分领域突破"卡脖子"技术壁垒，维护产业链和供应链安全稳定有积极作用。本报告从国家"专精特新"政策入手，对安徽省"专精特新"中小企业培育政策和路径进行详细梳理，通过分析安徽省现实情况，深入探究安徽中小企业"专精特新"成长生态，为安徽省在全国科技创新竞争加剧背景下加速"专精特新"企业培育提供经验借鉴，对工业强基和创新要素升级具有一定的政策启示作用。

关键词： "专精特新"　工业制造业　科技创新　强链补链　安徽

一　引言

为了推动中小企业高效率完成数字化转型，促进"专精特新"企业发

---

* 基金项目：安徽省高校哲学社会科学研究重点项目（2022AH050145）。
** 高智林，博士，安徽师范大学副教授，硕士生导师，主要从事会计信息与资本市场、公司财务与公司治理研究；赵颖，安徽师范大学硕士研究生，主要从事公司财务与公司治理研究。

展，强化供应链和产业链的互利协同优势，2022 年 8 月，工业和信息化部与财政部联合下发通知，部署财政支持中小企业加速进行数字化转型工作，加快带动新一批中小企业发展为"专精特新"企业的步伐，深度促进产业一线升级，实现产业链现代化。

从高层会议密切关注到政府大力实行财政补贴，国家对"专精特新"企业的支持已经达到了前所未有的力度。2022 年 8 月，工业和信息化部对第四批通过审核的共 4357 家专精特新"小巨人"企业培育名单进行了公示，加上前三批 4762 家"小巨人"企业，如今国家级专精特新"小巨人"企业规模已达到 9119 家，开拓了中小企业专精特新发展的现代化新局面，"到 2025 年培育出一万家专精特新'小巨人'企业"的目标有望早日实现。如今，全国各省份对"专精特新"企业的政策导向都在层层加码，争取最大限度给予当地企业创新专业的政策支持。

在第四批公示名单中，浙江省以 603 家的成绩夺得榜首，安徽省以拥有 259 家国家级专精特新"小巨人"企业上榜第七名，具体数量及排名见图 1。截至 2022 年 8 月，安徽已累计培育省级"专精特新"中小企业 3218 家；省级"专精特新"冠军企业 351 家，其中 2023 年新增 150 家；累计选拔国家级专精特新"小巨人"企业 488 家。2021 年省内共有 22 家企业顺利上市，其中"专精特新"占比 86%，多达 19 家，创下历史新高。其中，合肥市以第四批新增 79 家"小巨人"企业数量位列全国省会城市第四。目前为止，合肥市共有国家级重点"小巨人"企业 38 家，国家级专精特新"小巨人"企业 141 家，省级、市级"专精特新"中小企业 1610 家。总体而言，安徽省"专精特新"企业发展态势较好，未来高效率高质量打造"小巨人"有着坚实的实力基础和良好的成长培育生态。作为中部地区发展领头羊，安徽如何紧跟时代步伐，更快打造出新一代"小巨人"？高质量企业新生代如何快速就位？本报告就此做出了详尽分析。

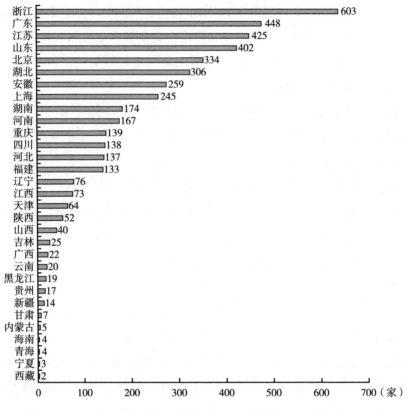

图1 第四批国家级专精特新"小巨人"企业数量分布

二 我国"专精特新"政策发展现状

（一）政策背景及现实价值

在全球经济一体化背景下，我国中小企业的上升空间在技术、运营、资本等发展核心要素上仍有一定制约。全球经济环境风险加剧，整个资本市场变幻莫测，现如今原材料及劳动力成本日益提高，资本汇率时常波动，大量不可控宏观因素冲击资本市场，对中小企业未来的可持续经营不断提出挑战。剖析全球制造行业的发展路径，从发达国家视角来看，其致力于开发研究新生代科技来引领制造业改革和转型扩容的新局面；从发展中国家视角来看，其劳动力及制造技术硬件等基础不断升级革新，加上出台的一系列可持续发展政策，为制造业蓬勃发展提供了有力的生态后盾。在这种你追我赶的竞争局面下，我国长三角、珠三角等传统制造业贸易企业的抱团发展优势已不再突出，我国中小企业必须正视严峻的资本环境，及时转型升级，开拓出一条新的竞争路线。

基于以上现状，我国提出了"专精特新"中小企业战略方向。现代化中小企业以其专业化、精细化、特色化、新颖化经营目标及特色铸成"专精特新"发展内涵。通过政策指引中小企业向"专精特新"方向改革与发展，从新维度激发中小企业的生产活力和运营新思想，助力中小企业转型升级。并以此为基础在制造业尤其是高新技术领域培育出一批业务强盛专业、拥有核心竞争力、发展前景良好的"小巨人"企业，引导其发展成为单项冠军企业。

中小企业"专精特新"成长路径的提出，在行业、产业、资本市场等多方面都有着重大现实意义。首先，"专精特新"政策的实施有助于升级产业动能结构。目前我国经济规模较大的企业其产业集中度水平仍有上升空间，引导培育"专精特新"企业有助于实现各层级企业的行业分工，推进产业嵌合型发展，实现产业配套的高效能集成模式和产业结构优化。其次，有助于中小企业整体质量水平的拔高优化。通过开发新技术与高端企业的协同功能机制相契合，以提升中小企业自身对经济高速发展的适配力，并降低面对风险时的不可控力。再次，有助于发展行业新生态，打造商业新模式。中小企业的发展和转型可以更好地依赖互联网、新型物流等新兴产业工具打造出新时代企业特色。最后，其对于战略性新兴产业的发展有一定的助推作用，有助于刺激企业创新技术和推动原材料结构的升级，对其品牌影响力有积极的促进作用，有助于推动中小企业持续发展、做大做强。

（二）政策演进和发展态势

1."专精特新"政策演进

"专精特新"的概念在我国提出已有很长一段时间。2011 年 9 月，工业和信息化部颁布指导文件首次从国家宏观政策层面提出较为全面的"专精特新"概念，近年来"专精特新"中小企业的发展备受瞩目，多有政策倾斜，已成为国家经济战略中的重点项目之一。根据"专精特新"政策推行的递进性，其政策演进可概括为总体布局和重点推进两个历程。

（1）2011~2018年：我国经济体制转型背景下"专精特新"总体布局

为了推动我国经济平稳发展，维系民生和社会安定，增加就业机会，我国早在2002年便对中小企业在法律层面给予了政策支持，鼓励中小企业加大研发力度，以新技术、新设备、新工艺带动产品结构升级，研发出符合市场需求的新型制造产品，争取以质取胜。

2011年开始，随着我国经济发展目标和结构由要素驱动向创新驱动转变，各地企业开始更注重培养开发其创新技能，整个行业环境由综合化向专业化、精细化方向转变。2011年9月，工业和信息化部发布《"十二五"中小企业成长规划》，首次在国家政策层面对"专精特新"概念进行了明确解析，指出中小企业未来发展前景将以"专精特新"为重点目标，对中小企业争取实现"小而精，小而强"，首次在宏观上将"专精特新"作为"十二五"期间国家发展的基本动力之一。

2012年4月，《关于进一步支持小型微型企业健康发展的意见》出台，指出小微型企业应与大企业协同发展，配套共存，走"专精特新"道路，加快创新驱动转型步伐。2013年，工业和信息化部对"专精特新"政策进行了针对性解读，提供"专精特新"发展方向的整体思路、重点要求和落实举措，进一步强调企业创新和产业协同配套。2016~2018年，"专精特新"企业不仅在"十三五"规划中得到进一步肯定，工业和信息化部还对其进行了专项行动评估，鼓励培育和发展制造业冠军企业，督促各省份做好冠军企业的申报和评选工作，并给予专项评价指标参考意见。

这一阶段主要为"专精特新"发展总体布局，从概念的引进到鼓励培育引导意见，再到具体的政策落实和推行举措，发展"小巨人"企业的步伐日益坚定，前景日益明朗。

（2）2019 年至今：国际资本环境严峻背景下"专精特新"项目发展重点推进

这一阶段，国际经济持续下滑，失衡状态频繁出现，逆全球化初现端倪，中美贸易摩擦持续升级，我国供应链、产业链、创新链均受到严峻挑战，其稳定和安全性不容乐观，破解核心技术"卡脖子"的现实矛盾成为新时代优化经济结构的重点目标。

突破核心技术限制，主要在于挖掘行业优势，深入探析行业漏洞，达到"补短板、锻长板"的目的，其重点政策举措便是通过培育专精特新"小巨人"来提高企业质量与水平。

2019 年起，我国针对破除"卡脖子"技术限制以及大力发展"专精特新"中小企业出台了一系列政策文件，从财政支持、培育标准、产业结构要求等方面对"专精特新"发展制定了详尽的配套方案。尤其强调要发挥企业家和工匠精神，强调单项冠军梯度培育的重要性和紧迫性，要健全"小巨人"企业和单项冠军企业的评价标准与指标，督促各类企业协同配套发展，发挥大强企业引领支撑效能，提高中小企业专业化创新化水平。[①]

此外，还对"专精特新"企业予以大量财政支持，量身定制金融方案，重点鼓励企业加大研发投入，进行数字化转型，与行业内领先企业合作协同发展，加强国际合作，产业链上下游相互配套耦合，加强供应链产业链韧性。

2021 年 3 月，"十四五"规划将培育"专精特新"作为促进现代化产业结构建设和供应链、产业链双链牢固性优化升级的重要举措，加强基础建设，设立强链补链专项，加快破除"卡脖子"核心技术限制难题。

该阶段受到国际环境不良影响的冲击较大，行业产业安全性遭遇较大挑战，"专精特新"企业培育项目在维护国家安全方面起到了不可磨灭的作用，继续推行"小巨人"和单项冠军企业培育计划刻不容缓，多项政策正向"专精特新"高质量中小企业大力倾斜。其政策演变过程中的重要政策如表 1 所示。

---

① 资料来源：2019 年 8 月 15 日中央财经委第五次会议。

表1 "专精特新"重点政策一览

序号	政策文件	发文单位	发文年月	主要内容
1	《中华人民共和国中小企业促进法》	全国人民代表大会常务委员会	2002年6月	首次对中小企业在法律层面给予支持
2	《"十二五"中小企业成长规划》	工业和信息化部	2011年9月	宏观政策层面首次对"专精特新"概念做出明确定义
3	《工业转型升级规划（2011—2015年）》	国务院	2011年12月	鼓励工业企业"专精特新"方向化转型
4	《关于进一步支持小型微型企业健康发展的意见》	国务院	2012年4月	倡导大型企业和中小企业协同配套合作发展
5	《关于促进中小企业"专精特新"发展的指导意见》	工业和信息化部	2013年7月	宏观政策层面对"专精特新"发展进行全面细致剖析和解读
6	《中国制造2025》	国务院	2015年5月	着重指出"专精特新"路径的重点方向和领域
7	《制造业单项冠军企业培育提升专项行动实施方案》	工业和信息化部	2016年3月	首次提出各级地方政府积极落实制造业单项冠军企业培育，对符合条件企业及时进行申报
8	《国家创新驱动发展战略纲要》	中共中央、国务院	2016年5月	突出科技创新重要性，倡导中小企业走"专精特新"发展道路
9	《促进中小企业发展规划（2016—2020年）》	工业和信息化部	2016年7月	将"专精特新"发展纳入"十三五"规划
10	《关于开展专精特新"小巨人"企业培育工作的通知》	工业和信息化部办公厅	2018年11月	在"专精特新"企业基础上进一步发展"小巨人"企业
11	《关于健全支持中小企业发展制度的若干意见》	工业和信息化部等17个部门	2020年7月	强调健全专精特新"小巨人"和单项冠军企业培育发展梯度，强调大中小企业协同配套合作
12	《关于支持"专精特新"中小企业高质量发展的通知》	财政部、工业和信息化部	2021年2月	中央财政支持"小巨人"企业的创新投入，鼓励数智化转型和与龙头企业协同合作

续表

序号	政策文件	发文单位	发文年月	主要内容
13	"十四五"规划纲要	国务院	2021年3月	将"专精特新"项目列为"十四五"时期重点工程
14	《关于2021年进一步推动小微企业金融服务高质量发展的通知》	中国银保监会办公厅	2021年4月	为掌握"专精特新"关键技术的企业量身定制金融服务体系,给予资金支持
15	《关于加快培育发展制造业优质企业的指导意见》	工业和信息化部等6个部门	2021年7月	加快"小巨人"、单项冠军、产业链领头羊等高质量企业培育步伐
16	《优质中小企业梯度培育管理暂行办法》	工业和信息化部	2022年6月	对"专精特新"优质中小企业培育工作进行详细说明

2."专精特新"中小企业发展态势

2019年之前我国未对"专精特新"项目进行重点推进时,我国工业增加值增长速度呈明显下滑趋势,由2011年的10.8%下滑到2019年的4.8%(见图2),其中小企业数量2018～2019年连续两年呈现负增长趋势,2019年规模以上中小型工业企业的营业收入和利润总额增速持续回落,盈利能力显著下滑,亏损面已高达15.9%,就业与固定资产投资方面增幅也显著下降,这表明我国中小企业发展已进入瓶颈期。其发展态势回落除了有国际经济环境下行的冲击外,还源于现代化对于企业本身数字化智能化转型的要求和督促,加快推进"专精特新"项目建设已刻不容缓。

2019年针对性推进"小巨人"和制造业单项冠军企业培育之后,根据工业和信息化部发布的《2021年中国工业经济运行报告》,除2020年疫情的特殊影响外,2021年我国工业增加值增速一改往年持续下滑的低迷状态,由2019年的4.8%跃升为9.6%,工业增加值显著提升。在盈利能力方面,全年规模以上工业企业利润提高34.3%,营业收入利润率为6.81%,比上一年度提高0.76个百分点,工业经济向上发展,整体状态持续恢复。就业层面,2021年末全国共有就业人口74652万人,其中城镇就业人口占比62.7%,高达46773万人,同比增长1.1个百分点,比上一年度新增城镇就

图2 2011～2021年我国全部工业增加值及增速

资料来源：国家统计局，《中华人民共和国2021年国民经济和社会发展统计公报》。

业人口多83万人。表明企业智能化转型后，新型行业更吸引人员入驻，就业岗位数量也相应有所提升。在固定资产投资方面，2021年全社会固定资产投资已达552884亿元，较上年增长4.9%，中小企业对于未来发展前景充满信心。

总体而言，"专精特新"培育政策对中小企业面临市场产业链和供应链威胁时，有着超乎寻常的扶持能力，能够助力企业提高高质量创新能力、组织韧性和风险应对水平，在现代化经济创新性改革中发挥了重要领头效用。

三 安徽省"专精特新"企业发展生态

中小企业发展较好的地域，其经济实力往往也较强，现阶段"专精特新"企业数量已成为衡量一个地域经济水平的直观指标之一。安徽作为中部地区发展领头省份、长三角地区重要的科技创新基地，2022年上半年GDP高达21764亿元，位列全国第十。在2022年8月工业和信息化部公示的第四批专精特新"小巨人"企业名单中，安徽以上榜259家的成绩位列全国第七，与其GDP排名较为相符。

改革开放以来，安徽省始终深耕经济发展，多层次鼓励工业企业转型升级，坚持走在改革开放前沿，打造出众多专业创新技术突出、拥有核心竞争力、未来发展前景可观的专精特新"小巨人"企业，有效推动了我国创新要素转型、振兴实体经济的步伐。安徽省政府及各级地方政府始终重视"专精特新"企业的培育和发展。2022 年 3 月，在安徽省经济和信息化厅公示的 2022 年制造业单项冠军企业培育名单中，安徽省共有 122 家企业被纳入制造业单项冠军企业培育库。至今，安徽省累计有 21 家国家单项冠军示范企业，全国排名第 12 位。全省 16 个城市累计有 488 家国家级专精特新"小巨人"企业，若将 5 个"专精特新"单列计划市（宁波、青岛、大连、深圳、厦门）数据计入相应省份，安徽则在全国排名第七位，数量占到全国总量的 5.35%（前六位分别为浙江 10.64%、广东 9.62%、山东 9.31%、江苏 7.79%、北京 6.48%、上海 5.56%），具体数量统计如图 3 所示。

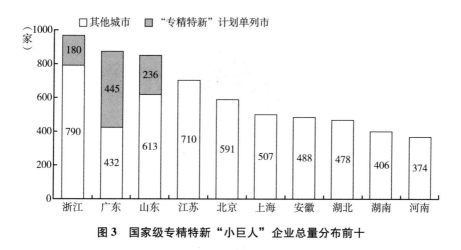

图 3　国家级专精特新"小巨人"企业总量分布前十

其中，合肥市以 141 家的优势占据全省总量的 28.89%，其次是芜湖市（63 家，占比 12.91%）、滁州市（39 家，占比 7.99%）、安庆市（37 家，占比 7.58%）、马鞍山市（34 家，占比 6.97%）。

从本省"小巨人"企业行业分布来看，制造业占比最大，高达 78.57%，其次是科学研究和技术服务业，占比 9.80%，具体分布见图 4。

主要是因为制造业和科技创新优势日益突出，制造业重新占领全球经济竞争高位。发达国家争相布局"再工业化"战略，吸引中高端制造业回流，实现全球产业结构调整。我国于2015年出台"中国制造2025"工业强国十年行动纲领，以再次提升我国制造业大国优势。为应对国内外激烈的竞争格局，安徽省紧跟政策步伐，着重在科技创新及工业城市加大投入，全面落实"专精特新"企业培育方针，提升本省竞争力，做好迎接新时代产业和技术变革的准备。在本省共计385家归属制造业的"小巨人"企业中，其主要经营范围有87%涉及"中国制造2025"十个重点技术领域。目前安徽省"专精特新"培育态势良好，一批又一批专业化、特色化等优势企业不断涌现，部分企业主导产品的工艺技术水平已突破省内技术要求，在高附加值、高技术水平产业领域愈发突出，能够在全国产品细分市场占据一席之地，实现全国领先。

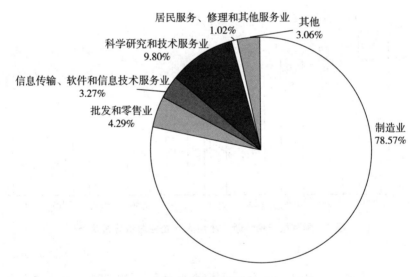

图4　安徽省国家级专精特新"小巨人"企业行业分布

安徽省针对"专精特新"企业的培育和发展工作从2003年开始便已初现政策导向。早前安徽省注重从传统农业大省向新兴工业大省转型，坚持发展实体经济，优化工业产业结构，一系列对工业企业的发展需求致使全省对于经济体系改革优化的要求日益迫切，省级及下属地方部门针对提倡科技创新和企业现代化转型开始出台一系列政策予以支持，积极鼓励新增企业向"小而专、小而特、小而精"方向发展，争取和大强企业达成协同配套。[①]

以 2013 年安徽省级层面出台鼓励"专精特新"简政放权激发中小企业活力的政策文件为节点，安徽省"专精特新"中小企业发展方案大致可以划分为两个阶段：一是 2013 年之前对于"专精特新"企业进行全要素支持；二是 2013 年之后对于"专精特新"企业培育系统加以全面化推进。发展至今，安徽省针对专精特新"小巨人"标准也因地制宜、不断改善，2022 年安徽省对于专精特新"小巨人"企业评定共有六个标准，具体如表 2 所示。

表 2　2022 年安徽省专精特新"小巨人"企业评定标准一览

指标类型	主要内容	
专业化指标	①企业从事特定细分市场至少 3 年； ②主营业务收入总额占比不少于 70%； ③近两年内主营业务收入平均增长率不少于 5%	
精细化指标	核心业务应有信息系统支撑；生产研发管理过程应有管理或产品认证；上年末资产负债率不超过 70%	
特色化指标	主导产品市场占有率不低于 10%	
创新能力指标	一般性条件（同时满足）	①近两年研发投入及研发人员占比需与上年度营业收入总额分区配套； ②自建或与高校、科研机构合作设立研发部门； ③拥有主导产品两项以上知识产权，有实际经济效益
	创新直通条件（满足其一）	①近三年获得国家级科技奖励，并在获奖单位中排名前三； ②近三年进入"创客中国"中小企业创新创业大赛企业组全国 50 强
产业链配套指标	处于产业链重点环节	
主导产品所属领域指标	原则上属于制造业核心基础零部件等国家重点产业领域	

① 资料来源：《安徽省人民政府办公厅转发省经贸委关于重点扶持 100 户专精特新中小企业改革发展若干意见的通知》（皖政办〔2003〕76 号）。

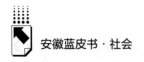

（一）阶段一：为安徽省"专精特新"企业提供全要素支持

该阶段安徽省内达到"专精特新"评定标准的企业不多，与成为现代化创新创业大省还有较大差距，众多中小企业处在由追求广度向追求精度转变的阶段中，没有意识到科技创新以及扩大竞争优势重要性和紧迫性的企业不在少数。在这一阶段，省政府对于"专精特新"企业的引导和培育主要是打下坚实的工业制造基础，创造优良的企业成长环境，给予要素帮助，逐渐引导企业树立创新意识以及可持续发展意识，逐步将科技现代化融入企业发展环境中。

1. 贯彻落实人才强省战略

2010年安徽从省级层面发布《安徽省中长期人才发展规划纲要（2010—2020年）》，针对高技能人才和专业技术人才打造一套中长期发展培育计划，大力推进专业技术人才"八大工程"以及战略性新兴产业"111"人才聚集工程。截至2010年底，全省共推举国务院和省政府人才津贴发放对象156人，新获批设立国家级博士后工作站共15个部门单位，省级高新技术及学术研究引领人和后备人才共229人。选拔推荐享受国务院和省政府特殊津贴156人，省学术和技术带头人及后备人选229人。此外，安徽省全力推进PMP与安徽省的引智框架协议，着重对海外高技术专家和稀缺人才实施人才引进战略。2010年全年安徽共引进海外人才233人，落实引智项目36个，奇瑞轿车集成开发先进技术、安徽软件中心中国百万人口城市交通系统、华夏电子新型显示技术以及微波固态器件技术这三类国家级重点项目获得了突破性进展。各地级市陆续发布本市高技能人才队伍建设实施意见，力求建设高质量、高水平、多元化的人才梯队。①

2. 促进产业结构升级改造

截至2012年末，安徽产业层面重点打造出新一批5000亿元以上的主导

---

① 资料来源：2010年1月25日安徽省第十一届人民代表大会第三次会议、2011年1月18日安徽省第十一届人民代表大会第四次会议。

企业，六大装备制造基地（合肥工程机械基地、芜湖节能装备制造基地、蚌埠环保设备基地、安庆船舶基地、淮南煤化工基地、马鞍山冶金设备基地）创造销售收入总额1500亿元，同比增长24%，技术升级研发投入超过3500亿元，同比增长20%。此外，安徽建立了工业行业转型优化模式体系，设立了4400多个核心技术升级和技术创新项目。并开启品牌效应策略，向省外乃至国外输出一批有一定品牌影响力和市场占有率的安徽知名企业。

与此同时，安徽省出台《安徽省战略性新兴产业"十二五"发展规划》，大力推动战略性新兴产业繁荣发展，推动战略性新兴产业"十百千"工程深入实施。省市各级部门充分调动专项资金效用，各地域相互联动协同，促进区域资源协调发展，整合各类资源，推动产业链升级转型，完成规模化发展。

3. 推进重大产业创新发展工程和科技应用示范工程

在产业创新方面，2012年安徽省持续贯彻技术创新"十百千"政策，完成省级与国家级重大科技创新专项和150项重大技术攻关与成果升级转化工程的深入实施，助推高新技术企业蓬勃向上，开放省级高新技术区2个。落实创新型企业试点项目，2012年全年安徽省增设省级创新型研发单位50家，省级以上创新型企业试点40家，致力于行业核心技术创新联盟和现代化产学研实体的建立和发展。

在科技应用示范方面，安徽省将半导体照明、新能源汽车、太阳能光伏三方面的科技示范列为重点推进项目，推动科技创新和技术创新成果转化功能的升级和完善，大力支持合肥科技创新实验区（一中心、三基地）的顺利落成，启动建设相关技术创新的配套功能服务，设立一批科技产出、技术转型、技术交易的公共服务中心。

（二）阶段二：系统推进"专精特新"项目建设

这一阶段，全省中小企业进行技术升级和创新转型的意识逐渐觉醒，回应政策导向，许多企业参与到"专精特新"发展规划中，政府对"小巨人"企业及制造业单项冠军企业等"专精特新"特色项目的集中重点培育有了较为成熟的市场条件。在此阶段，安徽省在省级层面出台了大量培育"专精特新"企业的支持性文件，制定合理的评定标准，完善"专精特新"重点项目的建设和推进方案。安徽省各地市积极响应政策号召，出台相应的市级"专精特新"执行及配套政策。该阶段的主要特征是，全省各市形成了"专精特新"项目共同发展的合力，且开始注重灵活运用财政支持资金等方式来引导社会力量辅助"专精特新"中小企业发展，充分适应市场调节机制。

1. 建立"专精特新"政策支持体系

2013 年 7 月，工业和信息化部出台《关于促进中小企业"专精特新"发展的指导意见》，安徽省积极响应政策号召，集成前期"专精特新"项目渗入和发展成果，迅速开启了新阶段高效高质培育"专精特新"中小企业的计划。为推动中小企业尽快进行技术升级，走"专精特新"发展路径，大力促进科技创新型、拥有较大市场影响力、经济效益较高的"小巨人"企业培育工程，安徽省着力于稳固夯实制造业基础，培育工业领军强企，引导"专精特新"和科技型"小巨人"企业成长发展，构建一批行业单项冠军企业和配套功能体系。2018 年 11 月，安徽省委、省政府出台《关于大力促进民营经济发展的若干意见》（皖发〔2018〕38 号），将"专精特新"列为发展中小企业核心竞争力的中心举措。2019 年 5 月，安徽省人大常委会修订《安徽省中小企业促进条例》，将培育扶持"专精特新"发展明确列为中小企业未来经营决策导向，并为其提供法律保障。明确把"专精特新"列为中小企业发展重点任务，为增强中小企业发展新动能奠定了坚实的法治基础。2022 年 3 月，安徽省人民政府办公厅发布《安徽省专精特新中小企业倍增行动方案》，"专精特新"在安徽逐渐成为激发中小企业创新活力的四字品牌。

2. 多项财政资本支持举措并行

第一，安徽省加大了资金奖励补贴力度，对通过省级"专精特新"中小企业评定的，择优各户发放 50 万元，对于国家级专精特新"小巨人"和单项冠军示范企业，每户发放 100 万元奖金津贴。第二，针对"专精特新"

企业放宽了信用融资限制。自 2020 年 1 月 1 日起，满足以下三个条件的省级"专精特新"中小企业信用融资业务，安徽省财政厅将参考担保贷款实际发生额的 1%，每年定期给信用融资担保机构提供担保费补贴：新产生的业务、不用给予抵质押物用作反担保、担保费年化率不高于 1.2%。① 第三，安徽省专项设立安徽省中小企业（专精特新）发展基金，重点投入"专精特新"项目高质量水平企业，总规模高达 200 亿元。截至 2020 年底，安徽省针对性投资项目数量已达 86 个，实现投资 30.2 亿元。

安徽省各地级市也从市级层面对"专精特新"企业进行不同程度的奖补，其中合肥、芜湖、阜阳、淮南等市对于市级"专精特新"企业奖补 10 万元，并且对达到省级评定标准的企业还有额外不同程度的奖补。

3. 系统整合公共服务资源

2020 年，安徽省经济和信息化厅发布《安徽省中小企业公共服务示范平台认定管理办法》，旨在督促完善中小企业公共服务示范平台，不断对服务资源和效能进行集中提升和归纳整合，强化服务效力，为中小企业创新转型发展提供坚实的社会服务基础和后备力量。每年需要对示范平台进行一次评审工作。2021 年，安徽省经济和信息化厅出台《关于进一步加强省中小企业公共服务示范平台管理的通知》，为增强省示范平台服务意识，完善服务规范制定了进一步要求和标准，强调做到不得虚报等七个"不得"。2017 年，安徽"专精特新板"在省股权交易中心成功设立，是省内专为"专精特新"企业提供区域性股权市场信息的服务平台，目前安徽省已累计选拔五批次共 734 家企业在"专精特新板"顺利挂牌，约占全省"专精特新"企业总数的 1/4、全国区域股权市场"专精特新板"挂牌企业数量的 1/2。

四　安徽省未来"专精特新"发展导向

在我国创新要素转型背景下，大力推动"专精特新"项目有助于实现

---

① 资料来源：《关于印发〈安徽省专精特新中小企业信用担保贷款担保费补贴实施方案〉的通知》（皖经信中小企函〔2020〕21 号）。

我国产业链基础锤炼以及工业高质量发展。但项目本身不可一蹴而就，尤其是在还未全面融合精益求精的工匠精神以及还未全面创造优良的创新发展环境的背景下，需要政府持续进行政策扶持，健全长期发展机制。在2022年9月8日全国专精特新中小企业发展大会上，习近平主席致以贺信，要求各级党委政府严格落实中央部署，加大对中小企业发展的支持力度，提升中小企业发展信心，着重引导创新项目推进，加强产权保护，为专精特新中小企业打造良好的成长生态。安徽省可以结合现有政策，在人才引进、财政支持、整合服务资源等方面持续推进，攻克技术难关，国家、省、市各级协同联动，大力培育产业生态圈。

（一）加大政府政策支持力度

"专精特新"中小企业项目深度培育需要更深层次地理解创新发展的重要性，并进一步提高对我国中小企业的关注度。将优质中小企业和本地龙头企业放在同等重要的位置来看待，切实做到"补短板、锻长板"。可以延续已有做法，继续完善"专精特新板"和单项冠军企业培育库等社会资源服务，及时对省政府等各级地方政府发布的"专精特新"政策性文件进行解读。"精特新"企业在人才、技术、资金上要求较多，政府应该及时察觉可能存在的发展壁垒和限制，突破遏制技术专利、人才流动、资本流通等生产要素自由流动的各类环境障碍，尤其注意可能存在的"卡脖子"经济遏制行为，早日制定有效的备用应对策略，在政府可控范围内引导生产要素符合市场机制配置，从而为培育"专精特新"中小企业提供优质的生态环境。

（二）推动各级政府协同互通的培育机制

2013年7月，工业和信息化部出台《关于促进中小企业"专精特新"发展的指导意见》，在此国家级"专精特新"企业培育方案的指导下，安徽省积极响应培育号召，制定本省的"专精特新"中小企业发展规划和评定指标，由下级各市政府落地实施，并出台适应本市的培育政策和方案。在培育财政补贴上，也有相似的联动机制。这在一定程度上建立了国家、省、市的协同互通机制，有助于各地企业发展方向与国家总体政策导向相契合，保证宏观层面培育和优化达到最大效能，有助于推动示范企业和经验积累传播相匹配，对总体目标进行层层剖析，有助于高效建立各级"专精特新"中小企业培育梯队，因地制宜完善评定指标体系，分析积累创新技术发展成功企业的经验，为更好地发展"专精特新"企业铺平道路。

（三）加强产业链创新迭代升级

一方面，鼓励企业深入主导产业专业化和精细化，重点投入核心基础零部件等产业基础主导领域研发，将"主营业务优势明显、拥有核心竞争力、专业化发展深入、具有一定市场占有率和品牌效应"作为培育"专精特新"中小企业的总体指导方针。另一方面，推进产业链一条龙式创新，以重点领域产品为主导，构建专业化创新协同嵌套合作服务平台，鼓励人强企业搭建共享资源平台，实现行业领域共性创新技术和成果有效分享，以此促进产业链创新领域重点环节的合作共赢，针对全产业链推动创新水平持续升级。此外，加强"专精特新"中小企业和大企业的协同发展指引，达到有效配套效果，在产业链上下游技术研发、装备制造、示范服务平台等方面合作破除障碍壁垒，助力产业链式升级、一条龙发展。

（四）推进全国范围内对"专精特新"中小企业培育工程的宣讲

为了使更多企业更深刻地认识到新时代专业性和创新性的重要性，需要社会层面营造对于"专精特新"的宣传氛围。首先，参考经济强省的成功企业经验，对国家级专精特新"小巨人"企业和制造业单项冠军示范企业进行深入的案例剖析，挖掘并整理企业在新时代人才引进、经营模式、技术革新、转型方向等方面的经验和教训，由相关部门定期发布或整理成册向社会大众公开。其次，形成"专精特新"文化体系，大力弘扬精益求精的工匠精神、不断寻求突破的创新精神、脚踏实地的诚信精神，鼓励中小企业走"专精特新"道路。最后，各级地方政府各自或合作举办工业文化展，或制造业中小企业发展交流会，凸显"专精特新"企业培育工作对我国工业强

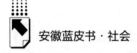

基的深远意义，吸引社会对"小巨人"企业和单项冠军企业发展的关注，形成多方关心"专精特新"企业助力安徽省工业基础向上发展的环境氛围。

五 结语

在国际经济环境风险较高，我国供应链、产业链遭受一定冲击，部分行业领域面临"卡脖子"技术限制的背景下，我国"专精特新"中小企业培育方案将成为国家重点工程。但中小企业产业背景及结构较为复杂，其成长规划不能一概而论，各级政府需要根据本省实际情况，因地制宜为"专精特新"企业量身打造培养方案。政府应与企业合作，给予有效的政策倾斜，争取打造优质的研发创新环境，为"小巨人"企业及单项冠军企业冲破技术及发展牢笼提供坚实的政策后盾，力争突破工业重点领域，推动我国工业强基创新工程。除本报告对国家层面及安徽省"专精特新"政策和成果进行梳理外，还可以进一步深入研究产业链、供应链、创新链、资本链的内在影响机制，为推进安徽省工业振兴发展提供更多方面、更多层次的参考。

参考文献

刘宝：《"专精特新"企业驱动制造强国建设：何以可能与何以可为》，《当代经济管理》2022年第8期。

李琼、汪德华：《支持中小微企业创新的财税政策：现状、经验与启示》，《财经问题研究》2021年12月21日。

董志勇、李成明：《"专精特新"中小企业高质量发展态势与路径选择》，《改革》2021年第10期。

张睿、石晓鹏、陈英武：《"专精特"小巨人企业培育路径研究——以苏南地区为例》，《中国工程科学》2017年第5期。

刘昌年、梅强：《"专精特新"与小微企业成长路径选择研究》，《科技管理研究》2015年第5期。

赵姗：《聚力"专精特新"孕育创新沃土》，《中国经济时报》2022年9月14日。

郭倩：《从大数据看"专精特新"企业韧性与活力》，《经济参考报》2022 年 9 月 14 日。

王健、徐宁、宁工轩、宁发轩、章丹馨：《"小巨人"队伍更壮大能量更强劲》，《南京日报》2022 年 9 月 13 日。

周适、杨宜勇、刘泉红：《从战略高度支持中小企业发展研究》，载《中国企业改革发展 2021 蓝皮书》，中国商务出版社，2021。

国家统计局：《中华人民共和国 2021 年国民经济和社会发展统计公报》，http：//www. stats. gov. cn/xxgk/sjfb/zxfb2020/202202/t20220228_1827971. html，2022 年 2 月 28 日。

B.5
安徽人才高地建设与产业结构升级
耦合协调水平测度及分析[*]

宋玉军　宋晓豪[**]

摘　要： 针对目前安徽省各地市人才建设与产业匹配问题，本报告通过构建人才高地建设与产业结构升级的综合评价指标体系，以2015~2020年安徽省16个地市面板数据为基础，采用熵权法和耦合协调模型，测度分析安徽省人才高地建设与产业结构升级的协调适配性。结果表明：安徽省各地区人才高地建设与产业结构升级耦合协调度呈稳步上升态势，但总体还处于失调状态，且区域间差异明显，人才高地建设严重滞后于产业结构升级，其中人才发展环境是影响区域人才建设的主要因素。鉴于此，提出安徽省未来应加快人才建设尤其是优化人才发展环境，强化产业需求端对人才建设的导向作用，发挥合肥、芜湖两市对周边地区的产业带动作用，从而提升各地区人才高地建设与产业结构升级协调度，共同推动安徽经济高质量发展。

关键词： 人才高地建设　产业结构升级　耦合协调发展　安徽

＊ 基金项目：安徽省社会科学创新发展研究课题"'双招双引'背景下安徽省人才政策支撑研究"（项目编号：2021CX054）阶段性成果。

＊＊ 宋玉军，合肥大学旅游与会展学院院长，博士，教授，硕士生导师，主要从事劳动就业与市场经济理论研究；宋晓豪，合肥大学硕士研究生，主要从事劳动就业与市场经济理论研究。

一 引言

人才是引领创新发展的核心要素，是推动产业结构升级的主导力量。习近平总书记在 2021 年召开的中央人才工作会议上提出了"加快建设世界重要人才中心和创新高地"重大命题①，为我国人才工作指明了前进方向、提供了根本遵循。而新冠疫情后续影响，逆全球化思潮迭起，使得全球经济动荡不定，产业链竞争日趋激烈，人才链与产业链、创新链深度融合成为构筑国际竞争优势的关键所在。同时，随着人口老龄化的日益加剧和战略性新兴产业的加速发展，国内的"人才抢夺战"愈演愈烈。多年来，安徽"坚持人才引领发展的战略地位，大力实施人才强省战略"，持续推出一系列人才创新举措，全力打造人才集聚成长的"强磁场"。早在 2015 年，安徽省就制定实施人才高地建设工程的实施方案；随后，相继出台了"安徽人才 30 条"（2016 年）、"科学中心人才 10 条"（2017 年）、"安徽省高质量发展人才 30 条"（2021 年）和"安徽省'双招双引'人才优先支持政策（35 条）"等；人才工作取得了显著成效。据相关统计，2021 年全省引进和培养专业技术人才总量 451.4 万人，其中高层次人才 47.5 万人。② 2022 年末全省专业技术人才总量达到 477 万人，其中高层次人才 49.7 万人。③ 但是，安徽省人才的规模、结构与产业升级需求是否适配，需要从理论上加以厘清和深入研究。

基于此，本报告综合协同理论和耦合理论，利用 2015～2020 年安徽省 16 个地市面板数据，构建基于熵权法的综合评价模型和耦合协调模型，从时间和空间两个维度探讨人才高地建设和产业结构优化升级间的互动适配关

---

① 习近平：《深入实施新时代人才强国战略　加快建设世界重要人才中心和创新高地》，http://www.qstheory.cn/dukan/qs/2021-12/15/c_1128161060.htm，2021 年 12 月 15 日。

② 安徽省统计局、国家统计局安徽调查总队：《安徽省 2021 年国民经济和社会发展统计公报》，http://tjj.ah.gov.cn/public/6981/146518011.html，2022 年 3 月 14 日。

③ 安徽省统计局、国家统计局安徽调查总队：《安徽省 2022 年国民经济和社会发展统计公报》，https://rmh.pdnews.cn/Pc/ArtInfoApi/article?id=34612868，2023 年 3 月 22 日。

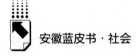
系，以期为实现区际人才和产业协调发展、推动安徽经济高质量发展提供边际贡献。

现有文献中对区域人才建设与产业升级耦合协调关系的相关研究主要集中在以下三个方面：一是人才对产业升级的重要作用研究。人才是产业结构优化的基础，决定着产业结构升级的方向和速度。① 众多学者对人才促进产业升级的研究主要着眼于人力资本的作用。Annette 和 Michael 通过相关统计数据分析发现，产业发展升级的成败取决于人力资本水平的高低。② 陈建军等认为，人力资本的类型、结构与产业结构的匹配状况决定着产业结构优化升级的效果③；人力资本的错配将会阻碍经济高质量发展④。Bodman 等⑤、白婧等⑥认为，人力资本通过助力研发活动，促进产品创新，进而促进产业结构的高级化、合理化。此外，不同类型、不同层次的人力资本对产业结构升级的影响存在差异⑦，产业结构发展的不同阶段对人力资本等生产要素组合和技术水平的需求不同⑧。二是人才与产业升级的互动关系研究。1940年，经济学家 Colin Clark 在威廉·配第学说的基础上分析了不同收入水平下就业人口在三次产业中分布结构的变动趋势，系统地提出了配第—克拉克定理。⑨ 牛冲槐等研究发现，区域科技人才集聚与高技术产业发展之间存在着

① Ciccone A., Papaioannou E., "Human Capital, the Structure of Production, and Growth", *The Review of Economics and Statistics*, 2009, 91 (1).

② Annette L. Ranft, Michael D. Lord, "Acquiring New Techologies and Capabilities: A Grounded Model of Acquisition Implementiation", *Organization Science*, 2002 (4).

③ 陈建军、杨飞：《人力资本异质性与区域产业升级：基于前沿文献的讨论》，《浙江大学学报》（人文社会科学版）2014 年第 5 期。

④ 李沁、黄远浙、杨文豪：《人力资本结构高级化对地区经济高质量发展的影响——基于城市群产业结构的视角》，《科技与经济》2021 年第 6 期。

⑤ Bodman P., Le T., "Assessing the Roles that Absorptive Capacity and Economic Distance Play in the Foreign Direct Investment-productivity Growth Nexus", *Applied Economics*, 2013, 45 (8).

⑥ 白婧、冯晓阳：《人力资本对产业结构高级化发展的实证检验》，《统计与决策》2020 年第 4 期。

⑦ 王海宁、徐晓龙、罗作汉：《基于人力资本视角的产业升级路径选择——机制、差异化与协同性文献综述》，《东方论坛》2016 年第 4 期。

⑧ 李敏、张婷婷、雷育胜：《人力资本异质性对产业结构升级影响的研究——"人才大战"引发的思考》，《工业技术经济》2019 年第 11 期。

⑨ Colin Clark, *The Conditions of Economic Progress*. London: Macmillan, 1940: 395-396.

显著正向互动关系。[①] 孙健和尤雯也研究证明了软件产业界的人才集聚与产业集聚之间存在着共生效应和乘数效应。[②] 徐培等则从人才政策方面运用双重差分法实证研究发现，人才安居政策促进了产业结构优化升级，且政策的优化完善和实施力度的增加极大地推动了产业结构整体化升级，而对于产业结构则存在显著的 U 形影响。[③] 三是人才与产业结构协调发展研究。Kiersztyn 通过对波兰 1988~2008 年人力资本与就业岗位的匹配问题进行调研发现，大量受过高等教育的劳动力长期从事低复杂度的工作。[④] 这种技能和岗位的错配会导致资源浪费、个体工作满意度降低和劳动生产率低下[⑤⑥]，从而制约了产业结构升级的进程[⑦]。尤济红基于 2000 年和 2010 年两次全国人口普查资料，实证研究发现，人力资本与产业结构的匹配度决定着人才对城市劳动生产率的作用，且人力资本效应随生产性服务业与制造业之比的提高呈现先提高后降低的非线性关系。[⑧] 李文军和郭佳指出，我国战略性新兴产业仍面临关键核心技术受制于人、人才结构与产业需求不匹配等问题。[⑨]

随着研究的逐渐深入，学者们开始关注不同区域人才与产业结构之间的协调发展关系。张延平和李明生从总体上研究我国不同区域产业与人才的协

① 牛冲槐、张帆、封海燕：《科技型人才聚集、高新技术产业聚集与区域技术创新》，《科技进步与对策》2012 年第 15 期。

② 孙健、尤雯：《人才集聚与产业集聚的互动关系研究》，《管理世界》2008 年第 3 期。

③ 徐培、金泽虎、李静：《广聚英才能否助力地区产业升级——基于人才安居政策实施的准自然实验》，《山西财经大学学报》2022 年第 5 期。

④ Kiersztyn A. , "Stuck in a Mismatch? The Persistence of Overeduction during Twenty Years of The Post-communist Transition in Poland", *Economics of Education Review*, 2013, 32 (1): 78-91.

⑤ Raul R. , Jordi S. , Manuel A. , "Regional Economic Growth and Human Capital: The Role of Over-education", *Regional Studies*, 2012, 46 (10): 1389-1400.

⑥ H. Autor D. , Dorn D. , "The Growth of Low-Skill Service Jobs and the Polarization of the US Labor Market", *American Economic Review*, 2013, 103 (5): 1553-1597.

⑦ Ghignoni E. , Verashchagina A. , "Educational Qualifications Mismatch in Europe. Is it Demand or Supply Driven?", *Journal of Comparative Economics*, 2014, 42 (3): 670-692.

⑧ 尤济红：《人力资本、产业结构与城市劳动生产率》，《山西财经大学学报》2019 年第 8 期。

⑨ 李文军、郭佳：《我国战略性新兴产业发展：成效、挑战与应对》，《经济纵横》2022 年第 8 期。

调和匹配问题。① 谌新民等通过对珠三角地区的实地调研发现，该区域高技能人才供给侧与产业结构需求侧间存在较严重的失衡问题，这不仅体现在人才数量的紧缺方面，更体现在人才与产业结构之间的不匹配方面。② 沈映春等实证研究了京津冀三地一体化发展过程中产业与人才结构的协调适配情况。③ 姜兴和张贵在分析两者耦合机理的基础上，构建了人才链与产业链耦合协调发展的双螺旋模型。④

综上，国内外学者对人才高地与产业结构升级的相关研究较为丰富，学者主要侧重于分析人才对产业的作用机制或产业对人才的需求，而从整体上分析人才高地建设与产业结构升级互动发展，以及对产业升级与人才高地建设之间耦合协调关系及耦合协调度的研究相对较少，针对安徽的相关研究更是匮乏。本报告分别构建了衡量人才高地建设和产业结构升级发展成效的指标体系，并运用耦合协调模型，对安徽省16个地市的人才高地建设与产业结构升级的耦合协调等级进行测度分析，最后提出优化对策的建议，以期为进一步推动安徽省"双招双引"工作和高质量发展提供实证支持和决策参考。

二　人才高地建设与产业结构升级的耦合协调机理

1. 耦合度和耦合协调度的内涵

"耦合"一词源于物理学，是指两个或多个系统之间通过相互作用、相互影响而连接起来的一种现象，并把各子系统之间相互依懒、相辅相成的良性互动确定为动态关联。后被学者们引入社会科学领域。各系统之间相互作

① 张延平、李明生：《我国区域人才结构优化与产业结构升级的协调适配度评价研究》，《中国软科学》2011年第3期。
② 谌新民、潘彬：《产业升级与高技能人才供给结构性失衡的影响因素研究——以广东省珠江三角洲地区为例》，《华南师范大学学报》（社会科学版）2009年第6期。
③ 沈映春、贾雨洁：《京津冀一体化过程中区域产业与人才结构协调适配度研究》，《税务与经济》2019年第4期。
④ 姜兴、张贵：《京津冀人才链与产业链耦合发展研究》，《河北学刊》2022年第2期。

用的强弱用耦合度来衡量。协调度是衡量各系统在相互作用过程中良性耦合的强弱程度。比如，人才高地建设系统与产业结构升级系统之间相辅相成、适配合理，此时为良性耦合，且耦合度较高；反之则耦合度较低。总之，耦合协调度可以用来判断两个子系统间是否相互作用，能否形成良性互动，以及判别相互关联程度的强弱。

2. 人才高地建设与产业结构升级的耦合作用机理

第一，产业结构升级需要人才支撑。现阶段，产业结构转型升级的每个环节都需要人才的支撑。解决"断供""卡脖子"以及商业信息被监听等问题，需要提升企业创新能力，攻克产业链中关键核心技术，这离不开科技型创新型人才。拓展产业领域市场范围，加强产业链上下游关系，也需要大量高层次的管理型人才。此外，提高产业生产效率更需要技能型和实用性人才的支持。

第二，人才高地建设助推产业结构升级。建设人才高地的过程，是一个人才数量不断增多、质量不断提高、人才环境不断优化、人才政策不断完善的持续过程，在理论层面就是人力资本的积累和提升。完善的人才生态下，人才间的相互学习、竞争与合作会进一步激发创新效应，从而增加产业创新的竞争优势，促进产业结构优化升级。在微观层面，人才高地的优越环境，也会激发人才个体的主观能动性，带动自身不断学习扩大知识储备、提高技能水平，从而助推本地产业结构的优化和升级。

第三，产业结构升级子系统为人才高地建设子系统提供资金支持和需求引导。一般而言，政府为了当地的产业升级和发展，企业为了提升自身竞争力，都会为引进的高层次人才提供一定的科研平台和研发资金。因此，创新平台的搭建和资金的支持不仅是产业升级的需要，也反映出一个区域对人才类型的需求，在很大程度上对人才引进和培养发挥了极大的导向作用。

第四，产业结构的升级促进区域对人才的吸引与集聚。随着产业结构不断升级，劳动生产率提升，人才的价值得到了充分发挥，带动相关专业的人才集聚，进而使得人才间的知识、信息交流更加便捷，人才获得更快晋升发展的机会势必进一步增加，提升人才吸引力和集聚度，反过来也带动了产业

结构的升级。

总之，人才高地建设是产业结构升级的重要支撑，产业结构升级为人才高地建设提供需求导向，二者在时间和空间上相互促进协调发展。人才高地推动产业升级分为人才投入、人才规模、人才环境和人才效益四个方面，产业结构升级促进人才高地建设分为产业规模化、专业化、合理化、高级化和绿色化五个方面。两大系统耦合协调机理见图1。

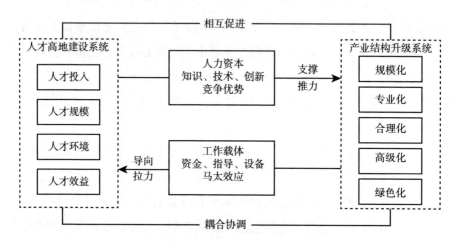

图1 人才高地建设系统与产业结构升级系统耦合协调机理

三 模型构建及数据来源

（一）耦合评价模型

为了深入分析人才高地建设与产业结构升级整体协同发展现状及态势，本报告分别构建了两大子系统的耦合模型和耦合协调模型，并基于面板数据，对二者耦合协同发展程度进行了较全面的评价。

1.原始数据的标准化处理

指标间量纲的不统一，使得不同指标的数据没有可比性，因此在计算指标权重之前，需要先将原始数据进行标准化处理，本报告借助极差法分别对正负指标进行去量纲化操作，公式如下。

对于正向指标，标准化公式为：

$$u_{ij}(t) = \frac{x_{ij}(t) - m_j}{M_j - m_j}$$

对于逆向指标，标准化公式为：

$$u_{ij}(t) = \frac{M_j - x_{ij}(t)}{M_j - m_j}$$

其中，$x_{ij}(t)$ 表示 t 年 i 市 j 指标的原始数值，$u_{ij}(t)$ 表示 t 年 i 市 j 指标的标准化值，M_j 和 m_j 表示第 j 个指标的所有原始数据取值中的最大值和最小值。

2. 子系统评价函数的确定

由于人才高地建设和产业结构升级两系统之间既相互影响又存在差异，因此本研究先通过综合评价函数对各个子系统的发展情况进行量化评分，然后运用集线性加权法计算各指标对系统的贡献度。公式如下：

$$U_{k=1,2} = \sum_{j=1}^{n} w_{kj} \times u_{ij}, \sum_{j=1}^{n} w_{kj} = 1$$

其中，U_1、U_2 分别为人才高地建设和产业结构升级子系统的综合评价函数；w_{kj} 表示第 k 个系统第 j 个指标的权重，各指标权重即 w_{kj} 采用熵权法进行计算获得。

熵权法起源于信息论，利用信息熵来衡量指标数据的离散度，由此确定各评价指标的变异程度和信息承载量。与层次分析法、德尔菲法、专家评分法等常见的确定权重的方法相比，熵权法是根据指标变异性的大小来客观确定指标权重的方法，可以有效避免评分者的主观差异性而导致综合评价结果受到影响。

3. 耦合评价模型的构建

（1）耦合模型

耦合度用来描述多个系统之间相互作用的强弱程度。人才是产业结构升级的有力支撑，产业是转接人才的重要载体，因此人才高地建设与产业结构升级之间存在耦合关系。基于此，本报告构建了人才高地建设与产业结构升级的耦合度模型，公式如下：

$$C = [U_1 U_2 / (U_1 + U_2)^2]^{1/2}$$

其中，C 表示人才高地建设与产业结构升级两个子系统之间的耦合度，C 的取值在 $[0, 1]$。C 的值越大说明两系统间的耦合度越高，当 $C = 0$ 时，表示两系统将朝着无序状态的趋势发展；当 $C = 1$ 时，两系统的耦合度取得最大值，说明系统之间实现了良性共振的耦合发展。

（2）耦合协调度模型

耦合协调度模型只能说明两个子系统相互作用的强弱程度，但不能体现两系统的整体发展水平。即当两个子系统的发展同时处于较高水平或较低水平时，表现出相同的耦合度，而这两种情况的内涵是不同的。为了避免这两种情况的混淆，引入人才高地建设与产业结构升级耦合协调度模型，旨在全面反映系统间和系统各要素间的协调发展水平。公式如下：

$$D = (C \times T)^{1/2}, T = \alpha U_1 + \beta U_2$$

其中，D 表示系统耦合协调度，T 表示两个子系统的综合协调指数，α、β 为待定系数。基于相关文献梳理，再结合专家打分，本研究综合确定 $\alpha = \beta = 0.5$。D 的取值范围是 $[0, 1]$，参考多数学者的研究成果，采用均匀分布函数法来划分两大系统的耦合协调度等级和区间（见表1）。

表1 耦合协调度等级划分标准

序号	耦合协调度 D 值范围	耦合协调度 等级	序号	耦合协调度 D 值范围	耦合协调度 等级
1	0.00~0.09	极度失调	6	0.50~0.59	勉强协调
2	0.10~0.19	严重失调	7	0.60~0.69	初级协调
3	0.20~0.29	中度失调	8	0.70~0.79	中级协调
4	0.30~0.39	轻度失调	9	0.80~0.89	良好协调
5	0.40~0.49	濒临失调	10	0.90~1.00	优质协调

（二）评价指标体系建构

建立科学合理的评价指标体系是研究人才高地建设与产业结构优化升级耦合协调度的基础。基于人才高地建设及产业结构升级耦合协调的内涵，对不同学者关于两个子系统的评价指标进行归纳与删减，并结合安徽省人才高地建设目标和产业结构升级规划，遵循指标选取的科学性、系统性、动态性及可获得性等原则，最终按照目标层—准则层—指标层三个层面，建立人才高地建设与产业结构升级的评价指标体系（见表2）。

表2　人才高地建设与产业结构升级的耦合系统指标体系及权重

目标层	准则层	指标层	权重
人才高地建设	人才投入	教育投入占 GDP 比重	0.0361
		科技投入占 GDP 比重	0.0387
		R&D 投入占 GDP 比重	0.0398
	人才规模	每十万人拥有大专及以上学历人数	0.0236
		高等教育学校毕业生数	0.1172
		R&D 实验发展人员数	0.1089
	人才环境	高等教育学校数	0.1351
		研发平台数	0.0978
		高新技术企业数	0.1112
	人才效益	每万人专利申请授权量	0.0922
		技术市场成交额	0.1588
		从业人才生产率	0.0406
产业结构升级	规模化	人均国内生产总值	0.1971
		固定资产投资增长率	0.0293
	专业化	第一产业区位熵	0.1107
		第二产业区位熵	0.1656
		第三产业区位熵	0.1349
	高级化	第三产业产值占 GDP 比重	0.1231
		第三产业产值/第二产业产值	0.1378
	合理化	泰尔指数	0.0621
	绿色化	单位地区生产总值能耗	0.0220
		万元工业产值废气	0.0174

人才高地建设的评价指标体系包括人才投入、人才规模、人才环境和人才效益四个准则层以及12个具体的量化指标。其中人才投入指标主要反映了政府在人才高地建设方面的财政支持，因此本研究选取了教育投入、科技投入和R&D投入占GDP比重三个具体指标；人才规模指标主要反映人才总体水平，综合考虑了人才数量、人才质量和人才结构三个维度，分别选取了每十万人拥有大专及以上学历人数来体现人力资本的积累和人才的密度，高等教育学校毕业生数体现区域当年人才产生量，R&D实验发展人员主要是从事研发活动工作的人，因此可以体现高端人才的规模；人才环境指标主要用来反映区域对人才的吸引力和凝聚力，从人才最关心的教育、科研、工作环境入手，确定了高等教育学校数、研发平台数和高新技术企业数三个指标；人才效益指标主要体现人才对区域经济发展和产业结构升级的贡献程度，选取了每万人专利申请授权量、技术市场成交额、从业人才生产率三个指标。

针对产业结构升级子系统，主要从规模化、专业化、高级化、合理化和绿色化五个维度进行衡量，关于规模化指标，借鉴曹雄飞等人[1]的研究，选取了人均国内生产总值和固定资产投资增长率来反映产业结构总体规模；专业化指标采用三次产业区位熵来反映，区位熵（又称区域产业转化率）用来判断某一产业在区域相对于全国该产业水平的相对聚集程度和专业化水平，计算公式如下：

$$LQ_{ij} = \frac{X_{ij} / \sum_{i=1}^{m} X_{ij}}{\sum_{j=1}^{n} X_{ij} / \sum_{i=1}^{m} \sum_{j=1}^{n} X_{ij}}$$

其中，i表示第i产业产值，j表示第j个区域。$LQ>1$时说明区域该产业处于全国平均水平之上具有比较优势，$LQ=1$时说明区域该产业处于全国平均水平，$LQ<1$时说明区域该产业低于全国平均水平，处于相对劣势地位。高级化指标，基于克拉克定理，采用第三产业产值占GDP比重、第三

---

[1] 曹雄飞、霍萍、余玲玲：《高科技人才集聚与高技术产业集聚互动关系研究》，《科学学研究》2017年第11期。

产业产值与第二产业产值之比来衡量。针对合理化指标，学者们多用泰尔指数来衡量。[1][2] 计算公式如下：

$$TL = \sum_{i=0}^{n} \left(\frac{Y_i}{Y} \right) ln \left(\frac{Y_i}{L_i} \bigg/ \frac{Y}{L} \right)$$

其中，Y_i 表示产业 i 的产值，L_i 表示产业 i 的从业人数，n 为产业部门数。随着高质量发展的推进，绿色化发展逐渐成为产业结构升级的一个重要方向，因此本报告在前人研究的基础上，增加了绿色化指标，并从能源消耗和废弃物排放两方面进行衡量。

（三）数据来源

本研究数据主要来源于 2016~2021 年《安徽统计年鉴》、《安徽省科技统计公报》、《中国城市统计年鉴》以及安徽省各地市的政府工作报告，对于工业废气排放量中的几个缺失值，采用线性插值法进行了弥补。

四 实证分析

基于耦合协调模型及熵权法，计算得出安徽省 2015~2020 年人才高地建设与产业结构升级协调发展情况，并分别从时序视角及空间视角进行分析。

（一）总体时序分析

依据上述方法，计算出安徽省人才高地建设与产业结构升级子系统的综合评价函数值（U_1、U_2），以及两者的耦合度（C）和耦合协调度（D），计算结果见表 3 及图 2。

---

[1] 干春晖、郑若谷、余典范：《中国产业结构变迁对经济增长和波动的影响》，《经济研究》2011 年第 5 期。

[2] 刘翠花：《数字经济对产业结构升级和创业增长的影响》，《中国人口科学》2022 年第 2 期。

表3　2015~2020年安徽省人才高地建设与产业结构升级耦合协调度及评价

年份	人才高地 （U₁）	产业结构 （U₂）	耦合度 （C）	耦合协调度 （D）	耦合评价
2015	0.1188	0.3524	0.3994	0.3028	轻度失调
2016	0.1401	0.3930	0.4053	0.3245	轻度失调
2017	0.1489	0.4034	0.4075	0.3313	轻度失调
2018	0.1602	0.4309	0.4075	0.3425	轻度失调
2019	0.1689	0.5086	0.3929	0.3614	轻度失调
2020	0.1977	0.4937	0.4184	0.3764	轻度失调

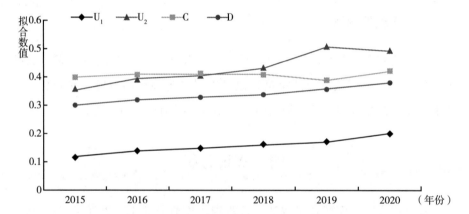

图2　2015~2020年安徽省人才高地建设与产业结构升级耦合指标动态演化曲线

从整体上看，2015~2020年安徽省人才高地建设和产业结构升级均呈上升态势。其中人才高地建设指数在0.1~0.2之间稳定增加。随着互联网、大数据、人工智能等技术的发展和消费结构的升级，安徽产业结构升级速度不断加快，2015~2019年短短5年间产业结构升级指数就从0.3524上升到0.5086，产业结构完成了由"二三一"向"三二一"的转变。受疫情影响，2020年产业结构升级速度放缓。

现阶段，制约产业结构升级的最大因素是创新，而人才是创新的根源，同时产业是承载和接受人才的最好载体，因此人才高地建设和产业结构升级之间存在着耦合互动关系。2015~2018年两者耦合度稳步增长，2019年出现短暂下降，这主要是由于 2019 年安徽省产业结构转型升级速度急剧加快，而人才的建设需要一定的周期。随着"江淮英才"计划、"人才30条"等人才建设政策的不断出台和落实，2020 年安徽省人才高地建设与产业结构升级的耦合度又恢复了增长态势。

此外，这一时段内，两者之间的耦合协调度一直持续增加，但增长速度相对较慢，耦合评价等级一直处在轻度失调状态，没有出现跨越等级的提升。结合数据分析发现，这主要是由于近年来安徽省人才高地建设的速度远远滞后于产业结构升级的步伐，未来应认真落实人才优先发展战略，把人才建设工作放在首位，加快推进高水平人才高地建设。

（二）空间差异分析

为了进一步分析安徽省各地市人才高地建设与产业结构升级的耦合协调情况，按上述研究方法，计算出 2015~2020 年安徽省 16 个地区两者的耦合协调度，并按 2020 年耦合协调度进行降序排列，结果见表 4。

表 4　2015~2020 年安徽省各地区人才高地建设与产业结构升级耦合协调度

城　市	2015 年	2016 年	2017 年	2018 年	2019 年	2020 年
合　肥	0.53	0.56	0.58	0.60	0.65	0.66
芜　湖	0.41	0.43	0.45	0.47	0.48	0.49
马鞍山	0.34	0.36	0.37	0.38	0.40	0.41
滁　州	0.28	0.30	0.32	0.34	0.37	0.39
蚌　埠	0.32	0.34	0.35	0.35	0.37	0.38
铜　陵	0.31	0.33	0.33	0.33	0.36	0.37
安　庆	0.30	0.34	0.32	0.32	0.34	0.36
宣　城	0.28	0.30	0.31	0.32	0.34	0.36
淮　北	0.27	0.29	0.29	0.30	0.32	0.35
阜　阳	0.26	0.28	0.28	0.30	0.32	0.35
黄　山	0.28	0.31	0.31	0.31	0.32	0.33
六　安	0.26	0.28	0.30	0.31	0.32	0.33
淮　南	0.29	0.30	0.31	0.31	0.32	0.32
池　州	0.26	0.28	0.29	0.30	0.30	0.31
亳　州	0.22	0.23	0.25	0.27	0.29	0.31
宿　州	0.23	0.25	0.26	0.27	0.28	0.30

分别选取 2015 年、2018 年、2020 年始末及中间三个年份，绘制各地区两者耦合协调度对比走势图（见图 3）。

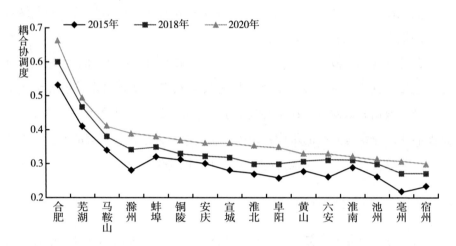

图3 安徽省各地区人才高地建设与产业结构升级耦合协调度变化及对比

综合分析发现，2015~2020 年安徽省各地区人才高地建设与产业结构升级耦合协调发展情况，呈现如下特征。

其一，耦合协调度稳步增加与耦合协调度等级不进现象并存。从整体上看，6 年间，各地区耦合协调度均呈现上升态势，但上升的速度有所差异。根据耦合协调度等级划分标准，合肥、马鞍山、滁州、宣城、淮北、阜阳、黄山、六安、淮南、池州、亳州和宿州 12 个城市都实现了耦合协调度等级的提升。其中，合肥在 2018 年实现了由勉强协调向初级协调的提升，2019 年马鞍山实现了质的转变，由失调进入了协调发展状态，其余如滁州、宣城、淮北等 10 个城市虽然都实现了由中度失调向轻度失调等级的提升，但相较于其他城市，总体耦合协调有待提升。而芜湖、蚌埠、铜陵和安庆 4 个城市 6 年间的耦合协调适配等级未曾变动。芜湖一直处于濒临失调状态，蚌埠、铜陵、安庆一直处于轻度失调等级。

其二，各地市耦合协调度之间差异较大。省会合肥一直领先于其他城市。2020 年，合肥耦合协调度为 0.66，而排名第二、第三的芜湖、马鞍山仅为 0.49 和 0.41，与合肥相差两个耦合协调度等级，其余城市的耦合协调度与合肥相差三个等级。这说明安徽省区际人才建设与产业升级协调发展水平严重不平衡。

其三，总体来看，安徽省各地市人才高地建设与产业结构升级的耦合协调度还有待提高。合肥的耦合协调等级最高，但也仅仅处在初级协调阶段。特别需要注意的是，到 2020 年底，安徽还有 13 个地市，占总数的 81.25%，还处在失调状态。这说明区域人才高地建设与产业结构升级的耦合协调发展是一项长期且具有挑战性的任务。

此外，根据人才高地建设系统与产业结构升级系统各自发展水平的不同，还可将每种耦合协调度等级再分为三种类型：$U_1<U_2$，人才高地建设滞后型；$U_1=U_2$，人才高地建设与产业结构升级同步发展型；$U_1>U_2$，产业结构升级滞后型。结合数据发现，只有合肥市是 $U_1>U_2$ 的产业结构升级滞后型，其余 15 个城市都是 $U_1<U_2$ 的人才高地建设滞后型。表明合肥应把产业结构升级作为未来工作的重点，而其余城市在升级产业结构的同时，要注重人才的引进和培养，特别是高层次人才和高技能人才，同时各地区要加强人才的流动和产业的合作，从而使人才实现最大效益，产业结构实现最优发展。

五　结论与政策建议

（一）结论

本报告首先分析了人才高地建设系统与产业结构升级系统耦合协调发展的作用机理，其次建构了两个系统的综合评价指标体系，并采用熵权法对指标进行赋权，引入耦合协调度模型，对安徽省 16 个地市 2015~2020 年人才高地建设与产业结构升级的耦合协调度情况进行了实证研究。研究发现：①2015~2020 年，安徽省人才高地建设和产业结构升级发展水平呈上升的态势；耦合协调度有所增加，但整体来看仍然处于失调状态。②通过深入分析发现，安徽省人才高地建设与产业结构升级失调的原因是人才建设水平严重滞后于产业结构升级，即人才的规模、质量等不能满足当前产业结构升级对人才的需要。③安徽省地市间人才建设和产业结构发展严重不平衡。合肥各方面一直处于领先地位，且2018年就进入了初级协调阶段，而到2020年底安徽还有13个地市，占总体的81.25%，处于失调状态。总体来看，合肥人才建设相对较好，而其他地区则面临严重的人才匮乏问题，极大制约了产业结构的转型升级。④从各指标所占权重可以看出，人才发展环境的权重最高，这说明安徽省当前加快人才高地建设的关键在于优化人才发展环境。

（二）政策建议

基于以上研究结论，本报告提出以下政策建议，以期提高安徽省人才高地建设和产业结构升级的耦合协调等级，增强安徽省在新发展阶段的竞争力。①优化人才发展环境。以上研究表明，安徽省各地市人才高地建设滞后于产业结构升级速度，因此，需要进一步优化人才成长与发展环境，提高对本地人才培育的重视程度。安徽是科教大省，更要重视本地优秀中青年和有潜力人才的培育，这不仅能够缓解人才抢夺大战日趋白热化的竞争压力，更重要的是出生、成长于本地的人才，对地区的资源禀赋和发展情况更熟悉，是今后区域产业升级发展的主力军。只有将"人才引进"和"人才培育"并重，才能保证人才队伍的稳定性和持久性，形成人才新高地。因而，应建立完善以政府奖励为引导、社会和用人单位相结合的人才激励体系，加大对孵化器、科技联盟、众创空间等科创平台的支持力度，进一步发挥各类创新平台发现人才培育人才的功能。构建产学研紧密联动机制，加强知识产权保护，完善资金、场地等支持条件，加快人才科研成果的落地，推动地区产业结构升级。此外，还要大力宣传人才典型，不断营造尊才敬才爱才重才的良好社会氛围。②强化产业需求端对人才高地建设的导向作用。产业是转接人才的载体，人才集聚的重要拉力来自产业发展的需求。同时，产业结构升级离不开创新型人才的支撑，因此依据产业结构升级对人才的需求，来规划人才需求的数量、质量和结构，才能更好地推动区域经济的发展。但人才培养、引进政策及措施往往滞后于产业发展需求，未来应依据安徽战略性新兴产业发展愿景，提前规划人才建设的顶层设计；搭建产业需求侧与人才供给侧信息共享平台，各地市应根据产业分工与发展，推动高校、企业、政府、社会中介等多元主体在人才链"引、育、用、留"等各环节的深入协作，为人才发挥才能创造条件。同时，政府部门应加强产业与人才相关课题研究，借助人工智能、大数据等技术和手段，对产业的人才需求和高校等人才供给端进行动态监管、分析、预测，以此提升相关政策的及时性和前瞻性。③发挥优良城市的示范辐射作用。合肥和芜湖两市人才建设成效相对显著，新兴产业发展也较好。要发挥它们对安徽其他城市和对周边地区产业的带动、市场辐射和改革示范作用。如促进高端人才的流动、推动大型仪器设备的共享、加强同类型企业的合作等。位于合肥、芜湖周边及安徽相对边缘地区的一些城市要结合当地的资源禀赋，挖掘自身优势产业，努力构建错位竞争格局，同时也要积极融入中心城市的产业配套规划和市场循环之中，逐渐建立专业化分工化协同化的经济发展模式，形成产业比较优势。需要从省级层面推动安徽各地市凝聚共识，形成各区域协调发展的合力，共同推动安徽经济高质量发展。

参考文献

安徽省统计局、国家统计局安徽调查总队：《安徽省 2021 年国民经济和社会发展统计公报》，http：//tjj. ah. gov. cn/public/6981/146518011. html，2022 年 3 月 14 日。

吴量亮：《推动"双招双引"创新突破　完善十大产业发展生态》，http：//energy. anhuinews. com/xinny/202207/t20220719_6179564. html，2022 年 7 月 19 日。

叶忠海主编《人才资源优化策略》，上海三联书店，2002。

萧鸣政、应验、张满：《人才高地建设的标准与路径——基于概念、特征、结构与要素的分析》，《中国行政管理》2022 年第 5 期。

孙健、尤雯：《人才集聚与产业集聚的互动关系研究》，《管理世界》2008 年第 3 期。

赵青霞、夏传信、施建军：《科技人才集聚、产业集聚和区域创新能力——基于京津冀、长三角、珠三角地区的实证分析》，《科技管理研究》2019 年第 24 期。

曹威麟、姚静静、余玲玲等：《我国人才集聚与三次产业集聚关系研究》，《科研管理》2015年第12期。

裴玲玲：《科技人才集聚与高技术产业发展的互动关系》，《科学学研究》2018年第5期。

姜兴、张贵：《京津冀人才链与产业链耦合发展研究》，《河北学刊》2022年第2期。

沈映春、贾雨洁：《京津冀一体化过程中区域产业与人才结构协调适配度研究》，《税务与经济》2019年第4期。

张延平、李明生：《我国区域人才结构优化与产业结构升级的协调适配度评价研究》，《中国软科学》2011年第3期。

谌新民、潘彬：《产业升级与高技能人才供给结构性失衡的影响因素研究——以广东省珠江三角洲地区为例》，《华南师范大学学报》（社会科学版）2009年第6期。

郑兰先、孙成：《湖北省高技能人才配置与产业结构升级耦合研究》，《科技进步与对策》2016年第13期。

吴凡、苏佳琳：《高质量发展视角下广西人才结构与产业结构匹配性研究》，《广西社会科学》2020年第7期。

皮江红、朱卫琴：《浙江制造业人才结构与产业结构匹配性研究》，《浙江工业大学学报》（社会科学版）2022年第1期。

曹雄飞、霍萍、余玲玲：《高科技人才集聚与高技术产业集聚互动关系研究》，《科学学研究》2017年第11期。

干春晖、郑若谷、余典范：《中国产业结构变迁对经济增长和波动的影响》，《经济研究》2011年第5期。

Florida Richard, *The Rise of the Creative Class*. New York：Basic Books，2002.

Ciccone A.，Papaioannou E.，"Human Capital, the Structure of Production and Growth"，*The Review of Economics and Statistics*，2009，91（1）.

Bodman P.，Le T.，"Assessing the Roles that Absorptive Capacity and Economic Distance Play in the Foreign Direct Investment Productivity Growth Nexus"，*Applied Economics*，2013，45（8）.

Antonio C.，Elias P.，"Human Capital, the Structure of Production, and Growth"，*The Review of Economics and Statistics*，2009，91（1）.

Anabela S. S. Q.，Aurora A. C. T.，"Economic Growth, Human Captional and Structural Change：An Emprical Analysis"，FEP Working Papers，2014，No. 549.

城乡社会建设篇

Urban and Rural Social Construction

B.6
基层社会矛盾纠纷化解机制
与路径创新研究

——基于淮北市相山区的考察

郭敬东　李宗楼*

摘　要： 以大调解为原则的联动性调解机制是解决当前基层社会矛盾纠纷的重要路径。淮北市相山区在顺应基层社会治理内在逻辑和要求的基础上，积极探索联动性调解机制的实施方式，推行了富有创新性的治理举措：一是制定大调解视域下的调解实施文件，从制度层面保障联动性调解模式的展开。二是加强调解组织建设，在建立联动性调解机制的基础上搭建全方位的社会矛盾纠纷化解平台。三是以点带面，构建基层纠纷调解中心，满足人民群众的多元利益诉求，从源头上预防社会矛盾纠纷的发生。面对新阶段社

* 郭敬东，博士，安徽师范大学法学院副教授，法治中国建设研究院研究员，硕士生导师，主要研究方向为政治哲学与行政管理、地方治理；李宗楼，安徽师范大学法学院教授，中国政治学会理事，主要研究方向为政治学理论、当代中国政府与政治、地方治理等。

会矛盾发展的新形势，必须坚持党建引领，发挥党委在基层社会治理中的方向引领作用，实现矛盾纠纷化解路径的精准化管理。要进一步加强人民调解、行政调解与司法调解的联动机制建设，充分发挥"三大调解"的综合性功能在化解基层社会矛盾中的作用。同时，充分运用互联网大数据的优势，构建"大调解"框架下的网络信息数据基础，打造多措并举的社会矛盾纠纷解决机制。

关键词： "大调解"　社会矛盾　化解机制　淮北

一　引言

社会矛盾纠纷的有效化解是新时代基层社会治理的重要价值目标与实施路径，关系着社会治理体系与治理能力现代化的有效贯彻和落实。构建有效的社会矛盾纠纷化解机制可以从制度层面消解社会中的不稳定因素，使人与人之间、人与制度之间产生和谐相融的社会关系，有助于为共建共治共享的社会治理格局的实现提供基层法治层面的保障。为了推动基层社会形成以人民为中心、切实维护社会成员合法利益的社会矛盾纠纷化解机制，推动各地法治政府治理模式和治理程序的建设，2015年12月，中共中央、国务院印发的《法治政府建设实施纲要（2015—2020年）》强调，依法解决转型时期的社会矛盾纠纷，打造以人民为中心、符合人民利益的社会矛盾纠纷化解机制是法治政府基本建成的重要指标之一。① 对于社会治理而言，随着社会环境的变化以及利益格局的调整，新的社会矛盾纠纷会以各种形式出现，这就要求治理主体要制定法治化、权威性的社会矛盾纠纷解决机制，发挥制度本身对各种常态性与突发性社会矛盾的规制作用。2015年以来，各地政府围绕法治

---

① 《法治政府建设实施纲要（2015—2020年）》，中国法制出版社，2016。

政府理念的落实与法治化治理模式的实施，积极推动符合当地治理环境的社会矛盾纠纷化解机制的形成，在引导人民依法维护自身权益、化解基层社会矛盾纠纷方面取得了长足的进步。

当然，法治政府建设是一项持续化的社会政治工程，需要在总结实施经验的基础上不断克服实践过程中的短处和不足，形成比较成熟的实施路径，而优化社会矛盾纠纷的化解机制，构建稳定的社会治理秩序既是法治政府建设的重要内容之一，也是推动法治政府建设实施路径的重要助力。① 2021 年 8 月，中共中央、国务院印发的《法治政府建设实施纲要（2021—2025 年）》明确指出，要"健全社会矛盾纠纷行政预防调处化解体系，不断促进社会公平正义"。② 强调了基层社会矛盾化解对于推动社会治理现代化，落实与保障人民权益的重要性。党的二十大报告更是强调了基层矛盾纠纷化解在社会治理中的重要性，要求"完善网格化管理、精细化服务、信息化支撑的基层治理平台，健全城乡社区治理体系，及时把矛盾纠纷化解在基层、化解在萌芽状态"。③ 就社会矛盾纠纷化解方式中的实施内容而言，我国基本形成了以政府为主导、以多维调解为主要内容的解决机制。地方政府在推动社会矛盾纠纷化解方面也因地制宜地结合本地的社会环境而有所创新，并形成了各具地方特色的调解模式。其中，安徽省淮北市相山区就结合当地的治理情况，将人民调解、行政调解以及司法调解等方式相结合，打造了以事前预防、事中调解与事后跟踪反馈为特征的联动性调解机制，有力地化解了本地的社会矛盾纠纷，提升了民众的生活幸福感，为和谐社会的建设构筑了坚固的防线。

---

① 根据中国政法大学法治政府研究院发布的《中国法治政府评估报告（2020）》，2014～2019 年，我国在社会矛盾化解与行政争议解决方面取得了五方面的主要成就，分别是"（一）重点民生领域化解社会矛盾的制度创新卓有成效；（二）社会矛盾化解渠道更加畅通，纠纷解决方式趋于法治化；（三）人民调解组织建设稳步推进；（四）社会稳定风险评估机制相对完善；（五）行政复议制度不断健全，复议体制改革成效显著"。参见中国政法大学法治政府研究院主编《中国法治政府评估报告（2020）》，社会科学文献出版社，2020。
② 《法治政府建设实施纲要（2021—2025 年）》，中国法制出版社，2021。
③ 《中国共产党第二十次全国代表大会文件汇编》，人民出版社，2022。

二 三大调解的功能融合与大调解模式的生成

在日常生活中，社会矛盾纠纷所涵盖的内容相对多样化，既有基层社会成员之间的民事纠纷，也有因利益诉求得不到及时回应而产生的行政纠纷，还有基于工作关系而产生的劳资纠纷等。从社会治理的角度来看，预防并有效地化解这些矛盾纠纷是构建稳定的基层社会治理秩序的前提。这些矛盾纠纷的有效处理直接关系到人民利益的有效维护，也关系到基层社会治理中良法与善治的全面实施，更关系到全面建成小康社会这一战略目标的切实实现。如果不能从源头抓起，将社会矛盾纠纷消灭在萌芽状态，则会因社会矛盾纠纷逐渐扩大化而引发一系列社会治理领域的不稳定状况。这就需要构建一种制度化的社会矛盾纠纷处理机制作为沟通民众、社会与政府之间的整合性纽带，以应对程序性和非程序性的社会矛盾纠纷事件。从当前的治理实践来看，社会矛盾纠纷主要集中在民事等领域，而调解则是解决社会矛盾纠纷最为常用的处理方法，也是化解社会矛盾纠纷的第一道防线。

在我国，调解主要包含人民调解、行政调解以及司法调解等方式。人民调解是指人民委员会采用软性的说服、教育等方式使矛盾双方通过协商而达成符合情、理、法的协议。这种方法主要是通过社会疏导的方式使被调解的当事人能够产生共识性的意见，并就此共识性意见而形成双方都认可的解决方法。在调解过程中，调解的主体与调解的客体之间具有一种平等性，作为调解主体的人民调解委员以服务群众为原则，可以采用灵活多变的调解程序，并根据社会矛盾纠纷的具体情境来展开调解，易于被人们所接受。与行政调解和司法调解等方式相比，人民调解属于一种群众性的活动，调解的范围主要集中在基层常见的矛盾纠纷方面，且涉及的调解领域较为广泛，是解决人民群众内部矛盾最为常用的方式之一。"凡是发生在公民与公民之间、公民与法人或者其他组织之间，涉及当事人有权处分的人身、财产权益的纠纷，都属于民间纠纷，都可以通过人民调解来处理。"① 这种调解方式源自中国传统的基层治理文化。在长期治理经验积累的基础上，古代中国形成了以乡贤、耆老等人采用道德劝解的方法作为调解基层社会矛盾的治理模式。如汉代由三老负责基层社会的教化工作，并就民间的纠纷事件进行调解。由于他们在乡里具有较高的道德威望，其调解意见对于矛盾双方而言无疑具有一定的权威性，能够有效地解决乡村中常见的一些纠纷问题。我国当下实行的人民调解制度创制于新中国成立初期，在吸收新民主主义时期人民调解实践的基础上，1953 年，各地在基层党委和政府组织的领导下建立了人民调解组织，开始处理人民内部的社会矛盾纠纷问题。1954 年，《人民调解委员会暂行组织通则》颁布，为人民调解活动提供了实施原则和具体方法。经过长期的实践，我国现有的人民调解制度已经相当成熟，既吸收了传统的"息诉止争"的精神理念，又构建了符合现代治理方式的实施路径。对于社会矛盾纠纷化解而言，人民调解方式具有三方面的优势：其一，由于人民调解属于群众性活动，具有一定的自治性，故容易得到民众的认同和采纳。当基层社会成员出现婚姻、债务等民事纠纷时，人民调解可以因时因地提供帮助，快速解决困扰他们的问题，将微小性的社会矛盾纠纷消解于萌芽状态，防止事态的进一步扩大。其二，人民调解具有非营利性的特征，调解的方式和程序多样，人民调解委员会可以根据当地具体的环境制定和实施符合本地治理状况的调解程序。由于处理方式灵活，应对程序适宜，可以合理地解决常规性的民间矛盾。其三，在调解方式方面，人民调解主要采用劝说、引导等方式来说服矛盾当事人，使他们在达成共识的基础上形成一致性的解决意见。如果社会矛盾纠纷较为复杂，人民调解委员会可以邀请当地具有威望的社会人士介入调解过程中，多维度、多面向地展开调解活动。② 这对于矛盾的解

---

① 《中华人民共和国人民调解法》，中国法制出版社，2018。
② 《中华人民共和国人民调解法》第二十条规定："人民调解员根据调解纠纷的需要，在征得当事人的同意后，可以邀请当事人的亲属、邻里、同事等参与调解，也可以邀请具有专门知识、特定经验的人员或者有关社会组织的人员参与调解。"参见《中华人民共和国人民调解法》，中国法制出版社，2018。

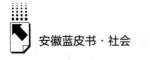

决无疑具有推动作用。

行政调解主要是指作为调解主体的行政机关以及获得相关法律法规授权的组织，依法对该机关职权范围内所涵盖的社会纠纷采用调解的方式使当事人在平等自愿的前提下达成解决协议的活动。从调解的范围来看，由于行政调解属于公权力对非诉讼性的纠纷特别是民事纠纷的介入，因此，其处理的范围没有人民调解宽泛。行政调解的对象主要涉及两大方面：一是行政机关自身在行使职能时所遇到的纠纷；二是行政机关针对特定领域如治安、交通等方面的纠纷。就行政调解的内容来看，其主体一般为基层政府的民政机关、公安机关等，其调解的目的也非常明确。行政调解属于诉讼外的调解，调解的对象具有特定性即"行政管理活动中发生的纠纷，包括民事纠纷和部分情节轻微、危害不大的刑事纠纷，以及特定的行政纠纷"。① 从调解实践来看，行政调解具有三方面的积极作用：一是调解的程序便捷，且作为调解主体的行政机关具有政治权威性，在调解过程中可以有效引导矛盾纠纷当事人达成一致性的解决协议。二是行政调解具有专业性，一般而言，主持调解的人员都是行政部门中具有专业知识和素养的工作人员，面对复杂的矛盾纠纷事件，他们可以根据情、理、法对事件的总体性质做出判断，并运用专业知识找准矛盾纠纷双方中存在的核心问题，快速沟通和解决。三是行政调解行为本身即属于增强行政机关公信力的措施，也有助于矛盾纠纷当事人对行政调解协议的认同。

司法调解则是指法院审判组织作为调解主体在诉前对诉讼当事人进行调解，本着平等自愿的原则，使矛盾双方能够达成解决问题的协议。司法调解的主体主要是法院的审判人员，调解的过程主要是在公权力的介入下使矛盾双方在平等自愿的基础上达成解决协议。在调解实践中，司法调解主要有三方面长处：一是由于调解组织是作为司法机关的法院，所以调解的过程和调解的建议都具有高度的权威性。二是法院调解与诉讼判决之间联系紧密。当法院受理社会矛盾纠纷特别是民事纠纷时，在审判之间，一般会进行调解，

---

① 常怡：《中国调解制度》，法律出版社，2013。

其主要出于"有利于当事人的和睦共处，有利于社会的和谐稳定"① 的考虑。在调解过程中，作为公权力体现的审判人员通过说服、教育的方式，可以使矛盾双方一方面知晓自身应具有的各项权利，另一方面认清自身行为在调解事件中所存在的问题。这样有利于矛盾当事人进行有效协商，并达成解决协议。三是司法调解在处理上具有快速性，有助于解决一些人民调解中久拖不决的矛盾纠纷事件。当矛盾纠纷的当事人在自愿的基础上认可审判人员所主持的调解行为，并达成一致性共识，则该矛盾纠纷就会按照程序得到快速处理。当矛盾纠纷的当事人不能达成调解协议时，则可以使他们走诉讼程序，法院依法对他们的纠纷事件进行判决。

从实施内容来看，人民调解、行政调解和司法调解各有其优点和长处，在基层社会矛盾纠纷化解方面发挥着不可替代的作用。当前，由于新常态下社会矛盾纠纷呈现多发态势，且涉及的范围和领域不断扩大，新问题不断涌现。为了构建稳定的基层社会秩序，必须统合人民调解、行政调解以及司法调解的综合防治功能，充分发挥行业调解、律师调解等方式的解纷作用，建立制度性、常态化、有效衔接的大调解机制。

三 淮北市相山区大调解化解社会矛盾纠纷的 创新性实践

从社会实践看，相较于传统的调解方式，在社会矛盾纠纷的化解方面，大调解具有三个方面的特点：一是在调解理念方面，主要采用多措并举的程序性办法来解决矛盾纠纷当事人之间的问题；二是在调解的方式方面，主要采用联动性的调解模式以劝说、教育等方法，使矛盾双方能够形成一致性的解决协议；三是在调解的内容方面，大调解涵盖了与民众利益息息相关的各个领域，可以解决基层社会中的大部分矛盾纠纷。事实上，大调解模式属于反应性治理的范畴。反应性治理具有一个非常明显的特点，即在治理活动

---

① 常怡：《中国调解制度》，法律出版社，2013。

中，"各级决策者的决定作用较大，他们根据面临的社会问题做出反应，在稳固执政权力的考量下，加强掌控，同时根据社会的需要不断调整有效的办法"。① 而作为联动性调解的大调解在行动过程中，其调解主体也被赋予了一定的自主性权利，无论是人民调解委员会还是行政机关以及法院等，在调解过程中，都可以根据当时的环境状况针对具体的矛盾纠纷问题而采用相应的调解模式。大调解模式在化解社会矛盾纠纷过程中有着重要的作用。2019年5月，司法部强调："到2022年，基本形成以人民调解、行政调解、行业性专业调解、司法调解优势互补、有机衔接、协调联动的大调解工作格局。"② 在大调解的实施实践中，相山区在总结以往经验的基础上，不断推进联动调解机制的构建，并取得了一定的效果。相山区地处淮北市中北部，属于传统的老城区，下辖 8 个街道，人口 50 万左右。与淮北市其他区相比，相山区属于该市的主城区，管辖的社区数目众多，居民的利益诉求较为多元，易发生一定的社会矛盾纠纷。为了有效地落实和贯彻法治政府建设要求，相山区积极探索基层社会矛盾纠纷的化解路径，并对大调解的实施机制进行了创新性的构建。

第一，制定大调解视域下的调解实施文件，从制度层面保障联动性调解模式的展开。常态化联合调解方式的贯彻一方面需要程序化的制度规范，另一方面需要构建解决问题的平台。这就要求地方政府制定关于联合调解方面的程序性文件，对调解主体的人员构成、调解方式的行为规范以及调解结果的反馈回路进行明确的规定，以确保联合调解能够依法依规进行。为了构建平安社会，筑造坚实的社会矛盾纠纷化解基石，使大调解规范化、制度化和常态化，淮北市相继制定了《关于加强新时代人民调解工作的实施意见》《淮北市人民调解工作经费保障暂行办法》《淮北市行政调解办法（试行）》《淮北市关于打造金牌劳动人事争议调解组织实施方案》等相关文件。相山区则围绕这些文件对调解工作加以进一步的细化落实，并结合本区实际制定了一

① 张静：《社会治理：组织、观念与方法》，商务印书馆，2019。
② 中国政法大学法治政府研究院主编《中国法治政府评估报告（2020）》，社会科学文献出版社，2020。

系列具体的调解办法，如《关于建立系列案件、群体性纠纷"示范裁判+合并审理"机制的实施方案（试行）》《关于在全区家事案件审判工作中建立"党委领导、政府支持、法院推动、综治协调、社会参与"多元化纠纷解决机制的实施意见（试行）》，形成了多维并举的矛盾纠纷化解合力。

第二，加强调解组织建设，在建立联动性机制的基础上搭建全方位的社会矛盾纠纷化解平台。组织建设属于制度构建的维度，任何治理措施的实施都必须注重治理组织的设置。诺斯曾指出："制度是一个社会的博弈规则，或者更规范地说，它们是一些人为设计的、形塑人们互动关系的约束。"①构建系统有效的调解组织是解决社会矛盾纠纷的前提性条件。

就人民调解方面的组织建设而言，相山区积极落实和推行 2019 年 5 月该市全面依法治市委员会办公室下发的《关于加强新时代人民调解工作的实施意见》（以下简称《意见》）。《意见》从纵向维度对人民调解组织的设置进行了总体性的规划和网络性的设计：其一，在村（居）一级，《意见》强调要"巩固和完善村（居）人民调解组织"②，统一将村（居）一级的人民调解组织纳入基层人民调解组织的规划建设中。村委会与居委会属于社会治理过程中的基层组织，在其管理单位中积极推动人民调解组织建设，可以发挥具有群众自治性质的村委会与居委会的作用，落实人民调解组织在基层社会单位中的功能性作用。其二，在镇（街道）一级，《意见》强调要"规范强化镇（街道）人民调解组织"③。乡镇与街道的分管领导直接担任本地区人民调解委员会的主任，司法所的所长担任人民调解委员会的副主任，而基层派出所、法庭等部门的负责人则担任人民调解委员会的委员。这种制度设计主要强化了基层政府在社会矛盾纠纷化解工作中的责任，使他们在相互协作的基础上统筹性处理本地区的社会矛盾纠纷化解工作。他们之间

---

① 〔美〕道格拉斯·C. 诺斯：《制度、制度变迁与经济绩效》，杭行译，格致出版社、人民出版社，2014。

② 淮北市司法局淮北普法网，https：//sfj. huaibei. gov. cn/zwgk/public/41/56163991. html，2019 年 5 月 3 日。

③ 淮北市司法局淮北普法网，https：//sfj. huaibei. gov. cn/zwgk/public/41/56163991. html，2019 年 5 月 3 日。

的关系可以说是一种部门联动性调解的关系。事实上，乡镇与街道属于基层的行政组织，也是处理社会矛盾纠纷的第一场地。村（居）一级的人民调解工作能否得到切实的实施，主要看乡镇与街道一级的基层政府对于人民调解工作的执行力度。在调解工作中，镇（街道）一级人民调解组织的完善以及调解工作的落实对辖区内社会矛盾纠纷化解产生辐射作用。将乡镇与街道的行政组织有效地组织起来作为社会矛盾纠纷化解过程中的调解主体，可以发挥其联合调解的长处，促进基层调解工作的开展。其三，与民生相关的信访、公安、人社等部门在行政工作中也会因故遇到纠纷问题，故《意见》提出"拓展规范行业性专业性人民调解组织"[1]，并建议在涉及信访事项、劳动人事争议、医患纠纷等问题的部门进一步完善内部的人民调解组织，发挥其所具有的专业性调解功能。其四，《意见》还强调对企事业单位中的人民调解组织进一步加强建设，在内部纠纷频繁或职工数量在 200 人以上的企事业单位中设立人民调解委员会。企事业单位中出现的纠纷主要是劳资纠纷以及围绕职工权益而产生的纠纷。在企事业内部设立人民调解委员会，可以及时地化解工作中出现的各种民事纠纷问题，为职工合法权益的维护提供制度层面的保障。其五，人口流动的数量与速度越来越大，在特定区域会出现一些常态性的社会矛盾纠纷，如以外来务工人口为主体的人口集聚区和大型集贸市场等经常会出现纠纷问题。《意见》指出："在外来人口集聚区、大型集贸市场等纠纷多发的特定区域应逐步建立人民调解组织，强化'以外调外'人民调解模式在外来人口集聚区的应用。"[2] 这种做法可以说是将普遍性调解和特定性调解相结合，即构建了人民调解的一般性机制，也就特定问题实施了有效和具有针对性的调解处理。相山区在《意见》的指导下，努力拓展人民调解组织建设的深度和广度，并对人民调解的功能和作用进行积极宣传。如 2019 年 9 月 28 日，相山区司法局、东山社区承办了淮北市首

---

[1] 淮北市司法局淮北普法网，https：//sfj. huaibei. gov. cn/zwgk/public/41/56163991. html，2019 年 5 月 3 日。

[2] 淮北市司法局淮北普法网，https：//sfj. huaibei. gov. cn/zwgk/public/41/56163991. html，2019 年 5 月 3 日。

届"金秋调解夜话"调和大会，采用了群众喜闻乐见的歌舞晚会的形式对人民调解方式进行宣传，并向群众发放《人民调解法》等宣传册，提供了现场的调解咨询讲解等服务。为了将调解工作向基层做实，相山区在南黎街道桂苑社区成立了"骆永华调解工作室"，在每月第二周的周六下午集中在社区处理化解居民的各种纠纷问题。为了提高工作效率，调解工作室还将调解工作从"线下"搬到了"线上"，在"线下"固定的调解工作时间之外，居民还可以通过微信、电话等方式就自身的矛盾纠纷问题向其进行咨询。这种调解模式最大限度地将社会矛盾纠纷化解在基层。

就行政调解方面的组织建设而言，在淮北市的统一部署下，相山区积极落实《淮北市行政调解办法（试行）》（以下简称《办法》）。《办法》出台的背景主要是为了规范本地的行政调解工作，在保障人民权益的基础上使行政调解能够与人民调解、司法调解相契合。《办法》明确了行政调解的三方面内容："（一）公民、法人或者其他组织对行政机关行使法律、法规、规章规定的行政裁量权作出的行政行为不服的；（二）公民、法人或者其他组织与行政机关之间的行政补偿、行政赔偿纠纷；（三）其他依法可以调解的行政争议。"[1] 由此可以看出，行政调解主要是为了处理行政机关在行政职能行使过程中所产生的争议或者纠纷。就调解主体而言，《办法》规定与争议纠纷相关的职能部门组织行政调解工作。行政调解机关在调解争议或者纠纷时可以采用两种方式：一是以购买社会服务的方式委托人民调解组织或其他社会组织对争议纠纷问题进行调解；二是行政机关自身开展调解工作，在调解中也可以聘请行政调解辅助人员来帮助调解工作。一般性的争议纠纷由一名行政调解员来主持调解，当出现重大或疑难的矛盾纠纷时，则可以由两名及以上的行政调解员来组织调解工作。就调解程序而言，行政调解一般先由当事人以口头或者书面等形式提出申请，行政调解机关在收到当事人的调解申请后，对其所需调解的事项和理由等进行书面登记。当调解事件属于

---

[1] 淮北市司法局淮北普法网，http://sfj.huaibei.gov.cn/pfzx/yfxz/zfjd/56749531.html，2020年11月20日。

本行政机关受理的范围内，而另一方当事人也同意由行政机关进行调解的，则由行政机关在五个工作日内将调解的时间、地点等事项告知双方。如果调解事件不在本行政机关的受理范围之内或者另一方当事人不同意调解的，则由该行政机关告知调解申请的当事人。就调解的过程而言，《办法》规定："行政调解机关调解纠纷或者争议，应当听取当事人的陈述、申辩和质证，向当事人释明有关法律、法规、规章和政策，在事实清楚的基础上分清是非，引导当事人自愿达成调解协议。"[1] 调解的过程也是引导的过程，目的是使当事人双方形成一致性的共识，并在平等自愿的基础上达成调解协议。行政调解机关则应本着公平公正的原则，对当事人不清楚、不明白的地方进行详细的答疑解惑。调解之后，如果双方当事人认同调解，则由行政机关制定行政调解协议书，对于一些矛盾纠纷较小，可以适用简易程序的调解以及当事人能够自行和解的纠纷，也可以不制定行政调解协议书，而由行政调解员将双方协议的内容以及调解情况进行记录备案。由此可以看出，淮北市制定的行政调解办法对行政调解的内容、程序等进行了细致规定，其实施的目的和初衷在于"以自愿平等为原则，以事实为依据，通过解释、沟通、说服、疏导等方式，促使公民、法人或者其他组织之间以及行政机关与行政相对人之间达成调解协议"。[2]

就司法调解的组织建设而言，司法调解属于诉讼调解，即在"组成法庭的审判人员主持下进行的调解，而不是指在法院其他部门和人员主持下进行的调解"。[3] 相山区积极落实市统一部署的调解衔接联动机制。一方面，不断加强自身队伍专业素质建设，在诉讼调解的过程中坚持和落实民生保障原则；另一方面，积极完善纠纷解决机制，构建多元立体性的诉讼与非诉讼相结合的处理机制。2021年以来，淮北市法院"以新时代'枫桥经验'为

---

[1] 淮北市司法局淮北普法网，http://sfj. huaibei. gov. cn/pfzx/yfxz/zfjd/56749531. html，2020年11月20日。

[2] 淮北市司法局淮北普法网，http://sfj. huaibei. gov. cn/pfzx/yfxz/zfjd/56749531. html，2020年11月20日。

[3] 常怡：《中国调解制度》，法律出版社，2013。

引领，注重完善诉讼与非诉讼相衔接的纠纷解决机制，不断扩大多元解纷的'朋友圈'，着力构建律师调解一体带动，行业调解两翼助力，四家基层法院'一院一品'特色引领的多元解纷格局"。[①] 这种做法将诉讼调解与非诉讼调解进行了有机融合，既保证了诉讼调解过程的公正性、有效性，也强化了诉讼调解处理的及时性、衔接性。相山区法院在此基础上也对诉讼调解做了积极的探索，建立了调解前置制度，即对于一些家庭纠纷、婚姻纠纷、债务纠纷以及物业管理纠纷等诉讼案件，在取得矛盾双方同意的前提下，于登记立案之前先行由调解组织进行调解。

在该市统筹推进的基础上，相山区在深化人民调解、行政调解以及司法调解组织建设的同时，也不断构建大调解的工作架构，积极推动人民调解、行政调解与司法调解的有效衔接，发挥大调解在化解基层社会矛盾纠纷中的作用。在构建和完善联动性调解机制方面，相山区根据该市全面依法治市委员会办公室制定的《关于加强新时代人民调解工作的实施意见》，积极贯彻和落实以大调解为原则的社会矛盾纠纷调解机制。该意见规定："完善人民调解、行政调解、司法调解衔接联动机制。充分发挥人民调解在矛盾纠纷多元化解工作中的基础和纽带作用，逐步构建以诉调对接、警民联调、检调对接、访调对接为支撑，以医患、婚姻家庭、劳动争议、环境保护、物业管理等行业、专业调解为补充的'1+4+N'纠纷化解格局，健全完善人民调解、行政调解、司法调解'三位一体'的多元化纠纷化解和协调联动工作机制。"[②]

相山区在贯彻和落实《关于加强新时代人民调解工作的实施意见》基础上，不断根据本辖区的情况进一步丰富以"大调解"为原则的联动性调解机制，推进人民调解、行政调解、司法调解三大机制的有效衔接，并将这种联动工作机制落实到基层，积极构建区级社会矛盾纠纷化解中心，将民事纠纷调解、商事纠纷调解以及诉讼调解有机整合起来，并设立了"诉调对接"的工作机制。如相山区法院会在立案登记之前对当事人的诉讼情况进

---

① 安徽新闻网，http://fzr. ahnews. com. cn/news/2023/04/04/c_337091. htm，2023 年 4 月 4 日。

② 淮北市司法局淮北普法网，https://sfj. huaibei. gov. cn/zwgk/public/41/56163991. html，2019 年 5 月 3 日。

行综合评估，引导当事人使用调解方式来解决常见的纠纷问题。在立案登记之后，则通过联动性的调解平台针对当事人的矛盾纠纷问题寻求人民调解、行政调解、律师调解以及行业调解等多种方式，尽最大可能帮助当事人将矛盾纠纷化解在调解过程中。对于调解不成需要立案审理的，在审理之前，相山区法院会让当事人对调解中达成一致意见的部分内容进行确认，在审理过程中则重点解决当事人双方未达成一致意见的问题。

第三，以点带面，构建基层纠纷调解中心，满足人民群众的多元利益需求，从源头上预防社会矛盾纠纷的发生。随着社会的不断发展，基层治理在国家治理中的重要性越来越突出，可以说是解决社会矛盾纠纷的"第一线"。为了将社会矛盾纠纷解决在初始和萌芽状况，相山区在南黎街道设立了淮北市首家集中解决社会矛盾纠纷的调解中心。之所以选择南黎街道，其原因有三：一是相山区是淮北市的主城区，而南黎街道又处于相山区的中心地带，居住着大量人口。在南黎街道设立联合调解中心，有助于发挥其在基层社会治理中的示范性作用。二是南黎街道的人口成分差异性较大，所从事的职业种类也非常多。由于社区居民有着各不相同的利益诉求，围绕利益诉求而产生的社会矛盾纠纷较多，而联合调解可以通过"一揽子"的解决方式集中性处理该街道居民中的纠纷。三是南黎街道社区中物业与业主之间在社区的日常管理方面也存在不同的观点，极需要一个平台来解决其矛盾分歧，而调解中心的建立可以从制度的层面来沟通物业与业主彼此间的不同主张。所以在相山区法院的牵头下，该街道成立了具有联动机制的物业纠纷调解中心。从组织机构构成来看，该调解中心具有明显的大调解的性质，一方面，区法院、区司法局、区城管局、南黎街道办以及区物业中心等组成了综合性的调解主体，负责对该地区的社会矛盾纠纷进行系统性的调解。另一方面，由于调解主体的多元性和调解职能的多样性，该调解中心采用了人民调解、行政调解、司法调解、律师调解、法院调解相配合的联动调解机制。就运行机制来看，该调解中心受理调解的范围主要有四个方面，分别是当事人申请受理、调解中心主动受理、联动部门委托受理以及其他需要受理的调解事件。当调解中心接到需要调解的事件后便对其进行处理，在展开充分调查的基础上，调解人一般会对矛盾纠纷的当事人展开情、理、法方面的说服与劝解，使其了解各自行为中的不当之处。一旦当事人认可调解人的调解，则会在调解人的主持下签订调解协议达成和解。调解中心也会对受理的调解案件进行归档整理，并定期展开回访。当然，如果在调解过程中，矛盾纠纷的当事人不认可调解人的调解意见，无法达成一致的调解协议则由调解中心告知当事人下一步可以采取的解决方法，即就纠纷事件向人民法院直接进行诉讼或向相关的仲裁机关直接申请对应的纠纷仲裁，使纠纷案件可以及时进入法院或仲裁机构进行处理，防止纠纷问题因时间的拖延而进一步扩大。在整个调解处理过程中，物业纠纷调解中心与矛盾纠纷当事人之间都遵循平等的原则，整个调解过程建立在公平、公正的基础上的，调解协议的制定遵循矛盾纠纷当事人双方所达成的一致性意见，具有自愿性。从实践的角度来看，这种综合化解社会矛盾纠纷的做法既具有处理问题的及时性，又具有解决纠纷的时效性，做到了纠纷化解与事件教育的双重性，且有联动部门的专业指导，故成立以来，成为南黎街道解决社会矛盾纠纷的一个重要平台，也成为相山区化解社会矛盾纠纷的一个典型示范样板。

四 基层社会矛盾纠纷化解中大调解的实施路径

在当前社会发展中，随着基层社会结构的不断分化与调整，各种类型的社会矛盾纠纷不断涌现。为了构建稳定和谐的基层社会秩序，必须建立一套能够有效化解社会矛盾纠纷的调解制度，将一些可以在基层解决的纠纷事件消解于萌芽状态。从当前社会治理的内在逻辑来看，实施党建引领下以"大调解"为特色的联动调解机制是有效应对基层矛盾纠纷多发的必然要求。相山区在推进人民调解、行政调解与司法调解的联动机制方面取得了重要进展，全区在社会矛盾纠纷化解方面的调解水平也有了较为显著的提升。从相山区构建联动调解的实践经验来看，推动多方社会力量向引导和疏导端用力，需要不断完善社会矛盾纠纷多元预防调处化解综合机制，应着力从四个方面来巩固和推进联动调解机制建设。

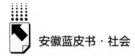

第一，构建党建引领下的基层社会矛盾纠纷化解机制，发挥党委在基层社会治理中的方向引领作用，实现矛盾纠纷化解路径的精准化管理。党的二十大强调："在社会基层坚持和发展新时代'枫桥经验'，完善正确处理新形势下人民内部矛盾机制。"① 这就需要各地结合自身情况，创新党建引领下的社会矛盾纠纷化解机制。党建引领不仅可以为基层社会矛盾纠纷的化解提供方向性的指导，更可以为联动调解机制的实施和完善提供政治保障与有效推力。因此，一方面，需要继续加强基层党组织建设，构建从市委到街道党工委再到基层社区党委的联动体系，充分发挥党员在所在社区中的矛盾纠纷化解作用，做到矛盾纠纷不出社区，将常见的纠纷问题化解在社区一级。另一方面，需要完善"党建+调解"的解纷体系，通过党员发挥矛盾纠纷化解示范作用，凝聚基层各方共同参与到当地的调解体系中来，使人人成为矛盾纠纷化解的责任主体。可以说，党建引领下社会解纷机制的构建，不仅能够为各类调解平台的建立与运转提供有力支持，也能够为各种解纷措施的落实和实施提供直接帮助，将常见的社会矛盾纠纷问题最大限度地化解在基层，化解在萌芽状态之中。

第二，进一步加强人民调解、行政调解与司法调解的联动机制建设，充分发挥"三大调解"在化解基层社会矛盾纠纷中的综合性作用。从淮北市相山区的调解实践来看，构建人民调解、行政调解和司法调解有机融合的社会矛盾纠纷解决机制可以有效地将基层社会中经常出现的一些常态性矛盾消解于萌芽状态。当然，这种联动调解机制的完善一方面需要国家的规范性推动，另一方面也需要地方政府特别是市、区政府结合本地的治理状况而出台相应的制度性文件，以打破不同调解方式之间的隔阂，使其可以形成化解社会矛盾纠纷的"合力"。《中国法治政府评估报告（2020）》指出："许多地方政府尽管出台了有关加强'三大调解'衔接工作的制度文件，但只是形同虚设，并没有真正运用到治理中；有的制度文件内容过于原则笼统，可

---

① 《中国共产党第二十次全国代表大会文件汇编》，人民出版社，2022。

实施性不强，就更谈不上调解联动作用的发挥。"① 在接下来的联动调解机制构建过程中，其一，地方政府特别是市、区政府可以根据《法治政府建设实施纲要（2021—2025 年）》，在深入贯彻的基础上细化制度指标，出台规范联动调解机制的文件、办法等，优化当前基层社会矛盾纠纷化解机制。其二，由于人民调解、行政调解、司法调解的调解主体不同，在丰富调解队伍的专业知识、提升优化调解方法以及强化理顺调解程序的同时，打造横向的调解人员交流机制，使他们在相互沟通的基础上，互相交流和学习彼此的调解经验，树立大调解的工作思维，提升调解队伍的矛盾纠纷处理能力。其三，地方政府在联动调解机制的推进过程中，要发挥党委的统筹性指导和规范作用，将以人民为中心的发展思想落实和贯彻到调解机制中，使联动调解机制在运作过程中及时、有效地解决民众的社会矛盾纠纷，保护人民群众的合法权益。

第三，搭建数据平台，充分运用互联网大数据的优势，构建"大调解"框架下的网络信息数据基础。随着人工智能以及大数据在基层社会治理中的广泛应用，信息数据的分类整理与使用在社会矛盾纠纷调解中的作用越来越重要。鉴于基层社会矛盾纠纷的多元化、频发化，借助互联网大数据可以有效地对当地社会矛盾纠纷产生的类型、频率以及特点进行分析，并形成富有前瞻性的预测。基层政府可以根据大数据一方面通过建立相应的预警排查机制，防患于未然；另一方面也可以根据大数据所呈现的关于本地社会矛盾纠纷的一般性特点和特殊性维度实施相应的矛盾纠纷整治处理措施，建立程序化和非程序化的解决机制分别应对常态性和偶发性的社会矛盾纠纷问题。同时，可以进一步将社会矛盾纠纷的数据平台与基层社区治理的网络平台相衔接。一方面，通过社区治理的网络平台，宣传与民众利益相关的法律、法规，"运用社区论坛、微博、微信、移动客户端等新媒体，引导社区居民密切日常交往、参与公共事务、开展协商活动、组织邻里互助，"② 从源头上

① 中国政法大学法治政府研究院主编《中国法治政府评估报告（2020）》，社会科学文献出版社，2020。
② 《中共中央国务院关于加强和完善城乡社区治理的意见》，人民出版社，2017。

消解基层社会矛盾纠纷的来源。另一方面，及时将社区中的社会矛盾纠纷反馈到社会矛盾纠纷的数据平台中，有利于基层政府以及相应的调解部门及时地发现问题，并根据社会矛盾纠纷的态势制定相应的制度性政策，进一步提升其主动介入和化解社会矛盾纠纷的能力。

第四，将商业调解、行业调解、律师调解等方式融入大调解机制中，打造多措并举的社会矛盾纠纷解决机制。基层社会矛盾纠纷复杂，既有人民群众内部之间的民事纠纷和侵权纠纷，也有行业性的商业矛盾纠纷。一些社会矛盾纠纷情况更为复杂，涉及民事、商事等多重维度。这就需要将商业调解、行业调解、律师调解以及第三方调解等方式有机地融入大调解机制当中，拓展联动调解机制化解基层社会矛盾纠纷的深度和广度。一方面，需要进一步在社会层面宣传化解矛盾纠纷的政策内容，通过多种方式促进公众对《民法典》《人民调解法》的熟悉和了解，培育个体使用大调解机制来维护和保障自身权益的习惯，使调解真正有力量、有温度，为促进社会公平正义筑牢坚实基础，实现法律效果和社会效果的有机统一；另一方面，则需要构建延伸到基层社会的联动调解体系，通过类别化管理，实现对纠纷矛盾的快速应对和解决，避免矛盾纠纷的扩大和激化，构建和谐、稳定的基层社会关系。

参考文献

《中国共产党第二十次全国代表大会文件汇编》，人民出版社，2022。

张静：《社会治理：组织、观念与方法》，商务印书馆，2019。

《中华人民共和国人民调解法》，中国法制出版社，2018。

《法治社会建设实施纲要（2020—2025年）》，中国法制出版社，2020。

《法治政府建设实施纲要（2021—2025年）》，中国法制出版社，2021。

《法治政府建设实施纲要（2015—2020年）》，中国法制出版社，2016。

〔美〕道格拉斯·C.诺斯：《制度、制度变迁与经济绩效》，杭行译，格致出版社、人民出版社，2014。

常怡：《中国调解制度》，法律出版社，2013。

B.7
县域创业生态系统与创业活跃度的组态研究[*]

——以安徽省 55 个县为例

刘运青　戴泽坤　储德银[**]

摘　要: 在推进乡村振兴的进程中,针对如何提升县域地区创业活跃度尚缺乏统一的认识。基于创业生态系统理论的组态视角,本报告通过 NCA 与 QCA 结合的新兴方法探索典型的劳动力输出大省安徽省 55 个县域内创业生态系统与创业活跃度之间复杂的因果关系。研究结果发现:①政府政策、发展潜力、金融服务、人力资本、技术水平、公共服务都不是产生高创业活跃度的必要条件。②存在 6 条高创业活跃度的路径,政府与人力双轮驱动型、政府与人力主导下服务优化型、人力资本助推下金融与技术创新型、政府依托公共服务助力下金融与技术创新型、政府助力下金融与人力融合型以及发展潜力缺位下多元条件共生型。③对比国家级与非国家级返乡创业示范县,县域创业活动的发展存在明显的"帽子悖论"。④存在 5 条非高创业活跃度的组态路径,其金融服务作为核心条件全部缺失。⑤进一步分析发现,皖北、皖中、皖南三大区域在实现高创业活跃度过程中具有不同的特征,且彼此之间存在明显的差异性。研究结论对如何有针对性地优化我国农村

---

　* 基金项目:本研究受国家社会科学基金重大招标项目(编号:21&ZD096)、国家自然科学基金青年项目(编号72202001)、安徽省高校人文社科重点项目(编号:SK2021A0241)的资助。
** 刘运青,安徽财经大学讲师,管理学博士,主要研究方向为创新与创业管理;戴泽坤,安徽财经大学,主要研究方向为创新与创业管理;储德银,安徽财经大学教授,经济学博士,主要研究方向为财税体制与财税政策。

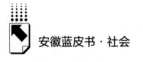

地区创业环境进而激发区域创业活力提供了重要理论指导。

关键词： 创业生态系统　创业活跃度　县域经济　安徽

一　引言

2021 年通过的《中华人民共和国乡村振兴促进法》明确规定，各级人民政府应当完善扶持政策，加强指导服务，支持农民、入乡人员在乡村创业创新。2022 年中央一号文件再次强调，推进入乡创业活动，以促进农业农村地区的经济发展。在此背景下，如何提升农业农村地区创业的积极性，激活农村闲置资源，激发县域创业活力成为重要议题。而我国县域以下的农村地区，其创业环境和创业生态如何影响创业活跃度、效果如何、是否存在有效的高创业活跃度的路径等相关问题还有待进一步探索。因此，研究这些问题对于促进乡村振兴，及时总结并指导现阶段政策层面和实践领域的相关举措，具有重要的理论和现实意义。

基于此，县域创业环境内的各个要素条件有机组合在一起形成的创业生态系统，构成了创业活跃度的组态。通过新兴的 NCA 与 QCA 方法结合技术，本报告分析典型劳动力输出大省安徽省各县域创业生态系统促进高创业活跃度的组态效应，探究各县域创业生态系统的要素构成组态实现高创业活跃度的路径。研究发现，创业生态系统的 6 个要素均不是产生高创业活跃度的必要条件；存在 6 条达到高创业活跃度的路径，分别为政府与人力双轮驱动型、政府与人力主导下服务优化型、政府助力下金融与人力融合型、人力资本助推下金融与技术创新型、政府依托公共服务助力下金融与技术创新型、发展潜力缺位下多元条件共生型；相较于国家级返乡创业示范县，非国家级返乡创业示范县在促进县域创业活动中政府政策条件的核心作用更明显，表明县域创业活动的发展存在明显的"帽子悖论"；存在 5 条非高创业活跃度的组态路径，其共同特点是政府政策和金融服务的缺失；对不同区域进行进一步分析发现，安徽省皖北、皖中、皖南三个区域在实现高创业活跃度的过程中具有不同特征，皖北地区主要通过人力资源优势实现地区创业活跃度的提升，皖中地区则通过金融服务与技术水平的核心作用实现区域高创业活跃度，皖南地区在人力资源匮乏的情况下，通过金融服务与技术水平的核心作用以及政府政策与公共服务双元条件的改善促进区域创业活跃度的提升。

本报告主要存在以下贡献：从追求单一因素的"净效应"向多因素的整合转变，先前实证研究多追求单一因素对创业结果的"净效应"，而本报告从集合论的思路出发，系统地分析了多因素组合形成的组态对创业结果的影响；识别了县域创业生态系统促进高创业活跃度的6条典型路径，为我国其他劳动力输出大省提高创业活跃度提供了更加具体的理论参考，并且在创业活跃度不高的县域，可以根据6条路径中的案例进行学习借鉴，使本县域的创业环境得到较好改善；县域创业活动中存在显著的"帽子悖论"，为了在创业活动中减少此类"帽子悖论"现象，县域政府在政策支持上需要具有一定的持续性，而不是为了获得某项"帽子"或者摘除某项"帽子"而进行短暂努力；金融服务的缺失构成了非高创业活跃度的组态的共性特征，通过银行金融机构、创业企业、创业人员不同层面的共同协作进一步促进地区金融服务水平的提升，最终驱动区域创业活跃度的提升；根据安徽的区域差异特性，提炼皖北、皖中、皖南地区在实现高创业活跃度中所存在的具体特点和各区域之间的差异，为优化全国范围内不同区域的农业农村创业生态环境，提升农村地区创业活跃度提供现实参考。

现有研究从不同角度探讨农业农村创业活跃度的影响因素，但是相关研究未在整体视角下深入探索各个要素构成的县域创业生态系统如何产生创业活跃度组态路径。由于县域创业生态系统各要素之间存在系统共生和竞争交互作用，要素间的相互影响是普遍存在的。比如，现阶段政府大力推进的农业农村创业发展战略，在政策的引导下带来了金融服务、人力资本、公共服务等向农村的聚集。但是，我国中西部农业大省的创业生态参差不齐，对创业生态下各种要素如何交织作用于创业活跃度的提升仍然没有统一认识，当前研究仍然基于单一要素视角探索其对创业活跃度的"净效应"。基于以上困境，本报告以典型劳动力输出大省安徽省各县域为研究样本，探索其创业生态系统各要素构成的组态对创业活跃度的影响机理，为我国中西部相对落后的农业农村地区如何激发创业活跃度指出合适的方向。通过 NCA 与 QCA 结合的新兴方法，研究多重并发条件下的组态促进县域高创业活跃度的路径及其背后的复杂机制。理论模型如图 1 所示。

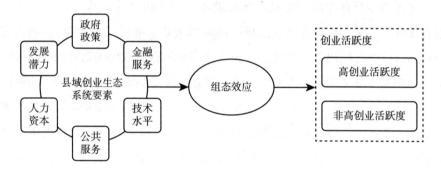

图 1　县域创业活跃度的组态模型

二　研究方法

（一）NCA 与 QCA 混合的方法

本研究通过 R 语言软件，使用 NCA 方法对各前因条件的必要性进行分析。NCA 方法是必要条件分析的新兴方法，该方法的实际意义可解释为结果出现，那在该组合中的某一前因条件也必须出现。一方面，NCA 必要条件分析与 QCA 方法相比有其独特的优势，主要表现为该方法能够更好地解释某前因条件对结果的必要程度。QCA 也可以对前因条件进行必要关系的分析，但其分析的结果解释力不足，对必要条件的分析在一定程度上仍表现为定性的概念范畴。另一方面，NCA 必要条件分析可以更好地通过定量的方式对前因条件的必要性进行分析，弥补 QCA 方法对前因条件必要性分析的不足。前因要素详细的隶属分数能避免模糊集对结果的变化仅以"是"或"否"的形式进行表现，因而这两种方法的结合使得本研究具有更大的价值。

QCA 为 Ragin 开发的一种主要分析因果关系的研究方法，即前因变量充分产生结果的组态路径。中小样本的研究能够结合定性与定量的优势，从整体的视角出发进行跨案例的比较分析。QCA 方法具体有三种划分——清晰集、多值集、模糊集。在本研究中主要采取模糊集（fs-QCA）探索安徽省各县域影响创业活跃度的复杂因果机制。使用 fs-QCA 3.0 软件进行分析，因为 fs-QCA 的适用范围更广，有效发掘前因条件如何耦合能够产生创业活跃度的路径。另外，与传统回归分析相比，运用布尔代数不会出现遗漏变量偏差，对控制变量也没有具体要求，在观察动态的现实世界时更有说服力。

采用 NCA 与 QCA 混合的方法，可以很好地分析创业生态中各要素与创业活跃度之间的必要与充分关系。在实际分析中用 NCA 检验在创业生态系统中单个条件是否为创业活跃度的必要条件。同时为了使结论具有一致性，再次使用 QCA 方法进行稳健性检验，之后对各条路径的机理进行深入分析。

本报告选取安徽省作为研究对象，主要原因如下：第一，安徽省作为全国范围内劳动力输出最多的省份之一，2020 年劳动力输出 1152 万人，将安徽省作为研究创业的重点省份具有代表性。第二，截至 2020 年底，安徽省创业人数累计 21 万人，带动本省 129 万人就业，在创业人数上位居全国前列。因此在本研究中以安徽省为研究对象对我国其他地区创业活动的开展也有借鉴作用。在具体数据收集过程中受数据收集限制剔除涡阳县、利辛县、凤台县、郎溪县四个县城。[①] 因此样本涵盖了安徽省内 55 个县级行政单位，符合 QCA 方法中等样本的数据分析要求。为保证数据一致性，数据收集年限统一来源为 2021 年安徽省统计年鉴、2021 年各地级市统计年鉴与县级单位政府公报。因年鉴统计数据具有滞后性，2021 年数据实际为 2020 年统计

---

① 经过网上公开资料查找以及与相关政府部门多轮电话沟通等多种渠道，以上四个县城的当地农业产业化龙头企业数量等核心数据无法获取，因此在后续研究中剔除这四个样本。

结果，因此结果变量数据选取 2020 年底安徽省各县级单位农业农村局所公布的市级农业产业化龙头企业数量。实用新型专利数据来源于 2020 年安徽省知识产权事业发展中心。

（二）条件测量与校准

1. 结果变量

关于创业活跃度的测量，主流方式有劳动力市场法和生态学研究法两种方法，劳动力市场法是以区域内适龄劳动力为参考依据，生态学研究法则以区域内已有企业数为标准化基数。在创业生态系统中农业产业化龙头企业是当地农业产业化发展的主要载体，也是反映当地创业活跃度的重要表现形式。在县域层面，农业企业发展到一定规模往往十分困难，虽然初创期的企业最终成为龙头企业的比例很低，但是一旦成长为农业产业化龙头企业即表明该类型企业在发展过程中得到极佳的条件支持，农业产业化龙头企业的发展轨迹与县域创业活跃度之间有紧密的联系，以往研究也根据大型企业或国有企业数量对区域经济发展进行测量。因此，本报告借鉴生态学研究法来测量创业活跃度，直接采用各县域市级农业产业化龙头企业的具体数量作为创业活跃度的形成指标。把该数量中最大值赋值为 1，产生 ［0，1］ 的连续数值，数值越趋近 1，即表明该县的创业活跃度越高。

2. 前因条件

（1）政府政策

创业生态系统，需要各区域内政府政策的有力支持，为吸引外出人员积极创业，各地区政府都会出台相应的优惠政策使本地区的创业生态系统更具吸引力。参考已有研究，政府政策选取各地级市与各县发布的关于创业政策数量总和，并对各项政策进行赋值。地级市政策权威性更强，对创业的政策指导工作具有导向性，因此把每个地级市政策赋值为 2。县级政策灵活性较高，各县根据本区域创业实际进展推行政策措施，因此县级政策赋值为 1。以此为依据反映各县域从政府政策角度对创业的支持程度。

（2）发展潜力

地区的发展程度直接体现方式为 GDP 实际增速，当前主流研究也将这一因素作为衡量地区发展潜力的重要指标。虽然 2020 年受新冠疫情影响，各地区经济发展速度放缓，但在同一时间节点下采用 2020 年 GDP 实际增速作为发展潜力的代理变量仍具有可行性。本报告认为各地 2020 年 GDP 实际增速越高则表示该地区发展潜力越大，用 GDP 实际增速对各县域的发展潜力进行考察。

（3）金融服务

地区金融服务可以减少企业融资限制，解决资金需求。大多数学者对地区金融资本的测量多以金融机构存贷款余额表示，已有研究往往将金融机构存贷款界定为该地区能够获得的金融资源数量，但在企业实际发展中金融机构存贷款余额是区域创业活动金融服务水平的具体体现。在创业过程中新建企业为保证前期发展，必须得到当地金融机构的资金支持，因此当地金融机构的资金情况在一定程度上是企业初期发展的保障。在此基础上本报告将金融机构存款余额作为金融服务的代理变量，数值越大表明金融服务水平越高。

（4）公共服务

先前研究以单一指标对公共服务进行衡量，为防止单一指标的偶然性，本报告使用教育支出、社会保障与就业支出、公路密度、卫生机构人员数，4 个二级指标加权处理，最终得出相关数值表示当地公共服务能力。为保证每项指标处于统一的量纲下，在具体处理过程中先对 4 个二级指标进行无量纲化处理，使其结果处于 [0，1]，然后使用熵值法确定每项指标的权重。处理之后教育支出权重为 0.270，社会保障与就业支出权重为 0.279，公路密度权重为 0.302，卫生机构人员数权重为 0.148。

（5）人力资本

创业人员多为具有外出创业或外出务工经历的人，该类型人员创业对人力资本的要求相对较高，同时参考已有文献对人力资本的界定，拟采用以下 4 个指标加权处理来表示当地人力资本水平。4 个指标分别为常住人口数、

15~59岁人口、大专及以上学历人数、乡村人口数。对该指标同样采取无量纲化处理,然后用熵值法得出每项指标的具体权重。处理结果为常住人口数权重0.224、15~59岁人口权重0.191、大专及以上学历人数权重0.246、乡村人口数权重0.339。

(6)技术水平

衡量某一地区的技术水平,在不同的研究中有不同的标准。本报告中技术水平这一维度参考边伟军和刘文光的研究,使用当地申请实用新型专利的授权数作为该指标的代理变量。实用新型专利的创造性和技术水平要求较发明专利低,但实用价值大。相对创造性更强的发明专利来说,受其科技含量更高的影响,其对创业农民工来说发明难度巨大,不能反映农民工的实际技术水平。相反,人员在自身的生活经验中对实用新型专利有很高的创造力,因此将实用新型专利作为当地技术水平的代理变量。

(7)条件校准

使用fs-QCA能够把6个前因条件和1个结果变量转化为某个集合的表示方式,借鉴已有文献对变量的校准方式,在变量的校准上直接把变量校准为模糊集,以四分位数将前因变量和结果变量的指标设定为完全隶属、交叉点和完全不隶属3个校准点,即各变量以25%、50%、75%的隶属度为变量的校准锚点。相关锚点与描述性统计见表1。

表1　校准锚点与描述性统计

条件	校准锚点			描述性统计			
	完全隶属	交叉点	完全不隶属	平均值	标准差	最大值	最小值
创业活跃度	82	52	38	59.160	30.180	116	12
政府政策	155	111	86	121.760	44.010	231	55
发展潜力	4.4	3.7	3.1	3.658	1.297	6.3	-1.1
金融服务	481.00	343.17	266.90	373.391	161.275	803.5	75.1
人力资本	44.103	28.160	19.712	32.532	18.436	89.516	4.282
技术水平	618	384	281	560.02	544.463	2693	47
公共服务	40.184	32.101	29.339	34.892	7.692	59.119	23.099

（三）实证分析

1. 必要条件分析

（1）NCA 单个必要条件分析

NCA 作为检验单个条件必要性的新兴方法，前因条件的必要性主要根据效应量和 p 值显著性进行判断。根据 Dul 对 NCA 方法的研究，对结果的要求必须同时满足两个潜在条件，即效应量（d）不得小于 0.1，且置换检验（permutation test）之后的效应量必须是显著的。其中效应量数值能够充分反映前因条件对结果变量的必要程度，d 值越大表明前因条件的必要性越强。根据 Dul 等的研究可知，d 值的范围为 0~1，其中当 $0 \leqslant d < 0.1$ 时表示低水平，$0.1 \leqslant d < 0.3$ 为中水平，$0.3 \leqslant d < 0.5$ 为高水平。本报告对 6 个前因条件进行了详细的分析，在分析的过程中使用包络上限分析（CE）与回归上限分析（CR），分析之后分别得到各前因条件效应量（见表 2）。

表 2　NCA 必要条件分析

条件	方法	精确度	上限区域 （ceiling zone）	范围	效应量(d)	p 值
政府政策	CR	96.4%	0.000	1	0.000	0.164
	CE	100%	0.001	1	0.001	0.175
发展潜力	CR	100%	0.000	1	0.000	0.367
	CE	100%	0.000	1	0.000	0.367
金融服务	CR	98.2%	0.033	1	0.033	0.002
	CE	100%	0.018	1	0.018	0.003
人力资本	CR	85.5%	0.196	1	0.196	0.000
	CE	100%	0.018	1	0.018	0.002
技术水平	CR	100%	0.000	1	0.000	0.253
	CE	100%	0.000	1	0.000	0.253
公共服务	CR	100%	0.000	1	0.000	1.000
	CE	100%	0.000	1	0.000	1.000

注：①前因条件的值都为校准后的模糊集隶属度值；②1=全部 55 个案例县城；③效应量满足 $0 \leqslant d < 1$ 的取值范围；④NCA 分析中的置换检验（permutation test），重抽次数 =10000。

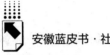

如表2所示，根据包络上限分析与回归上限分析得出政府政策（CR法d值为0.000，CE法d值为0.001）、金融服务（CR法d值为0.033，CE法d值为0.018）的效应量大于0，但置换检验的结果不显著。人力资本置换检验的结果是显著的，CR法d值为0.196，但CE法d值为0.000。发展潜力、技术水平与公共服务的效应量都为0，并且没有满足效应量大于0.1的潜在要求，同时置换检验的结果也不显著。因此，通过NCA分析可知以上前因条件都不是创业活跃度的必要条件。为防止分析结果的偶然性，本报告同时使用了fs-QCA对各前因条件的必要性进行了验证。

（2）fs-QCA必要条件检验

fs-QCA作为探索变量间因果关系的分析方法，也能检验单个前因条件对结果变量必要程度的分析。根据Fiss的研究对一致性阈值的设定要求，本报告将必要条件阈值的一致性设定为0.9。分析是否存在单个前因条件能够产生高创业活跃度/非高创业活跃度，通过fs-QCA软件分析发现，单个条件必要性都未大于0.9，因此单个前因条件不能产生高创业活跃度/非高创业活跃度。如表3所示，分析结果与NCA分析结果一致，验证了NCA的分析结论，即单个前因条件不是结果变量的必要条件。

表3　QCA方法必要条件分析

前因条件	结果变量	
	高创业活跃度	非高创业活跃度
政府政策	0.603	0.496
~政府政策	0.472	0.574
发展潜力	0.530	0.576
~发展潜力	0.557	0.504
金融服务	0.778	0.365
~金融服务	0.358	0.761
人力资本	0.735	0.388
~人力资本	0.386	0.724
技术水平	0.673	0.446
~技术水平	0.457	0.674
公共服务	0.452	0.649
~公共服务	0.649	0.444

注："~"表示逻辑运算的"非"。

2. 组态分析

在进行必要条件分析之后，通过不同前因条件的组合探究能够产生高创业活跃度/非高创业活跃度的组态路径。使用 fs-QCA 3.0 软件能够得到三种形式的解，即复杂解、中间解、简约解。在本报告的研究中主要以中间解为发现组态路径的方式，以简约解为参考。若某个前因条件同时出现在中间解和简约解中即为核心条件，只在中间解中出现的为边缘条件。在使用软件运算过程中借鉴 Fiss 的研究把原始一致性阈值设定为 0.8，PRI 一致性阈值规定在 0.7，同时本报告案例数共 55 个，属于中等规模样本，因此把案例频数阈值设定为 1。fs-QCA 分析之后发现，6 个前因条件通过不同的组合方式共出现 6 条（H1a、H1b、H2a、H2b、H3、H4）能够产生高创业活跃度的组态路径，其中 H1a 与 H1b、H2a 与 H2b 为二阶等价组态，即以上两条路径中的核心条件一致。根据每条组态路径中的核心条件与所出现的实际案例县，对 6 条路径分别进行命名，H1a 为政府与人力双轮驱动型、H1b 为政府与人力主导下服务优化型、H2a 为人力资本助推下金融与技术创新型、H2b 为政府依托公共服务助力下金融与技术创新型、H3 为政府助力下金融与人力融合型、H4 为发展潜力缺位下多元条件共生型。具体分析结果见表 4。

表 4　高创业活跃度组态路径

条件	组态 1		组态 2		组态 3	组态 4
	H1a	H1b	H2a	H2b	H3	H4
政府政策	●	●	×	◉	◉	●
发展潜力	□	□	□	□		
金融服务		◉	●	●	●	●
人力资本	●	●		◉	●	◉
技术水平	×		●	●	□	●
公共服务	×	◉		◉	×	●
一致性	0.972	0.948	0.963	0.954	0.839	0.926
原始覆盖度	0.146	0.118	0.175	0.110	0.192	0.143
唯一覆盖度	0.027	0.018	0.132	0.015	0.069	0.043
总体一致性	0.916					
总体覆盖度	0.473					

注：●表示核心条件存在，□表示核心条件缺乏，◉表示边缘条件存在，×边缘条件缺乏，空格表示条件不存在，下同；在进行"standard analysis"操作时，高创业活跃度质蕴涵项选择政府政策×~发展潜力×金融服务×人力资本×公共服务。

表 5　非高创业活跃度组态路径

条件	组态 1		组态 2		组态 3
	NH1a	NH1b	NH2a	NH2b	NH3
政府政策			□	□	
发展潜力	●	●	×	×	
金融服务	□	□	□	□	□
人力资本	□	□	●	●	×
技术水平	×		×		□
公共服务		●		●	●
一致性	0.908	0.906	0.978	0.973	0.891
原始覆盖度	0.255	0.178	0.123	0.127	0.398
唯一覆盖度	0.061	0.055	0.009	0.013	0.173
总体一致性	0.913				
总体覆盖度	0.581				

注：非高创业活跃度质蕴涵项选择~金融服务×~技术水平×公共服务。

（1）高创业活跃度组态路径分析

政府与人力双轮驱动型。组态 H1a 表示以政府政策、人力资本、发展潜力缺失为核心条件，技术水平缺失和公共服务缺失为边缘条件的路径能够产生高创业活跃度。该路径是指在创业活动中拥有有效的政府政策与丰富的人力资源保障，即使当地的发展潜力不足、技术水平与公共服务相对薄弱，依旧能够吸引人们积极创业。进一步说明当前我国在支持创业过程中各级政策源源不断，从政策角度加强对各类人才的创业扶持。同时，创业人员在创业过程中通过本区域丰富的人力资源获得足够的人力支持，解决创业过程中劳动力短缺的问题。在该组态背景下，典型的案例县为砀山县。以砀山县为例，该县为中国特色农产品大县，主要农产品为砀山酥梨，是中国国家地理标志产品。为更好地支持本县特色农产品的发展，积极吸引农民工创业，砀山县人民政府努力构建服务型政府，提高政府运行效率，提升政策解读能力。同时，使用"砀山万事通"App 集中显示各类有关政府服务的信息，帮助人们实时获取有关政策信息。利用该手段在收到政策咨询类问题时做到24小时内答复，积极构建有问必答、有诉必应型政府。因此在该前提下，本县推行创业政策时能够最大限度做到"人人懂政策、人人用政策"。在人力资源的供给上砀山县适龄劳动力充足，人口红利依旧明显。为创业人员提供充分的人力支持，避免企业创建初期出现人力短缺的现象。在政府政策和人力资本的双重加持下即使目前发展潜力不足，技术水平与公共服务也相对薄弱，但砀山县内创业活跃度依然较高。从其发展轨迹来看符合政府与人力双轮驱动的典型特征，在此路径下能够大大提高人们的创业热情。

政府与人力主导下服务优化型。组态 H1b 表示以政府政策、人力资本、发展潜力缺失为核心条件，金融服务和公共服务为边缘条件的路径能够产生高创业活跃度。不同于组态 H1a，该路径在政府政策和人力资本的主导下，金融服务和公共服务起着助推作用。典型案例县为霍邱县。通过对霍邱县的细致分析可以发现，霍邱县从 2019 年开始着力提升办事效率，在国家出台创业政策的背景下，通过皖事通 App、安徽政务服务网六安分厅、服务指南等载体公示服务标准，公开服务事项、办事流程和办结期限，广泛接受企业和群众监督，致力于从根本上解决政策推行难的问题。通过当地政府在创业政策上的大力推动，让更多的创业人员及时了解政策，使创业成为助力县域经济发展的一大法宝。在人力资源方面，由 2021 年安徽省统计年鉴数据可知，霍邱县常住人口数达 94.5 万人，在安徽省内常住人口数位列第十，人力资源充足，在本县的创业生态系统中可以发挥其人力资本优势。通过充分的劳动力供给帮助新建企业减轻在人力支出上的负担，加大在其他方面的资金投入，提高企业的可持续发展能力。在金融服务与公共服务层面霍邱县强化金融支持与完善公共服务助力乡村振兴、提升创业活力。为切实优化营商环境，提高本县的信贷能力，巧用金融杠杆作用，撬动本县域经济的持续发展。为确保企业的融资能力着力搭建银企对接平台，使用线上线下双向联动方式推广应用小微企业综合金融服务平台，创业专项贷款节节攀升，有力解决了创业人员在创业初期的金融需求问题。在公共服务上改善公路、教育、文化等方面服务。因此，在政策与人力层面弥补了服务方面的边缘作用，使霍邱县的营商环境不断优化。通过对本路径的分析发现政府与人力主导下服务优化型的案例县可以产生高创业活跃度。

人力资本助推下金融与技术创新型。组态 H2a 表示以发展潜力缺失、金融服务与技术水平为核心条件，政府政策缺失与人力资本为边缘条件的路径能够产生高创业活跃度。该创业环境中金融服务与技术水平为创业的"方向舵"，此路径下政府作用即使不明显，但有一定的人力资本支持同样可以吸引人们创业。此路径下的案例县城为庐江县。以庐江县为例，该地区金融服务能力和当地技术水平对企业的发展有十分明显的推动作用。自2017 年被纳入国家级返乡创业示范县以来，庐江县创业工作取得巨大进展。为"创新金融服务、助力乡村振兴"，庐江县金融工作着力聚焦乡村振兴，主动对接实体企业，创新打造新型金融服务平台，全力推动县域经济高质量发展。从 2019 年开始庐江县结合县域实际努力建设农村金融服务室，致力于打破人员与金融服务机构之间的金融壁垒。使庐江县的金融服务体系日益完善，极大地满足了创业人员的金融需求。打通了农村金融服务"最后一公里"，切实提高了创业人员在创业活动中的满意度。技术水平层面庐江县作为合肥市的下属单位，在合肥市高新技术水平的辐射影响下创新能力强劲。依靠 2015 年创建的电子商务产业园，使用新型科技手段帮助 20 多家企业和 2000 多户农户实现增收。在农业发展方面实行科技种田、科技培育、科技生产，为提高农业生产效率，庐江县农技中心推动科技人员指导农民的生产经营活动，以先进的技术手段帮助农民开展数字化农业、智慧农业等现代化经营，把信息化技术与农业生产高度结合起来。另外，人力资本虽然在吸引创业过程中没有起到核心作用，但其不同于以上组态，依托合肥众多高校，庐江县人力资源质量普遍高于其他地区，高质量人力资源对创业企业的推动力十分明显。因此，庐江县的创业生态环境通过人力资源的助力，以及金融服务和技术水平的驱动产生了高创业活跃度。

政府依托公共服务助力下金融与技术创新型。组态 H2b 表示以发展潜力缺失、金融服务与技术水平为核心条件，政府政策与公共服务为边缘条件的路径能够产生高创业活跃度。与组态 H2a 一样，该路径强调金融与技术对创业的支持程度，但不同的是要保证政府政策与公共服务两方面对创业的助推作用。本路径下典型案例为广德市，作为国家级返乡创业示范县，其因地制宜地使用各种手段促进创业发展。在金融服务上，广德市提供有力的金融要素保障支持企业的发展，主要手段包括以下几方面：第一，金融服务中心积极打好金融政策组合拳，大力宣传省、市出台的金融助企支持政策，此前提下 2020 年 1~7 月广德市对小微企业提供贷款金额 40 亿元，极大地缓解了企业的生存困境。第二，银行业金融机构主动提高贷款审批效率，在创业过程中银行贷款审批是阻碍企业创建的一大难题，因此各商业银行加快贷款审批流程，按照特事特办、急事急办的原则，简化审批流程。第三，政策性担保公司主动担当作为，积极践行金融助力企业生产"广德惠企十条"政策，主动降低贷款利率和担保费用，在现有担保费基础上下降50%。技术水平层面，2020 年实用新型专利授权量为 976 件，这一授权量在安徽省位居第七，通过技术条件的不断创新为创业活动提供了技术支撑。早在"十三五"时期广德市就大力提倡科学技术的发展，积极响应国家创新驱动发展战略的号召，加快建设创新型广德。在农业产业的发展上也一直贯彻"科技兴农、信息助农"的方针。政府服务上广德市加大政策推行力度，实施以"收审分离、综合服务"为核心的政务服务，优化了办事流程。使创业者在创业过程中不仅享受政策福利，还能体验到高效的政府服务。2019 年为优化公共服务环境出台专项服务提升政策，为公共服务改善提供有迹可循的指导。以上一系列措施的实施使广德市越来越多人积极开展创业活动。

政府助力下金融与人力融合型。组态 H3 表示以金融服务、人力资本与技术水平缺失为核心条件，政府政策、公共服务缺失为边缘条件的创业环境能够产生高创业活跃度。在该路径中产生高创业活跃度需要政府逻辑下金融服务与人力资本发挥有效作用。此路径下的典型案例为阜南县，2021 年安徽省统计年鉴数据显示该县常住人口 118.36 万人，为安徽省第四人口大县。作为典型的劳动密集型县城，阜南县人力供给充足，能够最大限度利用人口红利所带来的发展契机，在吸引创业过程中阜南县人力资本发挥着重要作用。同时，阜南县依托金融服务大力促进乡村发展，对创业人员给予全力支持。在金融服务方面通过"构体系、推产品、普金融、倾涉农"四个步骤逐步惠及全体创业人员。第一是加强涉农金融机构金融服务网络布设，构建金融服务体系。第二是推出"乡旅贷""家庭农场贷"等产品，对符合要求的创业人员放低贷款限制。第三是普及金融知识。第四是优先做好对重点行业、重点区域农业产业化龙头企业以及农业产业化重点集群客户的金融服务。阜南县通过金融服务改革与人力供给的强化为创业人员创造优良的创业环境，还通过对创业政策的普及或办事效率的提升在此路径下推动当地营商环境的优化。如阜南县每周都会开展"县长进中心，连线听民声"活动，也在政府网站增设"百姓畅言"栏目，构建网站、热线连通互动机制，公示部门办理结果，接受群众监督，保证办理质量。2020年以来，阜南县"12345"政府服务热线共受理群众诉求35257件，已办结35220件，占比99.90%，满意度达97.07%。通过对政府服务效率的提升助力本县金融服务与人力资本主导下创业活动的发展。作为国家级返乡创业示范县与庐江县和广德市一样，政府政策的核心作用未能凸显。

发展潜力缺位下多元条件共生型。组态H4表示发展潜力这一条件不存在的情况下，以政府政策、金融服务、技术水平与公共服务为核心条件，人力资本为边缘条件的路径能够产生高创业活跃度。该组态呈现多元条件共同发挥作用的特征，典型案例为寿县。该县总体的创业生态环境适合开展创业活动。寿县的发展速度在安徽省内并不靠前，一般认为当地的创业生态系统不能较好地开展创业活动，但是寿县在其他创业条件上的优势弥补了发展潜力的不足。为积极吸引在外人员创业，2021年政府通过专项债券融资和财政拨款投资7亿元建设创业园以支持自主创业。创业企业正常经营6个月以上一次性补贴5000元，对于带动贫困人口就业的另外追加补贴。政府把创业政策与金融服务紧密结合起来，提高了当地创业活跃度。同时，基于其紧邻合肥的区位优势，促进资源整合，为创业企业提供政策与金融方面的各种支持。符合条件的创业农民工可申请15万元的创业担保贷款，解决了创业的启动资金问题。在技术条件上聚焦科技服务，在淮南市内率先实现科技特派员创新创业和技术服务覆盖本县全体行政村，选派专业人员对全体行政村进行先进、成熟、适用技术的应用推广。另外，2021年上半年全县意向申报高新技术企业23家，高新技术企业的发展也可为本县其他产业的生产提供技术支持，表明县域内创业活动得到技术条件支持。在公共服务体系的建设上提出到"十四五"末，构建路网完善的城市交通系统、功能齐备的城市基础设施载体、公共普惠的城市公共服务体系。通过对此路径的细致分析可以发现，即使在发展潜力不足的情况下，其他条件的多元组合也能产生高创业活跃度。

3.进一步分析

为更好地探索安徽省内部各地区实现高创业活跃度的独特模式，依据《安徽省城镇体系规划（2012—2030）》的区划结果，对皖北、皖中、皖南三个区域进行进一步分析。皖北地区作为安徽省人口最密集地区，人力资源优势十分显著，作为承接长三角地区重要的劳动密集型产业聚集区，近年来已成为华东地区重要的经济增长极和中国经济发展最快的地区之一。但对比皖中、皖南两区域，多年来由于特殊的地理环境与产业模式其经济发展水平都呈现相对不足，因此如何提振皖北地区的创业活力，把本地区的人力资源转换为区域经济发展优势值得深入思考。皖中地区创业发展模式深受合肥市特殊地位的影响，合肥作为长三角城市群副中心城市、综合性国家科学中心、省金融中心对本区域创业模式的驱动相较其他两大地区有明显的差异，在实现区域高创业活跃度过程中皖中地区的不同之处体现在哪些方面需要深入探讨。皖南地区作为安徽省最具特点的地区，长久以来创业模式的选择深受其地理地貌的影响。同时，皖南地区作为空间距离最接近长三角地区的区域，在经济发展上受长三角地区的重要影响，积极吸收借鉴长三角地区各类优势条件，为提升本地区创业活力提供了有效经验。安徽三大地区的多重差异使得不同区域对创业模式的选择呈现显著差别，因此有必要对安徽省典型的三个区域进行进一步分析。

皖北地区创业发展模式与路径H1a、H1b、H3相呼应，以上三条路径中有一个显著特点为人力资本发挥核心条件的作用，并且只在这三条路径中具有核心作用。典型的县域主要有砀山县、灵璧县、寿县、临泉县、萧县、阜南县、颍上县。皖北地区为安徽省人员最密集地区，中国人口最多的十大县排名中皖北地区上榜三席，虽然我国目前的人口红利优势逐渐减少，但皖北地区依靠其庞大的人力资源，人口红利依旧显著。因此，在皖北地区提升区域创业活力的形式主要表现为人员规模的拉动，人力资源对地区创业活动的支持使得皖北地区的创业活跃度与其他地区有本质区别。

皖中地区创业活动的具体表现主要与路径 H2a 对应，皖中地区利用金融服务与技术水平的巨大优势为区域创业活动提供源源不断的支持。皖中地区近年来不断优化区域金融服务环境，通过金融服务能力的改善显著缓解了创业企业初期在资金需求方面的滞后性。这一优势对创业初期复杂的市场环境形成了弥补，为区域创业活动提供了简单可靠的外部资金渠道。同时皖中地区毗邻合肥市，受合肥技术水平的辐射作用非常明显，各县域在技术水平提升中能够得到优先发展机会。因此，可以发现皖中地区在自身的创业活动中多表现出金融服务与技术水平的拉动作用。典型的县域主要为庐江县、巢湖市、舒城县、桐城市。

皖南地区在吸引创业过程中人力资本这一条件的作用十分有限，因此皖南地区在人力资本的外压下通过其他条件的联合作用使得区域创业活力得到提升。同时，皖南地区金融服务与技术水平的作用也非常突出，与之对应的路径为 H2b，其主要案例为宣城市代管的广德市。皖南地区与皖中地区在提升创业活力中具有一定的相似性，都是通过金融服务的改善与技术水平的提升对创业活动形成助力，但皖南地区注重政府对有关创业活动的政策支持和地区公共服务能力。通过对皖南相关县域高创业活跃度的分析发现，在人力资源高度匮乏的情况下，金融服务与技术水平具有主导作用，但需要考虑到政府政策与公共服务两个边缘条件的作用。具体如图 2 所示。

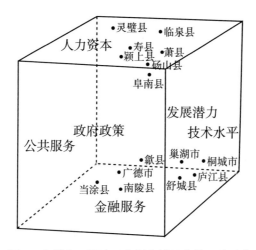

图 2 安徽省不同地区高创业活跃度的驱动形式

（四）非高创业活跃度组态路径分析

本报告分析发现了产生非高创业活跃度的组态路径，共有 5 条产生非高创业活跃度的路径。组态 NH1a 表明以发展潜力、金融服务缺失与人力资本缺失为核心条件，技术水平缺失为边缘条件的营商环境中创业活跃度不高。组态 NH1b 表明以发展潜力、金融服务缺失与人力资本缺失为核心条件，公共服务为边缘条件的创业生态中创业活跃度不高。组态 NH2a 表示以政府政策缺失、金融服务缺失、人力资本为核心条件，发展潜力缺失与技术水平缺失为边缘条件的发展情境不能产生高创业活跃度。组态 NH2b 则是以政府政策缺失、金融服务缺失、人力资本为核心条件，发展潜力缺失与公共服务为边缘条件的情况下不能产生高创业活跃度。组态 NH3 表示以金融服务缺失、技术水平缺失和公共服务为核心条件，人力资本缺失为边缘条件的组态不能产生高创业活跃度，同时该路径缺乏政府政策与发展潜力的支撑。通过以上 5 个路径与产生高创业活跃度的路径对比发现，在形成高创业活跃度的路径中，县域创业生态系统形成的组态中如果只有某一个条件起主导作用，那么就很难产生高创业活跃度。

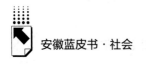

四 结论与展望

本报告以安徽省 55 个县域为研究对象，通过 NCA 与 QCA 结合的方法识别其创业生态系统促进高创业活跃度的组态模式，以及不同区域的组态模式特征和区域之间的模式差异，主要结论如下。

首先，使用 NCA 方法对单个前因条件的必要性进行分析，发现单个要素的出现不能产生高创业活跃度，同时用 QCA 的必要条件检验发现结果一致，说明在创业生态系统中单一条件对创业活跃度的提升作用有限。

其次，组态分析发现存在 6 条达到高创业活跃度的路径，分别是政府与人力双轮驱动型、政府与人力主导下服务优化型、人力资本助推下金融与技术创新型、政府依托公共服务助力下金融与技术创新型、政府助力下金融与人力融合型以及发展潜力缺位下多元条件共生型，这 6 条路径反映了不同区域的创业环境和创业生态的特征。

另外，相较于国家级返乡创业示范县，非国家级返乡创业示范县在促进县域创业活动中政府政策的核心作用更明显，表明县域创业活动的发展存在明显的"帽子悖论"。

再次，在 5 条非高创业活跃度的组态路径中发现，金融服务作为核心条件全部是缺失的，侧面反映了县域创业活动的发展需要大量的资金支持。

最后，对比安徽省三大区域，皖北、皖中、皖南在产生高创业活跃度的路径中，具有明显的差异性。皖北地区在实现高创业活跃度中共同特点为人力资本的拉动，皖中重视金融服务与技术水平的革新，而皖南在人力资源匮乏的情况下，通过多条件的联合作用促进本区域创业活力的提升，在重视金融服务与技术水平的同时，也会考虑政府政策与公共服务的改善。

基于安徽省的组态分析，识别了县域创业生态系统促进高创业活跃度的 6 条典型路径，为我国其他劳动力输出大省提高创业活跃度提供了更加具体的理论参考。换句话说，在创业活跃度不高的县域，可以根据 6 条路径中的案例进行学习借鉴，使本县域的创业环境得到较好的改善。例如在路径 H1a

中积极发挥政府政策与人力资源在区域创业活动中的重要作用，在路径 H2a 中突出金融服务与技术水平的驱动力量。这表明在创业活动的发展中不同县域需要提供适合的创业政策，使区域内的创业活动得到具有科学性的政策指引。因此，地方政府需要依据自身的优势条件参考适合自身创业活动发展的路径，以此加速创业活跃度的提升。

将国家级返乡创业示范县与非示范县的组态进行对比发现，非国家级返乡创业示范县的政府政策的核心作用更明显。这揭示了某些县域在成为国家级返乡创业示范县之后，地方政府开展创业活动的动力会大幅降低，而那些非示范县在没有国家级"帽子"的情况下，往往会表现出更强的创业动力，表明县域创业活动中也存在显著的"帽子悖论"。通过对国家级返乡创业示范县与非示范县的分析发现，为了在创业活动中减少此类"帽子悖论"，县域政府在政策支持上需要具有一定的持续性，而不是为了获得某项"帽子"或者摘除某项"帽子"而进行短暂努力。

金融服务的缺失构成了非高创业活跃度的组态的共性特征。通过对非高创业活跃度的组态分析，发现金融服务在创业活动中的突出作用，在 5 条非高创业活跃度的组态中金融服务作为核心条件全部是缺失的，表明区域创业活动的发展与金融服务具有密切关联，地方优异的金融服务可以为各类创业活动提供资金支持。在非高创业活跃度的典型案例中多数地区自身金融服务尚未得到优化，对区域创业活动的作用十分微弱，例如案例中的石台县，2020 年全县存款余额仅为同期肥西县的 1/10，因此金融服务供给不足导致本县创业活跃度不高，如何改变金融服务不足对区域创业活跃度的抑制作用成为县域关注的另一个重点。基于以上分析，本研究认为在创业活动中，首先银行业金融机构需要通过各类资金补助、优惠贷款政策、普惠金融投入等进一步优化融资环境评价体系，持续改善地方融资环境；其次在创业企业中需要识别潜在金融风险，避免民间借贷导致金融服务环境的恶化，在提升创业活跃度的过程中营造一个良性的竞争环境；最后相关创业人员应该不断强化自身对金融资源的获取能力。通过不同层面的共同协作进一步推动地区金融服务水平的提升，最终促进区域创业活跃度的提升。

根据安徽区域差异的特性发现，皖北、皖中、皖南地区在实现高创业活跃度中存在不同的具体特点。皖北地区提升区域创业活力的途径多集中在人力资本这一条件的拉动作用，例如，实施对创业人员或者就业人员的各类补贴政策，把皖北地区的人口优势发挥到极致。皖中地区在推动高创业活跃度的路径中主要依靠金融服务与技术水平，通过优质的金融服务向创业人员提供资金保证，而先进的技术水平则会提升创业企业的核心竞争力。皖南地区在人力资源匮乏的情况下，通过多条件的联合作用促进本区域创业活力的提升。因此，为保证皖南地区创业活力的持续性需要从多角度出发，审时度势地考虑不同条件对区域创业活力的推动作用，在政府政策、公共服务等边缘条件层面加以科学性提升。

参考文献

边伟军、刘文光：《科技创业企业种群生态位测度方法研究》，《科学学与科学技术管理》2014 年第 12 期。

郭君平、荆林波、张斌：《国家级贫困县"帽子"的"棘轮效应"——基于全国 2073 个区县的实证研究》，《中国农业大学学报》（社会科学版）2016 年第 4 期。

李华、董艳玲：《中国基本公共服务均等化测度及趋势演进——基于高质量发展维度的研究》，《中国软科学》2020 年第 10 期。

叶文平、李新春、陈强远：《流动人口对城市创业活跃度的影响：机制与证据》，《经济研究》2018 年第 6 期。

张军、徐力恒、刘芳：《鉴往知来：推测中国经济增长潜力与结构演变》，《世界经济》2016 年第 1 期。

张明、杜运周：《组织与管理研究中 QCA 方法的应用：定位、策略和方向》，《管理学报》2019 年第 9 期。

郑馨、周先波、陈宏辉等：《东山再起：怎样的国家制度设计能够促进失败再创业？——基于 56 个国家 7 年混合数据的证据》，《管理世界》2019 年第 7 期。

周小虎：《中国创业竞争力发展报告（2018）》，经济管理出版社，2018。

Autio E., Nambisan S., Thomas L. D. W., et al., "Digital Affordances, Spatial Affordances, and the Genesis of Entrepreneurial Ecosystems", *Strategic Entrepreneurship Journal*, 2018, 12 (1).

Cullen J.B., Johnson J.L., Parboteeah K.P., "National Rates of Opportunity

Entrepreneurship Activity: Insights from Institutional Anomie Theory", *Entrepreneurship Theory And Practice*, 2014, 38 (4).

Dul J., Van Der Laan E., Kuik R., "A Statistical Significance Test for Necessary Condition Analysis", *Organizational Research Methods*, 2020, 23 (2).

Dul J., "Identifying Single Necessary Conditions with Nca and Fsqca", *Journal of Business Research*, 2016, 69 (4).

Fiss P. C., "Building better Causal Theories: A Fuzzy Set Approach to Typologies in Organization Research", *Academy of Management Journal*, 2011, 54 (2).

Gompers P., Kovner A., Lerner J., et al., "Performance Persistence in Entrepreneurship", *Journal of Financial Economics*, 2010, 96 (1).

Modrego F., Mccann P., Foster W. E., et al., "Regional Entrepreneurship and Innovation in Chile: A Knowledge Matching Approach", *Small Business Economics*, 2015, 44 (3).

B.8
坚持激励重塑合作共赢
优化基层医疗服务体系

——阜南县域医改工作调研报告

杨雪云　邓祺*

摘　要： 医疗是民生的基本需求，健康是发展的基础条件，阜南县在前期基层医疗服务基础弱、发展慢、矛盾多的情况下，以医共体改革为核心，以健康阜南建设为总揽，构建起"大病县内治、小病就近看、未病共同防"的新型县域分级诊疗机制，实现了"百姓得实惠，医生有激情，医院能发展"的改革目标。通过对阜南县域医改工作的实地调研，可以发现，坚持权威推动、坚持理念引领、坚持净化生态、坚持激励重塑、坚持系统整合是阜南县域医改取得成效的重要制度经验。调研也发现，现阶段基层医疗卫生服务体系存在着持续发展资源不足、分级诊疗实施受阻、引人留人难度较大等普遍性问题，应当以打造基层健康共同体为中心，以提升医疗系统整合性、增强人事管理灵活性、拓展医疗服务智慧性为抓手，进一步完善基层医疗卫生服务体系，为新时代安徽高质量发展提供健康保障。

关键词： 县域医改　医共体　医疗服务体系　分级诊疗　阜南县

---

* 杨雪云，安徽大学社会与政治学院教授，博士生导师，主要从事农村社会学研究；邓祺，安徽省社会科学院社会学研究所助理研究员，主要从事农村社会学研究。

一　引言

党的十八大以来，以习近平同志为核心的党中央深入践行以人民为中心的发展思想，将人民健康作为基本实现社会主义现代化的重要基础，深入推进医药卫生体制综合改革和健康中国建设，尤其是将改进基层医疗卫生服务作为深化医药卫生改革的关键领域和推进健康中国建设的基础环节。2014年12月，习近平总书记在江苏省镇江市世业镇卫生院考察/调研时提出，"医疗卫生服务直接关系人民身体健康。要推动医疗卫生工作重心下移、医疗卫生资源下沉，推动城乡基本公共服务均等化，为群众提供安全有效方便价廉的公共卫生和基本医疗服务，真正解决好基层群众看病难、看病贵问题"。党的二十大报告进一步提出人民健康是民族昌盛和国家强盛的重要标志，要求"把保障人民健康放在优先发展的战略位置，完善人民健康促进政策。深化医药卫生体制改革，促进医保、医疗、医药协同发展和治理"。

阜南县位于安徽省西北部，是传统的农业大县、人口大县和财政小县，长期被列为国家扶贫工作重点县，受经济发展滞后、地方财力不足和自然灾害频繁等因素的影响和制约，县域医疗卫生服务事业发展严重滞后，基础公共服务设施特别是公共卫生服务设施欠账较多、配套薄弱、功能有限，医疗资源供给水平大幅低于全国平均水平，群众"看病难，看病贵"问题突出。面对县域医疗卫生事业发展长期滞后与群众医疗卫生服务需求不断增长的矛盾，阜南县委、县政府清楚地认识到保障人民群众健康是全面建成小康社会和全面推进社会主义现代化建设的核心任务，也是实现地方经济社会全面发展的基础前提。2015年以来，在国家深入推进医药卫生体制改革的背景下，阜南县果断抓住入选安徽省首批医共体试点县的机遇，以县域医共体建设为核心全面推进县域医疗卫生体制改革，通过强化政府主体投入、完善三级转诊机制、改革医保支付模式、推动医药集中采购、优化人事管理机制、打造智慧医疗平台等一系列创新改革举措，推动县域医疗卫生体制改革不断破冰攻坚。

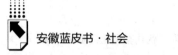

在习近平总书记关于医疗卫生与健康工作的重要论述的正确指引下，在县委、县政府主要领导的大力推动下，阜南县域医改经过县域医共体建设试点、综合医改示范县建设、紧密型县域医共体建设三个阶段的持续发展，建成了以县级医院为中心、乡镇卫生院为纽带、村级卫生室为网底，"服务、责任、发展、利益"四位一体的紧密型县域医共体，构建起"大病县内治、小病就近看、未病共同防"的新型县域分级诊疗机制，重构了县、乡、村三级医疗服务机构的利益链和基层健康服务网，实现了县域医疗卫生服务资源与服务设施的有效整合与系统提升，推动了各级医疗卫生服务机构的疾病诊疗能力与公共卫生服务能力协同增强，有效化解了群众"看病难，看病贵"、因病致贫返贫、医疗服务机构无序发展的三大问题，实现了"百姓得实惠、医生有激情、医院能发展"的改革目标，形成了县域医改的"阜南模式"，为经济落后地区推进基层医疗卫生服务体制综合改革提供了一条可借鉴的有效路径。

本报告围绕阜南县推进医疗卫生体制综合改革的实践历程，在深入描述阜南医改历史背景的基础上，从制度演进与政策实践两个维度对阜南医改的具体内容进行分析，剖析阜南医改取得成功的制度经验和进一步推进医改面临的现实挑战，并在此基础上提出相关政策建议。

二　阜南医改的历史背景

（一）国家精准扶贫战略实施的责任倒逼

消除贫困，改善民生，逐步实现全体人民共同富裕，是中国特色社会主义的本质要求。改革开放以来，我国逐渐将扶贫工作纳入中国特色社会主义建设的制度体系之中，围绕消除农村绝对贫困开展了多轮卓有成效的减贫实践。尤其是党的十八大以来，以习近平同志为核心的党中央深入践行以人民为中心的发展理念，把扶贫工作提高到一个新的高度，打赢脱贫攻坚战被列入全面建成小康社会的核心任务，脱贫攻坚逐渐成为各县域，尤其是国家级贫困县的中心工作内容。

党中央在推进精准扶贫的过程中，逐步将医疗卫生服务体系建设与脱贫攻坚战略相结合，突出了医疗服务和健康保障在脱贫攻坚战中的关键地位。2013年11月，习近平总书记首次阐述了"精准扶贫"思想，2014年，围绕精准扶贫的要求，各地开始全面落实贫困户建档立卡制度，对贫困户的识别除了常规的收入标准之外，还增加了以"两不愁，三保障"为核心的非收入性指标，"基本医疗有保障"被正式作为贫困户识别和贫困户脱贫的基本指标。2015年11月，中共中央、国务院印发《关于打赢脱贫攻坚战的决定》，将精准脱贫作为扶贫开发的基本方针，全面打响脱贫攻坚战，其将推进医疗保险和医疗救助脱贫作为脱贫攻坚战的重要内容，要求实施健康扶贫工程，保障贫困人口享有基本医疗卫生服务，努力防止因病致贫、因病返贫，为贫困地区推进健康脱贫工程、改进医疗卫生服务体系指明了政策路径与发展方向。

精准扶贫战略的实施一方面让各地政府更深刻、更全面地认识到居民健康问题在脱贫攻坚和乡村振兴中的基础性意义，从而主动将提升人民群众的健康水平作为践行以人民为中心的发展理念的重要政治使命，另一方面通过自上而下的组织动员和责任传导，将改进地方公共卫生服务、提高居民卫生健康水平的战略目标转化为地方政府重要的工作任务和施政职责，由此产生了强力的责任倒逼机制，为地方政府探索和推进医疗卫生体制改革提供了政治与行政层面的双重动力。

阜南县位于安徽省西北部，地处淮河中上游结合地带，下辖28个乡镇，1个省级经济开发区，334个行政村（社区），户籍人口超过170万人，是农业大县、人口外出务工大县，也是淮河流域重要蓄洪区，受到地方自然条件与资源禀赋的影响，县域经济发展水平在全省处于相对滞后的位置。1994年，阜南县被国务院扶贫开发领导小组办公室认定为国家扶贫开发工作重点县，带领全县人民脱贫致富逐渐成为阜南县经济社会发展的核心目标。但长期以来，受到"经济决定论"和"唯GDP"发展导向的影响，阜南县在经济社会发展中更多聚焦经济领域，对公共卫生事业的关注程度和投入力度长期不足，导致公共卫生服务体系发展不健全，公共卫生资源相对短缺，疾病逐渐成为当地居民致贫的主要原因。2015 年，阜南县建档立卡的贫困人口近 20 万，其中因病致贫、因病返贫的比例高达 63%，高出全国 42% 的平均水平 21 个百分点，提升居民健康水平、降低居民医疗支出成为阜南县贫困治理的突出难题。尤其是随着居民人口年龄结构的老化和人口流动速度的加快，阜南县居民的疾病谱也在发生变化，一方面重症疾病的手术需求不断提升，另一方面慢性病患病率居高不下，医疗支出给家庭带来了沉重的经济负担。有效满足居民医疗需求、妥善解决居民健康问题成为阜南县落实减贫责任、推进地方经济社会良性发展的关键任务，也为当地党委、党政府积极探索贫困地区开展医疗卫生体制综合改革的有效路径提供了强大的工作动力。

（二）国家医疗卫生体制改革的政策机遇

医疗卫生服务是事关广大人民群众健康的重大民生问题，构建高效、便民、广覆盖、可持续的医疗卫生服务体制是国家制度建设的重要环节。自新中国成立以来，党和政府不断探索建立适合中国国情和具有社会主义特色的医疗卫生服务体制，从建国初效仿苏联模式建立的政府主导、管办合一的公费医疗服务体系，到改革开放后推进以市场化改革为核心的"旧医改"，形成以"消费者付费"为基础、以"多元办医、自负盈亏、医药联合"为特征的市场办医模式，再到党的十七大以来，坚持以人为本、突出强调公共医疗卫生服务的公益属性、以"人人享有基本医疗卫生服务"为目标，实现医疗、医保、医药"三医"联动的"新医改"，国家医疗卫生体制在实践中经历了"行政化—市场化—公益化"三阶段的改革发展历程。[①]

国家医疗卫生体制的改革发展也为各地探索适应地方经济社会发展和群众实际需求的医疗卫生服务模式提供了路径指导与政策机遇。2009 年以来，随着《中共中央 国务院关于深化医药卫生体制改革的意见》的出台，"新

---

① 管仲军、陈昕、叶小琴：《我国医疗服务供给制度变迁与内在逻辑探析》，《中国行政管理》2017 年第 7 期。

医改"自上而下全面推进，阜南县积极落实国家和省市各级在医疗、医保、医药等领域的改革政策，为进一步推进以医共体为核心的县域综合医改奠定了前期基础。

一是构建了城乡一体、高效、可持续的县域基本医保制度。2012年，阜南县对城镇居民医疗保险与新型农村合作医疗保险实行并轨管理，建立了城乡一体化的基本医疗保障管理新体制，在机构管理、筹资时间、筹资对象与标准、补偿待遇等方面实现城乡"五统一"；持续扩大基本医疗保障覆盖面，建立动态增长的基本医疗保障筹资机制，逐步提高基本医疗保障水平；优化医保基金管理模式，积极探索门诊总额预算、住院按病种付费、医联体按人头付费等支付方式改革，提升基金保障效能；强化医保资金使用监督，实现医疗机构事前、事中、事后全程监管。

二是全面落实基层医药卫生体制改革各项要求。随着2009年国务院颁布《关于深化医药卫生体制改革的意见》，自上而下推进医药卫生体制综合改革以来，阜南县紧跟全国、全省改革的统一步伐，陆续推进医药卫生领域各项制度的建立与革新。推进基本药物制度改革，建立基本药物供应保障体系和药品集中招标采购制度；建立公共卫生服务经费保障机制，按照全国统一标准建立居民健康档案，加强公共卫生服务能力建设；加强基层医疗卫生机构建设，进一步健全以县级医院为龙头、乡镇卫生院和村卫生室为基础的农村医疗卫生服务网络，由乡镇卫生院对所属行政村卫生室实施一体化管理；推进基层卫生服务人事制度改革，合理确定基层医疗卫生机构人员岗位和编制数量，加强以全科医生为重点的基层医疗卫生队伍建设；推进基层卫生服务管理体制改革，建立政府举办的基层医疗卫生机构公益性管理体制，健全基层医疗卫生机构运行补偿机制，将基层医疗卫生机构的公共卫生支出和基本支出纳入县级财政年度预算，足额予以保障。

三是深入实施县级公立医院改革。2012年以来，随着安徽省人民政府出台《关于县级公立医院综合改革的意见》，阜南县将县域公立医院改革作为基层医改工作的关键环节，逐步推进公立医院各项管理经营体制改革。改革公立医院管理体制，推进管办分开、政事分开，成立由县政府主要负责同志任主任的县级医院管理委员会,作为县级医院管理的决策机构,明确公立医院独立法人地位,落实自主经营权和人事管理权等权限,实行院长负责制和绩效考核制,构建现代医院管理制度;改革公立医院人事制度,创新编制和岗位管理模式,全面落实县级医院用人自主权,强化县级医院内部绩效考核,建立收入分配激励机制和岗位绩效工资制度,提高人员经费支出占业务支出的比例;改革基本医保支付方式,落实医保基金收支预算管理,因地制宜地推行总额预付、按人头付费、按病种付费,建立分级诊疗机制,引导常见疾病在县内就诊;加强公立医院服务能力建设,建立政府投入长效机制,探索建立县、乡镇、村一体化医疗机构管理体制,积极鼓励和引导多元办医,全面提高县域医疗服务水平。

(三)地方医疗卫生事业存在的多重问题

尽管 2015 年之前,阜南县根据国家政策要求和地方实际需求开展了数轮医疗卫生体制改革,全县医疗卫生服务资源总量与医疗服务水平有了一定的提升,但受制于地方财力薄弱与医疗卫生发展理念滞后等因素,县域医改的整体性、系统性不足,地方医疗卫生事业发展仍面临一系列问题,广大群众的医疗卫生服务需求尚未得到有效满足。这些问题主要表现在以下方面。

一是医疗资源配置亟待优化。阜南县作为国家级贫困县,基础弱、底子薄、欠账多是全县医疗卫生事业发展面临的现实情况,受到地方财力的限制,政府对医疗卫生事业的投入整体不足,尤其是公共医疗卫生服务设施欠账较多、配套薄弱、功能有限。县乡医疗机构基础设施建设滞后,大型医疗设备严重缺乏,且现有的许多设备老化、陈旧,影响医院诊疗水平。主要医疗卫生资源配置水平与全市、全省、全国平均水平差距显著,2015 年阜南县每千人床位数 2.23 张,每千人卫技人员 2.43 人,每千人注册护士数 1.02 人,均不及全国平均水平的一半。[①] 国家医改政策实施之后,虽然中央加大

---

① 相关数据来自《2016—2020 年阜南县医疗卫生服务体系发展规划》,https://www.funan.gov.cn/xxgk/detail/5f0541637f8b9aed568b4581.html。

了对基层医疗卫生基础设施建设的投入，但县级财力有限，本级政府配套资金不能到位，导致医疗机构长期负债运营，偿还压力巨大。

二是医疗专业人才严重匮乏。首先，医疗卫生人员编制不足，实际审批编制数量远低于国家规定的人员编制比例，现有人员编制数量难以满足医疗卫生服务实际需求，医院为了保持正常运转，不得不聘用编外人员，进一步增加了医院经济负担。其次，招人留人困难，受到地方经济发展水平和政府财力的影响，医护人员的收入水平与城市、发达县区有较大差距，对高学历、高职称人才吸引力有限，尤其是乡镇卫生院人员待遇低、任务重、风险大，人才流失的现象更加严重。最后，技术人员知识更新难，受到编制有限与招人困难的影响，乡镇卫生院一线工作人员严重不足，难以有效开展岗位轮换与继续教育，基层医务人员专业知识长期得不到系统培训和更新。

三是医疗卫生信息网络建设滞后。全县尚未建成统一整合的医疗卫生信息网络平台，卫计部门有多个相对独立的信息网络系统，但在各系统之间缺乏有效整合，不能实现信息资源共通共享，导致信息利用效率低，资源浪费严重，甚至出现一家医院内多套系统并存、各自为政的情况。在医疗卫生系统内部信息无法得到有效整合的情况下，同县域内其他系统共享信息更是无从谈起。乡、村两级医疗卫生信息化建设仍处于起步阶段，仅能开展简单的财务统计，缺乏信息集成与数据分析的功能。

四是无序诊疗加剧县域医疗卫生服务运营风险。一方面，随着基本医疗保障制度的完善与居民收入水平的持续增加，广大农民对医疗卫生服务质量有了更高的要求，但由于部分农民缺乏疾病防治知识与医院诊疗信息，盲目追求到大医院进行住院诊疗，出现了农村居民患病住院加速向县级、市级大医院流动的趋势。大量原本能够在基层医疗机构诊疗的常见病、多发病也转移到县级、市级大医院就诊，导致县域内就诊病人数量持续下降，基层医疗机构业务减少，基层医疗服务人员收入降低，基层医疗机构队伍不稳定，优秀医护人员流失，这些又反过来影响乡镇卫生院发展，导致居民更加不愿意选择基层医疗机构就诊，出现基层医疗机构业务萎缩，大医院住院"一床难求"的恶性循环。另一方面，由于医患之间信息不对称，加上医保基金按项目付费，多数医疗机构受到利益驱动，一定程度上存在过度检查、过度诊疗的倾向，甚至存在小病大治、无病乱治的现象，导致医保资金被大量浪费，加剧了城乡居民医保资金的运营风险。[①]

五是乡村医疗卫生服务建设严重滞后。长期以来，阜南县对基层医疗卫生服务体系的建设投入持续不足，乡镇医疗机构运营面临很大困难，普遍存在业务用房不足、医疗设备老化、医护人员紧缺、服务能力不足的现象，难以满足广大人民群众的基本医疗需求。村医队伍年龄结构老化、待遇过低、服务能力偏低的问题十分普遍，部分老龄村医退出村医岗位，缺乏新生力量弥补空缺，村级医疗卫生服务面临后继无人、工作断档的风险。

三 阜南医改的实践路径

（一）阜南医改的发展历程

2015 年以来，阜南县以县域医共体建设为核心全面推进基层医疗卫生体制改革创新，以县级医院为中心、乡镇卫生院为纽带、村级卫生室为网底，组建"服务、责任、发展、利益"四位一体的紧密型县域医共体，积极构建"大病县内治、小病就近看、未病共同防"的新型县域分级诊疗机制，经过县域医共体建设试点、综合医改示范县建设、紧密型县域医共体建设三个阶段的持续发展，取得了"群众得实惠、医生有激情、医院能发展"的政策成效，逐步探索出一条贫困地区全面推进医疗卫生体制改革的有效路径。

1. 2015~2017年县域医共体试点建设阶段

县域医共体是一种通过创新县域医疗服务运行机制，整合县乡医疗卫生服务资源，实施集团化管理、分级诊疗、医保基金"按人头"打包预付等

---

① 刘尧、许正中：《建构激励相容、竞合共赢的医疗卫生新制度——阜南县医改创新探索》，《中国农村卫生事业管理》2020 年第 11 期。

改革措施，整体提高县域医疗资源的配置使用效率，实现县、乡、村医疗卫生资源一体化管理的新型医疗卫生服务组织与运营形式。其具体运作模式是在一个县域内，通过构建若干个由县级医院牵头、数个乡镇卫生院及其所辖的村卫生室参加的医疗服务共同体，通过整合资源分级诊疗的方式为居民提供基本医疗卫生服务。2015 年 2 月，安徽省医改办、省编办等六部门出台《关于进一步深化基层医药卫生体制综合改革的意见》，将推进县域医联体建设作为巩固和深化基层医改成果的重要内容。随后，安徽省医改办、省卫计委等五部门出台《关于开展县域医疗服务共同体试点工作的指导意见》，正式在全省 15 个县区开展县域医共体建设试点。

在安徽省卫计委的统一指导下，阜南县于 2015 年 4 月出台《阜南县深化医药卫生体制综合改革实施方案》《阜南县县域医疗服务共同体试点工作实施方案（试行）》等文件，从三个层面同时推进县域医共体建设，构筑起医共体改革"阜南模式"的基本框架。一是遵循纵向合作、横向竞争、双向选择和稳妥起步、先易后难、循序渐进的试点建设原则，整合县域内医疗服务资源组建三个县域医共体，并逐步扩大县域医共体覆盖范围，于 2017 年将县域内所有乡镇卫生院与社区卫生服务中心整合进三个医共体，以医共体为骨干实现了对全县医疗卫生资源的有效整合。二是改革基层医疗卫生服务体制，通过实施分级诊疗制度、建立医疗行为质量监控指标体系、推进药品耗材集中招标采购、改革医保基金支付方式、推进县级卫生信息平台建设等一系列措施，重塑县、乡、村三级医疗机构之间的业务联系与利益纽带，理顺基层医疗卫生服务体制的运行逻辑，为县域医共体的顺利运行提供制度保障。三是强化基层医疗卫生服务财政保障，取消基层医疗卫生机构的收支两条线管理模式，基层医疗卫生机构的基本经费由财政全额保障，落实"统一领导、集中管理"的基层医疗卫生机构财务管理体制，基层医疗卫生机构医疗收入扣除成本按规定提取奖励、福利基金用于人员奖励，充分调动基层医疗人员的工作积极性。

2. 2017~2019 年综合医改示范县建设阶段

随着阜南县域医共体试点建设的不断深入，全县医疗卫生服务资源布局持续优化、服务能力显著提升；县外就医人次逐步减少，群众就医负担显著减轻；医护人员待遇逐步提高，基层医护人员工作干劲进一步提高，医共体改革"阜南模式"得到上级政府和社会各界的充分肯定，阜南县获评"全省综合医改示范先进县"称号，县人民医院被评为"2016榜样中国"医疗改革先进单位。

2016年10月，中共中央、国务院印发《"健康中国2030"规划纲要》，将"健康中国"建设提高到全面建成小康社会、基本实现社会主义现代化重要基础的战略高度，提出要将健康摆在优先发展的地位，坚持政府主导，构建整合型医疗卫生服务体系，以农村和基层为重点，推动健康领域基本公共服务均等化，改革创新基层医疗卫生服务体系成为推进"健康中国"战略实施的关键举措。

在"健康中国"构想的指引下，阜南县立足于县域医共体试点建设取得的前期成果，着力推动健康服务供给侧结构性改革，构建整合型医疗卫生服务体系，全面拓展阜南医改的深度和广度。2017年4月阜南县政府办印发《阜南县综合医改示范县建设工作方案》，以推进"健康阜南"建设为主线，以维护人民健康为核心，以县域医共体建设为着力点，深入推进全县医药卫生体制综合改革，通过提高医疗服务能力、构建分级诊疗制度、强化三医联动机制、加强综合监督管理等措施，深入化解慢性病频发多发、不合理就医加剧和因病致贫返贫等比较突出的三大问题，全面提升县域医疗卫生健康服务综合能力，满足人民群众不断增长的健康需求。

3. 2019年以来紧密型县域医共体建设阶段

随着我国医疗卫生体制改革和"健康中国"建设的深入推进，县域医共体建设的实践经验持续积累、发展理念不断更新，2019年5月，国家卫健委等出台《关于推进紧密型县域医疗卫生共同体建设的通知》和《关于开展紧密型县域医疗卫生共同体建设试点的指导方案》，在全国范围内开展紧密型县域医共体试点建设。阜南县积极响应国家政策号召，先后出台《关于进一步深化医共体改革 加速推进健康阜南建设的实施意见》《阜南县紧密型县域医共体建设工作实施方案》等文件，全面推动县域医共体向紧密型过渡发展，通过深度整合县域医疗服务资源，构建层级贯通、部门协同、县乡村一体的整合型医疗卫生服务体系，整体提高县域医疗卫生资源配置和使用效能，实现医疗卫生发展方式由以治病为中心向以健康为中心的转变，为全县群众提供全方位全生命周期的健康服务。

根据紧密型县域医共体建设的工作要求，阜南县遵循"两包三单六贯通"的建设路径，从资金打包、清单管理、服务群众三个方面，全面推进紧密型县域医共体建设。一是落实资金管理"两包"政策，通过推进基层医防融合建设，落实医保基金打包预付政策和公共卫生服务资金打包预付政策，确保"两包"及时足额到位。二是制定各级工作责任清单，完善医共体管理制度体系，明确政府办医的领导责任和保障责任，建立办医清单；厘清体内各方的应有权利和应尽义务，建立医共体内部运行管理清单；细化政府部门的管理责任和监督责任，建立外部治理综合监管清单，同时出台相关文件与考核办法，推进"三单"切实有效履行。三是在县乡一体、乡村一体管理体系基本建立的基础上，畅通体内资源流动机制，在专家资源、医疗技术、药品保障、补偿政策、双向转诊、公卫服务上下贯通等方面统筹规划、建章立制、有效实施，确保"六个贯通"全面落地。

（二）阜南医改的政策措施

1. 明确政府职责，优化县域医疗卫生资源配置

（1）建立县域医改统筹领导机制

成立医共体改革专项工作推进小组作为全县医疗卫生体制改革的领导核心，由县委书记和县长任双组长，全面负责医改工作中政策、资金、人事等重大事项，统筹卫健、人社、编办、财政等部门协调一致推进工作，形成部门联动、齐抓共管的医改工作局面。在县域医共体内部成立医共体理事会，作为医共体的最高决策机构，制定医共体章程，明确各成员单位权利义务、管理措施和合作机制，建立合理的利益分配格局。各单位分别成立医共体办公室，统筹负责各项工作业务，确保政策传达到位、业务协调到位、任务落实到位。

（2）科学布局全县医疗卫生资源

县政府先后出台《阜南县"十三五"卫生卫计事业发展规划》《2016—

2020 年阜南县医疗卫生服务体系发展规划》等文件，制定"健康阜南"总体发展规划和年度发展计划，明确了"4 家县级医疗机构为龙头，7 家中心卫生院为枢纽，一般乡镇卫生院为补充，村卫生室为基础"的全县医疗卫生服务体系建设模式，依托 4 家县级医院建立 4 个县域诊疗中心，逐步推进横向联合整合，组建县域医疗集团；强化县乡医疗服务一体化管理，依托中心卫生院建立 7 个乡域医疗服务次中心，将中心卫生院建设成为县级医院分院；推进一般卫生院（社区卫生服务中心）向健康管理中心转型，推进村卫生室（社区卫生服务站）向健康服务中心转型，强化基层医疗卫生服务能力。在规划涉及的土地审批、设备采购等方面加大对医共体和各级医院的扶持力度，补齐卫生健康服务设施短板。

（3）加大医疗卫生事业投入力度

坚持公共医疗卫生体系发展的公益性导向，在全县财力紧张的情况下，持续加大财政对医疗卫生事业的投入力度。2015~2020 年，县财政对医疗卫生事业累计投入 50 多亿元，其中 4 亿多元用于补助基层医疗卫生机构运营，并划拨建筑用地 630 亩用于 4 家县级医院新区建设。全面开展乡镇卫生院标准化建设，推进乡镇卫生院改扩迁建和设施设备的更新添置，柴集、焦陂、黄岗、段郢、地城等 20 余家卫生院完成改扩建工程，实施村卫生室规范化建设和人民满意村卫生室创建活动，近 300 个村卫生室达到安徽省标准化村卫生室建设标准。

（4）推动医疗机构重点学科建设

以县财政预算建立重点学科建设基金，用于加快县乡重点学科建设，围绕"专科专治"走内涵式发展道路。县级医院根据自身特点，重点发展传统优势学科和社会急需科室，实行差异化错位发展，提升县级医院的专业水平与医疗技术。充分利用医联体和三级医院对口支援共建机会，选派业务骨干到省内外三级医院进修培训，培养重点学科带头人。鼓励和扶持中心卫生院发展特色专科，在县级医院帮助下建设共建科室或特色专科，提倡并鼓励县级公立医院领办或托管中心卫生院或其部分科室，提高基层医疗卫生机构的诊疗能力。

2. 落实分级诊疗，推动紧密型医共体协同发展

（1）向上对接医联体，全面提升县级诊疗能力，实现"大病县内治"

优化县级医院与县域外优质三甲医院的联办合作机制，通过与知名医院对接组建医联体等方式，实现借梯登高、借步发展，切实提升县级医院的重大疾病诊疗能力。采取"请进来，走出去"的办法，有针对性地聘请合作医院教授作为重点专科的专家，培训、指导县级医院科室业务开展，定期选拔院内年轻骨干赴合作单位进修学习，加快培养专科医师和学科带头人，不断提升医院自身技术水平。

以县级医院为主体组建学科专科联盟，重点发展优势科室，打造以新生儿急救中心、手供一体手术楼、脑外科为重点的急诊急救体系和以肿瘤治疗、高血压、糖尿病管理中心为重点的慢病防治体系，落实同城同工同酬的管理机制，实现县域医疗服务资源互通互用和差异化发展，全面提升县级诊疗能力。

（2）发展县域医共体，推进城乡一体联动服务，实现"小病就近看"

强化县乡医疗机构的工作协同、资源共享与利益联系，在县医共体工作领导小组的指导下，持续推进医共体内部机制建设，在各县域医共体牵头医院科室设置的基础上，逐步建立医共体事务协调中心、党建廉政中心、人力资源发展中心、财务监管核算中心、医共体资金结算管理中心、信息服务中心、医疗服务质控中心、健康促进中心、药耗供应中心、消毒供应中心等十大中心，实现医共体医疗资源共享共用。

推进县级医疗服务资源下沉，提升乡镇卫生院的医疗服务能力和群众信任度。以紧密型医共体中心卫生院为核心建立医疗服务次中心，由县级牵头医院投入资金帮助中心卫生院添置基础设施、添置和改建科室。加强县级牵头医院对基层医疗机构的技术帮扶与工作指导，通过科室共建、远程医疗、驻点医师带教、技术骨干基层轮岗、乡村医师免费进修等措施提高乡镇卫生院医疗技术服务能力，打通县乡两级医疗卫生机构管理体制壁垒，实现紧密型医共体县乡医疗机构之间行政管理、人员管理、财务管理、绩效考核管理、医疗业务管理、药械业务管理、医保基金管理、信息系统"八个统

一"，构建起县级互动、县乡一体、乡村一体、三级联动的县域医疗卫生服务体系。

（3）向下提升村级能力，推进医防融合建设，实现"未病共同防"

完善村卫生室经费保障机制，全面落实各类补偿政策，积极拓宽村级增收渠道，增加签约服务、医共体转诊和奖励经费，县级财政根据核定任务量和考核结果等给予补助。组建健康服务团队和业务指导专家组，实施"百名医师进村室"师带徒工程，建立村卫生室与上级医疗机构常态化联系渠道，优化村医人员队伍，采取公建民营、政府补助等方式，支持村卫生室建设和设备采购，增强村卫生室基本医疗服务和公共卫生服务能力。

明确以居民健康服务为中心的工作导向，建立以居民健康为导向的绩效考核机制，开展基本医疗服务与公共卫生服务协同考核，促使乡村医生成为居民健康宣传员、慢病管理员和医共体导诊员，引导县域居民养成有序就医、履约转诊的习惯。实行乡镇临床医生"分级管理、团队协作"的三级包保责任制，促进公共卫生服务和医疗服务有效融合。由基层医疗卫生机构组建全科医生服务团队，实行以乡镇卫生院为核心、乡村医生为主体、县级医院为指导（1+1+1）的家庭医生签约服务，为辖区内所有居民提供基本公共卫生服务、健康管理、初级诊断和双向转诊等全科服务，不断扩大签约覆盖范围与服务内容。

完善以县级专业公共卫生机构为主体、基层医疗卫生机构为基础的疾病预防控制网络，建立以慢性病全程管理、癌症早筛早诊、肿瘤放疗中心为主要内容的慢病防控体系，全面开展心脑血管防控等三大医防融合工程，针对性开展地方病、流行病、常见病和多发病防治，落实重点、高危人群的干预措施，做到早发现早治疗。成立慢性病健康服务专家团、居民健康素养知识宣讲团，定期深入基层开展健康知识宣讲。持续开展"健康老人、健康村、健康家庭"等先进评选，引导群众改善生活行为方式，倡导健康理念，营造全社会尊重健康、崇尚健康的良好氛围。

（4）优化转诊制度，强化分级诊疗激励约束，实现"上下协同转"

明确医共体内部功能定位。县级牵头医院强化能力建设，承担县域内城乡居民医疗保健服务、基层技术指导帮扶、突发公共卫生事件应急处置等职能。乡镇卫生院承担辖区内常见病、多发病基本医疗，落实基本公共卫生服务职能，做好双向转诊和下转病人康复服务，开展慢性病管理。村卫生室着重做好门诊、导诊、签约服务和健康管理，以及疾病防控、健康教育等公共卫生工作。

理顺双向转诊服务流程。县级医院与乡镇卫生院设置转诊便捷通道，为上下转诊患者提供"一站式"医疗服务，一般常见病应在乡镇卫生院诊治；轻度疑难复杂或急性期的常见病，应由县级医院派专家现场指导乡镇卫生院就地治疗；受乡镇卫生院技术条件所限难以诊治的，应转往县级医院诊治。村卫生室和乡镇卫生院向上转来的病人，县级医院应优先安排入院。县级医院与乡镇卫生院建立双向转诊制度。在县级医院已完成难度较大的诊治，并且病情平稳后，转回乡镇卫生院，县级医院派原经治医生跟踪病人至乡镇卫生院，指导后续诊治工作。

强化分级诊疗激励约束。制定县乡医疗机构分级病种诊疗规范，落实"100+N"和"50+N"疾病分诊，落实疾病分诊制度，凡下级能收治的，一般不轻易向上转诊。实行不同级别医疗机构医保差异化支付政策，医保支付进一步向基层倾斜，县级医院优先诊治基层医疗卫生机构转诊的患者，提高报销比例，未经基层首诊直接到县外医院就诊的非急诊患者，降低报销比例。严控向外转诊，落实科室转诊责任，对确需县外转诊的，要完善电子转诊备案手续，确保群众利益不受损失。细化双向转诊指标和奖励办法，乡、村每有效转诊1人分别给予相应奖励。

3. 推进三医联动，理顺基层医疗卫生体制机制

（1）落实资金包干预付政策

创新基本医疗保险基金打包预付模式。以乡镇为单位，落实城乡居民基本医疗保险基金对县域医共体实行按人头总额预算包干管理，科学测算年度按人头预算资金，按照"总额预付、结余留用"的模式交由医共体包干使用，负责承担辖区居民当年门诊和住院、按规定支出的家庭医生签约服务、县外住院（不含大病保险对象）等规定的报销费用。完善医保基金使用的

激励约束机制，充分发挥预付资金杠杆作用，激发医疗机构规范行为、控制成本的内生动力，提高基本医保资金保健康效能。

落实公共卫生服务经费包干使用模式。建立医共体财务集中支付一体化平台，由财政和卫生健康部门将基本公共卫生服务经费按医共体常住人口数和当年人均筹资标准对医共体实行按人头总额预算，并全额拨付到医共体牵头医院。在保持资金所有权和使用权不变的情况下，由医共体实施考核，根据考核结果将资金通过财务集中支付到基层医疗服务机构。基本公共卫生服务经费结余部分，按规定统筹用于医共体医防融合服务人员奖励，奖励分配方案向健康宣传、慢病管理、双向转诊做得好的卫生院和村卫生室重点倾斜，鼓励和调动乡村两级，特别是村卫生室开展公共卫生服务的积极性，促进县域内医疗和公共卫生资源高效整合，实现医疗和预防有效融合。

（2）构建医疗质量评价体系

改革诊疗付费模式，县级医院实施临床路径+按病种付费，乡村医疗机构门诊推广使用标准处方集，积极推进区域点数法总额预算和按病种分值付费（DIP）改革，建立医疗行为质量监控指标体系，通过运用循证医学和成本效果分析等方法，选择适宜的诊疗方案。

优化医疗服务流程，强化科室之间和上下级医疗机构之间的沟通协作，减少患者不必要的等待和重复检查，持续开展"改善医疗服务行动"、平安医院建设等专项活动，提升医疗服务质量。

创新医疗服务手段，通过实施预约诊疗、检查检验结果互认、电子病历、医师多地点执业等措施，形成医生和患者合理流动的局面，建立科学合理的考核指标体系，利用信息化手段，加强对医务人员的绩效管理。

健全医院考评制度，进一步完善县级公立医院综合性绩效评价指标体系，实行院长任期目标责任考核，把公益性质、医疗质量与服务效率、医院运行管理、医疗费用控制、医患满意度作为主要考核指标，推动实现院长职业化、专业化。

强化医德医风建设，建立党委主导、院长负责、党务行政机构齐抓共管的医德医风建设机制，严厉打击医疗服务领域不正之风、推进廉洁行医，完善医务人员医德考评制度，实行医德医风"一票否决"制，培育医术精湛、医德高尚、医风严谨的行业风范。

（3）强化医药费用监管力度

整合县域药品耗材供应体制。通过一线调研、组织培训、定期通报、督查督导、严格高效审核采购计划等方式，积极推进医疗机构按照政策优先采购国家和省集中采购中选品种、国家医保谈判药品和安徽省临床谈判药品。成立3家医共体中心药房，结合基本药物目录和国家医保药品目录，结合实际制定医共体统一用药清单，实施医共体内部药品耗材集中带量采购、统一配送，大型设备统一管理、共同使用，实现资源使用效率最大化。

强化医药费用监管控制。全面落实药品医保支付价和耗材零差率销售，加强药品耗材采购和使用全程监管，将相关工作纳入医院主要负责人的目标管理及医院评审评价工作。建立公立医院费用监测体系，制定控费方案、健全控费指标，提高县级医院绩效考核中控费指标的权重，重点监控门诊和住院均次费用、医疗总费用、收支结构以及检查检验、自费药品、医用耗材等占医疗收入比例等情况，有效控制医药费用不合理增长。

推进医疗费用社会公示。健全完善县域内医疗服务价格、药品价格和医疗费用公示制度，每季度对全县医疗机构费用情况进行监测，每半年对医疗机构费用情况进行公示，接受群众和社会各界的广泛监督。开展外流病种费用监测公示和县域外"医疗机构"黑名单制度，向社会广泛公示，引导病人合理选择就医。

4.深化人事改革，激发各级医护人员工作热情

（1）改革薪酬制度，充分激发人才活力

大力推行"一保两变三倾斜"医务人员绩效分配改革，形成有利于调动医务人员积极性、符合医疗卫生行业特点、适应医共体改革需求、体现以知识价值为导向的薪酬分配制度。建立长效的公立医院绩效奖励机制和医疗人员工资增长机制，不断提升经费支出占业务支出比例，保证医务人员工资待遇稳步提升。实行有竞争性的绩效工资制，变身份管理为岗位管理，变考核经济指标为考核业务指标、转诊率和群众满意率等，健全绩效考核体系，

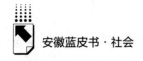
根据绩效考核结果发放职工绩效工资。

收入分配向临床一线、关键岗位、业务骨干倾斜，按"多劳多得、优绩优酬"的原则适当拉开绩效奖励差距，提高绩效工资总量，充分体现医务人员的劳动技术价值，激发医务人员开展医疗服务和推进技术创新的积极性。医院根据业务收入建立人才奖励基金，对做出突出贡献的人员每年进行奖励，充分体现卫生骨干人才的价值，整体提升医院业务水平，促进医院专项领域内水平提高。

（2）优化管理机制，强化人才引进力度

改革医疗卫生人员编制管理模式，对县域内基层医疗卫生机构编制进行统一管理，建立县级编制"周转池"，实施"总量限定、动态调整、周转使用、人编捆绑、人走编收"的管理机制，形成紧密型医共体柔性人才流动机制。

落实医共体人事管理自主权，牵头医院拥有对医共体内乡镇卫生院管理自主权，按照乡镇卫生院编制周转池制度实行编制统筹，根据岗位需要，统一调配人员。实行"县管乡用、乡聘村用"招聘管理模式，县级医院和乡镇分院对"县招乡用、乡聘村用"的专业技术人员实行同步管理、共同考核。

县级公立医院实施编制、岗位总量控制和备案管理，由医院按照有关规定自主组织公开招聘。坚持按需设岗、竞聘上岗、按岗聘用、以岗定薪、合同管理，落实同岗同待遇，形成双向选择、能进能出、能上能下、激励有效的灵活用人机制。

加大高层次人才引进力度，建立引进人才绿色通道，对中心卫生院引进医药卫生类本科以上学历或执业医师资格人才、一般乡镇卫生院引进医药卫生类大专以上学历或执业助理医师资格人才的，简化程序，采取直接考察等方式招聘，本科学历预付5年基本工资，硕士研究生一次性给予20万元奖励。

（3）改进培养模式，拓展人才发展空间

建立覆盖县、乡、村三级的医疗卫生人才培养机制，着重强化对基层医疗机构临床医师、护理、医技人员和乡村医生的培训力度，构建结构合理的专业技术人才梯队。加快全科医生培养，鼓励基层医疗卫生机构在岗卫生技术人员通过在岗培训、考试认定、提升学历层次教育等形式和渠道参加学习和培训，努力提高专业技术水平和实践能力，达到全科医生水平。

以县域医共体为实施单位，由牵头医院负责制定医共体内的乡镇卫生院专业技术骨干培训计划，选送乡镇卫生院专业技术骨干开展进修学习，支持在职医生外出进修，鼓励基层在岗医生参加符合执业准入政策的高等教育提升学历层次，努力培养一支专业技术过硬、职业道德优良的基层医疗卫生机构专业技术骨干队伍。

开展基层医疗服务人员技能培训，以县卫生学校为基础，建立基层卫生技术人员培训中心，以县第一人民医院和县中医院为依托，建立2个基层卫生技术人员培训实践基地，卫健部门制定基层卫生技术人员规范化培训制度，支持引导乡村医务人员到县级医院免费进修，加大农村订单定向医学生培养力度，不断提升基层医疗服务人员业务素质和技术水平。

5. 强化技术支撑，构建智慧医疗卫生运行体系

（1）推进平台建设，实现医疗服务信息化集成管理

阜南县主动顺应社会信息化、网络化、数字化的趋势，于2017年规划"智慧阜南"大数据项目，将"智慧医疗"作为"智慧阜南"的关键子系统，全面推进县域智慧医疗体系平台和云服务的建设运行。以居民健康档案系统和电子病历为核心，全面整合健康档案、电子病历、药品、检查检验、临床路径、家庭签约医生等人口健康信息资源，构建标准统一、内容共享的一体化人口健康信息数据库，为"智慧医疗"服务的开展提供系统、全面、精准的数据支撑。以县级远程医疗服务中心、全县影像检验运中心、慢性病管理运营中心为依托，强化专用信息网络建设，建立起横向到边、纵向到底、互联互通和信息共享的全县医疗卫生系统网络管理体系，实现公共卫生、计划生育、医疗服务、医疗保障、药品管理、综合管理等六大业务应用系统信息资源的互联互通，实现县域医疗卫生管理服务的全面数据信息化，提升医疗资源配置效率与服务质量。

（2）强化技术运用，全方位提升县域医疗服务水平

阜南县充分运用"智慧阜南"医疗服务云平台推进县域医疗管理与服务的流程再造，以信息化、网络化、数字化技术提升县域医共体的运行效率，为群众提供更加便捷优质的医疗服务。通过将县、乡、村三级医疗服务机构纳入统一的服务管理系统，全面加强对医共体医疗服务各环节的医疗质量监控与服务评价，及时收集并衡量各家医疗服务机构的实际工作效能数据，提升医疗卫生绩效考核的准确性与有效性，同时依托全流程持续积累的医疗服务大数据，为医疗机构提高管理与决策水平提供参考。全面开展线上平台预约诊疗服务和预约转诊服务，减少居民就诊转诊的服务等候时间，提供语音外呼和诊疗助手的"智医助理"服务，提高医务人员服务效率。搭建线上远程医疗会诊平台，强化与上级医院的医疗合作，实现不同级别医疗机构线上互动，让群众在家门口享受优质医疗服务。运用线上平台拓展医疗服务信息公开方式，根据国家、省级医疗服务信息社会公开要求，县级医院及时将医疗费用、医疗质量、运行效率等关键医疗服务信息在网站、公众号等多平台向社会公开，接受公众的查询与监督，提升医疗机构的社会公信力。

（三）阜南医改的主要成效

1. 群众医疗需求得到有效满足

随着阜南县综合医改的深入推进，全县医疗卫生服务资源显著增加，为群众享受更加优质便捷的医疗卫生服务提供了保障。2019年，县、乡、村三级公立医疗机构达到263家，较2015年的126家增长超过1倍，县级医疗机构病床总数由2015年的2108张增长到2019年的3679张，县级医疗机构执业（助理）医师人数从2015年的755人上升到2019年的954人，注册护士人数从2015年的980人上升到2019年的1453人，副高以上职称人数从2015年的52人上升到2019年的117人。群众"就近能看病、县内治好病"的需求得到有效满足，县域内住院就诊率从2015年的74.3%上升到2019年的80.1%。[①]

---

① 相关数据来自阜南县卫健委年度统计材料。

城乡居民医保保障力度持续加大，群众医疗服务费用持续降低，全县城乡居民医保年度补偿患者总支出从 2015 年的 11.9 亿元上升到 2019 年的 20.9 亿元。持续推动支付方式改革，县级医院临床路径执行率从 2015 年的 45%上升到 2019 年的 71%，按病种付费执行率从 2015 年的 19%上升到 2019 年的 62%，县域内住院患者实际报销比例从 2015 年的 64.82%上升到 2019 年的 73.81%，群众"看病难，看病贵"的问题得到了有效缓解。[1]

2. 基层医疗服务能力显著提升

县级医疗机构重大疾病治疗能力显著提升。随着人才、设备、技术的持续引进，阜南县各级医疗机构的科研诊疗水平不断提升，县级医院在肿瘤科、骨伤科、ICU 急救、心血管、康复医学等科室建设上有了明显突破，肝动脉化疗栓塞术、支架植入术、逆行胰胆管造影术等新技术均能独立施行，截至 2019 年底，全县拥有国家重点专科 1 个，省级重点学科 3 个，市级重点学科 3 个，开展新技术、新业务 100 余项，荣获市级及以上各项科技奖项 24 项（其中国家级 3 项、省级 3 项）。[2] 县级医院手术台数与住院人数逐年增加，手术台数由 2015 年的 17603 台增长到 2019 年的 26487 台，患者住院人数由 2015 年的 66122 人增长到 2019 年的 106173 人，病床使用率由 2015 年的 71%上升到 2019 年的 97%。

乡村医疗机构常规疾病治疗能力大幅改善。县级医院通过科室共建、驻点医师等措施显著提升乡村医疗机构服务能力，全县 28 个乡镇卫生院全部恢复外科手术，柴集镇、焦陂镇中心卫生院获评"二级综合医院"资格；朱寨、段郢、地城等 5 家中心卫生院获评"全国群众满意中心卫生院"。实施外科手术"同病同价"，胆囊、子宫肌瘤、阑尾等外科手术在乡镇卫生院自费 100 元即可解决，2019 年乡镇卫生院手术台数达到 4473 台，较 2015 年 1113 台增长超过 3 倍。同时，针对群众慢性病、多发病的诊疗需求，强化基层慢性病筛查防控，通过门诊随访、家庭医师签约等加强群众健康管理，

---

① 相关数据来自阜南县医改及医共体建设工作材料汇编。
② 相关数据来自健康阜南建设新闻发布会实录，https：//www.funan.gov.cn/xxgk/detail/5e0814b028c8b2e7b910e305.html。

有效减少了乡镇卫生院无指征住院、挂床等现象,乡镇卫生院住院人数从2015年的35159人下降到2019年的28333人,实现了医疗服务效率与群众健康水平的同步提升。[①]

3.医疗卫生制度体系持续优化

分级诊疗机制不断完善。阜南县将落实分级诊疗制度作为县域医疗体制改革的核心内容,通过完善上下转诊信息化系统、实行转诊电子备案、构建"以急救车为转运链条"的双向转诊工作机制等措施,不断强化医共体内部各级医疗机构间协同合作,县、乡、村三级分级诊疗工作得到有效贯彻实施,双向转诊人数持续上升,2019年阜南县域内医疗机构双向转诊人数为24563人,较2015年增长近10倍,其中,乡村医疗服务机构向上转诊数从2015年的2321人增长到2019年的18982人,县级医院向下转诊数从2015年的180人增长到2019年的5581人,群众医疗服务便捷程度得到显著提高,县域内医疗服务资源使用效率大幅提升。[②]

收入分配机制显著优化。阜南县将重塑激励导向、优化利益分配作为推进县域医疗体制改革的关键切入点,通过全面实施药品耗材集中带量采购,大力打击药品耗材回扣行为,将药品耗材收入排除在科室和医务人员绩效之外等措施,医院收入结构得到明显改善,县级公立医院药品耗材收入比从改革前的53%降至40%以下,"以药养医、以耗养医"的医疗怪圈得到有效打破。同时,通过完善医疗服务人员收入保障机制和绩效考核机制,将医疗服务机构收入分配向临床一线、基层服务、业务骨干倾斜,全县医疗卫生人员工资支出占医疗卫生经费总支出的比重持续上升,2019年县乡医疗机构职工年工资分别达11.7万元和7.43万元,较改革前的5.05万元和3.35万元提高132%和122%,医疗卫生人员的收入待遇得到持续提升,工作热情得到充分激发。[③]

---

① 相关数据来自阜南县医改及医共体建设工作材料汇编。
② 相关数据来自阜南县医改及医共体建设工作材料汇编。
③ 相关数据来自阜南县医改及医共体建设工作材料汇编。

四　阜南医改的制度经验

1. 坚持权威推动，凝聚工作合力

医疗体制改革的专业性强、涉及面广、关注度高，改革面临的制度阻力与利益纠葛繁杂，缺乏强有力的权威推动与顶层领导，医改政策往往会受到既得利益群体与传统制度惯性的强力抵制，导致政策实践与政策设计脱节，改革陷入停滞甚至失败。阜南县作为曾经的深度贫困县，能够在基层医疗卫生事业基础薄弱、欠账较多、发展资源欠缺的情况下，以医共体试点建设为切入点，全面推进县域医疗卫生体制综合改革，走出一条政府有担当有作为、医院有热情有发展、群众得实惠见成效的贫困地区医改新路，最重要的制度经验是坚持自上而下的权威推动，通过地方党委的统筹谋划与顶层设计，构建医改领导推进机制，有效协调不同部门工作落实，清除阻碍改革实施的内外部阻力，凝聚各方合力将制度蓝图转化为落地实施的政策效能。

强化权威领导，明确医改政治定位。阜南县在开展县域医改的过程中，始终将医改作为"一把手工程"，坚持由党委政府直接领导、书记和县长直接推动，县委书记多次强调，"医疗卫生事业是党的事业、政府的职责，改革决不能让卫生部门单打独斗！医改抓不好，是县委、县政府失职，是县委书记、县长不称职！"县委、县政府主要负责同志多次带队下基层、进医院、访群众，通过地方行政权威的以身垂范和领导部署，明确医改的政治定位与行政责任，凝聚起地方党政机关推进医改的共识与合力，在全县范围内形成了助力医改、助推医改的良好氛围。

构建工作机制，协调部门责任落实。为了有效统筹整合部门力量和资源推进县域医疗卫生体制改革，阜南县成立了以县委书记和县长任双组长的医改领导小组，将卫健、人社、财政、发改、民政等部门的"一把手"作为领导小组成员，推动财政投入、土地规划、人员编制等各类资源向医改工作倾斜，统筹协调各部门凝心聚力推动医改各项政策的落地见效。针对医改政策实施过程中存在的现实问题与机制阻碍，县委、县政府主要负责同志多次召开领导小组专题工作会，及时解决改革中出现的问题，有效协调各部门工作开展，同步推进医改政策落实，形成了职能部门围着卫生转、卫生围着医改转的良好改革氛围。

整治行业生态，清除医改内外阻碍。公共医疗卫生服务不仅具有政府公益属性，更与市场机制密切关联，尤其是经过改革开放以来的医疗卫生体制市场化建设，公共医疗卫生服务的各个环节与市场主体之间形成了深度的利益关联，传统体制与改革路径之间、既得利益群体与利益结构调整之间存在着难以调和的矛盾与对抗，也成为影响基层医改推进的主要障碍。阜南县在县委、县政府主要领导的推动下，敢于直面医改中存在的体制矛盾与利益冲突，通过大力整治医疗服务领域乱象，推进政府部门党风廉政建设，强化医疗机构医德医风培养，有效斩断了缠绕在传统医疗服务体系之上的腐败利益链条，消除了医疗服务人员对原有医疗卫生经营管理模式的路径依赖，为医改政策的顺利实施扫平了障碍。

2. 坚持理念引领，明确改革方向

树立正确的医疗卫生服务价值理念是推进医改顺利实施的思想基础与方向保障，阜南县在推进县域医改的过程中，始终以习近平总书记关于医疗卫生与健康工作的重要论述为指导，将以人民为中心的发展思想融入县域医改的各项工作中，坚持以公益为先、健康为本、医防融合的医疗卫生服务理念为指导，明确医疗卫生体制改革的制度设计与总体方向，推动了县域医疗卫生体制的有效变革。

坚持公益为先理念，突出公共医疗卫生服务的公益属性。习近平总书记高度关注医疗卫生事业的发展，多次提出"推动城乡基本公共服务均等化，为群众提供安全有效方便价廉的公共卫生和基本医疗服务，真正解决好基层群众看病难、看病贵问题"。阜南县将公益性作为发展医疗卫生事业、推进县域医改的首要原则，明确公共医疗卫生服务的公益属性，主动承担起政府在公共卫生服务体系建设上的职责使命，在全县财力紧张的情况下，多方筹措资金，强化对医改工作的人力物力支持，推进全县公共医疗卫生服务体系的改革发展，尤其是加强基层医疗卫生基础设施建设与服务人员配置，为群

众提供更加优质便捷的医疗卫生服务。

坚持健康为本理念，明确县域医改的价值导向。阜南县牢记习近平总书记关于"人民健康是民族昌盛和国家富强的重要标志""没有全民健康，就没有全面小康"殷切嘱托，把人民健康放在优先发展的战略地位，从健康中国的伟大构想出发，提出建设"建康阜南"的发展目标，将提升居民健康水平作为推进县域医改的根本目标，推动公共医疗服务从"以治病为中心"向"以健康为中心"转变，从末端疾病治疗向全流程健康管理转型。在健康为本的价值理念指引下，阜南县构建起健康导向的医共体综合绩效考评体系，将辖区居民健康保障与医疗服务人员工资待遇直接关联，将医疗服务人员的工作重心从获取更多的治疗收入转移到提高居民健康水平，从而有效限制医疗服务机构的过度医疗行为，将更多资源投入到居民疾病预防与健康保障领域。

坚持医防融合理念，推动医疗机构与公共卫生机构体系整合。在传统"以治病为中心"的医疗卫生服务体系下，医疗与预防分属于医疗机构与公共卫生机构，两者在单位性质、管理体制、业务职能、经济利益等方面存在着诸多差异和对立，医防工作之间呈现割裂态势，重医轻防现象非常普遍。[1] 阜南县在坚持公共医疗服务公益属性、明确以居民健康为医改目标的基础上，重点引入"上医治未病"的理念，围绕"大病县内治、小病就近看、未病共同防"的改革方向，依托县域医共体建设，有效整合医疗服务机构与公共卫生机构，实现医疗与预防工作的融合推进，构建起涵盖公共卫生预防、居民营养健康、疾病救治、养老服务的全环节健康促进体系。通过落实医防融合的理念，首先是将医疗卫生服务关口前移，全面贯彻预防为主的原则，加强预防服务、健康指导，最大限度地减少居民健康问题的发生；其次是实现对居民健康状况的定期检测与全面记录，及时发现潜在疾病隐患，制定有效的治疗方案；最后是推进医疗与预防服务的有效协同，不仅针对患者疾病状况提供医疗服务，也要提供后续预防与保健服务。

---

① 陈家应、胡丹：《医防融合：内涵、障碍与对策》，《卫生经济研究》2021 年第 8 期。

3. 坚持激励重塑，实现利益共融

在自由市场竞争模式下，医疗服务机构作为市场经营主体必然呈现经济理性人的特征，出于维持自身运作发展、获取更多经济利益的基本诉求，各级医疗服务机构都力图吸纳更多的患者，并通过医疗服务获得更多的经济收入，这一方面导致具有较强医疗实力的县级医院对基层医疗服务机构的病人和医务人员形成强烈的虹吸效应，大幅压缩基层医疗卫生服务能力；另一方面也导致不同县级医院形成同质化的发展路径，彼此之间恶性竞争，导致"重复检查、持续住院"等过度医疗现象频发。[①] 2015 年阜南县推进县域医改之前，在增加诊疗收入等经济利益的激励引导下，县域范围内医疗卫生服务机构呈现过度逐利、轻视公共卫生服务的特征，医院利益、公共利益、患者利益之间日益脱节，不同县级医院之间、不同层级医疗服务机构之间、医院与患者之间越发走向零和博弈，不仅严重浪费公共医疗资源，也加重了患者医疗负担和医保资金运营风险。

面对医疗服务机构因盲目逐利而产生的市场乱象，阜南县将重塑医疗卫生机构的利益分配与行为激励机制作为推进县域医改的关键支点，通过建立县域医共体，实施以"两包"为核心的资金打包预付机制和"一保两变三倾斜"医务人员绩效分配改革，有效调整医疗机构之间与医疗机构内部的利益分配，以提升全体居民健康水平、提高医疗资源使用效率为目标导向重塑激励机制，实现各级医疗机构之间、医疗服务人员之间、医院与患者之间的利益共融与合作共赢。

首先，阜南县由 3 家县级医院牵头分别同数个乡镇卫生院及下辖村卫生室组成 3 个县域医疗共同体，后调整为 2 个医共同体，不同医共体在其内部优先开展分级诊疗和转诊服务，并承担下辖卫生院所在地区的公共卫生服务职责，明确了各级医疗服务机构提供医疗服务与公共卫生服务的基本职责与负责范围。同时，阜南县针对全县医疗卫生事业发展进行总体部署，各医共体牵头医院根据优势科室和地方疾病谱实行差异化发展战略，重点推进不

[①] 蔡立辉：《医疗卫生服务的整合机制研究》，《中山大学学报》（社会科学版）2010 年第 1 期。

同类型重大疾病的科研攻关，不仅有效避免县域内各家主要医院同质化发展和内耗式竞争，而且通过错位发展与相互配合从整体上增强县域医疗能力，从而将更多患者留在县内诊疗，提升医保资金的使用效率和各医共体的盈利能力。

其次，阜南县全面实施医保资金和公共卫生服务资金打包预付政策，县政府根据医共体服务辖区人口数实施按人头数总额预算，并将资金预先拨付给医共体，医共体通过在内部合理分配资金，承担辖区居民当年门诊住院报销费用和提供各类公共卫生服务，在完成相关考核的基础上，对打包预付资金的剩余部分进行自主支配。这种"剩余索取权"为医共体自主节费控费、落实医防融合、提高居民健康水平提供了强大的激励力量，医疗卫生机构的获利取向从收取更多诊疗费用转向更好维护居民健康，从而推进了医疗服务质量与效率的同步提升，达成了医疗服务机构与患者之间在控制诊疗费用、改进医疗质量、提升健康水平等方面的目标统一与利益共融。[1] 同时，资金打包预付制也将医共体打造为一个利益共同体，在有效结余预付资金的激励下，县级医院获得了推进基层医疗服务机构发展的强刺激，不仅不会过度吸纳基层患者和医务人员，而且会主动下沉医疗资源，帮助基层医疗服务机构改进服务设施，提升针对常见病、慢性病的诊疗服务能力，开展健康宣传与预防服务，从源头开展疾病防治工作，县域内不同层级医疗服务机构之间由过去争夺患者的对立竞争关系转变为共同维护辖区居民健康、提升医疗费用使用效率的协同共赢关系。

最后，阜南县深入开展"一保两变三倾斜"医务人员绩效激励体制改革，在保障医疗服务人员工资待遇稳步提升的基础上，以医疗服务质量、转诊率、群众满意率等指标取代药品销售、经营收入等指标作为绩效考核的主要内容，在工资分配上向临床一线、关键岗位、业务骨干倾斜，充分体现医务人员的劳动技术价值，形成既有竞争性激励性，又有公平性合理性的绩效

---

① 朱静敏、段晖：《县域医共体何以实现卫生绩效？——政策企业家、再组织化联盟与激励兼容》，《公共管理学报》2021 年第 3 期。

工资机制，重塑了医疗服务人员的激励导向。新的工资分配与绩效激励制度有效提升了医疗服务人员提升诊疗技术与医疗质量的主动性，调动了医疗服务人员下沉基层、开展公共卫生服务的积极性，从而有效促进了医疗资源在医共体内部的合理分配，提升了患者的医疗满意度和医疗服务人员的工作满足感。

4. 坚持系统整合，优化资源配置

针对改革前全县医疗卫生事业存在的资源总量不充足、层级发展不均衡、群众需求难满足等一系列问题，阜南县引入系统性思维，从县域范围内医疗服务与公共卫生服务整体运作的角度重新审视全县医疗卫生资源分布与分配模式，通过建立医共体、落实分级诊疗、共享医疗资源等措施，对分散孤立运作的医疗卫生服务机构进行有效的系统整合和机制贯通，重构县域范围内医疗卫生服务机构之间的组织架构与层级联系，形成一套有别于过去自发医疗市场竞争体系的整合型医疗卫生服务体系，从而全面优化全县医疗卫生资源配置，为实现医改目标奠定了制度基础。[1]

首先是明确功能定位，对县域医共体内县、乡、村三级医疗卫生服务机构的功能定位进行差异化界定，尤其是拉开县医院与乡镇卫生院之间的功能差异，由乡镇卫生院与村卫生室开展基层首诊，负责常见病、慢性病的诊疗照护，县医院接收基层向上转诊患者，负责重大疾病和疑难病症的诊疗救治，从而改变县乡医疗服务机构之间过度的内部竞争，实现相互之间的功能耦合与利益共融。

其次是整合业务体系，理顺县域医共体内部双向转诊服务流程，依据县域内居民疾病谱，合理划分基层收治和向上转诊的疾病类型，形成县、乡、村三级医疗服务机构上下联通、急慢分治的分级诊疗体系，各级医疗服务机构从分散独立提供医疗服务转变为全流程、一体化医疗卫生服务链的一部分，从而为居民提供连续性、便捷化、高质量的疾病诊治和健康维护。

---

[1] 吴素雄、余潇、杨华：《医疗卫生服务体系整合的过程、结构与治理边界：中国实践》，《浙江学刊》2022年第3期。

最后是优化资源配置，推动医疗服务资源下沉基层。明确医共体承担的辖区内医疗服务与公共卫生服务职责，强化医共体牵头医院对基层医疗卫生服务机构的帮扶指导，通过协助建设医疗服务基础设施、派驻驻点医师、强化业务指导等措施，提升基层医疗服务机构首诊精准度与慢性病常见病诊疗能力，避免医疗服务资源与患者向县内大医院过度集中的现象。同时，持续推进药品耗材集中采购，建立医共体中心药房，指定医共体统一用药清单，对基层平台不能采购的药品统一由牵头医院采购供应，切实降低基层医疗服务机构的药品采购费用。

五　阜南医改的发展前瞻

（一）阜南进一步推进医改面临的现实挑战

1. 运动式治理向常态化发展的转型

通过对阜南医改的实践历程与制度经验的分析，能够发现阜南医改具有突出的运动式治理特征，即在原有医疗服务资源欠缺和医疗改革成效欠佳的情况下，阜南县委主要领导以解决群众医疗健康问题为主要目标，通过组建医改领导小组等措施开展组织动员，有效整合相关部门的力量与资源推动以医共体建设为核心的医疗卫生体制改革，在较短时间内有效变革了地方医疗卫生体制，实现了全县医疗卫生事业的赶超式、跨越式发展。但随着医共体改革各项政策的全面落实与制度成效的逐步显现，依靠权威统一领导和强力组织动员推动改革的运动式治理模式必然向依靠科层制框架和行政部门体系推进的常态化管理运营模式转型，这种转型导致阜南县进一步推进医改面临着部门协同能力下降与资源投入力度不足的双重困境。

一方面，在县域医改的机制完善与成果显现之后，县主要领导逐步将关注焦点与工作重心转移向经济社会发展更加薄弱和亟须改革的其他领域，对县域医改直接性的工作部署与组织推动力度减弱，卫健部门与各家医共体成为继续巩固和推进医改的工作主体，工作的专业性与内部的系统性有所提升，但跨部门的工作协同能力显著减弱，仅依靠医疗卫生系统难以有效协调其他政府部门共同推进医改的深入实施。另一方面，阜南县域医改的顺利推进，极大依赖于地方政府倾斜性的资源投入，地方政府在短期内投入大量资金、土地等资源显著推进了基层医疗服务设施建设和服务能力提升。但县域医改的公益性导向决定了政府的资源投入更多地直接转化为社会价值与公共福利，却难以带来有效的经济收益和税收回报，而社会价值对经济发展的溢出效应在短期内也难以见效，这导致政府向医疗服务领域投入的可持续性产生了强大的压力。

2. 分级诊疗工作机制面临冲击

分级诊疗机制是县域医共体实现资源共享、利益共融、高效运转的核心机制，也是阜南县域医改提升县域医疗资源使用效率、降低居民医疗开支的关键措施。但是，随着阜南县域医改的深入实践，制度设计与制度衔接等层面出现了一系列新问题冲击着分级诊疗制度的顺利运转。

一方面，分级诊疗的内在激励约束机制不完善。现行的医保补偿政策在不同级别医疗机构之间报销比例的差距未能充分拉开，报销起付线和补偿比例在引导病人基层就医方面发挥的杠杆作用较小，医共体内部推进落实双向转诊的积极性有所降低。2021年阜南县内医疗机构双向转诊人数为19956人，较2019年下降18.8%，其中县级向下转诊人数为2794人，较2019年下降近50%。

另一方面，分级诊疗同医保统筹的制度衔接不畅。随着医保统筹层次的持续提升和异地就医结报政策的日益完善，群众跨地区就医得到了极大的便利，但也导致省市大医院对县域病人虹吸效应的进一步增强，大量群众绕开基层分级诊疗体系直接选择异地就医，对作为居民健康"守门人"的县域分级诊疗机制造成巨大冲击。2021年，阜南县患者县域内就诊率仅为69.7%，距县内就诊率达到90%目标仍有相当大的差距，县域内病人外流的现象难以得到有效扭转。

3. 政策环境与社会环境的转型

近年来，随着我国医药卫生体制改革的持续深化，医疗、医药、医保领域不断出台新的改革措施，县域医疗卫生体制改革的外部政策环境呈现新的变化，同时，新冠疫情与县域人口结构转型等因素也显著改变了县域医改的社会环境与群众需求，新的政策环境与社会环境对阜南县进一步推进县域医改提出了挑战。

一方面，从政策环境看，随着医保统筹层次的提升和按病种分值付费（DIP）改革的推进，县域范围内医保资金总额预付的政策环境发生变化。以市级为统筹单位实施 DIP 付费改革更加具有规模效应，但受到前期脱贫攻坚与疫情防控的影响，当前医保基金整体较为紧张，对医保基金的分配存在"以内补外"的现象，即医保基金分配会优先补足市外机构医疗费用补偿部分，而由市内医疗机构，尤其是县域医疗机构承担差额损失。同时，由于医共体"超支原则不补"的规定，每季度医共体预拨资金时均扣除县外发生费用，医共体内实际获得结算资金较少，基层发展受到严重限制，县域医共体的改革积极性被挫伤。

另一方面，从社会环境看，新冠疫情期间，为落实疫情防控各项任务，县域医疗卫生服务机构的工作内容与工作压力显著增加，对各级医疗机构尤其是基层医疗机构的人员配备、设施设备、物资储备提出了更高要求。同时，随着我国人口结构少子高龄化程度的加深，群众不仅对常规的医疗服务提出了更高的要求，而且对健康服务、医养结合、养老托育等领域的需求也持续增加，基层医疗服务体系所承载的工作职责与现有的发展水平之间仍存在着较大的鸿沟，难以全面满足群众对医疗健康服务的多样需求。

4. 县域医疗人才引进仍面临较大困难

尽管阜南县在推进医疗卫生体制改革的过程中着力优化人事管理机制，通过下放人事管理权限、保障人员收入待遇、加大人才培养力度等措施，显著提升了阜南县对医疗卫生人才的吸引力，壮大了全县医疗卫生人才队伍，为县域医改的顺利实施提供了人才支持。但是，受到地方编制体系、工资待遇、发展空间等客观因素的制约，阜南县在医疗卫生人才引进与培养等方面仍面临着诸多的现实困境，基层服务人员缺乏、高端医疗人才流失等问题仍是县域医改需要持续破解的问题。

一方面，受到地方编制体系限制，提升县域医疗卫生服务能力与医疗卫生服务编制有限之间的矛盾持续存在，当前全县基层医疗服务机构编制数量仍为十年前基层医改核定数，医疗服务机构人员编制规模难以满足群众日益增长的医疗卫生健康服务需求。尤其对于基层医疗卫生服务机构，编制身份往往是对医疗服务人才最主要的吸引力，基层医疗卫生服务机构在编制规模不足的情况下，难以有效引进医疗卫生人才，部分村医更面临断档风险。

另一方面，受到地方经济发展水平制约，阜南县医疗卫生服务人员收入待遇尽管相比过去有了显著提升，但同周边地区相比仍不具有显著优势，同大中城市相比更是处于相对劣势，难以在收入层面对医疗专业人才形成足够的吸引力。面对省市各大医院的持续扩张，县乡医疗服务机构的各类医疗服务人员仍处于"难进易出"的状态。截至2020年底，阜南县每千人口医技人员数、执业（助理）医师和注册护士数分别达到4.58人、1.58人和2.09人，较2015年均提高70%以上，但仍然只达到全省平均水平（三项人才指标分别为6.75人、2.69人和3.08人）的2/3左右，县域医疗卫生服务人才储备严重不足。

（二）巩固拓展阜南医改成果的政策建议

1. 加快动能转换，实现县域医改从权威推动向内涵建设转型

要实现改革的持续发力与深入推进，就必须积极推动改革动能转换，实现县域医改从权威推动的赶超式发展与运动式治理向依托行政制度体系的常态化发展与内涵式建设转型。

一是优化县域医改领导机制，充分发挥现有医改组织领导小组的协调统筹功能，凝聚各部门积极参与、共同推动县域医改的共识，常态化召开医改工作推进会议，及时协商解决县域医改面临的各项机制体制难题，通过各部门之间有效分工合作落实县域医改各项任务。

二是优化医共体工作推进机制，医共体作为县域医疗卫生服务的主要提供者，是医疗体制改革政策的承载主体，要将完善医共体管理机制与发挥个体主观能动性相结合，不断提升医共体内部的组织管理能力和工作推进力度。一方面，坚持党建引领，强化医共体和公立医院党组织建设，发挥党组织把方向、管大局、做决策、促改革、保落实的领导作用，对于县域医改的各项重大措施要通过党委集体讨论做出决定，并明确分工抓好组织实施；另一方面，关注县域内公立医院主要领导的个人能力与改革意愿对政策实施的影响，提拔聘用有丰富医疗卫生领域工作经验、有推动县域医改的主动意愿和较强个人工作能力的人担任县公立医院的主要领导，通过支持院长依法依规独立负责地行使职权，充分发挥他们的改革主动性与创新能动性，确保医改各项措施在具体工作实践中得到有效执行。

2. 坚持健康导向，将县域医共体打造为县域健康共同体

深入贯彻落实党的二十大精神，切实把保障人民健康放在优先发展的战略位置，将加快"健康阜南"建设，提升全县群众的健康素养水平作为县域医改的核心目标与评价标准，推动县域医共体向县域健康共同体转型，着力打造全生命周期健康服务支持体系。

一是落实政府投入主体责任，充分把握安徽省皖北振兴战略机遇，积极申请省市专项资金，保持县级财政对基层医疗卫生事业的投入力度，弥补县域医疗卫生事业发展资金缺口，进一步优化县域医疗资源分布设计，加大对基层医疗卫生服务事业，尤其是基础设施建设的资源倾斜力度，切实提升基层健康服务保障能力。

二是大力推动医防融合，坚持预防为主、防治结合的原则，由县域医共体同时提供辖区范围内居民诊疗服务与公共卫生服务，实现资金同步拨付、成效同步考核，强化医共体的疾病预防、健康促进与慢性病管理职能，构建预防—治疗—康复—护理的全流程健康服务链，推进各级医疗机构进一步从以治病为中心向以居民健康为中心、预防为主、提供全周期健康服务转变。

三是强化中西医协作。加快县域中医药产业发展，将中医药服务纳入公共卫生服务与居民健康管理，深化中医药技术在常见病、多发病和慢性病防治以及重点人群中的推广应用。统筹县域范围内中西医资源，加强中西医临床协作，着力推动中医药服务向基层延伸，提升基层医疗服务机构中医诊疗能力，充分发挥中医药"治未病"和预防保健特色优势，为群众提供中医

健康咨询评估、干预调理、随访管理等治未病服务。

四是积极发展医养结合。针对不断提升的县域人口老龄化程度，强化医疗卫生服务与养老服务体系的业务协作，鼓励社会力量兴办医养结合机构，由县域医共体为辖区内医养结合机构提供"一体化""一条龙"健康服务；促进基本公卫服务与养老服务相融合，将老年人健康管理延伸至辖区内的养老机构，引导家庭医生优先与老年家庭开展签约服务，加强对老年人的慢性病管理与心理健康关怀服务。

3. 强化系统协作，持续完善整合型医疗卫生服务体系

一是进一步强化三医联动，协调推进医药、医保、医疗各项改革政策实施，推动医保资金、医药资源和医疗行为的同步规范。在做好"两包"工作的基础上，进一步推进以区域总额预算和按病种分值付费（DIP）为主的支付模式改革，积极争取市级层面对试点改革的政策支持与资金倾斜，充分激发医疗机构提升医疗服务技术、合理控制药品耗材成本、规范医疗服务行为的内生动力，实现医保支付更科学、更精准、更高效。对照国家和省级发布的医保药品目录，及时做好县域医保目录动态调整工作，严格落实药品耗材集中带量采购政策，加强药品耗材使用监管机制建设，在提升医保药品保障水平的同时，着力降低居民医药支出。

二是积极推进机制创新，构建更加优质高效便捷的分级诊疗制度，强化医疗服务体系的内部整合。以提高县域内就诊率为核心，进一步强化分级诊疗的约束激励机制，引导群众通过基层就诊、分级转诊有序获得优质医疗服务。一方面，在方便群众就诊就医的同时，深化医保补偿机制改革，适当拉开不同级别、不同地区医疗机构报销起付线和补偿比例之间的差距，充分发挥医保补偿差距在引导病人基层就医、就近就医等方面的杠杆作用；另一方面，结合县域内居民疾病谱的变化和基层医疗服务能力的发展合理调整双向转诊病种清单，将双向转诊作为医共体工作考核的核心内容，以医保基金、公卫补助、人员绩效为抓手，强化对各级医疗服务机构开展转诊服务的正向激励与负向激励，理顺县域医共体内部和县域医共体与外部合作医院转诊服务供应链条，通过不同层级医疗服务机构的密切合作为群众提供更加连续高

效的医疗服务。

4. 优化人事管理，突破医疗卫生体系发展人才瓶颈

一是优化编制管理，强化对医疗服务人才的吸引力。受到县域经济发展水平与财政能力的限制，阜南县医疗服务人员工资待遇同大中城市和经济发达县域仍存在一定差距，在收入水平上对医疗服务人才的吸引力在一段时间内仍将处于相对劣势。在这种形势下，要着力通过优化编制体系，坚持"以编引人，以编稳岗"的策略，充分发挥岗位编制对医疗服务人才的吸引力，进一步充实县、乡、村各级医疗卫生服务机构的人才储备。一方面，进一步创新县级编制"周转池"运作机制，落实县域医共体的用人自主权，重点保障医药卫生骨干专业技术人员和招引高层次人才的编制需求，化解县级公立医院人编两缺、人才引留两难问题；另一方面，结合中央与省级层面对基层医疗卫生服务工作的最新要求，根据相关制度规定适当增加基层医疗卫生服务机构编制规模，同时将县级编制"周转池"的建设经验向基层延伸，探索乡镇编制"周转池"制度，适当考虑将具备资格条件的乡村医生纳入编制管理，增强基层医疗服务岗位对执业医生的吸引力。

二是加强人员培训，提升医疗卫生服务人员技能水平。在强化人才引进力度的同时，加强对各类医疗卫生服务人员的技能培训，全方位推进县域医疗卫生服务队伍的人力资源开发，推动县域内医疗卫生服务人员诊疗技能与服务水平同步提升。一方面，建立县域医共体内部常态化的人员交流培养机制，由乡镇卫生院安排业务骨干定期赴县级医院进修学习，由县级公立医院组织新进医务人员到乡镇卫生院开展基层轮岗服务，同时安排相关科室专家开展驻点帮扶，帮助基层服务人员提升医疗服务能力。另一方面，创新医疗服务人员培训模式，由医共体统一制定覆盖县、乡、村三级的医疗卫生服务人员培训计划，通过周边医学院校与合作医院签订战略人才培养合作协议等方式，每年选派一定数量的医疗服务人员外出接受统一培训；鼓励和支持在职医生接受更高层次学历教育提升医疗科研能力；由医共体牵头医院通过线上途径面向乡镇卫生院开展远程业务培训。

5. 强化技术赋能，全面提升县域智慧医疗服务水平

一是依托"智慧阜南"平台优化医疗服务流程，发展远程医疗服务，为居民提供更加便捷优质的智慧医疗服务。推动医疗服务办理全流程线上化运作，实现检查预约、分级转诊、诊疗流程与费用申报等医疗服务业务办理线上集成化、可视化、便捷化运作，为群众就医提供便利；加强医共体内部远程医疗服务平台建设，发展远程会诊、远程心电、远程影像、远程病理、远程检查检验等项目，推动医共体内部检查检验"同质化"，让群众在基层医疗机构就能看上名医；打通线上健康咨询、视频就诊与药品销售等各项服务，构建新型居家"医+药+护"一体化服务体系，让群众足不出户享受基本医疗卫生服务。

二是持续推进系统整合，强化智慧医疗基础信息库建设，集成高效统一的全民健康信息平台，夯实智慧健康应用基础。进一步完善纵向贯通县、乡、村三级医疗服务机构，横向联通医疗、医保、公共卫生、妇幼、非税系统的医疗专用网络，实现横向到边、纵向到底的网格式互联互通，着力打通"最后一公里"网络通路，实现县域内医疗卫生服务相关信息资源的充分整合。推动医疗服务系统与公共卫生服务系统的信息交互共享，将居民诊断或体检出的疾病信息实时共享到公共卫生系统和签约医生，便于签约医生更加及时准确地开展居民健康管理，实现疾病诊疗与健康服务的有效对接。

三是依托智慧医疗信息库的数据积累，加强医疗卫生服务领域信息资源开发与运用，通过对县域内医疗服务信息和居民健康信息的深度挖掘分析为进一步优化医疗卫生服务、推进医改深入实施提供科学依据。一方面，发展"大数据+医疗管理"，积极探索大数据、区块链等技术在医疗管理领域的有效运用，针对医保资金使用、医院诊疗费用、医药耗材支出等数据进行多元深度的挖掘分析，为优化医保资金预算、强化医药耗材控费、提升医疗服务质量、改进医疗卫生管理提供科学支撑。另一方面，推动"大数据+健康服务"体系建设，基于对居民电子病历和健康档案的大数据分析，建立居民健康指数体系，通过追踪居民健康指数变动趋势，有效判别本地区居民的总体健康水平和疾病发生趋势，推动医疗服务机构有针对性地提升疾病诊疗能力，并指导公共服务机构及时开展疾病筛查与健康宣传活动。

参考文献

丁忠毅、谭雅丹：《中国医疗卫生政策转型新趋势与政府的角色担当》，《晋阳学刊》2019 年第 5 期。

管仲军、陈昕、叶小琴：《我国医疗服务供给制度变迁与内在逻辑探析》，《中国行政管理》2017 年第 7 期。

叶江峰、姜雪、井淇等：《整合型医疗服务模式的国际比较及其启示》，《管理评论》2019 年第 6 期。

郁建兴、涂怡欣、吴超：《探索整合型医疗卫生服务体系的中国方案——基于安徽、山西与浙江县域医共体的调查》，《治理研究》2020 年第 1 期。

吴素雄、余潇、杨华：《医疗卫生服务体系整合的过程、结构与治理边界：中国实践》，《浙江学刊》2022 年第 3 期。

王俊、王雪瑶：《中国整合型医疗卫生服务体系研究：政策演变与理论机制》，《公共管理学报》2021 年第 3 期。

管仲军、陈昕、叶小琴：《我国医疗服务供给制度变迁与内在逻辑探析》，《中国行政管理》2017 年第 7 期。

刘尧、许正中：《建构激励相容、竞合共赢的医疗卫生新制度——阜南县医改创新探索》，《中国农村卫生事业管理》2020 年第 11 期。

朱静敏、段晖：《县域医共体何以实现卫生绩效？——政策企业家、再组织化联盟与激励兼容》，《公共管理学报》2021 年第 3 期。

高和荣：《健康治理与中国分级诊疗制度》，《公共管理学报》2017 年第 2 期。

左根永、孙华君、苗艳青：《防治结合：历史沿革、定位与意义》，《卫生经济研究》2022 年第 10 期。

陈家应、胡丹：《医防融合：内涵、障碍与对策》，《卫生经济研究》2021 年第 8 期。

申曙光、曾望峰：《健康中国建设的理念、框架与路径》，《中山大学学报》（社会科学版）2020 年第 1 期。

顾昕：《"健康中国"战略中基本卫生保健的治理创新》，《中国社会科学》2019 年第 12 期。

许正中、蒋震、刘尧：《健康中国战略从这里出发——阜南医疗改革探索》，中共中央党校出版社，2020。

文化传承创新篇
Cultural Inheritance and Innovation

B.9
安徽文化精神、文化标识的提炼
与文化软实力构建*

陆维玲　刘淑珍**

摘　要：　文化精神、文化标识是文化软实力的制高点。提炼安徽文化精神、文化标识对谱写中国式现代化的安徽篇章意义重大。本报告通过分析安徽文化软实力建设现状，指出当前安徽文化"软实力"与"硬实力"不相匹配，文化归属感认同感不强问题尤其突出。同时，在梳理省内外经验的基础上，进一步提炼安徽文化标识、文化精神的内涵，提出必须转换视角、创新思路来破解文化精神提炼的难题。本报告从水文化视角入手，以大江大河孕育江淮大地所包含的意象，提出江淮文化精神，并对进

* 本报告系安徽省哲学社会科学规划一般项目（AHSKY2022D009）"关于习近平新时代中国特色社会主义思想是中华文化和中国精神的时代精华研究"、省社科创新发展研究课题（2023CXZ026）"从水文化视角提炼安徽文化精神与文化标识研究"阶段成果。

** 陆维玲，中共安徽省委党校（安徽行政学院）理论研究所（战略研究所）副教授，安徽省大别山革命历史研究会副秘书长，主要研究方向为文化学；刘淑珍，中共安徽省委党校（安徽行政学院）国际合作中心副教授，主要研究方向为跨文化交际。

一步加强梳理提炼安徽文化精神宣传工作提出建议。

关键词： 文化标识　文化精神　文化认同　澎湃江淮

党的二十大报告指出，"坚守中华文化立场，提炼展示中华文明的精神标识和文化精髓，加快构建中国话语和中国叙事体系"是新时代的重要使命。[①] 面对"两个大局"，谱写中国式现代化、建设中华民族现代文明的安徽篇章，迫切需要加快梳理安徽人文资源优势，提炼安徽文化精神、文化标识，提高安徽文化的辨识度和传播力，不断增强文化认同、塑造良好形象，从而增进文化自觉、文化自信，不断提升安徽文化软实力和文化影响力。

一　文化精神、文化标识是文化软实力的制高点

（一）文化精神、文化标识及其相互关系

一个国家、一个地区与其他国家、其他地区的区别差异或者说辨识度，主要体现在其文化精神与文化标识，二者也是文化软实力的集中体现。国家或地区的文化精神与文化标识根植于本国或本地文化沃土，是独一无二、不可替代的，但也是与时俱进、不断发展的。在建设中华民族现代文明的大背景下，提炼文化标识、凝练文化精神是寻求最大公约数、增进人民归属感认同感的必然要求和重要过程。

文化精神是指一个国家或地区的历史文化所呈现的思想观念、思维模式、价值理念等具有的独特优秀品格，类似于文化特性、文化基因，占据统领地位。文化精神是文化的精华、精髓和核心，是统摄文化内容、概括文化

---

① 习近平：《高举中国特色社会主义伟大旗帜　为全面建设社会主义现代化国家而团结奋斗——在中国共产党第二十次全国代表大会上的报告》，人民出版社，2022，第45~46页。

要义、引领文化进步的精要所在。中华文化精神，集中体现在习近平总书记提出的中华文明五个突出特性，即连续性、创新性、包容性、统一性、和平性。文化标识是能够集中反映代表一个主体的思想、精神的文化标记、符号，实质上是生活在一个国家或地区的人的存在、活动的记号，具体表现形式包括文字、绘画、服饰、建筑等。通过文化标识的提炼，人们能判断客体的性质、特点、方位等，更容易识别认识对象。文化标识须借助于某种载体才能表现出来，呈现文化标识的载体和方式是多种多样的，既有物质的，也有非物质的，既可以是文字、图形或符号，也可以是某种事物或人物。①

文化精神与文化标识既有区别又紧密联系，互为表里、相得益彰。文化标识"形神兼备"，重在"形"，是文明的符号化表达；文化精神"以神赋形"，重在"神"，是文明观念形态的精华。文化标识有一定的数量或质量，是可见、可感、可触摸的符号化表达；文化精神则较为凝练，是对国家或地区人文历史资源、共同理想信念、发展愿景理念的概括性文字表达。二者相辅相成，是文化软实力的精华所在，处在文化软实力的制高点。可以说，文化标识就是遍地的珍珠，文化精神则是串起珍珠的那根红线。因为珍贵，因为独特，二者都需要花大气力去提炼、凝练。

（二）中华文化精神与文化标识的表现形式

独特的文化精神、文化标识成为重要的"国家名片""地区名片"，是在世界文明图谱中的"身份证"和"识别码"，鲜明地投射出文明的精神特质，凝结着文明的精神内核。中华文明源远流长、蕴藏宏富，其话语表述、语言文字、文化遗产、文学艺术、杰出人物等具有影响力、感召力、感知度的各类载体，共同构成了中华文明精神与标识的主要来源。② 一是物质形式，古老神秘的原始图腾、仿物象形的华夏文字、精美绝伦的青铜工艺、巧夺天工的建筑雕刻、雄伟壮观的万里长城、引领世界的四大发明等保存至

---

① 杨海中、杨曦：《黄河文化的标识与家国情怀》，《地域文化研究》2021年第2期。

② 《如何理解中华文明的"精神标识"？》，《学习时报》2023年3月20日。

今。二是思想文化经典，诸子百家、经史子集、诗词歌赋、绘画散文、小说戏曲、汉服唐装等经久传颂。三是杰出人物，体现在不断涌现的杰出人物的创造性活动和取得的优秀成果中。此外，国家文化公园也是中华民族共有精神家园的载体。无论是万里长城、千年运河，还是九曲黄河、滚滚长江，抑或是被誉为"地球的红飘带"的二万五千里长征，都是中华民族的精神标识与文化符号，携带着中国人民最深刻的文化基因，承载着中华儿女最深层的文化记忆，蕴含着中华文化最深厚的精神力量与思想内涵。

（三）地域文化精神与文化标识的重要特征

在中华文明多元一体的发展格局中，文化品类繁多。这些各具特色、异彩纷呈的地域文化，虽然内容互有交叉，但各自因主要内涵不同而地域特点鲜明。在相互碰撞、交流与融合中，地域文化先后融入国家主流文化之中。地域文化精神、文化标识成为响亮的地域名片，对内可形成共识而增强凝聚力，对外则凸显特色而提升影响力。一是精神层面的先进性。地域文化标识来源于该地区各具形态的各种文化，在精神层面能反映这些文化共同具有的先进性，既满足人们的精神需求，又激励人们的精神斗志，从而增强人们的文化自觉，去创造更加美好的未来。二是历史层面的传承性。地域文化是各地人民在世世代代的劳动和生活中创造的，具有传承价值的精神品格在优胜劣汰中不断丰富并汇集起来，对内可以提升地域文化的软实力，对外会扩大地域文化的传播力。三是发展层面的时代性。地域文化可以吸收时代发展的新理念、新营养而不断丰富，成为具有不竭活力的精神力量，不断开阔人们的思想境界，增强人们的文化自信，激励人们奋发向前、与时俱进。四是空间层面的统一性。地域文化都是中华文化的重要组成部分，在国家视野中具有统一性；每个地域文化又由若干亚地域文化组成，在省级区域具有统一性。这些从根本上决定了中华文化的整体性。

（四）提炼安徽文化精神、文化标识意义重大

安徽有着承东启西、通南达北的优越区位，是中华文明重要发源地和中

华文化汇聚区，文化博大精深又兼容并蓄，是中华文明的缩影。在向党的第二个百年奋斗目标迈进的新征程，加快建设现代化美好安徽，着眼构建中国特色、安徽特点的话语体系和叙事体系，必须加快安徽文化精神、文化标识的提炼，不断增强安徽文化软实力。

一是进一步增强安徽文化认同感归属感。安徽自古就蕴含着创新思变、敢为人先的精神，一代代江淮儿女勇立潮头、建功立业，在中华民族五千多年文明发展史上书写着恢宏的篇章。提炼文化精神和文化标识，既是对安徽文明史文化史的全面回顾，也将充分展示安徽文化的丰富内涵、独特魅力，对于增强安徽文化认同感归属感，增强全省人民的文化自觉和文化自信，不断推进繁荣兴盛的文化强省建设，持续激发全省上下团结奋斗开创美好安徽建设新局面具有重要现实意义。二是提升安徽文化影响力软实力。安徽文化资源底蕴深厚，区域文化各具特色，但是对区域文化的整体性研究不到位。通过提炼突出安徽文化精神、文化标识，展示安徽的发展进步、安徽人的精彩生活，推动安徽文化"走出去"，让现代化美好安徽建设的新形象被广泛接受，有助于提升安徽文化传播力，提高知名度美誉度。三是为建设现代化美好安徽提供文化支撑文化力量。近年来，安徽逐步甩掉内陆省、贫穷省、多灾省的舆论标签和社会形象，但还需要进一步提炼文化精神和文化标识，把安徽人文资源优势转化为发展胜势，不断塑造自信自强的精气神，凝聚团结奋进的正能量，进一步凝聚共识、汇聚力量，为美好安徽建设提供强有力的文化支撑文化力量，推动安徽在全国的位次继续往前赶。

新时代新阶段，安徽已经进入全国第一方阵，多项国家战略覆盖。如何巩固良好势头、取得更大成绩，需要提振精神状态、提高发展质量，需要继续对标对表、继续争先进位，也迫切需要硬实力与软实力相协调。应该说，安徽强劲的经济实力和良好的发展势头，为提炼安徽文化精神、文化标识提供了丰富资源和现实基础，也对加快提炼文化精神、文化标识提出了新的更高要求，就是要树立世界眼光、强化战略思维，不断对标对表、拉高标杆，跳出安徽看安徽，在新时代新方位中谋发展，在新发展格局中找定位，着眼更高质量发展勇于挑战自我，努力实现跨越，持续汇聚力量，塑造美好安徽的新形象。

总之，文化精神和文化标识提炼的过程，就是文化软实力建设的过程，也是其核心内容，这是一个战略性任务。

二 安徽文化软实力建设现状

文化软实力建设是一项系统工程。安徽文化精神与文化标识，源于江淮大地，根植中华沃土，展现徽风皖韵，体现天下胸怀。

（一）安徽发展态势

1. 历史悠久，文化厚重

安徽是一个古老而又年轻的省份，建省只有 300 多年（1667 年建省），但是百万年的人类史、一万年的文化史、五千多年的文明史在安徽都有验证。繁昌人字洞、含山凌家滩等历史遗存，标志着安徽在中华文明进程的不同时期占据重要地位。有众多的古人类遗址、世界文化遗产等历史遗存；有类型多样、数量丰富的非物质文化遗产，如老庄哲学、徽派朴学、桐城文派，以及新文化运动的领军人物陈独秀和胡适等名人。这些学派、文派和人物都曾引领过中国文化的前进方向[①]；至于淮海战役、渡江战役、凤阳大包干等，则在中国社会进程中留下了浓墨重彩的印迹。可以说，安徽文化如满天星斗、珍珠遍地，但是一直没有找到那根可以贯穿的"红线"。而安徽大河奔流，长江与淮河由西向东穿境而过，境内水系纵横，通东达西，连南接北，融汇天下，也对安徽文化精神的构建产生广泛而深远的影响。

2. 肩负重任，蓄势待发

安徽地跨南北、连东接西、通江达海，物华天宝、人杰地灵，是创新天

---

① 李琳琦：《改革开放 40 年来安徽历史学的鸟瞰与寻思——以安徽历史文化研究为中心》，《安徽史学》2019 年第 2 期。

地、创业福地、发展高地。① 党的十八大以来，习近平总书记两次亲临安徽考察，对安徽工作发表重要讲话，作出重要指示，省委十一届五次全会把总书记对安徽的关心关怀概括为十个方面：一是推进长三角一体化发展要紧扣一体化和高质量两个关键词；二是在中部崛起中闯出新路；三是下好创新先手棋；四是争当击楫中流的改革先锋；五是把好山好水保护好；六是坚决扛稳粮食安全责任；七是牢固树立以人民为中心的发展思想；八是聚天下英才而用之；九是注意保护好历史文化；十是实现正气充盈、政治清明。全省上下牢记习近平总书记的嘱托，沿着总书记指引的方向，锚定全力打造具有重要影响力的"三地一区"战略定位，扬皖所长、放大优势，加快建设"七个强省"，奋力走出新时代安徽高质量发展新路。当前，安徽最亮丽的名片是创新活跃强劲，最大的优势是制造业特色鲜明，最显著的特色是生态资源良好，最大的机遇是全面融入长三角，最引以为豪的是文化底蕴深厚，处于厚积薄发、动能强劲、大有可为的上升期、关键期。

（二）安徽文化认同不足是最大问题

安徽经济发展已进入全国第一方阵，但是与强劲的"硬实力"相比，安徽在文化"软实力"建设上还有一定差距，这其中文化归属感与认同感不强是最突出问题。

1. 迫切需要解决文化认知不足问题

安徽文化资源内容丰富，分布广泛，历史文化积淀多元丰厚，但近年来地方文化建设具体做法趋同，有意无意间忽视了对高辨识度文化标识的打造，导致出现丰富文化积淀、骄人建设成绩与文化辨识度不高的落差，甚至出现矮化丑化现象。由于对外传播不足，与安徽向上向善的良好态势相比，省外对安徽的评价还停留在"十年倒有九年荒"的"穷"的刻板现象，打工潮、小保姆等落后的标志性符号影响，短时期内还难以消除。对安徽形象

---

① 朱胜利、吴量亮：《2023 世界制造业大会开幕式暨主旨论坛在合肥隆重举行》，《江淮时报》2023 年 9 月 22 日。

认知模糊的原因，是对历史文化底蕴的挖掘不足。安徽文化精神、文化标识一直没有提炼出来，导致安徽人归属感认同感不强，自信心不足。

2. 迫切需要解决"三个匹配"问题

安徽发展已经达到一个新的高度，迫切需要深入挖掘安徽丰富的文化资源，切实发挥文化先导、思想引领作用。一是从历史来看，安徽历史文化辉煌灿烂，是文化资源大省，文化发展态势应当更加蓬勃兴盛，与鲜明的文化资源优势匹配。二是从现实来看，"创新安徽"不断塑造发展新动能新优势，经济实力实现重大跨越，在区域发展格局中的地位形象显著提升，安徽的文化软实力建设也要及时跟进，与不断跃升的经济硬实力相匹配。三是从人民来看，人民精神家园日益枝繁叶茂，对精神文化的需求，从缺不缺、够不够转型升级为好不好、精不精。文化供给水平必须向"高原""高峰"持续挺进，与人民美好生活需求相匹配。

3. 迫切需要讲好安徽故事

安徽对自己历史文化认知的迷茫，主要是因为缺少文化自觉、文化自信。而今天的美好安徽是有理由自信的。当前至少要讲好几个故事。一是讲好"安徽答卷"的故事，要以习近平总书记考察安徽和给安徽中国好人、种粮大户、潜山野寨中学学生回信为重大题材，全方位呈现领袖关怀，生动讲述安徽干部群众牢记嘱托、感恩奋进的扎实成果和鲜活故事，在中国式现代化新征程上谱写更加壮丽的安徽篇章。二是讲好"安徽主场"的故事，要以安徽省主办的重大活动为契机，充分展示安徽经济发展取得的新成就、新变化，鲜明彰显安徽服务和融入新发展格局、坚定不移打造改革开放新高地的决心、信心和雄心。三是讲好"安徽科创"的故事，要展现高科技领域"卡脖子"技术的安徽突破，凸显中国制造的安徽支撑，擦亮科技创新的闪亮名片。四是讲好"安徽粮食"的故事，要传播"安徽粮仓"充盈"中国饭碗"的实际贡献，采撷加快推进乡村振兴的安徽探索和生动实践，使农业农村优先发展的政策导向更加凸显。五是讲好"安徽人文"的故事，要放大"中国好人安徽多"的示范效应，提升中国农民歌会、中国黄山书会、中国（安庆）黄梅戏艺术节等品牌影响力，让安徽诗、安徽书、安徽画、安徽戏、安徽茶等名扬海内外。讲好这些故事的过程，也是提炼文化精神、文化标识的过程。安徽文化底蕴深厚，前景美好，当前更需要激发文化引擎，闪亮文化标识，让安徽奋进新时代的故事更动听、声音更响亮、形象更鲜明。

三 文化标识、文化精神提炼的经验借鉴

国内各省区市都有一些提炼文化精神与文化标识的成功经验。

（一）文化标识提炼

1. 福建

该省文化和旅游厅 2021 年底发布 13 项"福建文化标识"，古田会议、林则徐、郑成功、妈祖信俗、朱熹、闽茶、德化白瓷、闽菜、泉州古城、武夷山、福建土楼、三坊七巷、鼓浪屿等名列其中。这一活动是为梳理福建特色文化资源，提升文化和旅游知名度、美誉度和影响力而开展的，邀请全国知名专家学者及广大网友，从福建各地文化和旅游部门推荐的近 200 个文化标识中评选出来的。

2. 浙江

2022 年 1 月，浙江省公布首批 100 个"浙江文化标识"培育项目，包含宋韵文化、阳明文化、和合文化、上山文化等。该省文化和旅游厅 2020 年上半年启动的"文化基因解码工程"，分为"查、解、评、用"四个环节，围绕中华优秀传统文化、革命文化和社会主义先进文化，挖掘、研究、阐释优质文化基因，对全省文化资源进行全面梳理，构建文化基因库。截至 2021 年底，全省合计调查入库文化元素 31029 项，完成首批 1878 项文化基因解码工作。[①]

3. 山东

2022 年 11 月 15 日，山东省政协召开山东文化标识专家评审会，从山

---

① 李娇俨：《解码文化基因 活化资源利用》，《浙江日报》2021 年 12 月 28 日。

东历史名人名作、古迹遗址、思想与学派、历史事件、民俗与非遗、人文自然景观、革命文化等文化形态中初选出 50 个左右体现山东文化精髓、作为山东文化符号的候选项目，再从中推选出 30 个"山东文化标识"项目。评选标准规定，山东文化标识项目要具有代表性，体现较高的历史价值、文化价值、科学价值，具有标志意义；要具有独特性，具有见证文化传统的独特价值，地方特色鲜明；要具有现实性，能够承载山东故事，传承齐鲁文明，具有凝聚人心、规范行为、弘扬社会主义核心价值观的时代意义。

（二）文化精神概括

1. 省外

为了增强文化认同，国内各地都形成一些成功经验。很多地方提炼出了本土特色的文化概念或理念，成为省内文化共识的基础，如河南的中原文化、河北的燕赵文化。一些地方则在文化概念上进行创新，山东以齐鲁文化为代表，这和其历史上的行政区划基本吻合，而山东卫视栏目《天南地北山东人》及其他媒体栏目都注重展示乡音乡情，宣传齐鲁文化。上海作为国际化大都市，人口流动性强，虽有海派文化、红色文化、江南文化等特色文化，却很难找到文化的交集，但是"阿拉上海人"使人宾至如归。深圳是个年轻的城市，天南地北乃至五湖四海的人们在这片热土交流碰撞、思想激荡，因为"来了都是深圳人"，使每个人都找到归属感认同感。

2. 省内各市

与省域文化精神、文化标识提炼难度大相比，城市由于地域空间有限、资源相对集中而更便于寻求文化共识、文化认同，所以全国很多城市都提出了城市精神。安徽 16 个省辖市的城市精神大多突出了自己的鲜明特征，但大同小异，城市个性特色不够鲜明（见表 1）。而马鞍山市的城市精神让人眼前一亮。"聚山纳川，一马当先"，马鞍山把城市的山川形变、区位优势等概括其中，提炼到位、概括精确、形象生动。这对安徽文化精神的提炼毫无疑问有借鉴意义。

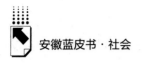

表 1　安徽省各省辖市城市文化精神

城市	城市文化精神表述	
合肥	大湖名城	创新天地
淮北	文明相城	精致淮北
亳州	华佗故里	药材之乡
宿州	果海粮仓	奇石之乡
蚌埠	文化摇篮	帝王故里
阜阳	酒都盛地	魅力阜阳
淮南	豆腐故里	能源之都
滁州	滁非绝色	四色滁州
六安	文化六安	活力泉涌
马鞍山	聚山纳川	一马当先
芜湖	皖江明珠	创新之城
宣城	山水诗乡	多彩宣城
铜陵	山水铜都	幸福铜陵
池州	佛山九华	福地池州
安庆	山水宜城	人文安庆
黄山	梦幻黄山	礼仪徽州

（三）安徽文化精神、文化标识提炼的现实难题

作为文化资源大省，20 世纪 90 年代以来安徽做了几次提炼概括，但是安徽文化的共同价值一直没有形成，导致文化归属感不强，安徽文化影响力和软实力与高质量发展的良好势头不相匹配。主要原因：一是历史上长时期的行政分治。安徽历史上长时期不是独立的大行政区域，清朝康熙六年（1667 年）安徽与江苏从江南省分出，才有安徽省建制。而在此之前，省内三个区域在长期发展演变中已形成了各具特色并且都很成熟的区域文化，难以实现今天作为同一省份的区域之间的文化认同。二是特殊自然环境的地理分割。淮河、长江对省内三个区域的自然分割，在经济、交通不发达的漫长历史时期中，造成三个区域之间经济文化交流困难，长期处于相对独立的发展状态中，不仅在生活习俗、艺术形式和语言方面各不相同，而且在社会心

理、民众性格和行为方式方面都表现出很大的不同。三是天灾人祸导致的区域分散。水旱灾害治理一直困扰历代政权，而长江、淮河又是洪水高发区域，"黄河夺淮"更是让淮河流域人民流离失所、无家可归。由于地处南北过渡地带的要冲，无论是历史上的南北对峙，还是东西争锋，皖北和皖中都极易成为兵家必争之地，使得安徽历史上战乱频繁和兵祸深重。①

当然，省域文化认同不强也困扰着不少省份。安徽与江苏两省同源于历史上的江南省，虽然经济发展水平差异大，但是文化差异相对较小，"地在江淮，俗参吴楚"，都面临着省域内增强文化认同问题。两省在文化上形成省内不同地区间较大的差异性和较为复杂的多样性。安徽文化精神提炼时间跨度很大，说明研究工作难度很大，非常具有挑战性，必须转换视角、创新思路。

四 安徽文化精神、文化标识提炼的初步探索

安徽文化精神和文化标识要具有代表性、具有辨识度，体现安徽的历史价值、文化价值、科学价值，具有凝聚人心、规范行为、弘扬社会主义核心价值观的时代意义。

（一）安徽文化标识

安徽文化标识的提炼要体现时代价值、彰显安徽特色、具有全国影响，也要贴近大众需求、易于传播推广、便于转化利用，可以从 10 个方面概括提炼。

第一，改写中华文明起源的考古发现。百万年的人类史、一万年的文化史、五千多年的文明史，安徽都有考古发现。繁昌人字洞遗址是目前中国境内已知时代最早的古人类活动遗址之一；含山凌家滩遗址有可能成为实证中国五千多年文明的圣地，把中国进入文明社会的年代再向前提早 300～500

---

① 徐国利：《再论安徽历史文化的特点及其成因》，《理论建设》2015 年第 1 期。

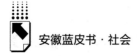

年;① 凤阳明中都遗址入选 2021 年度全国十大考古新发现名单，周边还有蚌埠双墩等遗址。

第二，引领中国思想发展的学术创新。老庄发蒙，儒道并行；有《淮南子》，承前启后。宋明理学，二程朱子，既有学术源头，更有思想高峰，极大地推进中国传统文化的传承创新。徽派朴学，则把学术研究推向新高度。桐城文派，创新文风，风靡全国 200 多年。安徽人倡导推动新文化运动，实现了思想解放，促进了民族觉醒。

第三，推动中国革命与改革进程的安徽实践。安徽人勇立潮头、敢为人先、不怕牺牲，建党百年"七一勋章"29 位获得者中安徽有四人（马毛姐、李宏塔、陆元九、吕其明）；大别山精神、新四军精神、淮海战役精神、渡江精神等激励团结奋进。凤阳小岗村是中国农村改革的发源地，小岗精神引领改革创新；农村税费改革、林长制改革试点的成功经验等推向全国。

第四，推进科技自立自强的安徽行动。抢占科技创新前沿阵地，国家实验室、合肥综合性国家科学中心、大科学装置等落户合肥，中国科技大学和科学岛聚天下英才，实现国家战略科技力量的大聚集，形成代表国家参与全球科技竞争的新优势。

第五，保障人民身体健康的中医中药。安徽中医药资源丰富、底蕴深厚，素有"北华佗、南新安"之称，中医药文化底蕴深厚，在抗击新型冠状病毒中展现了中医药的威力。亳州有华佗五禽戏，中医药产业势头强劲；黄山有新安医学以及张一贴内科疗法、西园喉科医术、祁门蛇伤疗法等。

第六，传承文化创新创造的工匠技艺。宣纸、徽墨、歙砚、宣笔等文房四宝，既是书写工具，更是非遗传承的重要组成部分。徽州三雕（木雕、石雕、砖雕），技艺不凡。历代书法绘画名家辈出，清初有新安画派。

第七，引爆舌尖味蕾的美食酒茶。山清水秀，食材丰富。有徽菜、淮南豆腐等美食；有黄山毛峰、太平猴魁、祁门红茶、六安瓜片等四大名茶；有古井贡酒、口子窖酒、迎驾贡酒、宣酒等名酒。

① 余萍、刘明、培胡越：《在这里，读懂凌家滩》，《马鞍山日报》2023 年 5 月 8 日。

第八，风靡江淮传唱全国的戏剧歌舞。安徽人品味高雅、多才多艺，黄梅戏风靡全国，还有徽剧、庐剧、泗州戏、淮河琴书等传统戏剧，花鼓灯、池州灯舞、凤阳花鼓等传统舞蹈，埇桥马戏等传统体育与杂技，以及当涂民歌、巢湖民歌等传统音乐。

第九，承载文化记住乡愁的古村古建。历史名城、名镇、名村、名街道与古建筑相得益彰、相映成趣。寿县、亳州、歙县等全国历史文化名城，肥西县三河古镇、芜湖市鸠兹古镇、铜陵市大通古镇、含山县运漕古镇等古镇，黟县西递、宏村，歙县棠樾、雄村等古村落，以及屯溪老街、桐城孔城老街、颍上管仲老街等。粉壁黛瓦马头墙的徽派建筑，是中国传统建筑最重要的流派之一，其中古民居、古祠堂、古牌坊最为著名，世称徽州古建"三绝"，现存徽派古建筑仅黄山市就有 8000 多处，而黄山是世界文化与自然双重遗产。

第十，推动文化传承发展的名人名家。安徽文学基础雄厚，名家名人辈出。以"三曹"诗文为代表的建安文学，南梁太子萧统主持编选《昭明文选》，吴敬梓创作《儒林外史》，桐城文派主盟清代文坛 200 余年。陈独秀倡导文学革命，胡适提出文学改良，吹响新文化运动的号角。李白在安徽寓居近十年留下了 200 余首传世佳作，刘禹锡任和县刺史写下千古铭文《陋室铭》，王安石、欧阳修任职安徽期间留下脍炙人口的诗文。

安徽文化标识众多，需要体系化的设计，选择要科学慎重，实践上尽量考虑根源性、独特性的标识。参照福建、浙江、山东等省的做法，按照不同类型初步提炼出 30 项安徽文化标识（见表2）。

表2　初步提炼的30项安徽文化标识

类型	安徽文化标识
改写文明历史	或将把中国进入文明社会的年代再向前提早 300~500 年的凌家滩遗址（王巍 2023 年 5 月 7 日）
	促进文化传播改写人类文明的活字印刷术（2010 年入选世界非物质文化遗产名录）发明者毕昇

续表

类型	安徽文化标识
世界文化遗产	黄山是世界文化与自然双重遗产(1990年)和世界地质公园(2004年)
	世界文化遗产西递宏村(2000年)
	世界文化遗产京杭大运河(通济渠—新汴河)(2014年)
具有开创意义	"千年第一思想家"老子和道家代表庄子
	铁面无私、廉洁奉公的清官代表包拯
	开创"程朱学派"的宋代理学集大成者朱熹
	明朝的开国之君朱元璋
	明清时期执中国商界牛耳"无徽不成镇"的徽商
	领导洋务运动的中国近代化第一人李鸿章
	被称为"万世师表"的人民教育家陶行知
	中国奥运金牌"零的突破"实现者许海峰
	中国科技大学、科学岛等科技创新重要策源地
	世界制造业大会会址永久落户新兴产业集聚地
文学艺术	建安文学与竹林七贤
	李白、白居易、陆游等留下名篇的安徽诗路文化走廊
	唱遍大江南北的凤阳花鼓
	风靡中国300多年的桐城文派
	我国小说史上第一部讽刺小说吴敬梓《儒林外史》
	国粹京剧的源头徽剧与人皆可唱的黄梅戏
技艺工艺名品	宣纸、徽墨、歙砚、宣笔等文房四宝
	素有"北华佗、南新安"之称的中医药文化
	粉壁黛瓦马头墙的中国传统建筑最重要的流派之一徽派建筑
	黄山毛峰、太平猴魁、祁门红茶、六安瓜片等名茶
	老八大酒古井贡酒、口子窖酒等名酒
红色文化	中国共产党的创始人和早期主要领导人陈独秀
	大别山精神、新四军精神、淮海战役精神、渡江精神的主要承载地
	中国农村改革发源地凤阳小岗村和肥西小井庄
	马毛姐、李宏塔、陆元九、吕其明等建党百年"七一勋章"获得者

(二)安徽文化精神

作为中华优秀传统文化的重要组成部分,安徽文化是千百年来在这片沃土上创造出来的极具区域特色的物质文化、制度文化和精神文化的总和，曾引领和影响着中华文明的进程，不同程度地体现和塑造了中华文明的突出特性。

第一，历史悠久又充满活力。源远流长、赓续不绝的安徽文化富于连续性。在这片厚重的土地上，大江大河万古奔流，繁昌人字洞、和县猿人、含山凌家滩等历史遗迹，表明安徽在远古就具有发展优势。与中国历史进程同步，安徽文化从未间断。大禹会盟的动人传说，老庄哲学的厚重底蕴，名人辈出的璀璨星空，滋养着延绵不绝的文化根脉。到了近代，新文化运动在安徽发轫，又引领中国文化向新的方向发展。

第二，勇立潮头又敢为人先。善于创造、勇于实践的安徽文化富于创新性。老子被称为对人类思想最有影响力的中国哲学家之一；毕昇发明的活字印刷术是中国古代"四大发明"之一；徽商是中国最有影响的商帮之一；小岗村率先实行"大包干"，开启中国农村改革的大幕。这是一片创新的土地，传承着敢为人先的文化基因。

第三，差异明显又相辅相成。强调认同、多元共生的安徽文化富于统一性。皖南、皖中、皖北三大地域板块，地缘相近，人文相亲，在共同的目标追求中统一成为一个整体。安徽是长三角一体化不可分割的重要组成部分，是国家推进"一带一路"和长江经济带建设的重要节点，站在中国东西双向对内对外开放的前沿。①

第四，博大精深又开放包容。兼容并蓄、异彩纷呈的安徽文化富于包容性。安徽既是中国南北交流的通道，也是吴头楚尾的东西要冲，特别是中国历史上三次南北文化碰撞的"锋面"都在安徽境内。安徽既是中国历史文化由北向南的过渡区，也是中国南北文化的融合区，道教、佛教、儒家思想在这里交相辉映。

第五，南北通达又兼容并蓄。道法自然、仁让谦和的安徽文化富于和平性。道家文化确立了"人法地，地法天，天法道，道法自然"的人与自然

---

① 张箭：《坚持以高水平开放助推高质量发展》，《国际商报》2019 年 11 月 5 日。

的和谐原则，深深影响了中华文明的自然观。长江、淮河横贯东西，黄山、天柱山遥相呼应，大小湖泊星罗棋布。安徽文化讲求"仁让""谦和"的价值取向，强调"讲信修睦、亲仁善邻"的处事原则。

安徽文化凭借独特的自然人文环境和历史演进路径，与中华文明突出特性一致的同时，又有其地域特色，体现着安徽文化精神。但是，如何言简意赅地概括安徽文化精神仍是当前研究难题。

（三）文化精神提炼难题：珍珠需要红线穿

安徽是中华文明重要发源地和文化汇聚区，文化博大精深又兼容并蓄。20世纪90年代以来，安徽提炼的"黄山松精神""美好安徽""徽风皖韵"等标识性话语，还难以全面概括安徽文化精神，也难以得到广泛认同。安徽优秀文化标识众多，而能把这些珍珠串起来的那个"红线"，也就是安徽文化精神还没有找到。

人类发展与文明拓展，与渡口、河口、江口、海口密不可分，大江大河是人类文明形成和发展的摇篮。从水文化着手提炼安徽文化精神、文化标识，是一个创新的视角，或许能够解答这个难题。

五　长江与淮河对安徽文化精神、文化标识的塑造

（一）大江大河孕育文明

水是生命之源。河流孕育文明，文明丰富河流。大江大河承载着丰富多样的自然和文化遗产，河流冲刷，地势平坦，土壤肥沃，适合作物生长，为生物的种群和人类的繁衍提供了重要的生命支撑，是人类文明的摇篮。[1] 安徽大河奔流，水系纵横，通东达西，连南接北，融汇天下，也对安徽文化精

---

① 傅才武：《学界关于今后长江文明研究的三点共识——"长江文明与世界大河文明对话论坛"综述》，《文化软实力研究》2021年第6期。

神、文化标识的构建产生广泛而深远的影响。可以从长江、淮河等大江大河中寻找灵感，深入挖掘水文化对安徽文化精神、文化标识形成的独特价值。

（二）安徽文化标识集中在江淮两岸

安徽境内有三大水系，由北往南分别是占省域面积48%（6.7万平方公里）的淮河流域、47.3%（6.6万平方公里）的长江流域和4.7%（0.66万平方公里）的新安江流域。前两者覆盖了全省95%以上的省域面积，所以形成"江淮大地""江淮儿女"等约定俗成的表达。

长江、淮河，是流经安徽的两条大江大河，也是两条历史文化长河，承载着流域内特别是江淮大地上安徽人的文化梦想。

1. 长江是中国最长的河流，是安徽文化发展的重要支撑

作为世界级的大河，长江同黄河一起，哺育着中华民族，孕育了中华文明。长江造就了从巴山蜀水到江南水乡的千年文脉，是中华民族的代表性符号和中华文明的标志性象征，是涵养社会主义核心价值观的重要源泉。[1] 长江是我国第一大河，干流全长6300余公里，其中安徽境内416公里，号称"八百里皖江"。安徽长江两岸的繁昌人字洞、和县猿人、含山凌家滩等考古发掘，都标志着安徽文化在中华文明演进的关键节点中均占据重要地位。近代皖江地区是中西文化交流融合的核心区，新旧文化博弈，中西文化碰撞；从安庆到南京，沿岸地区通过黄金水道频繁互动。今天，安徽在长江经济带占有重要的一席之地，在长三角高质量一体化建设中的地位愈加重要。

2. 淮河是中国南北的分界线，是安徽文化的核心地带

淮河地处长江与黄河之间，与二者之间有着割舍不断的传承和血脉关系。作为中国南北的分界线，淮河流域成为中华文明的核心地带，也成为中国南北文化转换的轴心，楚文化、吴越文化、中原文化、齐鲁文化在此交汇、碰撞、融合。淮河干流全长1000公里，安徽境内430公里。这里有蚌

---

[1] 《习近平：确保一江清水绵延后世惠泽人民》，《新华每日电讯》2020年11月16日。

埠双墩遗址、大禹治水传说，还留下蒙城尉迟寺遗址、固镇垓下遗址等重要遗址。今天，淮河生态经济带建设正在积极推进，皖北振兴也成为安徽高质量发展的重中之重。皖北八个市得到了同为长三角的沪苏浙的对口援助支持，正在奋力赶超，努力实现共同富裕。

3. 长江淮河孕育了江淮大地，赋能安徽发展

农业时代，拥有充足的水源和平原，就等于拥有了灌溉条件优越的千里沃野；航运条件良好的河流是古代的快速路，但淮河、长江近似平行而没有交汇，导致安徽在南北纵向上交集很少，区域之间联系交流不紧密、文化认知不充分。在高速公路、铁路时代，辅之以航空运输，淮河、长江之于安徽的意义也发生了改变，新的交通方式和工具已经弥合了山川对安徽整体的分割，语言、饮食的差异也逐渐缩小，文化多元、人文多样此时发挥了新的价值。一座座跨越长江与淮河的公路、铁路大桥，已经把安徽不同区域串联起来。作为古代天堑的长江淮河，它在今天成了经济发展的纽带，技术的变革极大改变了安徽南北向的经济格局。安徽省内一体化逐步强化，并正在实现新的跨越。

（三）"江淮文化"与"美好安徽"相得益彰

长江领跑中国，引领流域乃至中国发展；淮河是南北分界线，串联起长江、黄河，是典型的地理标志。长江与淮河，理所当然的就是安徽的代表性符号和标志性象征，所以安徽文化就是"江淮文化"，由此考虑把安徽文化精神凝练为"澎湃江淮，美好安徽"。

1. 江淮文化凝聚安徽文化精神，串联安徽文化标识

水文化，是不断被构建的文化，江淮文化体现着时代精神。大江大河奔腾向前的势头无法阻挡；河流的自然跃动、奔腾不止、川流不息、不舍昼夜；支流与干流的相逢，是汇聚资源、整合力量；河水你追我赶、竞相迸发，滋养生命、激发活力；河流也是大展身手的广阔平台，击楫中流，浪遏飞舟；等等，这些都是大江大河给予我们的启示。安徽文化资源的魅力来自悠久的历史、特殊的个性、深邃的思想、精湛的创造，以及对于中华民族传

统文化的继承和发扬。[1] 要在其中遴选出最能代表安徽特色的文化资源，才能具有辨识度。长江与淮河是两条历史文化长河，串联起镶嵌于江淮大地的文化标识，展示着江淮大地上厚重的历史积淀、绚烂的文化成果，理所当然为安徽文化认同感与归属感之所在。

2. 美好安徽魅力无穷、前景无限，激励全省上下团结奋斗

安徽既处于南北交汇的中心地带，又是东部沿海向西部内陆过渡的桥梁纽带；不仅南北文化在这里碰撞演变，东西文明也在这里汇聚交流。解放战争时期淮海战役、渡江战役这两个关键性战役的主战场都在安徽境内，安徽人民用小推车推、用小船划，为全面胜利做出突出贡献；改革开放历程中，淮河流域的小岗家庭联产承包责任制、长江之滨芜湖傻子瓜子都已载入史册，极大地影响着中国改革进程。20 世纪 80 年代以来，安徽开发皖江、呼应浦东。如今，长江经济带、长三角高质量一体化、淮河生态经济带建设都在积极推进，合芜蚌科技创新试验区、G60 科创走廊，承接产业转移示范区，科技创新和产业变革的加速推进，都在强化省域内的联系。借助"江淮文化"这一国际化的文化传播符号，[2] 必将有助于推动安徽形象向世界传播。

（四）加强对安徽文化精神、文化标识的提炼与传播

2022 年以来，全省开展了对安徽文化归属感认同感的研究，媒体也组织了系列文章，但局限于学术界和一些工作机构，没有形成全社会的共同行动。借鉴省外特别是浙江经验，关键还是要有具体部门（比如省文化和旅游厅）来组织推动，遵循"基本报告化资源梳理—文化标识基因解码—凝练概括文化精神"等重要环节。该行动要有专家学者和社会公众的广泛参与，特别是要面向社会广泛发动，把文化标识、文化精神提炼的过程，作为

---

① 瞿林东：《揭示文化资源的魅力和价值——读三卷本〈安徽文化史〉》，《中国图书评论》2002 年第 5 期。
② 傅才武：《学界关于今后长江文明研究的三点共识——"长江文明与世界大河文明对话论坛"综述》，《文化软实力研究》2021 年第 6 期。

寻求最大公约数、增强文化认同的过程，从而增强全省人民对安徽历史文化的归属感认同感。

1. 做好资源梳理

安徽文化储量丰富，但是还面临挖掘不够深入、提炼概括不够到位、传播广度深度不足等问题，要系统梳理安徽现有的各种文化资源，分析安徽区域文化的历史渊源、丰富内涵，突出安徽人在其中的突出贡献，展示中华文明进程中的安徽智慧、安徽力量与安徽贡献。盘点文化要素要系统设计、科学规划，编制标识清单，科学把握地域文化标识的含义与特征，密切联系安徽的历史与现实，跳出各类文化具体形态的约束和地方局限，确保摸清家底，为深入研究阐释安徽地域文化价值内涵奠定基础。

2. 注重提炼概括

安徽人民曾经创造出举世瞩目的地域文明成就，要不断挖掘安徽的文化基因，弘扬徽风皖韵，并使之与当代文化相适应，激发江淮儿女团结奋斗、建设家乡的创新创造活力。群众的认可度是衡量文化建设水平或质量的重要标志，需要汇集全省各界人士的智慧，调动全民参与的积极性，通过增强群众的文化认知力来提高文化建设的辨识度。在专家围绕中华文明五个突出特性对文化标识清单进行提炼概括的基础上，安徽要形成几套文化标识、文化精神的书面表达，由有关部门组织、媒体广泛动员、通过线上线下结合，面向全省、全国乃至世界公众，从中评选出群众心目中的安徽文化标识、文化精神。

3. 强化交流互鉴

安徽一直重视对外传播，安徽人勇立潮头、敢为人先的变革精神和"两山一湖"吸引着世界目光。要系统梳理安徽高质量发展成就和优秀文化资源，促进多媒体互动融合，着力打造全方位、立体化、多领域的安徽文化传播体系。要树立世界眼光，实施安徽文化"走出去"战略，在重大领域、关键环节开展更多交流，充分运用社交媒体构建国际传播媒体矩阵，提高安徽文化吸引力和影响力。此外，要发挥每个安徽人的主体作用，努力讲好安徽故事，传播好安徽声音，当好安徽文化的推介者和美好安徽形象的代言人。

总之，安徽要始终坚持以习近平文化思想为指导，切实担负起继续推动文化繁荣、建设文化强国、建设中华民族现代文明这一新的文化使命，聚焦安徽文化精神、文化标识，不断提升安徽文化软实力和文化影响力，向世界展示"澎湃江淮，美好安徽"的良好形象。

参考文献

习近平：《在文化传承发展座谈会上的讲话》，《求是》2023 年第 17 期。

习近平：《把中国文明历史研究引向深入　增强历史自觉坚定文化自信》，《求是》2022 年第 14 期。

《习近平谈治国理政》（第四卷），外文出版社，2022。

本书编写组：《党的二十大报告辅导读本》，人民出版社，2022。

中共中国社会科学院党组：《建设中华民族现代文明的行动指南》，《人民日报》2023 年 6 月 14 日。

《中国共产党安徽省第十一届委员会第五次全体会议决议》，《安徽日报》2023 年 7 月 27 日。

陈先达：《文化自信中的传统与当代》，北京师范大学出版社，2017。

戴熙宁：《中国引领世界——文明优势、历史演进与未来方略》，中央编译出版社，2017。

杨耕：《深刻理解造就新的文化生命体与建设中华民族现代文明》，《光明日报》2023 年 8 月 28 日。

张乃和：《认同理论与世界区域化研究》，《吉林大学学报》（社会科学版）2004 年第 3 期。

张强：《区域文化研究的若干理论问题》，《江海学刊》2016 年第 5 期。

沈昕、凌宏彬：《提升区域文化软实力研究：概念、构成、路径》，《理论建设》2012 年第 4 期。

葛剑雄：《中国的地域文化》，《贵州文史丛刊》2012 年第 2 期。

周振鹤：《从北到南与自东徂西——中国文化地域差异的考察》，《复旦学报》（社会科学版）1988 年第 6 期。

张鸿雁、房冠辛、杨晓珺：《省域"文化软实力"与特色文化城市发展战略创新研究——以江苏"文化软实力"能级提升为案例》，《中国名城》2015 年第 7 期。

朱定秀：《文化认同视角下的泛长三角区域合作的基础与阻力》，《巢湖学院学报》

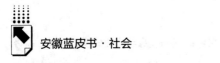

2012 年第 1 期。

陈柳、于明超、刘志彪：《长三角的区域文化融合与经济一体化》，《中国软科学》2009 年第 11 期。

胡阿祥：《何谓历史？何谓中国？》，《新世纪图书馆》2012 年第 8 期。

邹逸麟：《安徽史地漫谈》，《中国方域（行政区划与地名）》1995 年第 5 期。

欧远方：《弘扬皖文化遗产》，《安徽史学》1995 年第 4 期。

王荣科：《安徽文化建设的若干思考》，《安徽大学学报》（哲学社会科学版）1998 年第 6 期。

吴怀祺：《安徽地区文化变迁与史学——为〈安徽史学〉复刊 20 周年而作》，《安徽史学》2004 年第 1 期。

张崇旺：《略论"江淮文化"》，《文化学刊》2008 年第 6 期。

B.10
安徽保护传承弘扬长江文化的
当代实践与发展路径*

沈 昕 黄琳琳**

摘 要： 党的十八大以来，党从顶层设计层面将长江经济带作为国家的发
展战略。讲好新时代的长江故事，唱好新时代的长江之歌，成为
我国坚定文化自信的重要举措。本报告基于新时代长江文化的概
念新阐释，分析长江文化蕴含的优秀传统文化、革命文化、社会
主义先进文化的文化自信底气，聚焦安徽段传承与弘扬长江文化
的实践，探索协同传承和弘扬长江文化、提升文化自信的路径。

关键词： 长江文化 文化自信 长江安徽段 保护传承

2020 年，习近平总书记在全面推动长江经济带发展座谈会上指出，"要
保护、传承和弘扬长江文化，延续历史文脉，坚定文化自信"。[①] 2022 年，
《"十四五"文化发展规划》指出，文化是国家和民族之魂，要传承和弘扬
中华优秀传统文化，整合长江沿线等重要文化资源，打造中华文化重要标

---

* 本报告系安徽省哲学社会科学规划重点项目（AHSKZ2020D31）"乡村振兴战略背景下徽州
乡村文化治理体系研究"、2021 年安徽省高峰学科建设项目"徽州乡村社会变迁及其对乡
村振兴的启示研究"阶段成果。

** 沈昕，安徽大学徽学研究中心研究员，安徽大学社会与政治学院教授，博士，博士生导师，
主要研究方向为文化社会学；黄琳琳，安徽大学社会与政治学院研究生，主要研究方向为
理论社会学。

① 《习近平在全面推动长江经济带发展座谈会上强调 贯彻落实党的十九届五中全会精神 推动
长江经济带高质量发展 韩正出席并讲话》，《思想政治工作研究》2020 年第 12 期。

志。① 党的二十大报告指出，要围绕举旗帜、聚民心、育新人、兴文化、展形象建设社会主义文化强国。长江是中华文明的标志性象征，是坚定文化自信的重要根基。在新时代的文化发展格局中，要立足中国当今的时代背景，深挖长江文化的特质，讲好新时代的长江故事，唱好新时代的长江之歌，坚定中华文化自信。

一 追溯长江文化，探讨概念新意

（一）长江文化概念分析

对长江文化的研究始于 20 世纪二三十年代，至今已取得了丰硕的研究成果。学界对于长江文化的概念、内涵、区域范围等一直有讨论和界定。主要有三种：一是依据文化区界定，在具体研究时，主要是滇文化、巴蜀文化、荆楚文化、江南文化等这些文化板块。到现代以后，随着行政区域划分，出现了"青藏文化""江浙文化""皖赣文化"等。二是以流域体系来界定，学者指出，长江文化涵盖的地域范围广大，长江流域的文化都可称为长江文化。② 三是多维综合考察界定，既考虑到长江流域历史文明形成的时间范畴，也考虑到长江文化的地理空间范畴，包括地理学上的整个长江流域乃至长江以南，并涉及南方文化系统。③ 学者刘玉堂在此基础上认为，广义的长江文化是长江流域形成的一切物质文化和精神文化的总和，狭义的长江文化仅指文化地理学或历史学意义上的长江流域文化。④

综上所述，学者们认为长江文化是一个既具时间性又具空间性的多维度的文化体系。长江文化有广义和狭义之分，广义上的长江文化是相对于黄河文化的文化体系，是长江流域形成的一切物质的和精神的文化总和。但是，

---

① 《中办国办印发〈"十四五"文化发展规划〉》，《人民日报》2022 年 8 月 17 日。
② 季羡林、陈昕编选《长江文化议论集》，湖北教育出版社，2005，第 489 页。
③ 思华年：《试论长江文化及其研究》，《社会科学》1991 年第 5 期。
④ 刘玉堂：《长江文化及其研究概论》，《长江论坛》1996 年第 4 期。

由于学者们的学科背景、价值取向等方面的差异，对于狭义上的长江文化还未达成共识。

（二）新时代的长江文化

2014 年 9 月，国务院印发《关于依托黄金水道推动长江经济带发展的指导意见》，提出长江经济带这一概念，覆盖上海、江苏、浙江、安徽、江西、湖北、湖南、重庆、四川、云南、贵州 11 个省市。① 以此区域为地域范围基础，新时代，狭义的长江文化可以理解为，长江经济带所包括的 11 个省市地域文化的总和。此外，习近平总书记 2014 年、2016 年、2020 年参加长江经济带发展座谈会，从顶层设计的角度为长江区域文化和经济的发展提供了指引。在 2020 年的座谈会上，习近平总书记提出"要将长江的历史文化、山水文化与城乡发展相融合"。从文化要素的角度来看，长江文化有"历史"文脉、"山水"文脉、"区域"文脉和"人"文脉，包括历史文化、山水文化、区域文化和以"人"为实践主体的文化（包括农耕文化、工商文化、科教文化、人居文化、技艺文化、饮食文化、红色文化等），这些构成了长江文化的内在要素。②

因此，总的来看，在新时期，从狭义角度来界定长江文化，可以理解为：以长江经济带独特的自然和人文地理为基础，是长江经济带各区域文化因素和文化特质的总和，是人类在这片区域内的实践活动中形成和发展的一种文化，是一个具有时间性、空间性、地域性的综合文化体系。

二 深挖长江文化特质，夯实文化自信基石

党的十八大以来，习近平总书记多次提到文化自信，在庆祝中国共产党

---

① 本刊编辑部：《国务院印发〈关于依托黄金水道推动长江经济带发展的指导意见〉》，《中国水运》2014 年第 10 期。
② 瞿锦秀、许琳梓：《弘扬长江文化：价值认同与文化自信》，《文化软实力研究》2021 年第 6 期。

成立95周年大会的讲话中指出，"文化自信，是更基础、更广泛、更深厚的自信"。① 党的二十大报告提到，"以社会主义核心价值观为引领，发展社会主义先进文化，弘扬革命文化，传承中华优秀传统文化，不断提升国家文化软实力和中华文化影响力"。长江文化作为我国区域文化的代表，经历了数千年的发展，对中华文化的发展具有重要影响，是坚定文化自信的资源和宝库。

（一）长江文化孕育着优秀传统文化的深厚底气

长江的山水文脉、历史文脉、区域文脉、人文脉历经千年传承，积淀着中华民族深沉的精神追求。首先，长江流域见证了人类文明的最早起源和人类文明的发展，孕育着长江文明的源头文化。5000~7000年前，长江下游出现河姆渡文化；4300~5300年前，长江下游出现了良渚文化；约4000年前，长江上游出现三星堆文化；春秋战国时期，巴蜀文化、荆楚文化、吴越文化等文化圈兴起；六朝以来，江南地区文学、艺术繁荣；据研究，长江经济带11省市共有省级以上非物质文化遗产共6192项，其中国家级非物质文化遗产共1204项，占全国总数的68%。② 其次，古镇、遗址是优秀传统文化的物质载体，长江流域蕴含着丰富的历史街区文化。例如忠县石宝寨、奉节白帝城、汉口咸安坊、黄鹤楼、岳阳楼、徽州古村落、苏州园林等。最后，长江文化还蕴含了诸多具有优秀精神品格的诗歌文化。例如岳飞"精忠报国"的爱国情怀，范仲淹"天下兴亡，匹夫有责"的担当意识，"载舟覆舟""居安思危"的忧患意识等。诗仙李白更是多次游历长江，其流传诗作体现了不同流段的独特风景，传诵着长江优美的山水文化。例如，"朝辞白帝彩云间，千里江陵一日还"，"渡远荆门外，来从楚国游"，"汉江回万里，派作九龙盘"等。这些千百年传承的价值追求、思想理念，已经深深烙进中国人的心中，扎根在中华民族的文化脉络中，是坚定文化自信的深厚底气。

---

① 《习近平：在庆祝中国共产党成立95周年大会上的讲话》，《人民日报》2016年7月2日。
② 杜裕民：《长江经济带中潜经济价值非物质文化遗产保护研究》，《青海师范大学学报》（哲学社会科学版）2019年第2期。

（二）长江文化孕育着革命文化的强大底气

长江文化孕育着党领导人民在实践探索中构建的奋发向上的革命文化。《南京条约》的签订，成为中华民族近代屈辱的开端，开启了中华民族的革命斗争。洋务运动、辛亥革命等一系列重大的历史事件，都发生在长江沿岸。中国共产党在浙江诞生，"红船精神"是党的革命精神的开端。井冈山革命根据地、南昌起义、遵义会议等均在长江两岸，长江流域浸润着革命文化，大别山精神、红岩精神、井冈山精神孕育其中。渡江战役胜利，中华人民共和国成立，长江见证着中国近现代的整个革命时期。不畏列强、敢于斗争、自强不息、百折不挠等革命精神是坚定文化自信的强大底气。

（三）长江文化孕育着社会主义先进文化的时代底气

长江文化孕育着社会主义先进文化。葛洲坝水利枢纽工程、三峡大坝工程、南水北调工程等推动了长江两岸的发展，造福了广大百姓，彰显了长江水利文化精神。新时期，国家从顶层设计方面将长江经济带建设上升为国家发展战略，长三角一体化发展、长三角文化公园建设等发展战略成为我国现代化建设的重要举措。"一带一路"建设，贯通东中西部，长江拥有诸多发达港口，从长江走向海外，长江见证了一个更加开放包容、更加有活力的中国。长江流域丰富的工业文化，体现了国家工业的发展与革新，为长江经济带的发展提供了支撑，成就了一批先进企业，如2022年《财富》公布的世界500强企业，东风汽车集团有限公司、江西铜业集团有限公司、安徽海螺集团有限责任公司、江苏沙钢集团有限公司、上海医药集团股份有限公司等均在长江沿岸。长江经济带不仅是具有影响力的经济带，也是区域协同合作的发展带，还是开放包容的开放带，更是传承和弘扬文明的文化带。

三　安徽保护传承弘扬长江文化的实践

长江文化作为中华民族具有代表性的地域文化，在时代发展的历史长河中经久不衰，构成了社会主义文化高质量发展的资源宝库。安徽对长江文化的保护、传承和弘扬对增强安徽文化认同感与归属感和坚定安徽文化自信具有重要意义。近年来，安徽为保护、传承和弘扬长江文化采取了一系列措施，取得了一些成就，但是在工作中仍有诸多困境。长江安徽段位于长江下游，上始宿松县段窑，下至和县驻马河口，分布在安庆市、池州市、铜陵市、芜湖市、马鞍山市等沿江城市，安徽省境内的长江流域面积6.6万平方公里，占全省总面积的47%。① 文化资源类型多样，赋存众多，包括长江自然景观、文明起源、产业发展、革命遗产等。

（一）安徽保护传承弘扬长江文化的成就

1. 文明探源工程

长江安徽段孕育着长江文明源头文化，对于文化遗产的保护力度大，考古研究成果丰硕。安徽省文物局、省文物考古研究所联动安徽长江流域各市的文化和旅游、文物部门，全面开展安徽省长江流域文物资源调查和保护工作。例如，凌家滩遗址位于马鞍山市含山县铜闸镇，是一处距今5300~5800年长江下游巢湖流域的新石器时代晚期中心聚落遗址，被称为"中华远古文明的曙光"。② 2001年被公布为第五批全国重点文物保护单位。2013年被确定为国家考古遗址公园立项单位。2021年，凌家滩遗址入选中国百年百大考古发现。2022年，省委书记在会议中强调要强化文物和文化遗产保护利用，加快凌家滩遗址申遗步伐。③ 此外，繁昌人字洞、和县猿人等远古人类活动的遗址，潜山薛家岗等新石器时代的考古发掘，这些无一不体现了长江安徽段在保护、传承和弘扬长江文化中的重要地位。

2. 红色文化

长江安徽段红色文化资源丰富，各市区分级分类优化爱国主义教育基地和博物馆、纪念馆、陈列馆、展览馆等展示体系，利用重大纪念日和传统节

---

① 杨月明、吕平：《安徽长江水文情势变化及影响分析》，《江淮水利科技》2018年第5期。
② 《安徽省领导调研凌家滩考古遗址》，《中国文化报》2022年6月22日。
③ 《安徽省领导调研凌家滩考古遗址》，《中国文化报》2022年6月22日。

日组织形式多样的主题活动，因地制宜开展宣传教育。例如，渡江战役纪念馆先后被授予合肥市爱国主义教育基地、安徽省爱国主义教育基地、安徽省国防教育基地、第三批国家级国防教育示范基地、全国爱国主义教育示范基地、第一批全国关心下一代党史国史教育基地等。安庆市黄梅戏艺术剧院以渡江战役为题材创作的黄梅戏《献船》，荣获第六届全国少数民族文艺汇演圆梦奖——剧目创新奖。

3. 绿色生态文化

中共安徽省委、安徽省人民政府出台《关于全面打造水清岸绿产业优美丽长江（安徽）经济带的实施意见》，提出走生态优先、绿色发展之路，全面优化提升长江沿线生态环境。沿江各市在习近平总书记"共抓大保护，不搞大开发"的思想指引下，围绕打造长江支流源头水环境综合整治示范区目标，实施护鱼禁捕、清理非法码头和整治岸线污染企业等举措，大力推进岸线生态保护。例如，马鞍山市围绕打造长江支流源头水环境综合整治示范区目标，实施生态环境综合治理，全力修复"生态伤疤"。

4. 历史街区文化和工业文化

长江安徽段文化资源绚丽多彩，赋存众多。通过细分文化类别，突出地域特色，深挖文化特质，通过保护传承、研究发掘、文化传播路径，实现长江文化的保护、传承和利用。在历史街区文化保护方面，安徽挖掘沿线文化资源所附带的重大事件、重要人物、重头故事，打造一批历史文化名镇，讲述重大历史事件、文化人物以及先进思想。例如，大通古镇，作为重要的通商口岸，与安庆、芜湖、蚌埠齐名，并称安徽"四大商埠"，被称为"活着的历史文化街区"，更是全国古镇中唯一铺四方石的澜溪老街。在工业文化的保护方面，安徽扶持了一批百强企业的发展。例如，"中国古铜都，当代铜基地"——铜陵，这里出产了新中国第一炉铜水、第一块铜锭，第一个铜业基地建于此，第一支铜业股票也出自这里。铜陵有色金属集团控股有限公司 2022 年 8 月 3 日，入选 2022 年《财富》世界 500 强排行榜，列第400 位。

5. 推进文旅融合发展

长江安徽段风景秀丽，山水文化资源和文化遗产资源丰富。长江安徽段坐落着黄山、九华山、天柱山等国家级风景名胜区，以及泾县桃花潭、黟县古民居、乌江霸王祠等人文景观，青山绿水，诗情画意。沿江各市着力推进文化遗产旅游，促进文旅产业的融合发展。2021年，马鞍山市举办了第33届马鞍山李白诗歌节，首次突出长江文化主线围绕诗仙李白与马鞍山的不解情缘，体现了马鞍山在传承长江文化中的独特地位。① 芜湖市以徽商、米市、码头、工业等人文历史文化为牵引，推进百年古建筑复兴和滨江旅游亮化工程等。此外，安徽计划建成一批现代化文博场馆园区，推动凌家滩国家考古遗址公园、凌家滩考古博物馆等建设，有序推进薛家岗、繁昌窑、大工山—凤凰山铜矿等省级考古遗址公园建设。

（二）安徽保护和弘扬长江文化的困境

1. 文化遗产保护不均衡

长江安徽段对于文化遗产的保护存在不均衡的现象，城市、区域间有较大差异。一是因为各沿江城市的文化遗产资源分布不均衡，且文化遗产资源的保护和开发也受制于城市经济发展差异的影响，因而各沿江城市文化遗产保护情况呈现不均衡的现象。二是城市内各县域文化遗产保护也存在不均衡的现象。基层文物保护单位由于经费、人才、设备等资源的短缺，其文化遗产保护和历史文化资源的传承与弘扬情况，与市区存在不平衡的状况。

2. 文化资源活化利用不足

在当前长江安徽流域文化资源保护和传承的过程中，对于古民居等建筑类文化遗产，大多作为旅游景区、展览馆等文化服务场地。文化内涵的挖掘深度不够，文化资源的数字化、品牌化、媒体宣传和文创开发程度较低，文化资源的可持续性生产机制不健全。对于一些非遗文化的保护和传承途径与手段单一，对长江文化的活化利用和文化宣传方式的创新程度不足，文旅产

---

① 王彬：《安徽：突出长江主题 增强文化认同感》，《中国文化报》2022年7月19日。

业的文化体验活动不足，市场融合度较低。

3. 文旅融合程度不高

长江安徽段的历史文化资源与旅游融合程度不够高。新时期，在国家大力倡导文旅融合的条件下，古民居、古村落等文化遗产旅游成为文旅产业融合发展的重要途径。但安徽省各沿江城市发展的文旅产业仍然以遗产展览和游客游览为主，对于其蕴含的文化特质的挖掘深度不足，对地域文化特色和文旅产品的丰厚意蕴挖掘不足。在一些自然景观和古民居等人文景观的旅游开发中，同质化现象也较为严重，文旅体验项目较为单一，文旅融合发展的区域定位不明，核心竞争力不强，缺乏 IP 打造，品牌创作力不足。

4. 区域合作不强

对于长江文化的保护、传承和弘扬，存在区域协同保护不足和区域壁垒的现象。一是省内各沿江城市对于长江文化的保护和传承步伐不一致，区域合作较少，协同保护不足。二是省内各沿江城市与其他省市的协同合作较少。缺少长江安徽城市带整体乃至长三角一体化发展的广阔视野。长江各沿江城市自古以来在文化上便有相通性和同源性，有着相似的文化生态环境和相通的价值理念。但在长江文化保护和弘扬的现实层面，各沿江城市之间的保护活动独立开展，并未形成协同治理的机制和统一的管理机制，政府层面、市场方面也缺乏跨市区的区域合作。

四　坚守中华文化根基，筑牢文化自信高墙

党的二十大报告提到，从"两个结合"的理论维度，强调"坚定历史自信、文化自信，坚持古为今用、推陈出新，把马克思主义思想精髓同中华优秀传统文化精华贯通起来、同人民群众日用而不觉的共同价值观念融通起来"；从建设社会主义文化强国的实践维度，强调"坚持创造性转化、创新性发展"。提升长江安徽段文化软实力是增强安徽文化认同感和归属感的重要举措，是安徽塑造新形象和扩大影响力的重要途径，也是建设长江国家文化公园、打造中华文化标志工程的重要组成部分。

（一）延续长江文脉，凝聚精神力量

1. 保护长江生态

2020 年习近平在南京召开的长江经济带发展座谈会上提出，"生态优先、绿色发展"的战略。[①] 党的二十大报告提出，要牢固树立和践行"绿水青山就是金山银山"的理念，深入推进环境污染防治，提升生态系统的多样性、稳定性、持续性。因此，立足长江文脉的保护，首先要守护好长江沿岸的生态环境，长江文脉与长江生态环境相辅相成、共生共长。要构建长江生态综合治理体系，推进长江上中下游和干支流的协同治理，改善长江整体生态环境和生态功能，打造长江的绿色生态文化环境，推动长江生态文明建设。

2. 深挖长江文化特质

传承好长江流域在历史演进过程中形成和发展的精神文化成果，打造深层次的文化归属感。深入研究长江文化的特质，构建长江文化基因体系，阐释长江文化共同体、长江文化多元一体格局。首先，建设具有强大凝聚力和引领力的社会主义意识形态，为国家立心、为民族立魂，坚持马克思主义在意识形态领域指导地位的根本制度，坚持为人民服务、为社会主义服务。其次，传承和弘扬长江文化所蕴含的优秀传统文化。深入实施长江优秀传统文化传承和发展工程，加强长江文明探源和考古研究成果的交流与阐释，深入发掘长江文化所蕴含的优秀传统文化基因，丰富长江文化的精神内涵。再次，传承和弘扬长江文化所孕育的革命文化。积极开展长江革命历史的总体研究和专题研究，为长江的革命文化丰富史料，探索长江文化的红色基因，丰富以伟大建党精神为源头的共产党人精神谱系。最后，不断挖掘和传承社会主义先进文化，广泛践行社会主义核心价值观。

3. 创新文化发展

长江文化涉及多个省市，是一个大格局的大区域文化。丰富的区域文化

---

① 文传浩、林彩云：《长江经济带生态大保护政策：演变、特征与战略探索》，《河北经贸大学学报》2021 年第 5 期。

体验为坚定文化自信提供了多姿多彩的文化场域，形成了基于地域文化归属感的文化自信。因此，不仅要传承长江历史文化成果，还要在此基础上从中华民族复兴的伟大历史进程中不断获得新的生机。将长江文化特质与时代要求有机结合，将文化自信的实践与文化特质的丰富有机结合于一体。推动长江文化的创造性转化和创新性发展，继承传统文化和革命文化，发展社会主义先进文化，坚定文化自信。

（二）加强区域合作，共建合作机制

党的二十大提出，要推进高水平对外开放，促进区域协调发展，推动国家的高质量发展。长江文化的传承和弘扬应当秉承"交流、交融、共建、共享"的理念，区域上不厚此薄彼，要强调长江文化一体化建设，时间上不厚古薄今，既强调对长江传统文化的研究，又要加强对长江现实发展的关注。

1.共建文化交流平台

新时代，要构建多元文化交流平台。加强长江沿岸各省市政府间的合作和交流，实行信息互通和资源共享的机制。构建文化基础资源共享机制，促进长江文化资源和研究成果网上网下多渠道共享。建立公共文化资源的交流平台，对长江沿岸各省市的博物馆、美术馆、图书馆、展览馆等公共文化资源进行整合，建立公共文化资源的数字图书馆，对长江经济带的公共文化资源进行数字化建设，实现长江流域内区域公共文化的合作与交流。构建文化创新成果联展机制，定期举办保护好、传承好、弘扬好长江文化的会议和论坛，发布长江文化研究的最新观点和成果，推动长江文化研究成果统筹联合在长三角乃至全国、全球各地展示。灵活运用互联网、数字媒体等平台，运用现代化的手段、工具推动区域内的文化生产，大力倡导区域间的文化合作，推动"互联网+文化"工程建设，推动区域文化的数字展示和交流。

2.共建人才培养基地

长江文化蕴含着丰富的地域文化特质，文化作品的创作与交流离不开文化人才的培养，文化的高质量发展需要人才的支撑。因此，要强化区域文化人才的联合培养和交流，共同建设包括人才培养、作品创作、文化交流在内的文化人才培养基地，加强智库联合与交流。构建文化创新人才交流机制，推进长江文化研究人才的共同培养与交流使用，为其提供成长空间和发展机遇。建立文化人才信息资源库，推动长江文化带文化人才联合培养工程的建设与实施。建立长江文化带内文化研究人员、文艺创作人员、文化经营人员等的交流和培养机制。

（三）推动产业融合，增强经济动力

1. 推动科技赋能文化产业

在数字化的今天，要把先进科技作为文化产业发展的战略支撑，建立健全文化与科技融合创新发展的体系，建立健全文化产业技术标准和服务标准。首先，收集长江文化的精神特质与内涵，建立长江文化基因的数据资源库，注重长江文化基因的数字产业创作，充分运用大数据、云计算、人工智能等先进技术。其次，长江文化是一个多元一体的大格局区域文化，长江文化呈现一脉相承的共通性，可以通过实施电影制作、线上公益展示、视听产业链等工程项目，促进长江文化生产和传播手段的现代化，推动长江文化产业的数字交流与合作基地建设，以文化产业带动产业融合，合力增强经济动力。

2. 推动文旅融合发展

长江文化覆盖东中西部等 11 个省市，自然环境优美，文化底蕴深厚。应依托各市历史文化资源，升级打造长江文化旅游长线和文旅品牌，推动长江旅游示范区、长江特色旅游度假区、长江精品旅游带等建设。首先，应深入挖掘长江文化的特色，将长江文化所蕴含的优秀传统文化、革命文化和社会主义先进文化融入旅游线路设计和展陈中，形成长江+红色文化、长江+生态文化、长江+戏曲文化、长江+非遗体验等系列产品体系。可以依托山水、诗歌、生态等开展主题文化项目或主题文化遗产旅游，例如李白诗歌品牌和徐霞客品牌的打造。可以依托革命博物馆、纪念馆、遗址遗迹等打造红色旅游景区，例如安徽渡江战役纪念馆、浙江红船精神展示馆。其次，要注

意硬件和软件的优化并举，提升旅游景区的服务质量，推进旅游与服务一体化，优化景区的基础设施。深化景区厕所改革、完善游客服务体系、保障残疾人和老年人的公共服务等。

（四）繁荣文艺创作，打造文化精品

1. 突出人民中心的创作导向

要突出以人民为中心的创作主题。开展长江文化的文艺创作时要把满足人民主体的文化需求作为长江文化创作的出发点，努力创作出能反映人民心声的文艺作品。鼓励和引导长江文化文学艺术作品的创作，推进长江文化的重大现实题材、重大革命和历史题材、新时代的发展题材等的创作生产。要大力发展文化事业与文化产业。明确长江文化各区域产业发展的定位和特色，优势互补，促进长江文化区域产业的合理分布。此外，文化事业与文化产业的发展还需要政府和市场的协同推动和治理，政府要发挥主导作用，市场机制从中推动，激发各类社会主体积极参与到长江文化事业和文化产业的发展中。

2. 鼓励网络文化创作

数字化时代，网络媒体是人们日常生活中文化交流的重要平台，网络文学搭载互联网平台发展迅速，欣欣向荣。新时期，弘扬长江文化，需要鼓励和引导长江文化的网络文学和艺术的创作与生产，坚持"百花齐放，百家争鸣"的双百方针。鼓励文化单位和网民依法进行长江文化的创作表达，推出更多优秀的网络文学、影视、动漫、音乐等作品。要引导和发展积极健康的网络文化，提高组织化程度，实施长江文化文艺作品质量提升工程，支持新时代长江文化的文学艺术创作，加强对长江文化的民间文艺和群众文艺创作的规划引导。要积极建设各类网络文化创作平台，对原创作品进行多层次开发。

（五）推进长江国家文化公园建设，打造中华文明重要标识

1. 共性与个性并存

长江文化覆盖多个区域，各市既具有共性又各具特色，要整合长江沿

线重要的文化资源，推进区域文化的共性和个性发展，打造长江文化带。要强化长江沿岸的生态环境保护，可以建设国家级生态保护区；要强化文物和非物质文化遗产的保护与传承，建设国家级文化生态保护区、非遗特色村镇和街区等功能区。此外，可以依据长江文化特质开展主题展示、文旅融合等长江沿线综合功能区，系统推进长江文化的保护和传承，建设具有特定开放空间的公共文化载体，实行公园化管理运营，集中打造中华文化的重要标识。

2. 加强重视和规划

2022年1月，长江国家文化公园建设正式启动，沿江各市要立足自身优势，紧密合作，坚持一体化高质量发展，坚持规划引领，统筹推进长江国家文化公园建设，加强省际总体规划与专项研究的支撑联动，共同构筑长江文化公园建设新格局，探索长江国家文化公园文旅融合新路径。应以长江国家文化公园建设启动为契机，成立长江流域各省市的文化保护开发领导小组，谋划长江流域文化旅游的新发展。应尽快组建相关机构，完善工作机制，参照国家文化公园中央预算投资项目的要求，协调沿江各市编制实施规划，全面梳理资源，精心谋划储备一批博物馆、纪念馆，遗址遗迹，特色公园，非物质文化遗产，历史文化名城、名镇、名村等基础设施建设项目，并加强与国家相关部门的联络和对接。

五　小结

在新时期，要讲好长江故事，唱好长江之歌。长江哺育了一代代中华儿女，滋养了五千年中华文明，长江经济带的建设需要长江文化的支撑，长江经济带竞争力的提升需要长江文化的引领，新时代赋予了长江文化新的使命。文化立世，文化兴邦，保护、传承和弘扬长江文化，增强长江安徽段的文化软实力，坚定安徽文化自信，为我们的强国自信提供更基本、更深沉、更持久的力量！

参考文献

沈昕、李庆、张梦奇：《江南文化助推长三角一体化发展研究》，《江淮论坛》2021年第2期。

黄国勤：《长江文化的内涵、特征、价值与保护》，《中国井冈山干部学院学报》2021年第5期。

瞿锦秀、许琳梓：《弘扬长江文化：价值认同与文化自信》，《文化软实力研究》2021年第6期。

邓剑秋、张艳国：《论长江文化的发展线索、文化特征及其研究方法》，《求索》1996年第1期。

曹劲松、徐梦洁：《长江文化涵养社会主义核心价值观的道与势》，《南京社会科学》2022年第8期。

查金忠、朱旖旎：《在保护传承中彰显长江文化魅力》，《南京日报》2022年7月12日。

李婉婷、王炳锃：《以长江江苏段为例探讨提升长江文化软实力的路径》，《才智》2022年第19期。

李越、傅才武：《长江文化共同体：一种基于文化拓扑的解释框架》，《学习与实践》2022年第6期。

蔡武进、刘媛：《长江流域文化遗产保护的现状、价值及路径》，《决策与信息》2022年第1期。

杨月明、吕平：《安徽长江水文情势变化及影响分析》，《江淮水利科技》2018年第5期。

B.11
长三角一体化背景下徽州空间
文化的转型与发展

杨 辉*

摘 要： 长三角一体化既需要经济金融等领域的一体化，也需要区域间文化的交融创新。徽州空间文化依托徽州文化，是长三角主流文化江南文化的一个支脉，它历史悠久，影响深远。江南文化视域下徽州空间文化的特色主要表现为虚实相间、道法自然、和谐共生、宗法人伦、方正规整等。长三角一体化背景下对徽州空间文化的研究和保护价值主要体现在践行文化自信、提升审美能力、强化地域认同、优化空间布局等方面。在促进长三角一体化高质量发展背景下，徽州空间文化的转型与发展，应助力乡村振兴，合理布局乡村空间；文旅融合，打造徽州特色旅游；开发文创产品，进行艺术设计；融入教学，充实传统文化教育等。

关键词： 徽州空间文化 江南文化 建筑艺术价值

徽州空间文化是指依托徽州自然地理状况，根植于徽州特殊人文环境的有关空间处理的艺术和方式。具体可以体现为村落布局、建筑设计、艺术作品等在空间技艺运用上的方式方法。徽州自古以来崇儒重教，南宋以来就以"程朱阙里"为荣，徽州民众更是自觉地秉持朱子之礼；同时，徽州人坚守着兼容并包的理念，以儒家思想为主体的同时，开拓了儒释道三教并行的局

---

* 杨辉，黄山学院文学院副教授，主要从事徽文化研究。

面，所以徽州大地的民众行为，以及各种物质文化和精神文化无不渗透着浓郁的人文内涵和理学思想。徽州空间文化在这种人文精神和程朱理学思想的浸润之下，愈发凸显其地域特色，而且其价值日益受到大众的肯定，其影响随着徽州文化的传播逐步扩大。

2018 年，长三角一体化发展上升为国家重大战略，沪苏浙皖区域一体化正在加速推进。长三角一体化不是一个政治概念，也不仅仅是一个历史地理和经济概念，其中蕴含了必不可少的文化元素。三省一市的一体化有其背后深层次内在动因，除了地域经济发展的互补互通之外，还有三省一市历史文化的融通与互鉴。徽州空间文化作为徽州文化的重要组成部分，与长三角的地域主流文化江南文化有着千丝万缕的关联，在长三角一体化的大趋势下，徽州空间文化需要借势而为，深度转型与发展。

一 长三角一体化对徽州空间文化的影响

（一）促使徽州空间文化更好地重新定位

徽州地处山区，山限壤隔，交通不便，独特的自然人文环境孕育了独树一帜、璀璨夺目的徽州文化。徽州文化虽深受中原文化的影响，但也相对独立，拥有完整的系统。受此影响，徽州空间文化也具有一定的保守性，其适用地域也主要限于徽州地区。由此，人们对徽州空间文化的认知和定位也有很大的局限性，很多学者可能对徽州空间文化存在着不少片面的看法。具体来说，比如认为徽州空间文化与其他区域文化缺乏交流互鉴；徽州空间文化过于狭隘落后，推广性较差；徽州空间文化与江南文化之间没有关联等不一而足。

在长三角一体化的强力推动下，我们应该清醒地认识到徽州文化是江南文化的一个重要分支，它与江南文化的其他分支如吴越文化、海派文化之间既有同源性又有互补性，存在着丝丝缕缕的关系。[①] 徽州空间文化作为徽州

---

① 张泉、薛珊珊、邹成东：《长三角一体化背景下徽州文化与江南文化融合与创新发展研究》，《中国名城》2022 年第 2 期。

文化的重要组成部分，自然与江南文化关系密切，不能脱离江南文化而独立存在。徽州空间文化的影响范围也绝不限于徽州本土，而是辐射整个长三角地区，它与江南文化中的其他区域空间文化互动互补，相得益彰。

（二）激发徽州空间文化进一步焕发活力

长三角地区是中国经济发展的引擎，其经济、科教、文化等相关产业属于国内乃至国际顶尖级别。经济的迅猛发展离不开优秀传统文化的建设与传承，离不开文化产业的发展。

长三角一体化的重点在经济和金融等相关领域，且互通互融效果显著，而区域文化的融合创新进度相对较慢。长三角地区的文化交流与合作并不是追求文化的同质化，而是打破区域封锁，实现长三角地区具有共通性的多元文化的协同发展，繁荣兴盛。目前，长三角地区的产业结构不断优化升级，信息化水平持续提升，公共交通不断完善，这些优势既对江南文化各分支的融合发展提出了要求，也提供了机遇。基于此，徽州空间文化应该充分利用长三角现有优质资源和一体化大市场，落实差异化发展策略，清除原有僵化、落后成分，积极进行文化交流创新，吸纳时代元素，深度拓展市场，进一步焕发活力，实现优秀徽州空间文化的转型与发展。

二 江南文化视域下徽州空间文化的主要特征

江南文化深受儒家文化的浸润，是儒家文化在江南地域的发展延伸。整个江南地域的空间文化具有很强的稳定性，展现了传统文化顽强的文化基因，空间技艺处理上总体体现了内敛考究及浓郁的内向性，在相对静止中蕴含了时间的流动性，每一处空间转换都可以显露起承转合的韵律。以古民居为例，江南地区（包括徽州地区）大多是天井式结构的合院，建筑的布局较为灵活，与北方的合院相比，其层数略高，庭院空间较小。[①] 其空间结构

---

① 蔡永洁、满姗、史清俊：《从三个时期城市细胞的建构看中国城市空间文化特质》，《时代建筑》2021年第1期。

的主要特点表现为：高墙大院切断了内外的空间联系，一般情况下，院落内部空间不与外部空间发生联系；院落内的各单元相互独立又紧密连接，既有空间的交错，又有彼此的烘托照应；建筑结构具有一定的向心性，且体现出相对稳定的内部秩序，换言之，即从一个侧面实现了建筑空间结构的人格化。由于徽商经营活动的拓展和民间交往的日益频繁，徽州空间文化深受江南文化的影响，同时又保留和凸显了自己的特色。在整个江南文化视域下，徽州空间文化具有以下主要特征。

（一）虚实相间

《道德经》有云"天下万物生于有，有生于无"，《庄子》里也曾提出"彼出于是，是亦因彼。彼是方生之说也。"这两部道家的著作都主张"辩证统一"的哲学思想，把"有"与"无"，"虚"与"实"纳入世界、人生的整体观照。受此影响，徽州传统的艺术审美中特别看重空间中"虚"与"实"的关系，一直强调虚实相生、虚实相间。一方面合理利用物理空间，另一方面开拓审美心理空间。徽州人善于利用"虚"与"实"的对照，构造一种空灵清逸的艺术氛围；利用虚实相生，将情感的虚境与物体的实境相融合，营造一种审美意境。徽州的空间文化在此基础上追求以有限蕴藏无限，以少总多，注意空间留白的审美情趣。

这种虚实相间的追求充分体现在新安画派的作品和徽州建筑中。新安画派意趣荒寒、笔墨简洁、布境清幽，具有独特的徽式图境。其中祝昌、吴定、江必名、李永昌等人的画作笔墨简淡，大量留白，在空间处理上以虚带实，构图奇正相生。徽州建筑的虚实相间既体现为徽州建筑的实用功能与审美追求的协调、转化、统一，又体现为徽州民居充分利用山势河流、朝晖暮霞，借景入室，同时利用青砖白瓦中的黑白灰色彩与周围环境虚实对照，营造一种自然和谐的意境效果。[①]

---

① 吴巍、谭青青：《徽州古代民居审美意境探析》，《大众文艺》2018 年第 19 期。

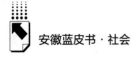

（二）道法自然

《道德经》云："域中有四大，而人居其一焉。人法地，地法天，天法道，道法自然"，由此可以看出中国古人对自然的推崇。徽州的传统建筑及空间设计大多围绕着"诗意"来做文章，所谓"诗意"就是回归田园，回归自然。人类是自然万物的组成部分，自然环境的优劣对人类有直接的影响。徽州人看重的所谓"风水"即自然环境，"好风水"即对自然环境因地制宜、因势利导的利用。

新安画派、徽州建筑、徽州园林等所有的内在元素都是经过严密的挑选，参照大自然原始分布格局形态构成的。一些不经意间的画笔勾勒、景观元素，实际上都是人为设计，师法自然，有意而为之。艺术或建筑等作品中的每个构成要素都搭配得体，总体上来看秾纤得衷，修短合度。如徽州园林特别偏爱"曲径通幽"，其实它就是一种含蓄的表达，给人以暗示，给人留下想象空间。徽州园林追求恬适、自然，看似随意布置的景点之间往往存在着某种内在空间联系。徽州民居的"四水归堂"式的天井空间和地下通风排水口等，都结合气候、环境，充分考虑了防湿、防潮、通风、采光等因素。徽州人注重建立"道"与自然的联系，遵循宇宙的运行法则，表现出对自然界无比崇高的敬意。

（三）和谐共生

徽州空间文化自有一种"天人合一"的内在理念，空间文化的运用中处处体现了以人为本的理念，也彰显了高效利用空间，节约资源，人与环境和谐共生的坚守。

朱熹提倡"赞天地之化育"，主张人要参与到自然当中，人与自然进行良性互动。人与自然的和谐共生也是徽州空间文化的精髓。

徽州村落空间布局与传统建筑空间的营造，都强调了人与自然的亲密融合，蕴含了朴素的生态学思想。古徽州人崇尚自然、尊重自然，绝不随意破坏自然，古村落的选址、布局、房屋样式等一系列建筑及场地规划，都与周边的青山绿水融合在一起，做到"观天之道，执天之行"。这是对传统生态和谐观念的继承和发扬。人们重视绿化，强调禁伐、禁渔，尽量保留地形地貌，并依据地势、山水等建造村庄，讲究"山水为血脉，草木为毛发，烟云为神采"①，使村落和建筑依山傍水，交汇于山水之间。

（四）宗法人伦

清朝人赵吉士在《寄园寄所寄》中对徽州这样描述："新安各姓聚族而居，绝无一杂姓掺入者，其风最为近古。出入齿让，姓各有宗祠统之；岁时伏腊，一姓村中千丁皆集，祭用文公《家礼》，彬彬合度。"② 这也从侧面印证了传统徽州地区本质上是一个宗法社会，宗法人伦观念深入人心。这种宗法人伦观念必然要体现在徽州人的日常生活之中，具体而言，在空间问题的处理上尤其明显。徽州民居的空间营造，通过空间的内外次序及功能划分，充分体现了宗法、人伦和礼仪。

"内外有别，尊卑有序"是传统徽州社会维护社会稳定和宗族秩序的法则。徽州建筑的空间布局中，厅堂空间绝对是建筑布局中的核心部分。这当然与厅堂的功能有关。它是祭祖、会客、教化之处，具有宗法礼仪的象征。如果说厅堂因其功能具有一定的公开性，那么内厅和厢房则根据尊卑顺序排列，具有很强的空间隐蔽性和私密性。③

（五）方正规整

《中庸》有云："中也者，天下之大本也；和也者，天下之达道也。致中和，天地位焉，万物育焉。"《中庸》提出了传统文化的中和自然、方正对称这两大美学观点。这一思想对徽州空间文化影响巨大。"尊者居其中"的方位意识在徽州文化里由来已久，徽州传统空间文化的骨子里有着一脉相

---

① 汪斌、罗磊：《徽州传统建筑文化与空间分析》，《安徽工程大学学报》2019 年第 3 期。
② 朱万曙：《〈新安名族志〉的版本及其史料价值》，《文献》2005 年第 1 期。
③ 许兴海：《明清时期徽州古民居厅堂空间的人文内涵》，《淮北师范大学学报》（哲学社会科学版）2018 年第 1 期。

承强烈的中轴线意识。

方正规整体现在徽州建筑格局上，就是讲究"外形方整对称"。徽州民居外围以高墙围合，并饰以马头墙。内部空间中轴对称，中轴的空间最尊贵，两侧厢房对立。事实上，这种方方正正、规规整整的空间利用，在结构上有着其他规格形状无可比拟的牢固性。① 从外形上来看，这种空间具有齐整、井然之美，大方简约。整体来说，徽州民居的空间主次分明，规整有序。而这也恰恰契合中国传统审美标准。

徽州木雕多以均衡式构图居多，上下或左右分布。这种对称构图模式，遵循严格秩序，空间设计以中心、垂直线、水平线为轴，整体分布格局齐整、对称、和谐。新安画派中的渐江作品《长林逍遥图轴》也巧妙运用几何块面及线条化、图案化的绘画语言，淡墨勾写山廓。

三 长三角一体化背景下徽州空间文化转型发展的价值

（一）践行文化自信

习近平总书记在庆祝中国共产党成立 100 周年大会上的讲话中指出："新的征程上，我们必须坚持马克思列宁主义、毛泽东思想、邓小平理论、'三个代表'重要思想、科学发展观，全面贯彻新时代中国特色社会主义思想，坚持把马克思主义基本原理同中国具体实际相结合、同中华优秀传统文化相结合……"。徽州空间文化就是中华优秀传统文化在江南地域的发展和演变，是江南文化的重要组成部分，是人民群众智慧的结晶。长三角一体化背景下研究和发掘优秀的徽州空间文化，在江南文化视域下推动区域文化打破壁垒，实现全方位融合创新，就是保护和传承传统文化，就是践行文化自信。

---

① 夏守军：《徽州古书院空间的文化内涵研究》，《景德镇学院学报》2018 年第 3 期。

（二）提升审美能力

江南文化的审美风尚影响深远，其审美追求倾向于清新脱俗和含蓄空灵，有着"虚实相生、意在言外"的意境追求。这种审美追求与江南文化中的空间关系处理是分不开的，通过空间关系可以充分展现江南的清丽幽远。其实徽州空间文化与艺术、审美也密不可分，只有深入了解徽州空间文化，探索徽州空间文化的深刻内涵，掘发徽州空间文化的独特规律，才能更好地理解徽州文化中的审美情趣和艺术追求，更好地体悟江南文化的精深博大，认识到江南文化发展的硕果累累与枝繁叶茂。

以徽州"三雕"为例，精美的"三雕"艺术从空间文化角度可以解读为：线条与线条之间看似随意实则充满想象的搭建，形成一个自成系统的二维空间。二维空间的交错聚合形成一个三维世界。这个三维的空间表达出匠人自身的审美情趣和高超技艺。另外，只有了解徽州空间文化才能更好地欣赏新安画派中的视点和构图空间，品味简逸的笔墨和高洁的画境表达出的超凡脱俗艺术境界；才能更好地理解徽州民居白墙灰瓦，在青山绿水中的自然美、人文美、和谐美。

（三）强化地域认同

在长三角一体化的背景下，所谓"地域认同"更多的是一种"泛地域认同"，而非限于狭义的区域认同。泛地域认同的核心内容为文化认同，而文化认同深刻影响着政府和民间各种行为。它也是区域经济一体化的深层次内在要求。①

明清时期，徽商的活动遍及整个江南地区，深深影响着江南地区的社会结构和文化结构。随着徽商的发展和兴盛，徽州文化逐渐融入江南地区，与江南文化不断碰撞与交融，逐渐成为江南文化的一部分。基于如此深厚的历

---

① 朱定秀：《泛长三角区域经济合作中文化认同建构的内涵分析》，《当代经济》2011年第21期。

史渊源，徽州空间文化作为徽州文化的代表性内容，对其推广和应用，可以唤醒历史记忆，增强江南各地区的亲近感和认同感。

从狭义的层面来看，对徽州空间文化的研究有利于深入阐释徽州地区的传统社会形态，重新构拟徽州先民们的生活状态，进而在社会成员的心理上产生强烈的认同，形成一种鲜活的、真实的社会集体记忆。[①] 对徽州空间文化的认可，可以助力持续不断的血缘身份认同的建构与强化，以彰显徽州文化的特殊性、优越性，提升民众的自豪感；将其与地域认同和国家认同相连接，进而可以实现血缘身份认同、地域认同与国家认同相统一的目的。[②]

（四）优化空间布局

徽州空间文化吸收了江南文化的空间理念，特别注重总体考量、整体布局，善于利用自然条件顺势而为，善于开发公共空间，既看重个人空间的私密性又注重公共空间的合理性。以徽州的呈坎村为例，呈坎村借助自然山水之势，形成八卦空间布局；众川河绕村而过，形似太极阴阳鱼图，至今仍发挥着泄洪、灌溉、消防等实用功能；村内永兴湖构成绝佳的公共空间；全村道路纵横相连，干路贯穿村落，支路阡陌纵横，方便生活。整体来看，村内建筑是八卦图中的组成部分；局部来看，村内建筑排列有序，高低错落，且相对封闭，构成个人空间。

具体来说，徽州空间文化既是徽州民风民俗、宗教礼仪的表达方式，又可以折射出徽州地区乃至整个江南区域的社会形态、审美理念。徽州古代的村落建筑、艺术作品等大多是遵循一定的内在规程进行创造，在空间运用中体现了特定的环境理念和朴素的人文思想。对徽州空间文化的开发利用可以不断优化徽州建筑、艺术作品等方面的空间布局。具体来说，主要体现在两个方面：一是空间问题的处理要坚持人与自然和谐相处；二是空间问题的处

[①] 卞利：《宋明以来徽州血缘身份认同的建构与强化》，《安徽大学学报》（哲学社会科学版）2019年第2期。
[②] 李占录：《现代化进程中族群认同、地域认同与国家认同之间关系探讨》，《中央民族大学学报》（哲学社会科学版）2015年第3期。

理需要坚持"以人为本"的理念。这两个方面的坚守恰恰契合了未来社会人的精神追求和自我价值的取向。

四　长三角一体化背景下徽州空间
文化转型发展的路径

长三角一体化背景下，徽州空间文化的转型与发展首先必须打破区域文化隔阂，消除文化偏见和曲解，倡导文化的互通互融互动，看到优秀传统文化的魅力，重视文化的力量。其次，必须处理好整体与部分的关系。长三角一体化是大背景，是大局，江南文化包含了徽州空间文化，是整体，徽州空间文化可以依托江南文化，拓展思路，积极进取。再次，徽州空间文化必须破除其中落后的、不合时宜的内容，必须吸纳最新的时代元素。具体来说，徽州空间文化深受传统儒家文化影响，其中男尊女卑、愚忠愚孝、保守落后、盲目迷信等设计理念必须坚决摒弃。最后，坚持守正创新，进行活态保护和利用。徽州空间文化的创造性应用和发展必须坚守优秀文化中的"根"和"魂"，不能成为无源之水、无本之木。对徽州空间文化进行活态保护和利用，才能激发其内生动力和传承活力，才能更好地服务当代，造福大众。

（一）助力乡村振兴，合理布局乡村空间

乡村振兴成为重大国家战略，乡村空间规划也越来越受到重视。徽州传统村落一向逐水而居，依山傍水，高低错落，在构造上形成其独有的、自然的、合理的空间功能布局。不管从哪个角度看上去都是一幅水墨山水画、一种自然的审美。合理配置乡村的空间资源，并形成一种和谐的空间资源关系，使得人们生活在其中，感觉舒适与便利，愉悦与洒脱。[①] 这样的乡村空间关系，更具有乡土中国的韵味，对当下乡村振兴战略下的美丽乡村建设具

---

① 廖丽霞：《新时代下的乡村振兴空间规划问题研究》，《住宅与房地产》2019 年第 27 期。

有宏观的指导意义。

目前，比较盛行的乡村美学可以充分吸收徽州空间美学的内容，并将其融入乡村空间的设计规划中。在对乡村美学的重塑过程中，可以借鉴徽州乡村空间的整体组合性，合理规划每一个空间的功能，同时兼顾空间功能的多样性。

（二）文旅融合，打造智慧旅游

在文旅融合发展，从"旅游+"到"+旅游"的今天，传统村落、民居建筑、手工艺品已成为传统徽州空间文化传承与发扬的重要载体，同时还是现代人诗意栖居的精神家园。

在今后的发展中，可以朝着文化遗产保护数字化方向努力，围绕数字科技和徽州空间文化的主题，打造以"徽州空间文化"为主业态的文化遗产保护数字化基地。另外，可以尝试开展沉浸式体验旅游，通过声光电加上光影空间技术，融入艺术、文化等元素将游客与空间场景紧密联系在一起，真正地深入徽州空间文化之中，这样的体验能给游客带来新鲜感和较好的旅游享受。沉浸式体验离不开沉浸式的环境，360度全息投影技术让游客可以身临其境地观看徽州民居、徽州三雕、新安画派、徽州园林等作品，同时伴有鸟语花香，山风松浪。在虚拟仿真中体验徽州空间文化，切身感受徽州钟灵毓秀的山水、粉墙黛瓦的民居，仿佛置身于仙气十足，却又处处人间烟火的梦境。

（三）开发文创产品，进行艺术设计

徽州空间文化可以借助文创产品和各种艺术设计广泛应用，这也是优秀传统文化传承应用的创新方式。徽州空间文化自身对空间元素的处置方式与相关文创产品、艺术设计的追求具有天然的契合点，而且由于徽州空间文化的独特性，它可以避免文创产品和艺术设计的同质化，增强地域性和趣味性。

以现代园林景观的艺术设计为例，在设计规划中纳入徽州空间文化元

素，注重空间利用率，适当采纳不对称均衡的布局，处理好虚拟空间与开敞空间和闭合空间的关系，从而提升园林景观的审美情趣，强化审美张力，提升整体品位。

（四）融入教学，充实传统文化教育

近年来，教育部大力弘扬中华优秀传统文化，把优秀传统文化进校园作为固本工程和铸魂工程来抓。徽州空间文化可以丰富传统文化教育的内涵，拓展文化教育的形式，提升文化教育的地域性、生动性、趣味性。徽州空间文化进校园可以从以下几个方面着手：第一，强化教师的学习培训，广大教师要主动钻研传统文化，培养对徽州空间文化的兴趣；第二，编纂校本教材，开设校本课程，把地域文化特别是徽州空间文化纳入教材和教学计划之中；第三，利用传统文化特别是徽州空间文化充实校园文化建设内容，通过道路和楼宇命名、展板展示、班级主题活动、建设虚拟实景等多种方式让徽州空间文化渗透进学生的日常学习生活之中。[①] 长三角一体化背景下对徽州空间文化的传承、保护和应用，要具有大局观，开阔视野，不断创新；要体现出活态性、可持续性；要让民众切实感受到这种空间文化，它不是遥不可及的，而是时时处处存在于现实生活之中，是可以触摸到的。

---

① 汪婷婷：《徽州传统村落的空间文化特征研究》，《住宅与房地产》2020 年第 24 期。

乡村振兴篇
Rural Revitalization

B.12
安徽乡村振兴中文化与经济
融合发展研究[*]

李本和^{**}

摘　要： 当前，安徽正在组织实施"千万工程"，全面推进乡村振兴。其中，文化与经济融合发展问题，是省委、省政府领导关注安徽乡村振兴的重要内容之一，也是习近平总书记长期关注的一个问题。为此，本报告聚焦安徽乡村振兴中文化与经济融合发展问题，从文化优势与资源转化、文经融合与做法成效、经验总结与重要启示、存在问题与改进建议等方面，专门进行了研究，试图通过此专题研究，在学习借鉴浙江经验的同时，紧密结合安徽实际，充分发挥安徽文化资源丰富的比较优势，助力加快构建安徽"千村引领，万村升级"新格局，努力探索出一条具有安徽特色

*　基金项目：安徽省高等学校哲学社会科学类重点科研项目"安徽乡村振兴中业态融合发展研究"（项目编号：2022AH052804）阶段性成果。

**　李本和，中共安徽省委党校（安徽行政学院）教授，安徽省《资本论》研究会副会长，主要从事有关经济类学科的教学与研究工作。

的乡村振兴之路。

关键词： 乡村振兴　文化与经济融合发展　安徽

一　问题提出

2023 年 7 月 5~6 日，习近平总书记在江苏苏州考察时指出，"苏州在传统与现代的结合上做得很好，这里不仅有历史文化的传承，而且有高科技创新和高质量发展，代表未来的发展方向。"传统与现代、文化与经济如何实现有机结合？这是习近平总书记一直关注的问题。习近平总书记富有远见地提出："所谓文化经济是对文化经济化和经济文化化的统称，其实质是文化与经济的交融互动、融合发展。" 2023 年 7 月 21 日，省委、省政府在黄山市召开全省全面推进乡村振兴现场会。省委书记韩俊出席会议并讲话，他强调要强化文化赋能。深入挖掘安徽优秀传统文化中蕴含的思想观念、人文精神、道德规范，以更实举措提振农民群众精气神，持续推进移风易俗，推动形成文明乡风、良好家风、淳朴民风。以更大力度加强传统村落保护利用，建立健全保护利用规划体系，更好提高保护和活化利用水平。以更高标准推进农文旅深度融合，坚持以文塑旅、以旅彰文，推出一批"徽字号"精品线路，培育一批"徽字号"民宿品牌，策划一批"徽字号"文创产品，打造一批"徽字号"节庆赛事活动，加快建设长三角最受欢迎的后花园和旅游目的地。省委领导对安徽乡村振兴中文化与经济融合发展问题十分重视，并把这一问题与实现文化强省战略联系在一起，同时还提出以文化与旅游融合发展为抓手来带动此项工作的开展。本报告通过对 2022 年国家级乡村振兴示范县"三具一区"（六安市金寨县、安庆市岳西县、黄山市黟县和芜湖市繁昌区）及有关示范村进行实地调研，结合较深入的集体座谈与个别交流，试图总结乡村振兴中文化与经济融合发展的经验和启示。

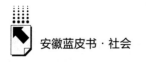

二 文化优势与资源转化

（一）文化优势的辩证分析

安徽省委书记韩俊指出，"安徽作为我国南北交汇的中心地带、东部沿海向西部内陆过渡的桥梁纽带，南北文化在这里碰撞演变，各类文明在这里汇聚交流，独特的地理环境和文明积淀，使安徽成为中华文明重要发祥地和传承复兴地。"安徽的文化优势主要体现在以下几个方面。

1.历史底蕴厚重

这是安徽的重要优势之一。"自古以来，安徽人杰地灵、学风昌盛、人才辈出，历史文化灿烂辉煌，是不同时期演绎中华文明精彩华章的重要舞台。"例如，魏晋建安文学开一代诗风，宋明时期集儒家之大成的程朱理学，成为中国哲学史上一个高峰；盛行明清三百年的桐城派久负盛名；徽学与藏学、敦煌学并称为中国三大地方显学。

2.文化类型多样

安徽文化从研究种类上划分，大体上可分为三种类型。

一是历史文化。即以著名的历史人物、历史事件、历史建筑和历史作品以及具有考古价值的遗址遗迹等为载体所形成的文化资源。例如，皋陶文化、老庄文化、太白文化、淝水之战遗址、垓下之战遗址、寿县古城、亳州古城、徽州古城、欧阳修的《醉翁亭记》、包公祠、霸王祠、华佗庵、明皇陵、李鸿章故居、人字洞考古遗址等，都属于历史文化资源。安徽历史文化资源，大多数遍布在乡村，其中比较有典型性的就是分布在皖南地区的以西递和宏村等为代表的一些古村落古民居。随着文化与经济的融合发展，这些古村落古民居都将成为安徽发展文化旅游事业的金字招牌。

二是红色文化。即以中共党史上的历史人物、历史事件、历史建筑、历史作品以及有关历史遗址遗物等为载体所形成的文化资源。例如，陈独秀文化、新四军文化、皖南事变遗址、新四军军部旧址、裕安区苏维埃城、金寨大别山革命烈士纪念馆、王稼祥故居、淮海战役纪念馆、渡江战役纪念馆、李克农故居、张治中故居以及小岗村纪念馆、小井庄纪念馆等，都属于红色文化资源。目前，安徽省许多乡村利用丰富的红色文化资源，已建立了众多的红色文化教育培训基地。

三是生态文化。即以反映生态文明为主题的有关历史人物、历史事件、历史建筑、历史遗址遗迹以及地质博物馆等，都属于生态文化资源。例如，大禹治水的涂山会盟遗址、安丰塘水利工程、淠史杭水利工程、佛子岭水库、梅山水库、王家坝行蓄洪区、万佛湖景区及其地质博物馆、皇藏峪、鹞落坪、升金湖和牯牛降等自然保护区，同时还包括许多湿地与森林公园和植物园等，都属于生态文化资源。安徽省乡村生态文化资源众多，内涵丰富，各具特色。其中，包含许多人与自然和谐相处的先进文化理念，具有极大的开发价值，市场潜力巨大。

3. 文化内涵丰富

安徽文化按其内涵特点划分，较有影响力的有三大文化圈：一是淮河流域的老庄文化。老庄文化属于一种农耕文化。其积极的因素在于，讲究人要顺其自然，主张阴阳平衡协调发展。其消极的因素在于，思想观念相对比较封闭保守。因此，针对老庄文化，需要传承弘扬其顺应自然及人与自然和谐相处的积极因素，克服其封闭保守的消极因素。二是长江流域的皖江文化。皖江文化属于一种现代文化，在中国近现代史上，曾经成为新文化运动的源头。在这里曾经涌现出陈独秀和胡适这样的新文化运动的旗手。皖江文化的突出特点就是主张开放和敢于创新，这与老庄文化的封闭保守形成了鲜明对比。皖江文化对我国的改革开放影响较大，小岗村作为我国农村改革的发源地、芜湖傻子瓜子作为我国发展民营经济的先导都出现在皖江地区，绝非偶然。这与皖江地区锐意改革创新的文化土壤有很大关系。因此，乡村振兴推进文化与经济融合发展，仍然需要传承弘扬皖江文化中锐意改革的开放创新精神。三是皖南山区的徽州文化。徽州文化是一种带有明显徽商色彩的区域文化。徽商又被称为儒商，讲究"贾道儒行"，重契约守信用，明清时期在我国长江流域乃至东南沿海地区盛行二三百年。同时，徽商主张从小励志努力读书学习，考取功名，入仕为官，以维护其经营之道，形成了经商—读书—为官—经商的内循环机制。其典型代表人物就是红顶商人胡雪岩。因此，徽商除了具有儒商特征之外，还带有官商的色彩。徽商在盛行二三百年后，随着清王朝封建统治垮台也就由盛转衰了。针对徽州文化，既要传承弘扬其积极因素，如重守信用的契约精神、从小励志的拼搏精神、注重教育的儒家精神等，也要克服其官商一体的消极影响。同时，对徽州文化的各种载体，如一些古村落古民居中的粉墙黛瓦马头墙和各种古牌坊等地标性建筑，要严加保护与科学利用；对石雕、木雕、砖雕以及"文房四宝"等精湛工艺要传承弘扬光大，避免出现"断代"现象。上述这些都是安徽打造文化强省和助推乡村文化振兴的丰厚家底。丰厚的文化资源优势，也为安徽文化资源开发利用，以及在乡村振兴中推进文化与经济的融合发展提供了滋养与支撑。

（二）文化资源的转化方式

文化资源的开发，要贯彻"在保护中开发，在开发中保护"这一基本原则。同时，在文化资源开发中要在传承中创新，在创新中发展，在创造中转化，要弘扬新时代主旋律，增添现代化正能量。要推进文化与经济融合发展，一般有以下几种转化方式。

1. 以优秀文化为底本，创新打造文艺精品和文化产业

安徽组织推出的以新文化运动和五四运动为历史背景的电视剧《觉醒年代》和以两弹一星功勋邓稼先事迹为题材的黄梅戏《邓稼先》等一批深受群众喜爱的文艺精品，先后摘得"五个一工程"奖等重磅奖项。2021 年，安徽省文化及相关产业增加值达到 1889.63 亿元；2022 年，全省规上文化产业资产总计 4300.7 亿元，比上年增长 7.9%。安徽出版集团连续 12 次、新华发行集团连续 13 次入选"全国文化企业 30 强"。在这个过程中，安徽发挥创新优势，在文化发展中涌现很多创新亮点。

2. 以打造精品民宿为载体，形成文旅融合发展新业态

"黟县民宿"探索了一套有效的乡村民宿发展机制，形成了转化乡村文

化和生态价值的"塔川经验"，西递、宏村、南屏、碧山、塔川、龙江、美溪、柯村 8 个民宿群，成为具有慢生活、家服务、趣体验的新型旅游业态。近年来，塔川民宿集群以"文旅+乡村振兴"为切入点，通过政策引领、能人带动、村企联动、企业运作等形式，走出了一条"景村共生"的整村推进、服务乡村振兴的道路。通过民宿带动，推进乡村生态产品价值转化，初步形成了乡村生态产品价值实现的"塔川经验"。目前，全县登记在册民宿918 家、床位 1.2 万张、餐位近 2 万席，中高档民宿占全县民宿 50%以上。年均接待游客 200 万人次，实现旅游综合收入近 20 亿元。塔川书院、御前秋韵、猪栏酒吧、水墨东篱、拾庭画驿等一大批精品民宿作为黟县民宿的杰出代表得到业界的广泛认可。

3. 传承创新传统工艺制品，打响"徽字号"金色招牌

这方面的文化转化方式，以歙县老墨坊和红星创新研发工作室为典型代表。2023 年 7 月 19 日中央四台《走遍中国》栏目以"欣欣向荣——纸墨匠心"为题，介绍获得国际金奖的百年老字号——歙县胡开文老墨坊，其以生产各种笔墨而闻名，每天平均接待 10 多辆大巴车的游客，每年平均接待参观者 15 万多人次。还有红星创新研发工作室，经过不断推陈出新，创新制作的"宣纸"占国内市场份额的 80%。这些具有安徽乡村鲜明地方特色的传统工艺所焕发出来的勃勃生机与活力，在为企业带来经济效益的同时，也给地方带来了巨大的社会效益。

4. 以红色文化为依托，打造红色与旅游融合的和美乡村

这种转化方式以芜湖市繁昌区孙村镇中分村为典型代表。该村有 600多年的历史，山川秀美，清泉流畅，绿荫环抱，不少明清古民居保存完好，是芜湖市为数不多的江南古村落之一。抗战时期，新四军第三支队司令部就坐落于此，成为铜繁南地区抗日指挥中心，现存新四军三支队司令部旧址（安徽省级文物保护单位）及 14 处新四军干部旧居。早在 2006年，村民自发筹资恢复重建了"新四军三支队司令部旧址纪念馆"，2021年又重建了"繁昌保卫战展示馆"作为"爱国主义教育基地"开展革命传统教育、党员干部教育和青少年理想信念教育。2022 年纪念馆接待党员群众累计超 4 万人次，开展红色教育超 400 场次。2021 年，中分村依托股份经济合作社，成立芜湖红色中分文化传播有限公司，精心打造建设"中分红色学堂"研学基地，依托红色文化和繁昌慢谷文旅资源开展党性研学培训业务，将"红色文化""旅游经济"作为突破口，探索构建"村集体+公司+农户"的集体经济发展新路径。完善运营机制，2022 年累计培训学员 29 期 2000 余人，经营收入超 90 万元，带动农户增收 20 余万元。截至2022 年，全村现有各类休闲农业与乡村旅游经营主体 19 家，游客服务中心 2 个，休闲农园 2 家，特色民宿 13 家。目前，已形成以红色乡村旅游、农业休闲观光、生活休闲体验、农村电商为特色产业的发展模式。每年平均接待旅客约 17 万人次，2022 年实现集体经济经营收入 204 万元，收益115 万元，农民人均年收入达 4.5 万元。2022 年获中国美丽休闲乡村等荣誉称号。

5.深挖传统文化内涵，打造人文与生态融合的美丽乡村

这种转化方式以芜湖市繁昌区峨山镇东岛村为代表。东岛村有 800 多农户，自南宋以来多以李白族叔当涂县令李阳冰后裔聚居为主，至今仍保留着1 处千年古村和 9 处依山东西而建的自然村落。东岛村为千年古村，村内历史古迹众多，文化底蕴厚重，有着 400 多年树龄的"倒杉木"。拥有始建明朝的泰平禅寺和仙人桥、茅茹桥，相传至今的石板古道和鲁班先师建造的东岛古门楼，富有传奇色彩的仙人脚印石和一里三拱桥、三印墩等美丽传说。同时，东岛村森林植被繁茂，国家二级珍稀台楠分布在村庄多处，境内物产丰富，拥有万亩竹海，竹品类十余种，自古以盛产毛元竹而闻名，特产笋干、毛元竹远销山东及江浙一带，在芜湖周边享有"江南小竹乡"之美誉。以文化铸魂深入挖掘"李氏耕读文化"和竹乡特有的农技、农艺，以产业融合带动乡村旅游。拥有"天官第"古门楼，以及万亩竹海、倒杉木、泰平禅寺、七星井、青年水库等一系列特色景点，建设了公堂屋、私塾堂、农技展示馆、乡村大舞台等项目，不断建立健全旅游配套设施，如生态停车场、旅游公厕等；开发乡村体育运动稻田抓鱼等，还有亲子户外研学等文旅项目，吸引周边休闲观光游客，带动农村土特产品销售，农家乐等得到较快发展；目前，正在探索与旅游运营公司合作，搭建电子商务平台，共同打造精致旅游乡村。2014 年以来，先后获评中国乡村治理示范村、长三角"最江南"文化传承与创新古村落等多项荣誉称号。

6. 以先进理念为引领，推进一二三产业融合发展

这方面转化方式的代表应首推朴蔓农场。朴蔓的含义是永续和农业二词的结合，也有永续文化的含意。主张学习朴门永续理念，并在此基础上从农业衍生至经济生态构建领域。在农业上，农场采取有机肥料、多元种植、动植物共生等方式来养护农田和物产。在商业上，农产品和加工型副食商品对外销售的同时，农场也作为现代农业、旅游景观地，向游客开放观光和休闲体验。由此，农场形成农业、生态、经济、社区循环共生的局面。朴蔓农场位于黟县碧阳镇丰梧村，原址为废弃的老茶厂和竹编厂，于2020 年 11 月开始建设，经重新规划和修缮，建筑面积为 2000 多平方米，总投资为 1.3 亿元，是一个集农业生产、农业产品深加工以及农旅游服务于一体的三产融合项目。这实际上是在先进文化理念引领下探索走出一条"一产向后延、二产两头连、三产走高端"的新路子，即最优植入新型业态，项目坚持创新"三产融合"促进乡村振兴，利用现有"五黑"品牌规模种植地域特色农产品，并就地进行"五黑"产品现代化生产线精深加工，同步推行线上线下旅游商品和文创产品销售及农场观光、农事体验、农业拓展项目，竭力导流游客进行体验消费。安徽的文化资源优势正在转化为文化建设成效和文化创新亮点。这些方面的转化将促进形成安徽打造文化强省并推进乡村文化与经济融合的强劲动能，也是安徽乡村振兴大有可为的潜力空间。

三　文经融合与积极成效

在乡村振兴中文化与经济融合方面，安徽发挥红色文化和地方传统文化特色鲜明与资源丰富的优势，积极推进文化与经济的融合发展，助力乡村振兴高质量发展，目前已取得积极成效。

（一）红色文化为乡村振兴提供发展动力

1.红色文化项目资金带动

安徽持续加大对大别山革命老区、皖北地区和沿淮行蓄洪区文化项目资金扶持力度，重点支持文化产业、文化园区、文艺精品创作等项目，持续推动村级综合文化服务中心建设，助力乡村振兴建设，全省建成村级综合文化服务中心17400多个，覆盖率超过98%。

2.红色文艺作品助力推动

策划实施"助力乡村振兴出版计划"，打造一套服务全省乡村振兴事业的综合性融媒体出版物。组织创作黄梅戏《有风来黟》、黄梅戏电影《鸭儿嫂》、电影《幸福小马灯》、电视剧《幸福到万家》、纪录片《小岗纪事2》等一批乡村振兴题材的文艺作品。组织编印《安徽省乡村党史故事》，召开乡村中的党史故事遴选评审会，安庆市水畈村、滁州市小岗村、六安市金寨红军村等3个党史故事入选全国典型案例。

3.红色旅游精品线路拉动

推出"建党百年红色旅游百条精品线路"。围绕纪念建党百年，推出"革命大别山，红色鄂豫皖""初心如磐，不屈军魂"等30条红色旅游精品线路，其中7条线路入选全国"建党百年红色旅游百条精品线路"。举行长三角红色旅游创新发展合作交流活动，"三省一市"联合推出2条长三角红色旅游线路和20条红色旅游精品线路，安徽7条线路名列其中。

（二）传统文化助推乡村振兴的旅游经济发展

1.留住乡风乡韵，组织实施传统文化保护传承

推进乡村文物保护利用，开展古民居、古村落、古建筑保护利用和国家考古遗址公园建设，以及大运河国家文化公园建设等工程，在保护的基础上加强文物活化利用。

2.在开发中保护，加强乡村非遗名录体系建设

深入挖掘乡村优秀农耕文化遗产，将其纳入国家、省、市、县四级非遗名录保护体系中，分类扶持保护，推动乡村非遗项目的传承发展。生产性保护乡村非遗资源，建设非遗传承基地，扩大传习规模，发展一村一品项目，生产性保护具有乡村特色的传统医药、传统技艺、传统美术类非遗项目，培养乡村特色非遗品牌，增强乡村非遗文化经济活力。

3. 在传承弘扬中创新，振兴乡村传统工艺

帮助乡村传统工艺企业和从业者改进设计、改善材料、改良制作、提高品质、策划品牌，开发体现精湛手艺、面向大众的乡村传统工艺品及运用非遗元素的各种衍生品，打造一批乡村传统工艺安徽品牌。建设非遗就业工坊，建设阜南县天亿黄岗柳编、万家和柳编、潜山市王河舒席等一批非遗就业工坊。借助非遗就业工坊开展技能培训、交流、研讨等活动，组织当地群众学习技能、参与就业。从非遗传承人和研培学员中遴选和培育乡村创业致富带头人，带动当地增收致富。

（三）乡村文化旅游带动乡村经济的发展

1. 坚持科学规划引领

印发《安徽省"十四五"乡村旅游发展规划》，督促指导各地推动乡村文化旅游编制工作。同时，对 2021 年旅游发展资金 7000 万元切块安排，对脱贫革命老区县及原乡村旅游扶贫重点村予以倾斜支持，共安排资金 3995 万元，其中脱贫革命老区 23 县 185 个原乡村旅游扶贫重点村，每个村安排 14 万元，其他乡村旅游扶贫重点村每村 10 万元，同时给每个脱贫革命老区县安排 45 万元，助推乡村文化旅游发展。

2. 打造文化旅游品牌

积极打造安徽乡村景点、景区和旅游线路品牌。加强与文旅部和世界旅游组织沟通，成功推荐黄山市黟县西递成为"世界最佳旅游乡村"，积极推荐争创全国乡村重点镇、重点村。黄山市黟县宏村镇等 3 个镇入选全国第一批乡村旅游重点镇，黄山市徽州区潜口镇唐模村等 7 个村入选全国第三批乡村旅游重点村。皖南川藏线、大别山国家风景道、中国红岭公路、皖浙 1 号旅游风景道等成为网红。天柱山低空飞行、巨石山滑雪、陡沙河温泉等旅游

项目深受市场好评。各地在完成原旅游扶贫重点村"八个一"工程基础上，结合城乡交通规划和"四好农村路"建设，持续推进乡村旅游道路、景观环线和标识标牌等"最后一公里"通达工程，基础设施不断完善。推进乡村精品景区建设，全省乡村旅游类景区在 A 级旅游景区中占比超过 60%。肥西祥源花世界、天长龙岗古镇、颍上管仲老街等通过 4A 级旅游景区景观价值评价。霍山陡沙河温泉、淮南焦岗湖等旅游度假区创建工作有序推进。休宁祖源村、蚌埠禾泉农庄等 4 个项目入选全国乡村旅游发展典型案例。

3. 积极开展推介活动

积极对外开展乡村文化旅游研讨推介活动。开展"春游江淮请您来"百家媒体旅游推介活动，推出春游赏花、美食、健身、研学、自驾系列产品线路 57 条，覆盖全省 16 个市的重点乡村、景区景点。举办安徽自驾游大会，推介皖南川藏线、黄山 218 风景道、皖江风景道、环巢湖风景道、江淮分水岭风景道、皖北历史文化之旅等 10 条自驾旅游精品线路，对按 4 家文旅投资机构 6 个自驾游相关项目，达成总计约 8.58 亿元投资意向；组织 230 辆车近 700 人参加采风踩线活动，直接带动沿线乡村旅游收入近 200 万元。

4. 及时总结交流经验

协调指导各地总结乡村旅游带动群众就业增收的经验做法。六安市金寨县花石乡大湾村、安庆市岳西县黄尾镇黄尾村、亳州市谯城区观堂镇晨光村等 5 个村入选文旅部《体验脱贫成就·助力乡村振兴　全国乡村旅游扶贫示范案例选编》（共 100 例）。六安市金寨县花石岗乡大湾村、黄山市黟县碧阳镇碧山村等 2 个村入选《2021 世界旅游联盟——旅游助力乡村振兴案例》（共 50 例）。

四　经验总结与重要启示

（一）经验总结

根据农业农村部公布的安徽省国家级乡村振兴示范县"三县一区"在

文化与经济融合发展方面的情况，安徽主要有以下经验值得借鉴。

1. 一二三产业的融合发展

从安徽省"三县一区"的国家级乡村振兴示范县创建情况来看，在实施乡村产业振兴过程中，都有一定的文化元素参与其中，都促进了当地一二三产业多种不同业态的融合发展。例如，金寨县红色文化旅游经济的发展与革命传统教育培训基地的建立；岳西县红色文化与独特的生态环境有机融合，形成"清凉经济"；黟县对古村落传统文化资源的开发与利用，打造了远近闻名的"民宿经济"，并总结形成了"塔川经验"；繁昌区在皖江创新文化传统的影响下对农村文化旅游示范村、文博馆和人字洞考古遗址的打造等，形成了特有的城乡融合发展模式。

2. 在经济发展中突出当地的文化内涵特色

金寨县和岳西县依托过去鄂豫皖革命根据地的红色资源，在经济发展中主要突出了红色文化特色；黟县依托明清时期保存下来的古村落的优势，在经济发展中主要突出了皖南徽文化的传统文化特色；繁昌区由于受现代皖江文化影响较大，在经济发展中主要突出了皖江地区的创新文化特色，大力发展具有皖江文化特色的文创产业及产品。

3. 根据当地要素条件实现文化与经济融合发展

金寨县发挥新开通的高铁和高速公路的交通优势，把红色文化旅游和革命传统教育培训基地建设推向了全国；岳西根据地处深山生态环境优良的资源优势，大力发展山区特色农产业和"清凉经济"以及引进有关信息技术产业；黟县充分发挥各种古村落古民居的独特优势，大力打造乡村精品民宿经济，带动相关产业融合发展；繁昌充分发挥地处皖江的地理区位优势和城市工业较发达的经济优势以及各种商业资源优势，城乡融合发展，以工促农，打造国家和省级农村文化旅游示范区和示范点。

（二）重要启示

1. 安徽作为文化资源大省，发展文化经济大有可为

安徽文化历史悠久，中华上下五千年的文明史，都可以从安徽地域文化

中找到源头；安徽底蕴深厚，既有尧舜时期的皋陶文化，也有春秋战国时期的楚文化，还有三国时期的曹魏文化等；安徽资源多样，有建筑方面的石雕、砖雕、木雕，有文学艺术方面的各种字画和戏曲及文学作品，许多著名的历史人物都出自安徽，许多重大历史事件都发生在这里。安徽有讲不完的故事，既有历史久远带有农耕色彩的淮河流域的老庄文化，也有带有儒商色彩的皖南徽州文化，还有带有现代文化色彩并充满创新精神的皖江文化。可以说，安徽文化就是一座精神文明宝库，可开发的潜力巨大。

2. 拓展文化与经济融合发展途径和方式的研究

文化作为人类社会发展中物质与精神活动成果的结晶，不仅仅是指有形的文化产业产品，还包括无形的理念传承与精神弘扬。文化理念精神与资金技术和交通设施等物质的东西相比有很大的不同，具有心理情感的感染性、社会历史的传承性、知识信息的扩散性、语言交流的传播性和行为习俗的影响性等特征。它的融入可以使一个产业或产品的功能产生放大效果，从而使其多元价值得以实现。资金和技术影响的是一个点，交通设施影响的是一条线，而文化通过传播影响的是一大片。物质资源要素的功能作用是有限的和不可持续的，但文化资源要素的功能作用是无限的和可持续的，其影响有时达到几百年甚至上千年。这也是人们崇尚文化和坚定文化自信的原因。文化一旦与经济相融合，就可以使各种产业产品的价值得到成倍的增长，这也是习近平总书记主张文化与经济融合发展的根本原因。

3. 加强乡村文化与经济融合发展应用价值的探讨

文化一旦与经济融合，在经济领域就具有增值效应。例如，有关产品商标的注册和品牌的确立。物质材料一旦融入了文化元素，就可以使其身价倍增。在兰考县焦裕禄带领群众种泡桐树当时主要是用来防沙的，据说现在是做吉他的好材料，用这种泡桐做出来的吉他音质很好，使其身价长了好几倍。贵州黄果树是一个瀑布景区，只是自然景观，吸引游客有限。在这曾拍过电视剧《西游记》的一个片段，现在景区用孙悟空、唐僧、猪八戒和沙和尚等小说人物雕塑展示《西游记》的故事，甚至把传说中猪八戒背媳妇的"高老庄"也搬进了景区，从而使游客倍增，成为著名的"网红"打卡地。这说明一个物品一旦融入文化元素，它的价值意义就不一样了，其市场价值倍增，这也是习近平总书记倡导研究"文化经济"的意义所在。

4. 应从文化与经济两个方面同时发力促进融合发展

一是对文化遗产应坚持在保护中开发、在开发中保护的原则，进一步深化文旅融合。二是对文化产品应变静态的展示为动态的体验，可能会更受到消费者的欢迎。三是引入先进信息技术促进文化与经济融合发展。四是加快推进文化经济化与经济文化化的进程，文化要产业化经营，产业要文化化提升，推进其融合发展。五是对经济产品要深入挖掘其文化内涵，使消费者在产品使用中，不仅满足衣食住行用等物质生活需要，还感受到精神文化生活的乐趣。

五　存在的问题与改进建议

（一）存在的问题

安徽文化资源优势及其在乡村振兴中文化与经济融合发展方面取得积极成效的同时，也应看到安徽与浙江等发达省份相比，在乡村文化与经济融合发展方面仍存在较大差距，主要表现在以下几个方面。

1. 对文化在乡村振兴中的地位作用认识不足

安徽一些农村较普遍地存在重产业、轻文化的现象，仅仅把文化振兴看作搞些文化娱乐活动，而没有将其提升到农村凝心铸魂和引领产业融合发展的战略高度来认识。浙江省一些特色小镇建设，特就特在各种文创产品开发上。其实就是文化与经济融合发展所形成的新业态新产品有所不同。不同的文化符号，已经成为一个特色小镇区别于其他特色小镇的重要标识。如果安徽省不重视农村的文化振兴，特别是在文化与经济的融合发展方面取得突破的话，就很难有新业态新产品的涌现，"一村一品"的格局就很难实现。因为对一般农村而言，目前种养殖业基本上以粮食作物为主的格局很难改变，加工制造业以农副产品加工为主，产业雷同性较高，每个村都创建"一村

"一品"的发展空间十分有限。只有与文化融合,赋予其不同文化内涵,对农产品进行多功能开发,满足不同消费者对农产品的个性化和多样化需求,才能使农产品价值增加,同时也能为创建"一村一品"提供足够的发展空间。

2. 农村文化软实力与经济硬实力不相匹配

通过近些年的发展,安徽在区域发展格局中的地位形象显著提升,安徽文化软实力也要相应硬起来,才能与不断跃升的经济硬实力相匹配。安徽农村的发展情况也是如此。近些年来,通过脱贫攻坚,安徽农村的道路、住房、广场、水电气等基础设施建设方面的硬实力有了很大提升,但在文化软实力的提升方面还是个短板,文创产品较少。这也引发很多人的追问:安徽的文化资源优势,为什么没有转化成蓬勃的文化发展态势与经济融合发展的硬实力?多位专家分析认为,一个主要原因是,转化方式方法不多。而转化的方式方法不多的背后,说到底还是缺乏文化资源创造性转化与创新性活化的意识以及这方面的人才,或者是有这方面的人才,但基于各种原因没有用起来。

3. 农村缺乏高水平的文化供给能力

安徽的文化供给水平不足,突出表现为农村存在严重的文化创新与转化能力不足的问题。安徽农村丰富的历史文化资源一直都在,关键是如何实现创造性转化、创新性发展,让文化在农村"活"起来、在农民中"热"起来、在青少年中"潮"起来、在中老年中"火"起来。从全国范围来看,四川三星堆的考古发掘,直播一次就收割一拨流量,被称为霸屏的顶流;河南通过专注于挖掘传统文化内核,推出"中国节日"系列节目,打造出《唐宫夜宴》《清明奇妙游》等爆款节目,成功火出圈;贵州台江"村BA"、榕江"村超",不仅有体育运动之美,更有文化之秀,长期"霸屏"登上热搜榜。相比之下,安徽尽管也推出了如"徽风皖韵""文房雅集集""青铜古韵"等系列文创产品,但还没有在全国形成"出圈""圈粉"之势,一些文化IP、文创产品也缺乏吸引力、传播力。

4. 农村现代文化产业体系不完善

这方面的问题集中表现在：一是文化产业在农村的链条较短，文化产业内部产供销各环节在农村缺乏相互之间的紧密型分工与合作；二是乡土文化资源挖掘利用不够，文化振兴缺少地气；三是文化与农村经济融合发展还不够紧密，由此产生了文化在农村经济发展中的新业态不多。

5. 农村的文化体制机制有待健全

这方面的问题突出表现在：一是存在短期行为，每年的送文化下乡活动容易流于形式，缺乏长期行为和长效机制；二是农村文化事业发展中，政府大包大揽投入较多，尚未引入市场竞争机制，而作为市场主体的企业投入还存在较大空间；三是农民参与文化活动的积极性还没被充分调动起来，农村文化产业自身的发展及其与经济融合发展缺乏内生动力。

6. 农村文化发展理念存在一些误区

这方面的问题主要有：一是认为文化发展是软性任务，不像经济发展那样有硬指标，所以没有引起足够的重视；二是认为文化发展仅仅是文化部门的事，有关部门没有积极响应与主动配合，使文化发展保障存在许多不足，这在很大程度上直接影响文化功能的发挥。

上述这些问题虽然是安徽乡村振兴的短板，但是辩证地看，这也是安徽农村现代文明发展的动力和高质量发展的潜力。

（二）改进建议

一个民族的复兴，必然伴随着文化的繁荣；一个地区农村的发展，同样离不开文化的支撑。当前，安徽农村正处于厚积薄发、动能强劲、大有可为的上升期、关键期，更加需要文化的支撑。乡村文化振兴是推进乡村产业振兴的先导，也是个薄弱环节，特别是在文化与经济融合发展方面，存在问题较多，一定要认真谋划、扎实推进，为安徽农村的高质量发展提供强有力的支撑。为此，安徽在推进乡村振兴过程中，需要积极促进乡村文化与经济融合发展，以加快乡村全面振兴的步伐。

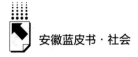

1. 在乡村振兴中做好文化凝心铸魂工作

安徽在推进乡村振兴中，文化振兴是要解决举旗帜、聚民心、跟党走、育新人的问题，通过一定的文化艺术形式的宣传，使农民群众牢固树立起社会主义核心价值观，积极营造健康向上的社会文化环境。为此，就要打造出一批农民喜闻乐见的反映乡村振兴时代要求的文艺作品。

2. 做好农村优秀传统文化资源的挖掘工作

安徽农村拥有数量众多的文物和文化遗产，只有深耕才能研究阐释出安徽地域文化的价值内涵，不断增强人们对安徽文化的认同感、归属感。做好农村优秀传统文化挖掘工作，关键是找到与百姓之间的"融合点"，让优秀传统文化融入百姓日常生活，让百姓从优秀传统文化中获得精神滋养。推动黄梅戏、徽剧等地方戏曲创新发展，让更多人领略徽风皖韵的独特魅力。

3. 大力提升面向农村的高质量文化供给能力

文化建设要坚持惠民利民导向，优化公共文化服务设施布局、资源配置和运行机制，创新实施文化惠民工程，推出更多反映新时代伟大变革、人民群众精神风貌的文化精品，更好满足人民群众精神文化需求。文化"润物细无声"，美的力量直抵人心。乡村文化振兴应在条件较好的乡、镇、村建设农村文化馆。农村文化馆是文化惠民的重要形式，也是农民群众欣赏文化作品的重要平台，农村文化馆应体现农村特色，反映农民对文化的追求，努力把农村文化馆打造成农民群众欣赏文化佳作、提升文化素养的艺术殿堂。

4. 积极推进农村文化与经济融合发展

文化与经济的融合发展，做成功就是看得见的软实力、"摸得着的GDP"。安徽乡村振兴中的一个重要着力点，就是坚持文旅融合、数字赋能，推进古村落、古民居等文化遗产"活化利用"，整合资源推动数字创意产业发展，加快建设文化与经济融合发展的现代产业体系。2023年3月，韩俊书记在调研时指出，坚持商文旅一体化发展，深入挖掘中药的文化内涵，促进中药与文化有机结合、深度融合，实现以文带医、以药促商、以商富农，全力打造中医药国际市场的"桥头堡"。为此，应在文化数字化中寻找新机遇、打造新业态，让流传千年的传统文化"穿屏而出"，充分挖掘农村文化底蕴，突出特色与创意，融入现代时尚元素，不断丰富农村多样化、个性化、体验式新型业态。

5. 深入推进农村文化与经济体制机制改革

体制机制是深化改革的根本。只有不断深化体制机制改革，引入市场竞争机制，破除阻碍农村文化与经济融合发展的体制机制障碍，农村文化与经济融合发展才能焕发出勃勃生机。一是处理好"公司+政府+村集体+农户"四位一体的利益分配关系，找到各方利益的平衡点，特别是要使农民在出让房屋和土地收到租金的同时，还能就地在企业务工就业拿到工资性收入，通过多渠道增收，达到致富的目的。二是对农民闲置的住房和土地进行排查摸底，采取"统一征收，集中报批，公开出让"的方式，盘活农村闲置资产，吸引社会资金投入古民居保护利用，发展文化旅游产业，带动民宿经济发展，实现共同致富的目标。

6. 转变传统旧观念，树立新发展理念

要克服人们在农村文化发展上存在的各种传统认识误区，牢固树立新发展理念，应把传承和弘扬中华优秀传统文化当作实现中华民族伟大复兴的历史使命来完成，把推进文化强省建设摆上安徽各级地方党委政府部门的重要议事日程，把推进农村文化振兴及其与经济的融合发展当作促进乡村振兴的一项重要政治任务来完成。

7. 以文化特色为标准形成各具特色的村落

适应安徽省各地农村文化多样化的空间分布特点，保持安徽省三大文化圈中农村原始的建设布局和建筑风貌，打造南北有别、排列有序、城乡有异、环境友好、各具特色的乡镇村落。要保护与利用好分布在农村的古迹和遗址，深挖各地农村乡土文化的内涵，融入新时代的文化元素，建设具有本地乡土文化特色的文化馆、文化广场、文化墙和农家书屋等文化标识。

8. 赋能打造"千村引领"典型和"一村一品"品牌

按照"千村引领"的要求，通过文化赋能，突出文化内涵特色形成千村先进典型案例，汇编成册，在省、市、县等各级党校（行政学院）及有关培训基地加强先进典型案例教研工作，扩大宣传力度。同时，对现已形成

的安徽名优文创产品进行统一登记和商标注册，对其知识产权加以保护，对正在形成的文创产品抓紧申请打造，按照"一村一品"的要求，对一些农村土特产品进行文化赋能，在产品制作、标识设计、市场营销中融入更多的传统文化、生态文化、红色文化的元素，打造1000多个安徽农村文创产品品牌。并把"一村一品"的文创产品品牌打造与"千村引领"的先进典型打造联动起来，发挥"以品带村、以村促品"的联动效用，建设若干个文创产业园区，打造一批各具特色的文创小镇，形成千百个文创品牌，推进农村文化与经济融合发展。

9. 以农村集市贸易等多种形式推介农村特色文创产品

自从有了超市以后，一些农村的集市贸易开始淡化，有的已经消失了，这不利于乡土文化的发展。实际上农村的集市贸易包括一些庙会，就如同人们到了一个网红打卡地的景点一样，不仅仅是农村商品的展示与买卖活动，更是集聚农村"人气"与感受乡土文化的交流活动，如在一些集贸市场上出现的体现乡土文化特色的戏曲演唱和杂技表演及体育竞赛等活动，这是一般超市所取代不了的。应利用农村的文化广场等场所，恢复农村的集市贸易和庙会，并与组织开展有关文化体育娱乐活动有机结合起来，通过集市贸易以及庙会等形式，在针对安徽农村各种名优土特产品开展营销活动的同时，应结合有关文体活动加大对安徽农村文创产品的推介宣传力度。其意义不仅仅在于扩大安徽农村名优土特产品及文创产品的对外影响力，还有助于增强安徽人对家乡的自豪感、对文化的自信心。

10. 强化对农村文化与经济融合发展的专业人才支撑

要适应乡村振兴中文化与经济融合发展的需要，更新人才培养发展理念，从企事业单位中选调一部分专业技术人员，集中培养和使用一批既懂科技文化又熟悉产业经济的复合型实用性高技能专业人才。同时，出台有关优惠政策，以科技特派员的身份把这样一批人才及时选派到农村基层，具体帮助指导文化与经济融合发展工作，并创造条件使其发挥应有的作用。改革现有的人才评价机制和职称评审制度，从重学历、重文凭、重国外留学经历向重贡献、重成果、重农村基层经历转变，把更多的企事业单位专业技术人才吸引到农村基层工作，在乡村振兴中建功立业。

六　结语

安徽农村具有丰富的文化资源，不仅历史悠久、底蕴深厚，而且内涵丰富、各具特色。近些年，乡村振兴通过文化与经济的融合发展，使文化资源优势转化为市场竞争优势，文化赋能的作用日益显现，有力地促进了农村一二三产业及其多种业态的融合发展和农民素质的全面提升。概括地说，文化资源有优势，融合发展有成效，业态创新有亮点。但是，安徽与浙江等发达省份相比，仍存在很大的提升空间。因此，在全省全面组织乡村振兴战略与加快形成"千村引领，万村升级"新格局中，一定要抓住安徽开展文旅融合发展"六大工程"的政策机遇，采取有效举措，深入推进文化与经济的全面融合发展，并以此带动安徽乡村振兴的全面高质量发展。经济发展是乡村振兴的体格，文化发展是乡村振兴的灵魂。只有灵魂与体格有机融合为一体，才能实现安徽乡村的全面振兴。

B.13
岳西县主簿镇党建引领
乡村治理的经验与启示

王中华*

摘　要： 岳西县主簿镇通过推进农文旅产业深度融合，真抓落实八项服务清单，打造"全域产业+全域治理""双全"模式，通过党建引领和数智赋能加速自治、法治、德治、智治"四治"融合。全域统筹整体推进乡村治理试点工作，县、镇、村、组四级上下联动，多种组织同步互动，多元主体同频共振，促使乡村治理活力持续激发，乡村社会安定和谐，乡村治理效能显著提升，形成多元化、全方位、宽领域、协作型的互联互动新体制机制，逐渐探索出一条具有主簿地方特色的乡村善治之路，形成了可推广、可复制的乡村治理新经验，为全县乃至全省呈现了可供参照学习的乡村治理新样本。

关键词： 乡村治理　全域治理　党建引领　四治融合　数智赋能

党的十九届四中全会提出，"完善社会治理体系，健全党组织领导的自治、法治、德治相结合的城乡基层治理体系，完善基层民主协商制度"，"发挥群团组织和社会组织在社会治理中的作用，畅通和规范市场主体、新社会阶层、社会工作者和志愿者等参与社会治理的途径。推动社会治理重心

---

* 王中华，安徽大学社会与政治学院政治学系主任，副教授，博士，主要从事乡村治理研究。

向基层下移，向基层放权赋能"。① 党的十九届五中全会进一步提出，"加强数字社会、数字政府建设，提升公共服务、社会治理等数字化智能化水平"。② 为了全面贯彻党的十九届四中、五中全会精神，全面推进乡村治理体系和治理能力建设，岳西县主簿镇作为 2020 年省级乡村治理试点乡镇，其大歇村作为试点村，余畈村和南田村作为创建村，积极开展乡村治理试点，通过推进农文旅产业深度融合，真抓落实八项服务清单，打造"全域产业+全域治理""双全"模式，通过党建引领和数智赋能加速自治、法治、德治、智治"四治"融合。全域统筹整体推进乡村治理试点工作，县、镇、村、组四级上下联动，多种组织同步互动，多元主体同频共振，促使乡村治理活力持续激发，乡村社会安定和谐，乡村治理效能显著提升，形成多元化、全方位、宽领域、协作型的互联互动新体制机制，使主簿镇乡村治理更加接地气、更加显特色、更加见实效。同时，岳西县主簿镇根据乡村治理试点任务要求，创新公共服务供给方式，委托安徽大学专家做好制度设计和总体指导，着眼于谋实抓细可实战，从"吃准政策要求、拟定调研提纲、掌握乡村实情、制定试点方案、编制指导手册、做好评估督促、促进成果落实"等方面入手，通过专题辅导、现场探讨、经验介绍、问题答疑、共同探索等形式为主簿镇乡村治理提供具体的实践指导，并对实践经验进行理论概括、总结提升和宣传推广，从而推进岳西县主簿镇乡村治理试点工作顺利开展。

一 整体推进"八项清单"，全域统筹乡村产业与乡村治理

岳西县主簿镇深刻把握"产业兴旺、生态宜居、乡风文明、治理有效、

① 《中共中央关于坚持和完善中国特色社会主义制度 推进国家治理体系和治理能力现代化若干重大问题的决定》，http://www.xinhuanet.com/politics/2019 - 11/05/c_1125195786.htm，2019 年 11 月 5 日。
② 《中共中央关于制定"十四五"规划和二〇三五年远景目标的建议》，https://www.sohu.com/a/429241206_114988，2020 年 11 月 3 日。

生活富裕"乡村振兴战略"二十字"总体要求,以实现"创新主簿、美丽主簿、生态主簿、实力主簿、小康主簿"五大目标任务为导向,以紧抓省级乡村治理试点和八项服务清单落实为契机,坚定不移实施"产业富镇、生态立镇、依法治镇、科技兴镇、民生和镇、文化活镇"六大战略,注重全域谋划和整体推进全镇社会事业与乡村产业发展,倾力打造"全域产业+全域治理"双全互促发展新模式,形成"农文旅产业深度融合"发展新特色与"四治融合"乡村治理体系建设新亮点。

(一)整体推进八项服务清单,加强乡村治理体系建设

《乡村振兴战略规划(2018—2022年)》指出,"乡村振兴,治理有效是基础。实施乡村振兴战略,加强农村基层基础工作,健全乡村治理体系,确保广大农民安居乐业、农村社会安定有序,有利于打造共建共治共享的现代社会治理格局,推进国家治理体系和治理能力现代化"。① 岳西县主簿镇乡村治理试点工作注重全局谋划统筹,通盘考虑推进,明确实行清单化管理,重点围绕党建引领、四议两公开、村务监督、社区协商、网格化管理、信息平台建设、社区服务组织发展、移风易俗等八项服务清单体系深入推进。岳西县主簿镇乡村治理八项服务清单内容丰富,全面反映党的十九届四中全会和五中全会关于社会治理的重要论断,推动县、镇、村、组四级联动,涵盖党组织、自治组织、社会组织、志愿服务组织协同治理,实现民主选举、民主决策、民主管理、民主协商、民主监督"五个民主"协调发展,体现自治、法治、德治、智治"四治"融合,构建网格化管理、精细化服务、信息化支撑、多元化共治、开放化共享的基层管理服务综合平台,从而加强了乡村治理体系建设。

(二)科学统筹镇内产业要素,推进农文旅产业深度融合

"乡村振兴,产业兴旺是重点。"岳西县主簿镇抢抓乡村振兴战略实施、全域美丽乡村建设、全域乡村旅游创建等政策机遇,外引内联加大项目资金

---

① 中共中央、国务院:《乡村振兴战略规划(2018—2022年)》,2018年9月。

争取力度，科学统筹镇内产业要素，盘活利用现有山水资源、产业资源、文化资源和红色资源，深入推进以农文旅产业深度融合为核心的"全域产业"发展模式。岳西县主簿镇坚持规划引领产业发展，科学编制《主簿镇休闲农业与乡村旅游发展规划》，加快休闲度假、体验观光产品开发，全面提升主簿乡村旅游内涵品质，充分利用现有茶园、猕猴桃园、茭白田、家庭农场等特色资源，积极打造乡村旅游示范点；积极整合项目资金和加大旅游招商引资，建成502爱国主义研学教育基地，升级改造南田会议旧址展览馆，建立健全乡村旅游标识标牌、停车场、观景台等公共基础设施，充分利用红色文化资源大力发展红色旅游；主簿镇以茭白为主题和主角，举办茭白现场采摘品尝、茭白养生保健知识科普、茭白秸秆工艺品展览等茭白文化旅游节系列活动，着力将主簿茭白文化旅游节打造成乡村旅游标志性节庆活动。主簿举行乡村旅游主题口号征集、乡村旅游摄影大赛、大歇湾峡谷特色漂流以及采摘猕猴桃、游美丽乡村、吃杀猪饭、品特色美食等系列活动，推进主簿乡村旅游再升温、再获益，调动和促进了农家乐等服务业发展，为农业、文化业与旅游业融合发展提供了示范和引领。

（三）产业振兴促进有效治理，"双全"模式实现良性互促

岳西县主簿镇准确把握乡村振兴科学内涵，坚持乡村全面振兴，狠抓产业振兴，力促乡村治理，注重"协同性、关联性、整体部署，协调推进"[①]，先后荣获全国"一村一品"示范村镇、国家级生态镇，创建多个美丽乡村建设示范点，成为省级乡村治理试点镇。主簿镇全域产业振兴促进了有效治理，有效治理促进了全域产业发展，"双全"模式实现了二者良性互促。岳西县主簿镇以茭白、茶叶、猕猴桃、中药材初加工等支柱产业和文化旅游产业为基础，大力发展乡村观光游、避暑度假游、亲子互动游、参禅拜佛游、赏花摄影游、原生态体验游、茶果蔬采摘游、户外拓展运动游、休闲康养游等产品和项目，大力延伸产业链条和促进产业转型升级，全域带动现代农业

---

① 中共中央、国务院：《乡村振兴战略规划（2018—2022年）》，2018年9月。

产业、现代旅游服务业、互联网电商产业融合发展，全面促进生产、生态、观光、休闲、体验、营销、消费全业态融合创新，实现全民化参与、全民化服务、全民化受益，促进村级集体经济稳步壮大，农村居民收入稳步提升，全镇居民农商行存款人均3万余元，为乡村治理奠定坚实经济基础。岳西县大力创新"党建+产业发展+乡村治理"联动体制机制，搭建"党支部+公司+基地+农户"村企共建平台，通过党建引领产业发展，区域统筹组织资源和人力资源，协同多元主体参与乡村治理，带动公共服务品质提升；通过实施乡村治理八项服务清单，全面提升全域治理能力，不断改善农村人居环境，不断提升乡村文明建设水平，打造生态宜居、平安乐居美丽乡村，为推进农文旅产业深度融合厚植社会基础和营造良好环境。

二 "四级联动、四组互动"，区域整合乡村组织协同治理

岳西县主簿镇构建"党建引领、四级联动、多元共治"的乡村治理体制机制，充分发挥基层党组织引领作用，完善农村自治组织，激发社会组织活力，培育志愿服务组织，构建纵向到底、横向到边的组织网络体系，区域整合乡村组织协同治理，充分发挥多种组织合力作用，凝聚推动乡村治理体系和治理能力现代化。

（一）整合建立"纵向联动、横向协同、齐向发力"工作体制

2020年中央"一号文件"指出健全乡村治理工作体系，要坚持县、乡、村联动，强调县级是"一线指挥部"，乡镇是为农服务中心，行政村是基本治理单元，要扎实开展自治、法治、德治相结合的乡村治理体系建设试点示范，推广乡村治理创新性典型案例经验。[①] 岳西县立足整体治理，建立全县

---

① 《中共中央　国务院关于抓好"三农"领域重点工作确保如期实现全面小康的意见》，http：//nyzj123.com/home/page/index/id/4422.html，2020年3月11日。

"一盘棋"思想，突破条块分割局限，整合区域内各项人员和资源，建立"纵向联动、横向协同、齐向发力"的乡村治理试点工作体系。全县建立分管县领导牵头负责，县民政局主导，政法委、农村农业局、财政局、司法局、数据资源局等县直相关部门协同，镇、村、组负责具体落实的体制机制。民政部门作为业务指导部门负责项目统筹和监督落实，协同其他相关职能部门积极参与，推动镇、村、组把乡村治理试点工作与基层党建、乡村振兴、脱贫攻坚等中心工作有机结合和一体化推进，盘活现有人员、资金、平台等分散资源，实现优化整合，推动形成共建共治共享的乡村治理新格局。主簿镇人民政府建立镇长负总责体制，明确分管副镇长专门负责和对接专家团队，同时抽调民政办、综合服务站等工作人员参与，保障试点任务逐项落实和务见成效。试点村大歇村在村级党组织的领导下，建立书记负责制，积极推进实施试点工作。创建村余畈村和南田村密切跟进，参与观摩试点村相关活动，结合本村实际奋力推进创建工作。各村民小组和自然村片区依托党小组和划片网格，在党小组长、村民小组长、网格长的带动下具体落实各项试点和创建工作。县、镇、村分别建立由主要领导、分管领导、工作人员和专家团队共同加入的乡村试点工作微信群，在线及时研究、交流、推进、督促、总结试点工作。县、镇、村抽调民政系统工作人员和村文书等专门人员负责策划、组织、协调、实施、宣传、归档、服务等工作，提炼总结"主簿版"的乡村治理创新性典型案例经验。

（二）党组织带动自治组织、社会组织、志愿组织协同治理

《乡村振兴战略规划（2018—2022 年）》指出，"加强农村基层党组织对乡村振兴的全面领导。以农村基层党组织建设为主线，突出政治功能，提升组织力，把农村基层党组织建成宣传党的主张、贯彻党的决定、领导基层治理、团结动员群众、推动改革发展的坚强战斗堡垒"。[1] 岳西县全面推行区域化大党建模式，构建以基层党组织为核心，带动自治组织、社会组织、

---

① 中共中央、国务院：《乡村振兴战略规划（2018—2022 年）》，2018 年 9 月。

志愿组织等各类组织协同发力的"四组联动联建"组织体系。

岳西县主簿镇注重发挥基层党组织在乡村治理中的领导作用。主簿镇通过镇建党委、行政村建党（总支）支部、自然村片区建党（支部）小组，对党员实行网格化管理，同时实行镇向村派驻党建指导员制度，建立党建指导员工作责任清单，实现党的组织和工作从有形覆盖到有效覆盖，从而发挥"红色领航、振兴先锋、治理标杆"作用。主簿镇强化村级党组织建设，着力抓村"书记"带头人作用，选优配强村级领导班子，大歇村党支部打造成为市级"基层党组织标准化建设示范党支部"、县级"五个好基层党支部"。主簿镇以党员网格化开展党内活动，建立党员形象岗和无职党员岗，实行党员年度承诺制，引导群众自觉参与脱贫攻坚、美丽乡村建设、乡村治理、防汛防火、文明创建、移风易俗等中心工作，带领群众发展产业和增收致富，发挥宣传政策、开展活动、服务群众、发现问题、解决矛盾纠纷等方面的作用，把党员先锋模范作用融入"网格化管理"工作体系之中，把党的工作开展到每个网格之中，做到党员有效管理，实现党组织能力有效提升。

岳西县主簿镇注重加强基层自治组织体系建设，充分发挥自治组织"四自"作用。2018年中央"一号文件"提出，"坚持自治为基，加强农村群众性自治组织建设，健全和创新村党组织领导的充满活力的村民自治机制"，"依托村民会议、村民代表会议、村民议事会、村民理事会、村民监事会等，形成民事民议、民事民办、民事民管的多层次基层协商格局"。①主簿镇村民自治体系由村党组织领导下的村民（代表）会议、村民委员会、村务监督委员会和村社区协商委员会等组织组成，形成了"领导、决策、执行、监督、协商"比较完备的组织体系和制度规范，为健全自治、法治、德治、智治相结合的乡村治理体系，推进乡村产业振兴提供了坚强的组织保障和制度保障。主簿镇按照自我管理、自我教育、自我服务和自我监督的

①《中共中央　国务院关于实施乡村振兴战略的意见》，http://finance.sina.com.cn/china/2018-02-04/doc-ifyreyvz9007544.shtml，2018年2月4日。

"四自"要求，组建村民议事会、红白理事会、道德评议会、禁毒禁赌会等自治组织，让农村自治组织回归"自治"和"服务"功能，扩大村民自治的有效覆盖面。主簿镇各村依靠"一约四会"，自主开展协商议事、文明创建、民主评议等活动，充分调动村民参与自治的积极性、主动性和创造性，切实发挥村民的主体作用，保障村民民主治村权利落到实处。

岳西县主簿镇注重调动社会组织和志愿服务组织协同参与乡村治理。主簿镇大力培育开展为民服务、公益慈善、邻里互助和文体娱乐等活动的社会组织，重点培育以"大歇村希望助学协会""夕阳红老年协会""爱心志愿服务队"为核心的爱心公益和志愿服务类组织，充分发挥各类组织参与沟通协调、资源整合、利益表达、矛盾化解、服务群众等方面的作用。大歇村通过向企业、村民筹集资金成立了"大歇村希望助学协会"，每年对考取研究生、本科、专科学子和义务教育学生，分别予以不同程度的资助，传递爱心助力贫困学子完成学业。大歇村成立"大歇村夕阳红老年协会"，运用集体经济发展成果，每年向村里 60 岁以上老人发放养老补助金，让弱势群体共享发展成果。余畈村充分发挥党支部引领作用，突出党员示范效果，建立党员包农户制度，依托新时代文明实践服务站成立一支以党员、入党积极分子为主的志愿者队伍，组建生态环保志愿分队、党员志愿服务分队、民事纠纷处理分队、巾帼志愿者分队，积极开展卫生防疫、环境整治、敬老孝老、健康讲座等活动，运用"爱心银行"积分考核激励制度调动党员群众参与志愿服务的积极性。

三 党建引领"四治"融合，数智赋能驱动乡村治理现代化

党的十九大报告指出，"实施乡村振兴战略，加强农村基层基础工作，健全自治、法治、德治相结合的乡村治理体系"，"提高社会治理社会化、法治化、智能化、专业化水平"。《乡村振兴战略规划（2018—2022 年）》指出，"促进自治、法治、德治有机结合，坚持自治为基、法治为本、德治

为先，健全和创新村党组织领导的充满活力的村民自治机制，强化法律权威地位，以德治滋养法治、涵养自治，让德治贯穿乡村治理全过程"。[①]"以自治增活力、法治强保障、德治扬正气，促进法治与自治、德治相辅相成、相得益彰。"[②] 岳西县主簿镇乡村治理试点以强化村级自治能力、持续巩固脱贫攻坚成果为主，通过充分发挥农村基层党组织引领作用，不断拓展基层党组织服务功能，激发村民自治活力，推进乡村法治建设，提升乡村德治水平，利用乡村智治平台，增强乡村治理效能，"四治"联动融会贯通，协力破解乡村治理难题，共同推动乡村治理现代化。

（一）坚持党建引领自治，强化自治基础地位

岳西县主簿镇注重党建引领自治，通过健全四议两公开程序，充分发挥社区协商、村务监督和村规民约作用，进一步强化自治基础地位。在村党组织的领导下，严格执行村民（代表）会议的决策，自觉接受村务监督委员会的监督，对村民自治事务展开广泛多层制度化协商，宣传党的政策主张、积极办理公共事务和公益事业、依法调解民间纠纷、协助维护社会治安、维护群众权益。既坚持"四议两公开"的基本原则，又根据不同议事类型采取灵活有效的议事程序，实行村财、村资、村务"三公开"等村级事务全面公开，实现公开经常化、制度化和规范化。南田村通过制定和修订村规民约，规范日常行为、维护公共秩序、保障群众权益、调解群众纠纷、引导民风民俗，在推进乡村治理现代化过程中有效发挥了自律的作用，荣获2020年"全省百篇优秀村规民约"。大歇村建立村规民约监督机制，通过积分管理办法实施奖惩措施，同时注重运用舆论和道德力量促进村规民约有效实施，对违背村规民约的，在符合法律法规前提下运用"四会"自治组织的方式进行合情合理的规劝和约束。余畈村坚持民事民议、民事民办、民事民管，组建覆盖每家每户的实名制微信群，广泛征集村民意见建议，建立以利

---

① 中共中央、国务院：《乡村振兴战略规划（2018—2022年）》，2018年9月。

② 《中央全面依法治国委员会印发〈关于全面加强法治乡村建设的意见〉》，http：//www.moj.gov.cn/Department/content/2020-03/25/582_3244698.html，2020年3月25日。

益需求为导向的特色型协商方法，形成全局协商与个性化、行政村和村民小组、自然村两级协商相结合的多元协商新格局，成功入选"全省第二批城乡社区协商示范点"。

（二）坚持党建引领法治，强化法治保障功能

岳西县主簿镇注重党建引领法治，统筹规划法治乡村建设，狠抓法律政策具体落实，强化法治保障功能。主簿镇制定和实施《法治乡村建设工作方案》，从法律人才培养、法治宣传教育、乡村法律服务、乡村矛盾化解等方面大力推进法治乡村建设，强调系统治理、依法治理、综合治理、源头治理，为乡村产业振兴和乡村治理提供良好法治环境。主簿镇结合乡村实际，注重对村"两委"班子成员、村务监督委员会委员、村民小组长、网格长、党员等重点人员加强法治培训，提高"法治带头人"运用法治思维和法治方式深化改革、推动发展、化解矛盾、维护稳定、应对风险的能力。主簿镇进一步规范社区网格化管理，充分发挥网格员法律宣传、社情民意调查、基础信息采集、社会事务服务、综治维稳的综合作用，做到人、事、物、情、信息、组织全要素管理，实现公共服务和综治维稳两方面精准化全覆盖，把贴身服务有效落实到基层，把矛盾依法有效化解在源头。主簿镇余畈村着力推进乡村依法治理，通过村综治中心、人民调解室、普法宣传栏、法治广场、扶贫夜校、村级法律顾问等多重阵地大力开展法治宣传教育，依法维护农民合法权益，教育引导农村干部群众办事依法、遇事找法、解决问题用法、化解矛盾靠法，荣获市级"民主法治示范村"，走出一条符合本村实际、体现新时代特征的法治乡村之路，切实增强了人民群众的获得感、幸福感和安全感。

（三）坚持党建引领德治，强化德治教化作用

岳西县主簿镇注重通过发挥党组织引领作用、党员干部的先锋模范作用和道德楷模的示范作用，大力推进乡风文明建设，强化德治教化作用。主簿镇各村将喜事新办、丧事简办、弘扬孝道、尊老爱幼、扶残助残、和谐敦睦

等内容列为乡风文明建设的主要内容，并写入村规民约，强化自我教育、自我管理、自我约束。在村党组织的领导下，充分发挥村民自治组织作用，依托"一约四会"广泛开展评先评优活动，弘扬中华传统美德，带动村民见贤思齐，引导村民向上向善、孝老爱亲、诚实守信。南田村通过自编自导快板舞演出和抖音、快手等网络平台广泛宣传"三字经"村规民约，使之家喻户晓、妇孺皆知，潜移默化、润物无声的教育引导作用日益彰显。余畈村结合菱白文化解读开展"诚孝俭勤和、忠义健善乐"十字"正民风、兴乡村"活动，开展"身边好人""模范代表""星级文明户""最美家庭"等评选活动，营造崇尚文明、争当好人的浓厚氛围，切实推进移风易俗。大歇村充分挖掘本土文化资源，利用502爱国主义研学教育基地、民间艺术馆、河畔书社、家谱文化馆、廉政文化长廊、农耕文化园和杜鹃花谷，进行红色文化教育，传承优秀传统文化，宣传弘扬良好家风家训，学习践行社会主义核心价值观，不断提升美丽乡村"外在美"和幸福人家"内在美"。

（四）坚持党建引领智治，强化智治驱动能力

岳西县主簿镇积极贯彻《数字乡村发展战略纲要》政策精神，通过数智化治理能力的整体规划，注重应用网络化、信息化和数字化治理手段，推动大数据、人工智能等现代科技与乡村治理的深度融合。岳西县主簿镇在上级党委政府和基层党组织的领导下，积极开发利用各种信息化治理平台，不断提升科技支撑下的数智治理能力。一是推动市级"互联网+政务平台"云平台下乡进村。主簿镇及南田村作为市级"互联网+政务平台"试点单位，通过在镇（村）为民服务大厅（中心）引入政务服务自助终端平台，对接人社、民政、住建、公安、司法、电信、电力、供水等部门数据，建立24小时"不打烊"网上政务服务超市，努力打造数据驱动、跨界融合、共创分享的智能化治理新模式，提高群众自主办理、快速办理、全天候办理能力。二是加强"互联网+"时代社会治安治理信息化建设。主簿镇积极利用市级社会治安综合治理信息系统，依托党小组长、村民小组长与网格员交叉任职的网格员，通过社管通移动终端实现各类信息采集录入，及时掌握网格

内人、房、事、物、情、组织等信息，建立以基层矛盾快速反应和及时调处为核心、综合管理和公共服务并重的科学高效的综治信息管理平台。三是依托县级"小微权力"权力监督平台加强村务监督。主簿镇依托县纪委监委建立的"小微权力"运行制约监督平台，对低保评定、经费开支、产业奖补等"小微权力"实行清单化管理和网络监督，实现对村级"微腐败"的源头治理和智慧治理。同时，该平台还融合村级党组织建设、服务群众、社会管理等 40 项权力事项，群众办事查阅流程，申请、受理、办理、结果公示等过程形成闭环，有力促进了乡村治理精准化和便民服务智慧化。四是积极搭建村级信息化管理服务平台。主簿镇大歇村开通集基层党建、乡村振兴、乡村产业、志愿服务、积分银行、小微权力及公示公告等模块于一体的"智慧大歇"微信小程序，依托智慧平台贯通党建、自治、法治、德治相关事项。大歇村、南田村、余畈村又相继开通"大歇村委会""美丽南田""大美余畈"微信公众号以及村级微信群、QQ 群，"线下+线上"相结合，广泛征集民意，开展社区协商、普法宣传和道德楷模宣传。

总之，岳西县主簿镇在基层党组织领导下，通过乡村治理试点积极探索，打造农文旅产业深度融合新亮点，真抓落实八项服务清单任务，努力铸就"全域产业+全域治理"相互促进的"双全"模式，"四治"融合促进了乡村有效治理，为乡村善治注入新内涵、增添新活力，从而推动了乡村治理制度框架和政策体系进一步完善，现代乡村治理体系趋向成熟，乡村治理能力更为精准全面，形成了可推广、可复制的乡村治理新经验，为全县乃至全省呈现了可供参照学习的乡村治理新样本。

B.14

TOE-C 模型下数字乡村建设：
分析框架、问题困境与提升路径[*]

——基于安徽 4 县的实证研究

项松林 孙 悦 徐小芳[**]

摘 要： 数字乡村建设是数字化背景下乡村振兴的重要方向，是消除城乡数字鸿沟的重要手段，是推进农业农村现代化的重要路径。借鉴 TOE 理论模型，围绕技术驱动、组织变革、环境优化和能力提升建构数字乡村建设 TOE-C 分析框架，在此基础上实证分析安徽 4 县国家数字乡村试点的实践探索与经验，深入剖析与揭示当前乡村数字化转型存在的主要问题，如数字技术"嵌而不入"、组织参与主体缺位、乡村数字资源欠缺、农民数字素养匮乏等。在新的发展阶段，全面推进数字乡村高质量建设应引领数字技术，赋能农业农村现代化发展；协同多元主体，推进乡村组织变革；优化数字环境，消弭城乡数字鸿沟；健全教育体系，提升农民数字能力。

关键词： 数字乡村 数字赋能 乡村振兴 TOE-C 模型

---

[*] 基金项目：安徽省社会科学创新发展研究课题重大项目"打造乡村全面振兴安徽样板研究"（2021ZD008）；安徽财贸职业学院提质培优承接项目"服务乡村振兴战略视域下高职教育提质培优与增值赋能研究"（2021zjtxzd04）。

[**] 项松林，博士，安徽建筑大学公共管理学院教授，主要研究方向为城市社会学；孙悦，上海大学博士研究生，主要研究方向为城乡治理；徐小芳，安徽财贸职业学院公共教学部副教授。

一 问题提出与文献综述

党的二十大报告指出，"全面建设社会主义现代化国家，最艰巨最繁重的任务仍然在农村"。[①] 随着城市快速扩张和乡村发展不充分导致城乡差距日益增大，全面推进乡村数字化转型、缩小城乡差距是化解城乡矛盾、实现社会主义现代化的重要抓手。近年来，互联网、5G、大数据、人工智能、区块链等新型数字技术应用于农村场域，推动农村生产方式、农业作业方式、农民生活方式呈现数智化转变，为乡村振兴带来了全局性、战略性、创新性影响。并随着数字技术的不断深入，催生农村新产品、新业态、新模式，"数字红利"得到充分释放，数字乡村建设取得显著成效。2019 年中共中央办公厅、国务院办公厅印发《数字乡村发展战略纲要》，将数字乡村建设上升到战略层面，提出加快乡村信息基础设施建设、发展农村数字经济、强化农业农村科技创新供给、建设智慧绿色乡村、推进乡村治理能力现代化等重点任务。[②] 2022 年 1 月，中央网信办等十部门印发《数字乡村发展行动计划（2022—2025 年）》提出阶段性目标，"到 2023 年，数字乡村发展取得阶段性进展；到 2025 年，数字乡村发展取得重要进展"。[③] 2023 年中央一号文件再次强调"深入实施数字乡村发展行动，加快农业农村大数据应用"。[④] 数字乡村建设既是乡村振兴的战略方向，也是建设数字中国的重要内容，充分利用数字化赋能农业农村现代化，整体推进数字中国建设迈上新台阶。

[①] 习近平：《高举中国特色社会主义伟大旗帜　为全面建设社会主义现代化国家而团结奋斗——在中国共产党第二十次全国代表大会上的报告》，人民出版社，2022。

[②] 《中共中央办公厅　国务院办公厅印发〈数字乡村发展战略纲要〉》，https：//www.gov.cn/zhengce/2019-05/16/content_5392269.htm，2019 年 5 月 16 日。

[③] 《数字乡村发展行动计划（2022—2025 年）》，http：//www.cac.gov.cn/2022-01/25/c_1644713315749608.htm，2022 年 1 月 26 日。

[④] 《中共中央　国务院关于做好 2023 年全面推进乡村振兴重点工作的意见》，https：//www.gov.cn/zhengce/2023-02/13/content_5741370.htm，2023 年 2 月 13 日。

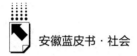

伴随乡村数字化水平不断提升、数字化基础设施不断完善、数字化治理模式不断成熟，数字乡村建设引起了学界广泛关注和讨论，形成了丰富而深入的理论研究成果，主要表现在以下四个方面。一是关于数字乡村建设的内涵与内容。文军等认为乡村数字化的内涵主要包括技术维度的"数字下乡"、主体维度的"数字农民"和情境维度的"数字乡村"①；孙久文等将数字乡村建设的内容分为两大类，一类是建设以数字技术为依托的新型农业发展模式，另一类是以畅通国内经济大循环为基础的数字经济②；汤志伟等提出应将基础设施、建设主体、应用场景、发展模式、核心要素、生态环境、建设目标"串联"起来，以保证数字乡村建设过程畅通③。二是关于数字乡村建设的逻辑与机理。陈桂生等指出数字乡村有助于推进共同富裕，建构数字乡村富裕共同体④；王丹等将乡村数字赋能的运行逻辑归纳为结构赋能、资源赋能和心理赋能⑤；李丽莉等将数字乡村建设的逻辑与机理分解为技术进步逻辑、深化改革逻辑和利益均衡逻辑，分别对应生产力、生产关系和行动动机三个层面⑥；王雨磊认为我国精准扶贫的成功在很大程度上取决于数字技术的配合，将数字乡村建设的机理概括为数字在地化、数字系统化和数字逻辑化⑦。三是关于数字乡村建设的问题与困境。崔凯研究发现当前在农业全产业链中，由于数字化手段在各个环节的应用程度不同，农业全产

① 文军、刘雨航：《面向不确定性的乡村数字化建设及其实践启示》，《西北农林科技大学学报》（社会科学版）2022年第5期。
② 孙久文、张翱：《数字经济时代的数字乡村建设：意义、挑战与对策》，《西北师大学报》（社会科学版）2023年第1期。
③ 汤志伟、方录、韩啸：《数字乡村建设的内在机制——数字化转型视角》，《科技管理研究》2023年第8期。
④ 陈桂生、王玥：《数字乡村富裕共同体：数字乡村建设推进共同富裕何以可能与何以可为》，《天津师范大学学报》（社会科学版）2023年第5期。
⑤ 王丹、刘祖云：《乡村数字赋能的运行逻辑、现实困境与优化策略——基于江苏省沙集镇的个案考察》，《求实》2022年第6期。
⑥ 李丽莉、曾亿武、郭红东：《数字乡村建设：底层逻辑、实践误区与优化路径》，《中国农村经济》2023年第1期。
⑦ 王雨磊：《数字下乡：农村精准扶贫中的技术治理》，《社会学研究》2016年第6期。

业链数字化、智能化转型不足[1]；杨嵘均等讨论数字鸿沟是乡村数字赋能的内生困境，具体表现在乡村基础设施与数字赋能之间的张力、乡土性和现代性之间的张力、乡村智力建设和数字赋能之间的张力[2]；张国胜等指出制度的稳定性和滞后性造成技术能力和制度容量的失衡，带来技术赋能乡村治理不充分[3]。四是关于数字乡村建设的模式与路径。郑永兰等将"外源输送型"模式和"内生式发展"模式进行有机耦合，借以形塑内外联动发展理念，为数字乡村建设提供双重动力[4]；杨大鹏通过浙江省实践案例归纳出了"数字+治理"破解乡村治理难题、"数字+信用"重塑乡村信用体系、"数字+产业"促进乡村产业转型[5]；谢小芹等将高水平数字乡村建设归纳为平台嵌入型、权威推动型和竞合驱动型三种不同的路径[6]。

总体而言，学界对数字乡村关于理论内涵、逻辑机理、问题困境、模式路径等主题做了大量而深入的研究，为数字乡村建设实践提供了更加科学的理论指导。但同时可以发现，多数学者将重点聚焦在数字技术的单向度赋能，抑或对技术、主体、场景、资源进行独立阐述，没有构建起对话沟通机制，逻辑性有所欠缺。有鉴于此，本报告拟在借鉴 TOE 理论模型基础上，引入数字能力建构数字乡村 TOE-C 分析框架，并通过对安徽 4 县国家数字乡村试点的实证研究揭示与刻画当前数字乡村存在的主要问题，总结提出推进数字乡村建设的优化路径，以期进一步丰富和深化数字乡村建设的理论研究和实践探索。

---

① 崔凯：《数字乡村建设的实践分析：进展、规律与路径优化》，《中国特色社会主义研究》2023 年第 2 期。

② 杨嵘均、操远芃：《论乡村数字赋能与数字鸿沟间的张力及其消解》，《南京农业大学学报》（社会科学版）2021 年第 5 期。

③ 张国胜、方紫意、赵静媛：《数字赋能乡村治理的逻辑：从技术能力到制度容量》，《农村经济》2023 年第 7 期。

④ 郑永兰、周其鑫：《内外耦合式发展：数字乡村建设的策略选择》，《西北农林科技大学学报》（社会科学版）2023 年第 5 期。

⑤ 杨大鹏：《数字赋能乡村振兴实现共同富裕的实践路径和对策》，《中国软科学》2022 年第 S1 期。

⑥ 谢小芹、任世辉：《TOE 框架下数字乡村试点建设路径的组态研究与区域比较——基于全国 76 个数字乡村试点的定性比较分析》，《电子政务》2024 年第 1 期。

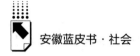

二 数字乡村建设 TOE-C 分析框架

TOE（技术—组织—环境）理论模型，最早由 Tomatzky 和 Fleischer 于 1990 年提出①，是一种以创新技术应用情境为基础的综合性分析框架，主要由技术维度、组织维度、环境维度构成，用来分析创新技术被组织采纳应用前如何受这三个维度的交互影响。其中，技术维度关注创新技术的性能和特征与组织结构、原生环境之间是否相匹配，创新技术特征包括技术的数智化、高效率、创新性、低成本等；组织维度关注组织结构特征能否支撑创新技术性能与外部环境变化，组织结构特征包括组织规模、制度安排、组织主体等；环境维度关注外部环境各要素对技术应用、组织结构产生的影响，外部环境包括市场环境、制度环境等。国内外学者已经采用 TOE 理论框架开展了大量的实证研究，探究创新技术在被采纳过程中技术、组织、环境相互发挥作用的影响机制。②

TOE 理论模型避免了要素单一论，提供了横跨三个维度的全面视角，有助于系统性、全局性分析事物运作机理。数字乡村建设的核心动力就是数字技术，在乡村场域数字技术与组织结构、外部环境交互作用保持乡村数字化建设的动态平衡。除此之外，本报告认为推动乡村数字化转型关键在改变农民自身的发展理念，提升农民数字素养和能力，从内部修正和升级乡村发展理念和模式。因而，农民主体的数字能力也是影响乡村数字化进程的一个重要因素。有鉴于此，本报告将在 TOE 理论模型基础上引入农民数字能力这一要素，建构数字乡村建设 TOE-C 分析框架，探究技术驱动、组织变革、环境优化、能力提升在乡村场域中的交互作用机制，推动数字乡村建设动态平衡（见图 1）。

---

① Tomatzky L. G. , Fleischer M. , *The Processes of Technological Innovation*. Lexington Mass：Lexlngton Books，1990.

② 张振鹏：《文化产业数字化的理论框架、现实逻辑与实现路径》，《社会科学战线》2022 年第 9 期。

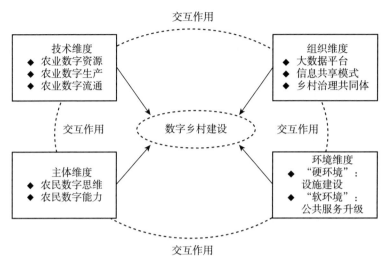

图 1　数字乡村建设 TOE-C 分析框架

（一）技术维度：数字技术驱动乡村生产现代化

作为农业农村现代化发展的助推器，数字技术深入农村场域已经创造出前所未有的新型经济模式，推动传统农业数字化高质量转型。在工业技术带来农业机械、农药、化肥、地膜、深加工等新的生产要素基础上，数字技术的注入将促进农业生产更加精细化、系统化、标准化、多样化、智能化[①]，提升农业生产效率，挖掘农业多功能要素。同时，数字技术深入农业产业资源、生产、流通各个环节，促进农业提质增效。在资源环节，网络化、数字化的基础设备促使信息充分共享，推动农业资源配置的帕累托最优，提高农业要素配置效率；在生产环节，使用卫星遥感、作物传感等技术可以高效监测农作物生长的要素信息，进行科学的智能灌溉、精准施肥等操作，无人机、人工智能、无人车间、无人驾驶等数字化农业生产工具转变农业生产方式，提高农业生产效率；在流通环节，电商平台的出现改变了传统的农产品

[①]　李丽莉、曾亿武、郭红东：《数字乡村建设：底层逻辑、实践误区与优化路径》，《中国农村经济》2023 年第 1 期。

销售方式，通过数字平台将所有交易主体联结起来，以线上的形式进行产品信息共享、产品交易、产品流通。伴随数字技术对农业产业的影响范围日益扩大，智慧农业、共享农业、绿色农业等农业新业态逐渐成熟，成为传统农业高质量转型的强大动能。

（二）组织维度：组织变革赋能乡村治理现代化

随着乡村经济社会的不断发展，乡村社会主体越来越多元化，通过加强组织领导，统筹谋划数字乡村建设，协调各主体在乡村建设中承担相应工作，整体推进各项任务顺利落实。推动大数据变革乡村组织形态，赋能乡村治理现代化。首先，大数据能够打破各主体之间的信息壁垒，创新信息共享模式①，利用数字政务等平台改变自上而下的单向度治理模式，搭建村民与政府沟通的桥梁，提升信息流通的便捷性。其次，信息共享可以促使村务公开，将各级政府的权责置于透明的监督中，有效避免了权责不清问题。再次，搭建的乡村治理"云管理""云服务"大数据平台可以加快信息传播的速度，向村民及时传达相关政策，了解政府当前工作状态和工作进展，增强村民参与乡村治理的主动性和积极性。最后，数字乡村不仅可以推动基层政府形成"数字化平台"思维，还能够通过技术优势吸引社会力量参与到乡村治理中来，提供基层政府所需的人力、物力、财力资源，形成政府、社会组织、村民共同参与的治理共同体。通过组织变革赋能乡村治理现代化能够有效解决内外部融合、上下贯通的难题。

（三）环境维度：环境优化提质乡村发展现代化

数字乡村建设就是技术赋能乡村"硬环境"和"软环境"的实践过程，通过推动乡村数字基础设施建设和数字公共服务升级，提质乡村现代化发展。在推动乡村数字基础设施建设方面，数字技术可以提高资源配置的精准

---

① 张利国、黄禄臣：《大数据赋能乡村治理：作用机理、现实困境与实现路径》，《农业经济与管理》2023年第3期。

性和有效性，能够进一步推动数字技术应用场景的更新，针对偏远落后地区优先对其广播、电视设备进行数字化升级改造，为后期引入 5G、大数据平台奠定基础。同时，数字技术可以提升乡村水利、电力、物流、交通、生产加工等基础设施运作效率，更新改造乡村陈旧的基础设施体系，促进智慧水利、智慧物流、智慧交通建设。在推进乡村数字公共服务建设方面，利用数字技术推动城市资源"下沉"，打造城乡居民共享的智慧图书馆、智慧教育、智慧医疗、智慧社会保障等公共服务项目，让农民也能享受到现代化的公共服务，满足农民日益增长的个性化生产生活需求。同时，数字技术还可以打破城乡文化壁垒，通过数字平台传播速度快、低功耗、多元自由的特点为城市居民提供乡村风土人情、传统文化体验观感，农民也可以享受到城市的主流文化、潮流文化等，实现城乡多元文化的交融互动。

（四）主体维度：能力提升助力乡村生活现代化

农民数字能力作为数字乡村建设的关键内生动力，对激活农民乡村建设的主体意识和主体能力具有重要意义。一方面，具有数字化思维的农村居民可以运用数字技术处理日常生产生活中的问题，利用互联网平台借助各种搜索引擎获取所需要的信息，为生活带来便利，改善生活状态。通过创新获取信息的方式，农村居民不仅可以获取更多知识、开阔视野，更能提升个人的数字素质，推动乡村数字化发展。[①] 另一方面，农村居民的数字能力决定了参与乡村建设的深度与广度，进而影响数字乡村建设的进程。农民数字能力高，可以较熟练运用一些数字技术进行农业生产，同时利用数字技术发展智慧乡村旅游、农家乐等产业新业态。农村居民数字能力越高越有助于乡村数字化治理，通过微信群、政务平台等方式及时获取政策信息，并向村"两委"和基层组织反映工作情况，表达自身诉求，提高了基层工作的效率。而城乡数字鸿沟的出现正是城乡居民对数字技术的接受能力差距造成的，通

---

① 杨嵘均、操远芃：《论乡村数字赋能与数字鸿沟间的张力及其消解》，《南京农业大学学报》（社会科学版）2021 年第 5 期。

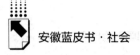

过提高农村居民的数字使用能力和参与数字生活的能力，能够有效弥合城乡数字鸿沟。

三　安徽省国家数字乡村试点县的探索与经验

2020年，中央网信办、农业农村部等7部门联合启动国家数字乡村试点工作，安徽省长丰县、砀山县、金寨县、歙县入选首批国家数字乡村试点县。4县牢牢抓住试点机遇，紧密结合本地实际，借助数字化手段赋能乡村产业发展、乡村建设和乡村治理，探索数字乡村建设模式和工作路径。为进一步加快数字乡村建设，安徽省先后出台了《加快发展数字经济行动方案（2022—2024年）》《加快"数字皖农"建设若干措施》《2023年安徽省数字经济发展工作要点》等政策举措，全方位助力乡村全面振兴和农业农村现代化。在国家和省政府大力推进数字乡村建设战略下，4县数字乡村建设取得了显著成效。

（一）长丰县：扎实推进国家数字乡村试点建设

长丰县紧抓国家数字乡村试点建设的机遇，用科技赋能工业、农业、教育、医疗卫生、公共服务、社会治理等方方面面，形成了一批有特色、有成效的典型案例，丰富了数字乡村建设应用场景，产生了可借鉴的试点成果。

1. 马郢数字乡村

马郢村作为长丰县数字乡村建设的重点试点区域，2021年由县财政投入300万元，重点打造智慧社区一张图、数字服务、数字治理、数字农业和数字文旅的"数字马郢"。马郢村利用科技促进文旅融合，通过拍摄宣传片，吸引游客来马郢欣赏美景、体验民俗、体验乡村生活和现代绿色农业生产过程，通过一部手机、一个触摸屏、一个码、一张图、一站式就能走遍、览遍、玩遍马郢；此外，还建设下塘烧饼、庄墓圆子、长丰草莓等特色产品智能生产管理系统，推动特色产业发展。在农业产业方面，马郢村通过科学农事管理、精准施肥、施药控制来保证产品主要原料的绿色生产过程，吸引游客购买，带动农产品销售，促进马郢产业形成可持续发展模式。通过"数字马郢"建设，还为社区提供信息服务、政务办理、诉求渠道等"网上办、指尖办、马上办"和"一网通"便捷服务。

2. 中科合肥智慧农业谷

长丰县为进一步推进农业数字化转型，大力建设中科合肥智慧农业谷。当前，中科合肥智慧农业谷已初步完成长丰县域卫星、无人机遥感、土壤肥力、地形、气候、施肥决策、作物长势、追肥决策、作物种植分布、长势分析、空气土壤传感器、视频等部分大数据的汇聚和平台建设；初步完成面向农村的信息网络基础设施建设，以及智慧农业研发土壤肥力高通量检测、智慧植保、智能农情装备等数字农业基础设施建设。在此基础上，还将围绕"一院一园一基地"规划建设，联合合肥智慧农业协同创新研究院、智慧农业制造装备产业园、智慧农业试验示范基地，打造农业传感器、大数据、机器人、新材料、绿色农业、康养农业等领域，实现人工智能与农业深度融合。

3. 数字草莓新模式

在数字农业推进建设中，长丰县明确以数字草莓全产业链建设为突破口，构建长丰县数字草莓大数据平台。依托中科合肥智慧农业谷，集成草莓数字监管、数字莓农、数字仓储、数字农旅、数字交易、数字消费等内容，实现草莓生产温、光、气、土、肥、药可视化，建立全县草莓病虫害大数据平台，农户通过手机 App 就可以实时上传草莓相关信息。同时，为了提高资金的使用效率，长丰县将 500 万元市级产业园和省级数字农业专项资金进行整合，重点强化博士草莓科技园、艳九天草莓种苗繁育中心、田峰草莓产销一体化基地等 5 个草莓产业数字化应用场景建设。此外，长丰县积极推进数字草莓小镇建设，全面建设 2000 亩智慧草莓园。

（二）砀山县："数字乡村"赋能"乡村振兴"

砀山县积极响应国家数字乡村建设号召，将数字乡村建设工作纳入全县"十四五"规划，采取多项举措，创新开展国家数字乡村试点工作，打造数字乡村建设"砀山样板"。

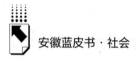

1. 创新实施"数字果园"工程

砀山县创新性建立"数字果园""壹号梨园"工程管理系统,广泛应用农业物联网技术,推动农产品加工企业在农产品贮藏、分类分级、包装和运销等方面的初加工设施装备智能化管理,实现可视化监管原料与制品可溯互通、加工全程智能控制、产品质量自动监测、生产过程等环节,并围绕"把酥梨做好"的发展目标,做实现代化改造,采取"政府主导,市场化运营"模式共建砀山酥梨产业互联网服务中心。通过砀山酥梨高端市场的开发和销售,"倒逼"生产环节标准化、智能化,建立多主体利益联结机制,实现信息数字化管理,引领砀山酥梨产业高质量发展。

2. 农村电商产业蓬勃发展

砀山县电子商务公共服务中心为全县从事电商的创业者提供"保姆式"孵化服务。2020年7月以来,砀山县已经举行22期电商知识培训讲座和1期电商讲师培训讲座,培训人员2409人次、电商讲师30名。此外,砀山县已经建立起完善的物流配送体系,拥有占地面积123亩的县级快递物流配送服务中心、覆盖城乡的县镇村三级快递物流配送体系、109个村级综合服务网点和便民网点,打通了快递物流服务"最后一公里"。当前,砀山县拥有电商企业2200余家、网店和微商近6万家,10多万人从事电商物流等相关产业;建成8个省级农村电商示范镇、29个省级农村电商示范村、16个省级农村电商示范点。

3. 基层社会"智"治有方

砀山县积极推进"雪亮工程"项目,全力打造"平安砀山"。"小微权力"网络监督平台已实现行政村(社区)全覆盖,砀山县城市大脑建设已完成并验收通过投入使用,15个镇(园区)为民服务中心、164个村(社区)为民服务全程代理工作站"7×24小时市民之窗"政务服务体验区已取得良好效果。

4. 返乡创新创业取得新成效

为吸引在外青年返乡创新创业,把人才留在家乡,砀山县搭建"暖巢",实施"归雁创业"工程。"砀山铁娘子"武妍彦借力电商平台,促进砀山酥梨多产业形态的发展，振兴乡村；"电商达人"陈科猛利用互联网、物联网手段发展电商品牌，以"百企帮百村"服务砀山精准扶贫；中国科学技术大学博士段旭旭"下乡"种梨，成立了自己的梨膏品牌——梨花猫；退役军人王小辉带领梨农开展绿色种植，先后启动了"共享梨园""酥梨进高校""老兵严选供应链"项目，带领乡亲脱贫致富；郭鹏伟通过流转贫困户的梨园，打造"梨农公社"品牌生产基地，带动周围果农共同发展品牌农业，实现村民共富。

（三）金寨县："城市大脑"助力数字乡村再提升

金寨县为精准实施中央"数字中国"、安徽省"数字江淮"发展战略，以新发展理念为指导，建设县级城市大脑，汇聚全县数据资源，通过城市大脑 AI 智能算力助力数字乡村再提升。

1. 数字资源高效率应用

金寨县通过将原有信息化建设成果进行重新梳理，整合提升现有城乡数字资源和数字应用，一是打造县域统筹的运营指挥中心，实现县乡治理智能化。汇聚县、乡、村三级信息化资源，现已接入 7 个部门共计 7693 路视频监控，统筹 4 个数字乡村乡镇先行示范点一张图，赋能乡村产业发展、优化信息化治理资源配置。同时，向应急、城管、卫健、生态环境等多部门开放，实现跨领域组织、多部门协调，实现各级各部门统筹协同治理的效果。二是建设 3 个数字化中台，提供数字乡村建设核心能力支撑。涵盖数据中台、智慧中台、业务中台，分别作为全县各级各部门数据枢纽、AI 能力枢纽、调度枢纽，为数字乡村建设提供坚实的支撑。三是建立三大保障体系，确保数字乡村、智慧城市统筹规范。建立包括标准规范体系、安全保障体系、运营管理体系在内的体系网络，分别确立了项目建设标准、信息安全标准、运营管理标准，以确保项目建设、信息安全、日常运维稳定有序开展。

2. 多样化数字应用服务场景

金寨县依托城市大脑的基础平台和 AI 算法的赋能，充分发挥云计算、大数据、物联网、AI 智能等技术优势，现已开发并上线了多个应用服务场景。一是智慧医疗场景的应用，通过由心电中心、影像中心、检查检验中心等平台组成的远程会诊中心，解决了城乡居民就诊难、医疗资源不均衡等难题；二是智慧教育场景的应用，当前已完成了114所智慧学校建设，实现了全县中小学及教学点智慧课堂全覆盖，充分利用专题课堂、名师课堂及名校网络课堂等资源，为师生教学提供信息化辅助，为偏远学校带来优质教学资源，促进教学质量大大提高；三是智慧交通场景的应用，实现了城乡公交线上实时调度、监控运营，结合电子站牌以及公交 App 的使用，极大降低了公交运营成本，为民众安全出行提供更便捷的服务；四是智慧旅游场景的应用，充分运用数字技术助力全域旅游发展，实现多景区数据实时接入，全天候智能监管，游客随时随地使用手机查询景点信息，预约前往，或使用 VR 畅游景区，身临其境感受金寨山水美景。一幅"慧治理、善决策、智生活"金寨城乡数字化一体发展的美好蓝图正在缓缓铺开。

（四）歙县：数字赋能一张图

歙县通过创建"歙县新时代'新安山居图'"乡村振兴模式，聚焦"闲置资源资产盘活转化、茶菊产业发展、文旅产业提升"三大主导领域，围绕"古城、古村、江畔、云巅、林场、田园"等多场景广泛合作，借力数字赋能构建一体化乡村产业发展体系。

1.数字赋能农产品"歙采缤纷"

歙县农业主导产业鲜明，拥有茶叶 28 万亩、菊花 5.5 万亩。为提高品牌效益，提升农业产业附加值，歙县积极推进农业全产业链数字化赋能，建设万兴园葡萄种植基地、定潭菊花种植基地两个物联网大棚示范基地；运行定潭枇杷基地、富塌蓝莓基地、南屏茶叶基地、蓝田大棚瓜果种植基地、竦口蔬菜基地等 9 套水肥一体化管理系统；搭建农特产品质量安全追溯体系，实现农产品"带证上网、带码上线"，实现"码"上验证、"云端"销售。此外，歙县还积极推进农村电商与农业、文化、旅游等深度融合，建立县、乡、村三级电商支撑体系，培育了"山里山""徽味和""徽锄头"等 100 多个农产品电商品牌。

2. 数字赋能徽文化"精彩纷呈"

地处皖南的歙县属于江南地域，山水秀美、文化璀璨、人杰地灵，是徽文化的主要发源地和集中展示区。借助数字化手段，歙县将徽文化中的人物故事、民俗非遗、传统服饰等通过 IP 设计及衍生品等方式使徽文化具象化、大众化。同时，利用数字经济的平台优势，陆续设计推出锦小鲤、徽小狮等 6 款文旅 IP 并进行商业化合作，通过场景化呈现、产品化植入、商品化营销，提炼成一个个鲜活的文化标识和形象符号，让游客有感有得、产生共情。依靠数字化技术，广大网友还可以在"淘宝人生"的"歙县地图"中欣赏中国四大古城之一的徽州古城、全国唯一的"八角牌楼"许国石坊以及徽州府衙，进而感叹徽文化的迷人魅力和蓬勃生机。

3. 数字赋能农民生活更便捷

歙县已经实现城区、乡镇 5G 信号全覆盖，景区 5G 信号连续覆盖，农村地区光纤网络覆盖率、有线电视入户率达 100%。全县 182 个村全部开通村级信息服务站，邮政服务站遍布乡村，全县设立 1 个县级运营中心、7 个镇级运营中心、215 个村级邮政自提点，满足全县的普服义务和用邮需求。黄山"村村达"物流速递有限公司在歙县 28 个乡镇设立 200 个村级网店，开展快递的收发货业务，基本解决农村商品双向流通"最后一公里"问题。此外，歙县不断深化"互联网+医疗健康"，建成覆盖全县的"智医助理"系统、"互联网+中医药服务"系统、心电远程会诊系统、影像远程会诊系统；积极推进"互联网+教育"，建成义务教育小规模智慧学校 50 所；发放社会保障卡 42 万张，基本实现"人手一卡"，推进实现服务群众零距离。

四 安徽省推进数字乡村建设的问题与困境

当前，安徽省数字乡村建设实践如火如荼地开展，并取得较好成绩，但是在实践过程中暴露出的数字技术"嵌而不入"、组织参与主体缺位、乡村数字资源欠缺、农民数字素养匮乏等问题需要进一步探究与解决。

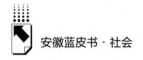

（一）应用迟滞：数字技术"嵌而不入"

数字乡村建设的本质就是利用数据要素的信息化、智能化、网络化推动乡村现代化发展，其中数字技术是乡村现代化发展的核心和基础，贯穿数字乡村建设全过程。但是在实践中却出现了数字技术嵌入农业产业困境。首先在数字技术研发层面，专门针对农业产业的科学研究成果较少，比如在农业专用的机械传感器、自动化农业机械、农业机械智能化[①]等方面研究力度不足，造成农业机械化程度较低。而在农业 App 软件上所设计出来的农业场景，包括地理位置、技术水平、气候条件、市场需求等都太泛化，没有针对性，使得技术与农业转型需求不契合。其次在数字技术供给层面，关涉农业领域的科研成果较少，加上科技基础条件薄弱，创新农业领域技术难度较大，导致信息化、数字化技术不能转化应用于农业生产过程。同时也无法更新基层信息共享平台，不能获取及时的农业新技术和知识，造成农业产业新科技推广缓慢。最后在数字技术应用层面，分散的、差异化的小农生产方式导致数字技术难以在农业领域顺畅应用。由于小农户只参与农业这一单一的产业，生产方式采取零散、传统的作业形式，难以适应现代化进程中新产业、新业态、新模式的培育，无法融入数字化发展过程，出现小农户与现代化衔接的难题。[②] 此外，各种数字技术应用到农业产业领域，这些技术相互联通、相互组合、相互支持，但技术是有边界的、有门槛的、有壁垒的[③]，会不同程度产生技术应用的有效性，再加上人、技术和乡村场景的兼容性问题，以及技术本身的复杂性，导致数字技术嵌入困境。

① 文丰安：《数字技术赋能乡村建设现代化：重要性、梗阻及发展进路》，《湖北大学学报》（哲学社会科学版）2022 年第 5 期。

② 陆益龙：《"数字下乡"：数字乡村建设的经验、困境及方向》，《社会科学研究》2022 年第 3 期。

③ 韩志明、刘羽晞：《"轻便"的智慧治理——来自 B 镇"一码通用"系统的实践案例》，《理论探讨》2022 年第 5 期。

（二）行动困境：组织参与主体缺位

在数字乡村建设中主要存在两种组织形态，一类是基层党组织，另一类是乡村社会组织。首先，基层党组织处于"内生缺位"状态。基层党组织以"互联网+政务服务""数字党建"等形式引领乡村数字化建设，但是由于这种数字化治理方式农民接受程度较低，在乡村出现了"水土不服"现象，导致基层党组织领导效率低下。其次，构建"互联网+政务服务""数字党建"需要足够的财政经费，地方基层难以筹集足够的资金资源搭建数字服务平台，再加上城市化吸引农村人口流向城市，农村基层党组织成员年龄偏大，数字素质不强，使得各类数字平台功能未能充分发挥。其次，乡村社会组织呈现"有心无力"瓶颈。乡村社会组织无法有效承接数字技术下乡[1]，当前对于自发组建的社会组织参与乡村数字化治理尚未制定明确的规约体系，在没有一套完整规约监督的情况下乡村社会组织活动出现不确定性、不稳定性，难以获得居民的信任。再次，乡村社会组织自身能力有限，因为不是由政府单位组建的正式组织，组织中成员有着不同利益，在自身利益最大化导向下会首先考虑个人利益，而出现有损集体利益的情形，进而导致无法集中力量推动乡村建设。最后，基层党组织与社会组织协调不力。数字乡村建设是一项系统工程，需要多方主体参与。但是在实践推进过程中，政府部门始终处于绝对主导地位，把控着乡村建设的大方向、乡村治理进程、多元主体协作进度。在此过程中，社会组织往往以被领导者身份参与乡村建设，参与形式、资源使用、参与进度都受到政府部门限制，造成社会组织参与积极性不足。同时，由于参与的不平等，基层党组织与社会组织之间协调性不足，多元主体效用没有发挥出来。

（三）环境失衡：乡村数字资源欠缺

随着乡村振兴战略的实施，城乡差距进一步缩小。然而在数字经济体系

---

[1] 王丹、刘祖云：《乡村数字赋能的运行逻辑、现实困境与优化策略——基于江苏省沙集镇的个案考察》，《求实》2022 年第 6 期。

下，农村地区数字环境还未发展成熟，与城市相比数字环境差距仍然存在。首先，城市因拥有良好的区位条件、基础设施，吸引投资者将大量资金投入新技术研发，成为新技术孵化创新的主阵地。当一项数字技术在城市应用成熟后，才会向农村地区推广，农村在新技术使用方面往往滞后于城市，使得城乡在数字技术的发展和应用上不能同步。其次，与城市相比，农村地区基础设施建设相对落后。由于农村处于远离市中心的偏僻位置，人口分布稀疏，农业数字化设施薄弱。尤其在一些偏远山区，互联网基础设施不完备现象更是突出，线上教育、医疗、社会服务等都没有得到完善，由于 5G 网络覆盖率低，农村数字化基础设施建设和维护难度大，推进基础设施数字化建设成本较大。根据安徽省第三次全国农业普查数据，全省 98%的村实现了宽带互联网全覆盖，但是电脑、手机等上网设备所占比例却很低，仅有34.8%的村有电子商务配送站点。[1] 这一数据表明，省内仍有一大半的乡村没有构建起电子商务配送体系、乡村基础设施不完备、设施信息化水平低。最后，乡村缺乏一套完备的数字化治理体系。在乡村治理过程中，数据标准不统一、数据使用不透明、数据监督不到位，而一些管理部门不公开涉农的治理数据，促使在乡村治理中没有可靠的数据作为判断依据。由于缺乏必要的法律法规、制度保障来引导和约束乡村治理过程中的数据使用，乡村数字化治理环境薄弱。

（四）信息贫困：农民数字素养亟待提升

农民是数字乡村建设的主要参与者和受益者，是推动乡村数字化转型的内在动力。但从现实看，当前农民数字素养较低、农民数字技术应用能力不够、农民数字素质教育体系不健全。首先，农民缺乏数字化思维。一方面，由于农民受教育程度低，再加上乡村网络设备不完善，在信息技术更迭交替的时代，农民可以接触到的数字资源有限。另一方面，农村中多是留守老

---

① 《安徽省第三次全国农业普查主要数据公报（第三号）》，http：//tjj.ah.gov.cn/ssah/qwfbjd/tjgb/sjtjgb/117211501.html，2018 年 2 月 26 日。

人，截至 2020 年底，安徽省常住人口中 60 岁及以上人口 1146.9 万人，占比 18.79%，高出全国平均水平 0.09 个百分点；65 岁及以上人口 915.9 万人，占比 15.01%，高出全国平均水平 1.51 个百分点。[1] 第七次人口普查数据显示，相比第六次人口普查，全省乡村人口减少 849.1 万人。[2] 老人学习新事物的能力有限，接受新技术较慢，对数字技术的学习意愿不强，进而缺乏将数字知识创新应用到生活和生产中的信息化思维。[3] 其次，农民数字技术应用能力有限。数字政务平台的频繁使用对农民应用数字技术能力的要求进一步提高，需要具有信息技术应用能力的数字人才。但是农村大部分人当前只是使用智能手机等电子产品进行日常生活和交往，在农业数字化、生活智能化、乡村治理现代化中无法充分融入而成为边缘人物，影响村民数字乡村建设的参与感。最后，对农民的数字素质培训不足，培训体制不健全，导致数字技术不能在农村地区被充分利用。关于农民数字素质培训的政策法规还在探索中，对培训过程的监督和调整还不完善，培训过程与农民的实际需求不相符，往往为了完成上级任务而忽略了农民真实需要，造成农民数字素质普遍不高而成为"技术边缘人"。

五　TOE-C 模型下数字乡村建设的提升路径

新一代数字信息技术正以其巨大的变革力量引领乡村发展，数字技术将成为未来乡村发展的核心元素。加快数字乡村建设要立足现有基础和发展规律，明确问题意识和目标导向，紧扣 TOE-C 分析框架，从引领数字技术、建构多元主体、优化数字环境、健全教育体系四个方面推动数字乡村高质量建设，为农业农村现代化、助力乡村振兴奠基蓄能。

---

① 《安徽省第七次全国人口普查公报（第四号）》，http://tjj.ah.gov.cn/ssah/qwfbjd/tjgb/sjtjgb/145782431.html，2021 年 5 月 18 日。
② 《安徽省第七次全国人口普查公报（第六号）》，http://tjj.ah.gov.cn/ssah/qwfbjd/tjgb/sjtjgb/145782471.html，2021 年 5 月 18 日。
③ 李燕凌、温馨、高维新：《数字乡村与乡村振兴耦合协调发展的时序适配性分析》，《农业经济与管理》2022 年第 4 期。

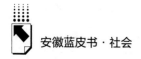

（一）引领数字技术，赋能农业农村现代化发展

数字农业的发展需要高、精、尖的科学技术支撑，推动农业生产核心技术改进①，提升农业机械设备信息化水平，促进农业数字化转型。第一，进一步研发、创新农业数字技术，构建完善的现代农业产业体系。农业院校、科研机构、农业企业要立足农业生产的实践现状和实际需要，以提高农业生产率、优化农业产业结构为目标，加快推动现代科技应用于传统农业生产过程，提高农业科技成果转化效率和水平，促使传统农业适应社会数字化发展。第二，促进农业技术与农业产业深度融合。利用数字技术普遍服务推进农业全产业链深度合作②，以大数据平台、5G技术联结农业全产业链各环节和各要素，利用物联网优势打造农业经营主体人机混合平台，借助区块链技术保障产业互联网平台的信息安全；通过数字技术优化城乡物流体系，将每个快递站点的业务信息分门别类汇聚在统一数据库，促使农产品流通环节更加便捷、更加透明、更加高效；整合农业全产业链的数据资源信息，搜集农产品生产流通销售数据，对其进行分析并形成相关报告，完善数据服务进一步规范和优化产业结构布局。第三，构建农业新业态，创新农业发展方式。做好数字技术融入乡村的保障工作，畅通数字技术融入农业领域的各平台和各渠道，协调各部门权责利益，加强农村电商运营、管理、监督机制，提升农村电商发展质量和优化发展环境，以各村特色农产品为亮点打造并推广成为各自的电商品牌，形成差异化竞争模式。同时，利用各村资源禀赋发展观光农业、创意农业、体验农业、生态农业③等新业态，形成现代化的农业发展模式。

---

① 彭青秀、轩利芳：《乡村振兴背景下农村三产融合发展路径研究》，《郑州轻工业大学学报》（社会科学版）2023年第1期。
② 陆刚：《基于产业互联网的数字农业：理论逻辑、融合模式与条件分析》，《贵州社会科学》2022年第7期。
③ 陈旋、李志：《数字乡村建设与现代农业融合发展困境及其破解之道》，《改革》2023年第1期。

（二）协同多元主体，推进乡村组织变革

在推动乡村建设现代化过程中，要加大多元主体的组织协调力度，促进乡村组织变革。第一，发挥好基层党组织在乡村治理中的领导核心地位，完善网上服务型政府建设。一方面，乡村工作千万条，抓好基层党组织建设是关键。要大力加强对基层党组织领导干部、工作流程的监督，使得权力运用公开在群众面前，并鼓励村民参与到乡村建设中来，以数字化手段打造村民线上参与平台，体现基层党组织的领导核心地位，推动各项建设任务顺利完成。另一方面，利用互联网平台构建网上服务型政府，给村民参与乡村建设带来方便快捷，同时也加强与党组织的联系。例如基层党组织可以开设一个公众号，可以包含组织成员及其担任的职责、各个部门介绍、乡村事务分类及如何解决、监督流程等内容，将数字技术充分应用到基层党组织建设中来。第二，加强乡村社会组织自身能力，尤其是数字应用能力，以数字化方式参与到乡村治理中。由于乡村社会组织的数字意识淡薄，可以定期统一培训乡村社会组织，利用广告宣传、实地调研、实践操作等方式提高乡村社会组织的数字技术使用能力。同时，完善健全相关规章制度，这样既使得社会组织内部结构稳定、参与乡村治理的流程明晰，给居民以可靠性、信任感，又能够保障乡村社会组织参与乡村治理的利益，调动它们参与的积极性。第三，推动基层党组织与社会组织协调合作。基层党组织在数字乡村建设过程中扮演具体实施者角色，执行上级部门的相关决策，但基层部门相对缺乏充足的资金、人力等物质资源，而社会组织可以提供乡村建设所需的资金、人力和物力。因而基层部门要持开放包容的态度，鼓励和接纳社会组织参与乡村建设，制定明确的合作流程，赋予社会组织一定的主动性，保障其应有的利益，调动社会组织参与的积极性和创新性。

（三）优化数字环境，消弭城乡数字鸿沟

加强乡村基础设施建设，实现数字化转型，为乡村发展提供一个良好的数字环境。第一，以数字技术为支撑，大力发展农村数字基础设施。一方面

要加大对乡村基础设施建设的投资，既要保证一定比例的财政拨款，也要积极吸引社会资本投资；另一方面要完善乡村"硬件"层面的建设，在农村现有设施基础上，进一步提升互联网、5G 技术的覆盖率，加速推进人工智能、区块链、物流链、大数据在农业农村场景的应用①，支持农村及偏远地区通信基础设施建设。此外，加快建设针对农业农村的遥感卫星等天基设施，提高农村地区水利、交通、电网、物流等方面的数字化水平，发展智慧农业，建立农业农村大数据体系。第二，推进农村公共服务数字化建设。当前，数字化的商业应用模式还未在农村地区全面推广开来，特别是在公共服务领域数字化特征还不明显，因而要加大数字技术在公共服务领域的应用力度，构建互联网+教育、互联网+医疗、互联网+社会保障等线上服务模式，通过数字技术将城市的教育医疗资源投入农村，提升农村教育医疗水平，缩小城乡公共服务差距，构建城乡一体化的公共服务线上平台。第三，加快乡村"软件"层面的建设，鼓励懂农业技术的专家和相关人才下乡，推动科技支撑乡村振兴，鼓励高校科研机构为数字乡村建设提供智力服务，培训和指导农民操作智能化机械设备。利用互联网技术将乡村振兴、产业扶贫联系起来，通过直播、电商等网络平台将脱贫地区的美食、特产销售到外界，利用互联网技术将特有的民俗风情向外界展示，吸引外地人到本地旅游。同时借助"流量效应"，将传统乡村打造成为特色小镇、旅游小镇，这样不仅促进当地人民增收，缩小了城乡收入差距，更提升了农民的幸福感。

（四）健全教育体系，提升农民数字能力

作为数字乡村建设的核心主体之一，切实提高农民的数字素养和数字能力，培育一支适应现代社会发展的高素质农民职业队伍，是乡村数字化发展的基本要求。为激发乡村发展的内生动力，应不断健全数字教育体系，夯实

---

① 王廷勇、杨丽、郭江云：《数字乡村建设的相关问题及对策建议》，《西南金融》2021 年第 12 期。

数字教育各环节，提升农民数字能力。第一，设置具有针对性的培训课程体系，不断健全数字应用场景，将课程与实践相结合。政府联合各级农业农村部门、科协组织以提升农民数字能力为目标设置相关培训课程[①]，并根据农业农村农民发展的实际需求，不断调整课程体系，推动课程设置符合农民真正发展需要。同时，开展数字经济、数字生态、数字文化、数字民生、数字治理等应用场景培训，让农民参与到每个应用场景的培训中，提高参与度。第二，拓宽农民数字能力培育渠道。通过测试当地农民数字素养水平，依据测试结果智能化地提供相适应的学习内容和学习方式。在培育方式上，可以采取网络视频、在线直播、云课堂等形式向农民介绍数字技术在农业农村领域的应用，邀请专业学者、农业人员下乡培育和提升农民数字素养和数字技能，实现"线上+线下"的一体化培育体系。第三，增强农民数字安全和数字道德意识。对于一些浅层次的数字技能，农民能够较好习得，但是农民数字安全、数字规则、数字道德规范意识还比较薄弱，因而可以通过入户发放宣传手册、观看视频、开办专题讲座形式向农民介绍数字安全的重要性，强化农民在生产生活中的辨识能力和防范意识。

六　结语

全面建设社会主义现代化国家，最艰巨、最繁重的任务在农村，同时发展潜力最大、发展后劲最大的也在农村，推动乡村数字化转型是时代发展的必然要求。乡村在中国社会发展历程中始终处于重要地位，从乡村建设、乡村改造、新农村建设到乡村振兴，对乡村发展的尝试和探索从未间断。从20世纪30年代一批知识分子提倡用"文字下乡"来解决乡村社会的"文化失调"问题，期冀改变整个乡村社会乃至整个中国；进入21世纪，一些学者提出以"资本下乡"的方式缩小城乡发展差距和缓解农村日益衰落问题，

---

① 马丽、杨艳梅：《农民数字素养赋能乡村振兴的理论机制与路径研究》，《农业经济与管理》2022年第6期。

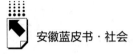
破解突出的城乡二元结构；步入信息化时代，乡村建设被赋予了新的目标和使命，需要一种新的发展方式推动农业农村现代化转型，"数字下乡"成为当前乡村建设的主要路径。

本报告在 TOE 理论模型基础上引入农民主体能力要素，建构数字乡村建设 TOE-C 分析框架，并围绕技术驱动、组织变革、环境优化、能力提升提出乡村数字化转型的优化路径，以期推进数字乡村建设的学理研究与实践探索。新的历史时期和新的发展阶段推进乡村建设，要始终坚持以人民为中心的发展思想，变革农村传统发展方式，提高农业生产效率，提升农民生活水平；要始终坚持城乡融合的发展路径，构建以城带乡、工农互促、城乡互补、共同发展的城乡关系，进而缩小城乡差距，实现城乡全体居民共同富裕；要始终坚持数字赋能的发展方式，充分发挥信息技术在乡村建设中的基础支撑作用，深化数字技术在乡村生产、乡村生活、乡村生态、乡村文化、乡村治理中的应用，推动乡村建设数字化转型；要始终坚持农业农村现代化的发展目标，立足国情农情特点、农业产业特性、乡村地域特征，提升农产品供给现代化水平、农业质量现代化水平、产业链供应链现代化水平。

专题篇
Special Reports

B.15
安徽省人口发展形势与挑战
（2017~2022）

孙中锋　叶子慧*

摘　要： 2017~2022 年，安徽省经济社会稳定健康发展，区域竞争优势日益凸显，人口总量平稳增长，人口城镇化进程不断加快，区域间人口流动双向加速。第七次全国人口普查数据显示，安徽省人口发展形势表现出人口红利优势减弱、人口老龄化加快、出生率持续下降等特点，对全省经济社会发展提出新的挑战。建议未来全省短期不断加快吸引劳动力回流，不断集聚高质量人才，对重点地市建立人口预警机制；长期落实生育配套支持措施，促进生育率提升，可采取建立健全"三育"成本补偿机制、构建"三育"服务支持体系、健全重大经济社会政策人口影响评估机制、加快养老托育协同发展等措施。

---

* 孙中锋，安徽大学人口研究所所长，副教授，主要从事人口学研究；叶子慧，安徽大学社会与政治学院研究生，主要从事人口学研究。

关键词：　人口发展　"三育"政策　安徽

一　安徽省人口发展形势

（一）人口总量平稳增长

第七次全国人口普查（以下简称"七人普"）数据显示，2020年全省常住人口为61027171人，居全国第10位，居于中游偏上水平，占全国人口的4.32%，与2010年第六次全国人口普查相比，增加1526703人，增长2.57%，年均增长率为0.25%，并且这十年间，全省共有6个市（合肥、阜阳、亳州、蚌埠、芜湖、滁州）的常住人口数实现了增长。

根据2022年全省人口变动情况抽样调查数据，2022年末，全省常住人口为6127万人，与上年末相比，增加了14万人，增长率为0.23%（见图1）。同2020年第七次全国人口普查数据相比，常住人口共增加24万人，年均增加12万人，年平均增长率为0.2%。其中，合肥、阜阳、宿州常住人口居全省前三位，分别为963.4万人、814.1万人和530.0万人。全省常住人口中，在城镇居住的人口有3686万人，占总人口的60.16%，同2021年相比，城镇人口占总人口的比重上升0.76个百分点；居住在乡村的人口为2441万人，占总人口的39.84%。

安徽省人口自然增长率与全国人口自然增长率趋势基本一致，呈现缓慢增长趋势，涨幅总体呈现下降态势。2017~2022年，安徽省人口自然增长率分别为8.17‰、6.45‰、5.99‰、1.49‰、0.05‰、2.3‰（见图2）。预计"十四五"期间全省总人口不断增长，但涨幅呈收窄趋势。

多年来，安徽省常住人口总量处于平稳增长趋势，安徽常住人口的增加，得益于近年来安徽经济快速发展，产业结构转型升级，就业机会大量增加，人才新政不断推出，促使部分外出人口回流。

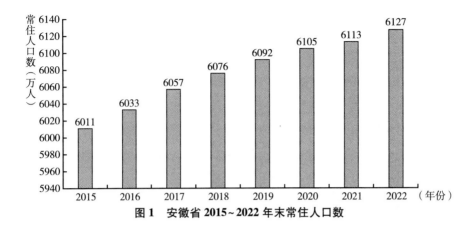

图 1　安徽省 2015~2022 年末常住人口数

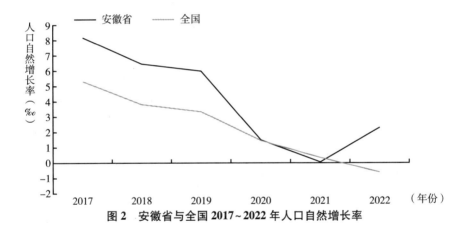

图 2　安徽省与全国 2017~2022 年人口自然增长率

（二）出生人口持续下降

根据安徽省全员人口数据库统计，2021 年 11 月 1 日至 2022 年 10 月 31 日，全省常住人口中，出生人口为 43.8 万人，死亡人口为 49.5 万人，自然增长人口为 -5.7 万人。出生率为 7.16‰，死亡率为 8.09‰，自然增长率为 -0.93‰。2021年安徽出生人口比 2017 年下降了 47.6%。2017~2022 年，全省出生人口数分别为 98.4 万、86.5 万、76.6 万、64.5 万、51.6 万、43.8 万，年增长率依次为 -12.1%、-11.4%、-15.8%、-17.8%、-20.03%、-15.08%，已连续 6 年呈下降趋势（见图 3）。

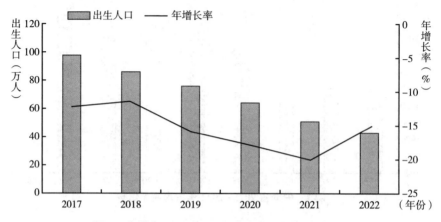

图3　安徽省2017~2022年出生人口数与年增长率

2017~2022年，全省常住人口出生率分别为14.07‰、12.41‰、12.03‰、9.45‰、8.05‰、7.16‰，连续6年下跌。其中2022年合肥市、阜阳市、宿州市常住人口出生率较高，铜陵市、池州市、芜湖市常住人口出生率较低（见图4）。总体而言，近年来，安徽省大多数市常住人口出生率高于全国平均水平。此外，城镇化率越高的地区，其出生率越低。以2021年为例，各市城镇化率及其出生率均呈现上述规律（见图5）。

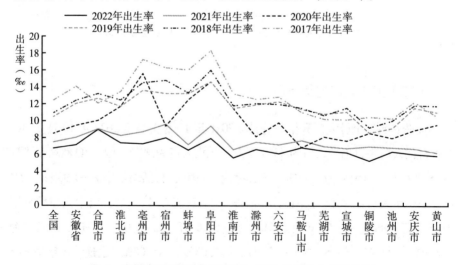

图4　安徽省16市及全国2017~2022年常住人口出生率

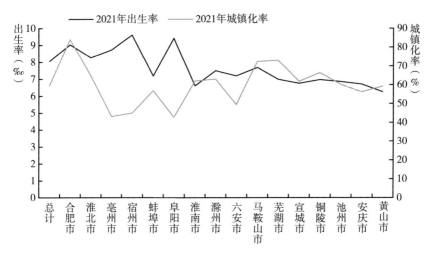

图5 2021年安徽省16市城镇化率及出生率

2017~2022年，全省户籍人口出生数分别为1126590人、989834人、818081人、843441人、605571人、502779人，其增长率分别为1.65%、-12.14%、-17.35%、3.10%、-28.20%、-16.97%（见图6），出生人口总体呈减少趋势，增长率呈下降趋势。

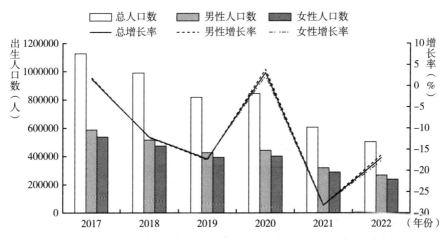

图6 2017~2022年安徽省户籍人口出生数及增长率

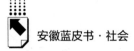

上述情况表明，安徽省出生人口不断减少，整体呈断崖式下降趋势，人口形势极为严峻。

安徽出生人口数下降还与历年结婚对数减少及初婚年龄推迟有关。2017～2021年，安徽省结婚对数分别为67.32万对、61.73万对、54.2万对、47.2万对、42.1万对，结婚对数连续5年减少。各市结婚对数总体均呈减少态势，其中淮北市、阜阳市结婚对数呈先降后升的态势（见图7），淮北市2017年结婚对数（22697对）与2021年结婚对数（22661对）基本持平。

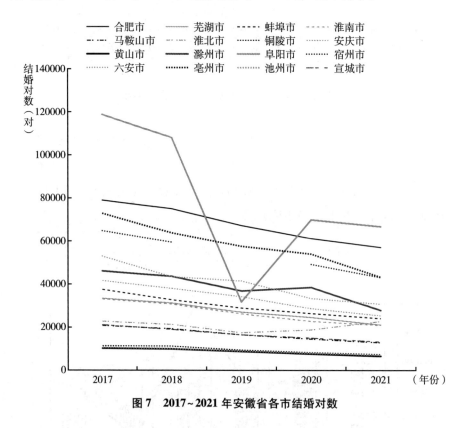

图7 2017～2021年安徽省各市结婚对数

关于初婚年龄，2021年安徽省结婚登记平均年龄为33.31岁，初婚平均年龄分别为男31.89岁、女30.73岁。统计数据显示，2008年以后安徽初婚年龄逐渐上升，从2008年的26岁左右上升到现在的30多岁。同时，除2017年是"全面二孩"政策实施的第二年，生育堆积现象在当年得到充分释放，出生率达到 10 年最高峰外，近 10 年安徽人口出生率整体呈现缓慢下降趋势。

（三）育龄妇女生育率不高

2020 年，安徽省统计局发布的《我省人口发展现状与挑战》报告显示，2019 年，安徽全省 15~49 岁育龄妇女 1449.7 万人，比 2018 年减少 39.5 万人，比 2010 年减少 253.1 万人；年龄在 20~29 岁的生育旺盛期育龄妇女 355.8 万人，比 2018 年减少 36 万人，比 2010 年减少 88.2 万人。此外，2019 年，安徽省符合生育政策的女性中，不打算生育二孩的占 55.6%，比 2018 年提高 1.7 个百分点。育龄妇女理想子女数为 1.77 个，低于 2.1 个的人口更替水平。2021 年末，全省 15~49 岁育龄妇女 1662 万人，比 2020 年减少 30 万人；20~29 岁生育旺盛期育龄妇女 740 万人，比 2020 年减少 24 万人。2021 年，育龄妇女平均初婚年龄是 27.6 岁，生育第一个子女的平均年龄是 26.3 岁。2022 年，全省育龄妇女生育率为 31.34‰，其中一孩生育率为 13.48‰，二孩生育率为 15.01‰，三孩及以上生育率为 2.94‰。整体而言，全省生育率不高。问卷调查结果显示，12.5% 的育龄群体认为家庭中有 1 个孩子最理想，仅 7.29% 的育龄群体认为家庭中有 3 个及以上的孩子最理想，80.21% 认为家庭中有 2 个孩子最为理想。但实际高达 67.71% 的育龄群体没有生育意愿，有生育意愿的育龄群体仅占比 32.29%。此外，高学历、城市户口群体生育意愿较低，农业人口生育意愿（包括多孩生育意愿）较高。个人年收入、个体及其配偶受教育年限、女性年龄与生育意愿之间呈现负相关，即随着个人年收入、个体及其配偶受教育年限、女性年龄的增加，其生育意愿也会有所下降。再者，不同单位性质的女性群体生育意愿不同，无单位的女性生育意愿较高，其次为私营企业和个体工商户中的女性，最后是党政机关人民团体、国有事业单位、国有企业、集体企业以及外资合资企业中的女性。

（四）老龄化程度日益加深

第七次全国人口普查结果显示，安徽省常住人口中，60 岁及以上人口

为 11469236 人，占比 18.79%，高出全国平均水平 0.09 个百分点；其中 65
岁及以上人口为 9159411 人，占比 15.01%，高出全国平均水平 1.51 个百分
点。与 2010 年第六次全国人口普查相比，60 岁及以上、65 岁及以上人口的
比重分别上升了 3.78 个百分点、4.78 个百分点。全省 16 个市 65 岁及以上
人口比重均超过 7%，其中，12 个市 65 岁及以上人口比重超过 14%。2022
年全省人口变动情况抽样调查数据显示，全省 60 岁及以上人口占总人口的
19.85%，为 1216 万人，其中 65 岁及以上人口为 968 万人，占总人口的
15.80%（见表 1）。同 2021 年相比，65 岁及以上人口比重上升了 0.36 个百
分点。这反映了全省老龄化程度进一步加深的现状，而从 65 岁及以上人口
占比情况来看，安徽省已进入中度老龄化阶段。据预测，到"十四五"末，
全省 60 岁及以上老年人口将达 1431.1 万人，比 2020 年增加 284.1 万人，
增长 24.8%；65 岁及以上和 80 岁及以上老年人口将分别增加 67.5 万人和
62.2 万人，增长率分别为 7.4% 和 34.5%，80 岁及以上高龄老人增速尤为
明显，安徽省老龄化程度日益加深。

表 1 2022 年安徽省 60 岁及以上人口情况统计

单位：万人，%

年龄	人口数	比重
总计	6127	100
60 岁及以上	1216	19.85
其中:65 岁及以上	968	15.80

资料来源：《安徽省 2022 年国民经济和社会发展统计公报》，https://www.ah.gov.cn/zfsj/
tjgblmdz/sjtjgb/564232991.html，2023 年 3 月 21 日。

（五）学龄人口微增缓降，教育资源配置脱节

《中国教育统计年鉴》显示，截至 2020 年底，安徽省学龄人口数量达
到 945.5 万人，较 2015 年增加了 79.0 万人，较 2010 年减少了 42.6 万人，
较 2000 年减少了 417.1 万人（见图 8）。学龄人口呈现"双降"态势，总量

与占比均有所下降，减速有所放缓。根据"七人普"数据，过去30年，安徽减少767.9万学龄人口，学龄人口占比降低15.7个百分点（见图9）。每个学龄段人口呈波动下降态势，小学学龄人口在各学龄段占比最大，与1990年相比，2020年学前学龄人口减少59万、降低19.4%，小学减少98.4万、降低18.3%，初中减少77.6万、降低24.9%，高中减少170.1万、降低45.2%，大学减少356.4万、降低61.4%。

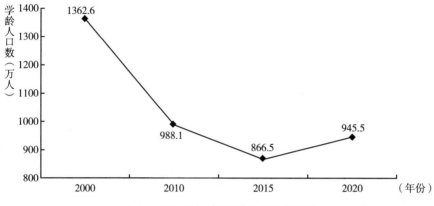

图8　2000~2020年安徽省学龄人口数

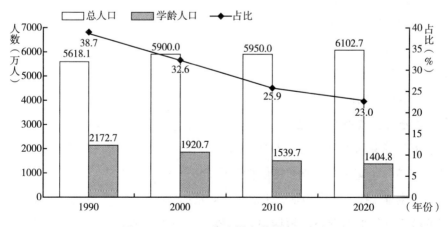

图9　1990~2020年安徽省学龄人口占比

根据预测，未来全省学龄人口总量呈现"微增缓减"变动态势，2023年出现峰值，达到1441.4万，较2020年增加36.6万。而到2025年末，安徽省学龄人口规模为1428.3万，2030年末缩减至1291.7万，较2020年减少113.1万人，2040年减少至931.3万，较2020年减少473.5万人。学龄人口变动会直接影响教育资源的配置，影响最大也最为直接的就是学校数量与教师队伍。从学校数量来看，过去15年安徽高中、初中、小学数量已经有了非常明显的下降，幼儿园数量增幅较大。现有小学和初中教师规模已经能够满足未来需求。

二 科学认识当前的人口发展形势

（一）科学理解当前人口政策的转折

过去的"单独二孩""全面二孩"政策，都是党中央、国务院根据人口发展形势，以人民为中心，为满足人民群众的生育意愿，回应社会关切，针对人民需求作出的"调节性"政策，其出发点和落脚点都是人民，人民需求的主体性贯彻始终，实践也证明上述两次政策取得了一系列显著成效。如果说前两次生育政策调整属于"调节性"政策，那么可以判断本次生育政策调整应属于"激励性"政策，是在人口老龄化快速发展、育龄妇女规模缩小、生育意愿低迷以及群众"三育"压力较大的背景下，站在国家中长期人口发展战略的高度之下作出的科学调整。深入学习"促进生育政策和相关经济社会政策配套衔接""降低家庭教育开支""加强税收、住房等支持政策"等系列重要论述，不难看出这些表述同属政策激励范畴，也可印证"三孩"生育政策属于"激励性"政策这一观点。

从生育规律的角度预估，本次生育政策的转折性调整，在配套支持措施能够落实到位的情况下，短期内"三孩"的效果可能不会显现，并且仍需后续长期观察和评估，但可能会带来"二孩"生育水平的提高，其原因在过去一些生育意愿调查中可见端倪：全国生育意愿调查表明，仅有7.4%的育龄妇女打算生育 3 个及以上孩子，且受众主要集中在农村地区，以年龄 40 岁以上具有较低受教育水平的群众为主。同样，参照过往学者对生育意愿的研究，如杨菊华利用 2016 年全国流动人口动态监测数据得出流动人口二孩生育意愿较弱，城镇化进程降低其生育意愿；[1] 何秀玲等基于 CGSS2017 数据的经验分析发现女性受教育水平对其二孩生育意愿具有显著负向影响，均反映出生育意愿与城镇化进程、人口流动加快、受教育水平提高等因素呈反向关系。[2] 但在当下，我国城镇化速度加快，流动人口不断增多，居民受教育水平也不断提高，在此情况下，三孩生育意愿的提高几乎较难实现，但是一定程度上会普遍提升群众对于二孩的接受度，但前提仍是配套支持措施的落地，给予群众生育信心。

（二）破除当前的社会焦虑

2021 年《科学》杂志甚至将"世界人口会无限增长吗？"列为 125 个最前沿的科学问题之一。人口增减总会引发忧虑，增则忧其爆炸，减则虑其覆灭。在计划生育政策的推动下，我国在短短的 30 年内完整经历了两次生育率转变。世界及主要国家的人口规模正在日益逼近其容量极限，并会在惯性驱动下突破容量限制，达到峰值后再以负增长方式趋近人口容量，同期的生育率也将向极限替代生育率递增复归。现在的人口增长的社会经济基础发生了巨大变革，从农业生产和大型工业生产的经济社会基础演变为"现地化"的经济社会基础。已有的研究表明[3]，在历史长河中和宏观生态系统演进中，人类的繁衍和增殖要合乎生态学规律，当前的人口转变正是人类逐步进行自我调节来适应生态环境的演进。过度焦虑和过度轻视都不可取。

---

[1] 杨菊华：《流动人口二孩生育意愿研究》，《中国人口科学》2018 年第 1 期。

[2] 何秀玲、林丽梅：《家庭人均收入、女性教育水平与中国育龄女性二孩生育意愿——基于 CGSS2017 数据的经验分析》，《福建论坛》（人文社会科学版）2021 年第 3 期。

[3] 丁金宏、耿文均、毛仁俊等：《生育率演变的生态学逻辑及人口增长的长期趋势》，《人口与经济》2022 年第 1 期。

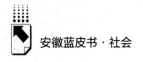
三 安徽省人口发展面临的挑战

（一）人口红利不断减弱，劳动力供给不足

从数量来看，安徽省 15~64 岁劳动年龄人口在 2016 年达到峰值，自 2017 年起开始逐年减少，2016~2020 年分别为 4318.0 万人、4317.2 万人、4311.4 万人、4275.3 万人和 4012.5 万人；从占总人口的比重来看，自 2016 年起已连续 5 年下降，2015~2020 年分别为 70.06%、69.69%、69.02%、68.18%、67.16% 和 65.74%。与此同时，安徽省 65 岁及以上人口比重继续上升，如果以 65 岁为老年人口的起点，2015~2020 年安徽省总抚养比（少儿抚养比+老年抚养比）分别为 42.73%、43.49%、44.89%、46.67%、48.90% 和 52%，即每 100 个劳动年龄人口大致要负担的非劳动年龄人口数从 42.73 个上升至 52 个，劳动力人口抚养负担显著加重，人口红利优势不断减弱。

据预测，安徽省劳动力供给数量总体呈现下降趋势，其中 2020~2025 年劳动力供给将会有少量增加，2025 年后则开始以较快速度下降。在低方案（总和生育率 1.4）下，劳动力供给下降趋势最为显著，将从 2020 年的 3552.08 万人下降至 2035 年的 3298.60 万人，2046 年将会跌至 3000 万人以下，仅 2996 万人；而在中方案（总和生育率 1.8）下，劳动力供给下降速度缓于低方案，2020~2050 年的 30 年间预计共减少 588.68 万人，最终达到 2933.43 万人。然而未来安徽省劳动力需求量将保持稳定增长，2035 年将达到 4958.41 万人，2050 年则预计达到 5337.80 万人，因此劳动力供需不平衡，缺口较大。

当前虽已出台三孩政策，但根据测算，三孩政策实施后即使生育率出现小幅度回升，也无法改变未来安徽省劳动力供给的下降趋势，但可以一定程度缓解劳动力供给的下降速度；只有生育率大幅度提升才可以改变未来安徽省劳动力供给结构；且 2021~2035 年，全省将长期处于劳动力短缺状态。

（二）育龄妇女继续减少，生育意愿持续低迷

当前育龄妇女年龄区间在 15~49 岁，即 1974~2008 年出生的女性。我国从 20 世纪 70 年代起逐步实行计划生育政策，有效抑制了人口的过快增长，出生人口数在经历 1987 年这一近 40 年的最高峰（2508 万人）之后，已连续多年呈下行趋势。此外，受重男轻女传统思想的影响，性别选择偏好还导致出生人口男女性别比失衡，以上两方面的原因能一定程度解释育龄妇女数量减少的现象。育龄妇女总数的减少，尤其是生育旺盛期育龄妇女数量减少，将直接导致出生人口数下降（见表 2）。

表 2　2020~2025 年安徽省育龄妇女人数变动

单位：人

年份	预测数	减少数
2020	17093359	
2021	16800101	293258
2022	16507498	292603
2023	16335881	171617
2024	16210083	125798
2025	16123837	86246

受当前"三育"（生育、养育、教育）成本过高、托育服务短缺等因素影响，适龄生育群体的生育意愿持续低迷。根据 2017 年安徽省生育意愿调查，只有 7.4% 的育龄妇女打算生育 3 个及以上孩子。2020 年全省出生婴儿数为 64.5 万人，三孩及以上婴儿数占比约 8%。据此预测，三孩政策实施后，每年出生量将增长约 4100 人。在目前的生育支持政策标准下，三孩出生量虽略有增长，但总体上增量不大。但是，如果生育配套政策能够实施到位，尽管短期内"三孩"的政策效果可能不会显现，但可能会带来"二孩"生育水平的提高。

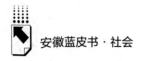

（三）人口老龄化加剧，养老负担加重

"七人普"数据显示，安徽省65岁及以上人口占全省总人口比重为15.01%，这说明安徽省1998年进入老龄化社会（65岁及以上人口占比达到7%），目前已经进入中度老龄化阶段（65岁及以上人口比例超过14%）。一方面，全省老龄化程度不断加深；另一方面，全省生育率连续骤降，"一老一小"同时产生不利影响，导致全省未来养老负担加剧。截至2021年6月，安徽省养老服务设施总数为9506个，比沪苏浙分别少1775个、7848个和8708个；护理型养老床位占比为43.3%，低于江苏的63.74%和浙江的53%；养老护理员共2.7万人，人均护理员占比仅为0.23%，养老服务整体较为薄弱，与经济发达地区存在较大差距。"十四五"末，全省中重度失能老年人预计将突破70万人，养老服务供需矛盾将更加突出。

（四）人才流失严重，人口素质亟待提高

一是高学历人才流失较多。安徽省作为教育大省，高校数量多、在校人数多，根据《2020年安徽省普通高校毕业生就业状况报告》，截至2020年8月31日，全省已就业高校毕业生28.73万人，其中在省内就业的毕业生占67.56%，在省外就业的毕业生占32.44%。从学历层次看，研究生、本科生、高职专科毕业生在省外就业的占比依次为47.44%、39.34%、24.23%。尽管安徽省作为教育大省，高校数量多，教育资源丰富，培养高等人才较多，但省内就业环境与发达地区相比还有较大差距，部分硬件设施不到位，致使在皖高校毕业生留皖率较低，不少毕业生仍倾向于外省就业，尤其是高学历人才，造成安徽省大量人才流失。二是安徽省整体人口文化素质水平仍然偏低。2020年，全省每10万人口中拥有大专及以上文化程度、高中以及初中文化程度人数均低于全国平均水平，仅小学文化程度人数高于全国平均水平。2022年，全省15岁及以上常住人口中，平均受教育年限为9.63年，仅相当于初中毕业。全省总人口文盲率为4.15%，文盲人口依然较多，安徽省人口素质仍亟待提高。

四　安徽省人口长期均衡发展的对策建议

（一）短期对策

1.借鉴亳州市"老乡回家"模式，加快劳动力回流

随着人口红利的逐渐消失，劳动力在区域经济社会发展中的重要性更加突出。安徽省是人口流出大省，做好吸引劳动力回流相关措施，对于经济社会发展至关重要。近年来，亳州市委、市政府高度重视人口回流工作，通过发放贴息贷款、给予人才奖励、召开恳谈会等措施吸引"老乡回家"就业创业，市委书记、市长还亲自赴沪苏浙地区宣讲亳州市的发展现状及前景，系列措施取得了明显成效，企业数量迅猛增加，招商引资实现新突破。因此建议省内其他地市借鉴亳州"老乡回家"模式，提升并扩大安徽省承接产业转移的质量和规模，增加就业岗位，并进一步推进安徽省与长三角其他地区一体化发展，吸引皖籍人口回流和外省人口流入。

2.推广合肥市"养人合肥"模式，吸引人才聚集

现代化城市发展已经从过去对于单纯劳动力人口数量的需要转变为对"高质量"的人才需要。近年来，合肥市经济社会发展迅速，人才集聚是关键。其中主要的手段是"公共服务"。建议从国家层面出台企业减负的相关配套政策，重点可通过保障人才住房需求，稳地价、稳房价、稳预期，解决突出的住房问题，通过住房、薪酬等各类杠杆政策，降低企业用工成本。省市层面应积极探索行之有效的人才"引育留"机制，健全公共服务体系，通过不断推进住房、教育、医疗等制度改革，降低人才生活成本；通过文化、培训、就业扶助等措施，增强人才工作获得感、生活幸福感；通过职业发展规划、人才激励政策等措施，拓展人才发展通道，使全省集聚更多创新人才资源，积极鼓励各类优秀人才回皖发展，实现人才集聚效应。

3.关注重点区域，建立人口预警机制

全省各市人口出生率、老龄化程度不一，区域差异较大。目前，皖南地

区人口自然增长率较低，皖北地区和合肥市等江淮之间地区人口自然增长率相对较高。皖南地区如宣城市、池州市等，不仅人口自然增长率低，人口的机械增长率也低，人口发展呈现较为严峻的趋势。因此，应根据不同区域的差异，对人口变动情况进行实时监测，建立人口预警机制，规避可能出现的人口问题，防范社会风险。针对部分形势严峻地区，还可考虑通过中心集镇和县城集纳等途径，推动山区人口向中心城市、县城、中心城镇迁移，缓解区域人口"失血"的现状，发挥人口规模集聚效应。同时，希望政府能够重视皖南的人口问题，出台系统性的解决方案，以实现人口高质量发展，适应现代化进程。

（二）长期对策

1.科学测算"三育"成本，建立健全"三育"成本补偿机制

"三育"成本目前已经成为制约居民生育的最主要因素。因此，应采取科学方法测算孩子的生育（免费孕前优生健康检查、孕检、产检、生殖健康干预、出生缺陷干预等）、养育（0~3岁托幼托育、计划免疫、健康体检等）、教育（学龄前教育、义务教育等）成本，根据国家和地区的经济发展程度、家庭的经济状况，科学合理地建立相应的社会补偿机制，通过财政补贴投入、基础设施投入、技术力量投入、宣传教育引导等方式，发挥税收制度改革、住房制度改革等杠杆作用，适度减轻家庭的育儿负担。国家应当立即建立"三育"经费保障机制，将生育医疗费和生育津贴全面纳入财政保障体制，并将生育设为中央和地方共同财政事权，分项目按比例承担支出责任。

2.构建多层次"三育"服务支持体系

建议构建三个层次的生育支持系统，即基本型、普惠型、市场型"三育"服务支持体系。基本型"三育"服务支持体系主要针对政府扶助型家庭，如城乡低收入家庭、残疾人贫困家庭等，这些家庭收入水平低、缺乏发展能力，必须依托政府给予支持性服务，政府需要持续完善基本"三育"服务内容清单，并纳入基本"三育"公共服务范畴；普惠型"三育"服务

支持体系针对一般人群（刚需型家庭）、工薪阶层家庭、普通农民家庭等，给予资金、服务等补贴，户户享有"三育"公共服务；市场型服务体系主要针对有经济能力和较强"三育"能力的家庭，政府通过充分发挥家庭、企业、社会等多主体的积极性，引导和鼓励社会力量、市场主体积极参与"三育"公共服务供给，通过相关产业政策支持，引导其健康发展，走市场化路线，保证有消费能力又有消费意愿的家庭拥有多样化选择。

3. 建立家庭系统评估体系

家庭是社会的细胞。每个家庭的情况都不一样。各地区可以探索建立家庭系统评估体系，对家庭进行分类，针对不同类型家庭的需求，提供不同层次的"三育"服务。家庭系统评估可以综合家庭经济状况、家庭的社会关系体系、家庭成员的健康状况等因素进行判定，并做到动态调整。此外，为有效减轻家庭的养育负担，还应积极探索建立家庭其他成员（如祖辈）参与家庭养育的政府补贴制度。

4. 健全重大经济社会政策人口影响评估机制

2021年5月31日，中央政治局会议决定，要"健全重大经济社会政策人口影响评估机制"。在当前生育政策调整背景下，需要防范和化解重大风险，对涉及人口发展的相关经济社会政策（医疗、健康、养老等）出台进行人口发展的影响评估，对政策风险可能性、风险程度等进行评估，并提出相应的化解措施或预案。同时，各级政府要对生育政策调整的实施效果进行动态监测评估，对政策调整所带来的生育率、生育量等变化加以实时监测（包括一孩、二孩、多孩的生育变化），对群众的需求变化、政策满意度、服务可达性、便捷性等作出及时评估、及时调整。

5. 健全计划生育特殊家庭全方位帮扶模式

针对计划生育特殊家庭（失独家庭、计划生育伤残家庭等），实行全方位帮扶和保障措施，完善健全政府主导、社会组织参与的扶助关怀工作机制，维护计划生育家庭的合法权益。推广计划生育特殊家庭关爱的"肥西模式"，明确地方政府的主体责任，实现全方位、持续性、常态化的帮扶，构建"政府主导、部门协同、协会推动、专业介入"的工作格局，通过将

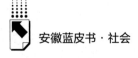

特殊关怀资金列入财政预算或以政府购买服务等方式，提标扩面，动员各部门和社会工作机构的专业介入，让关怀不断线，让社会更和谐。

6.加快养老托育协同发展

针对"一老一小"的养老托育健康发展，需要多元主体协同参与。实施普惠养老、托育专项行动，充分发挥中央预算内投资的引领作用。鼓励公益慈善类社会组织和养老托育服务机构开发志愿服务项目，建立健全"一老一小"志愿服务项目库。鼓励以县为单位，将辖区内的社区养老服务站打包交由居家养老服务企业运营管理，实施"社区示范长者之家"项目和"社区助餐工程"。鼓励有条件的单位为职工提供托育服务，党政机关、事业单位和国有企业可率先开展试点，发挥示范作用。在托育托幼服务方面，在全省范围内增设不同等级的婴幼儿托育机构，以满足不同家庭需求，减轻家庭养育压力，一方面提高育龄妇女生育意愿，另一方面有效保证女性劳动力的劳动参与率，从而增加全省劳动力供给。同时，在年度建设用地供应计划中保障养老托育用地需求，结合实际安排在合理区位。通过购买服务方式，利用第三方力量开展人口趋势预测和养老托育产业前景研究，及时发布成果报告，引领社会预期。

7.加大宣传力度，营造良好的社会氛围

从独生子女政策到单独二孩、全面二孩，再到一对夫妻可以生育三个子女政策，体现了国家生育政策的重大战略调整，从国家层面，相关部门要做好政策宣传解读，引导群众正确认识人口的结构性变化，通过开展形式多样、丰富多彩的宣传活动，提高群众的知晓度和科学认识，营造良好的社会环境和舆论氛围。提倡适龄婚育、优生优育，破除高价彩礼等陈规陋习，构建新型婚育文化，建设生育友好型社会，助推三孩生育政策稳妥扎实有序实施。

B.16
"大黄山"国际传播现状及
对策建议分析报告

郑中华 李小军 徐 华*

摘 要： "大黄山"概念的提出，标志着安徽旅游特别是示范区建设迈入
新发展阶段。在建设"大黄山"国际休闲度假旅游目的地进程
中，国际化是核心关键维度。本报告在梳理"大黄山"地区旅
游产品供给情况的基础上，聚焦"大黄山"国际传播现状，选
取"大黄山"区域内的标志性景点、议题事件作为分析对象，
从全球网民关注度、全球主流媒体报道量、旅游媒体显示度、纪
录片等传播内容建设、国际传播渠道搭建等方面进行统计分析，
以描绘"大黄山"国际传播的基本现状。在数据分析基础之上，
力图探索"大黄山"国际传播的新路径，一是心中有"数"，准
确把握当代旅游发展新趋势；二是手中有"策"，基于旅游者获
取旅游资讯的媒介偏好和决策行为开展营销活动；三是行动有
方，注重用户思维和情感传播，强化服务供给与关系构建，开辟
"大黄山"对外传播的新格局。

关键词： 大黄山 黄山旅游 国际旅游 国际传播

---

* 郑中华，管理学博士，中国科学技术大学舆情管理研究中心执行主任，安徽博约信息科技股
份有限公司创始人、董事长，研究方向为舆情治理；李小军，安徽大学舆情与区域形象研究
中心执行主任，研究方向为计算传播、网络舆情；徐华，历史学博士，安徽大学社会与政治
学院教授、安徽省人力资源和社会保障厅第四届专家咨询委员会委员，研究方向为社会治理。

黄山是我国著名的旅游胜地，也是中国现代旅游业发展的重要起源地之一。2014 年，国家发展改革委印发《皖南国际文化旅游示范区建设发展规划纲要》，确立了示范区三大战略定位，即"美丽中国建设先行区、世界一流旅游目的地、中国优秀传统文化传承创新区"。示范区核心区包括黄山市、池州市全境，以及宣城市绩溪县、旌德县、泾县和安庆市潜山市、岳西县、太湖县、桐城市，共 18 个县（市、区）。

2021 年 10 月，安徽省第十一次党代会提出"高品质建设皖南国际文化旅游示范区"和"支持黄山建设生态型、国际化、世界级休闲度假旅游目的地城市"的目标。2022 年，省发展改革委、省文化和旅游厅印发《皖南国际文化旅游示范区"十四五"建设发展规划》，首次明确提出推进"大黄山"国际休闲度假旅游目的地建设，打造文旅高质量发展样板区。"大黄山"指皖南示范区核心区 4 市 18 县（市、区），区域面积 2.95 万平方公里，常住人口 498.95 万人。"大黄山"概念的提出，标志着安徽旅游特别是示范区建设迈入新发展阶段。

全球化加速的时代，信息和传播日益成为核心的建构性资源。良好的对外传播能力是区域核心竞争力之一，在促进经济、社会、政治和文化发展中发挥着关键作用，成为区域发展的重要引擎，能够拓宽区域在国际社会中的辐射空间。

在建设"大黄山"国际休闲度假旅游目的地进程中，"生态型、国际化、世界级"是三个核心关键词，其中"国际化"聚焦如何面向国际、获取国际客户。旅游产业是一个充满竞争的行业，旅游者的选择和行为受到众多因素的影响。而对外传播是境外旅游者获取信息和决策的重要途径，旅游目的地可以通过各种媒介和渠道，如广告、社交媒体等向潜在游客传达旅游景区的信息和吸引力，影响他们的决策和行为。

本报告聚焦"大黄山"国际传播现状，选取"大黄山"区域内的标志性景点、议题事件作为分析对象，以描绘其国际传播的基本现状，探索"大黄山"国际传播的新路径，开辟"大黄山"对外传播的新格局。

一 "大黄山"地区旅游产品供给现状

旅游目的地将旅游产品作为关键拉动因素吸引游客。根据联合国世界旅游组织的定义[①]，旅游产品是指"由自然、文化和人造资源、景点、设施、服务和活动等有形和无形元素组成的一种组合，在特定的利益中心周围形成的核心目的地营销组合，创造了整体的游客体验，包括潜在客户的情感方面"。其中，主要旅游产品（primary tourism products）又是吸引游客前往特定目的地的关键。这些主要旅游产品的多样化、集约化对于旅游目的地的竞争力和可持续发展至关重要。[②] Smith 认为主要旅游产品是一个包括多种元素的复杂组合，并将旅游产品分解为五个要素：物理设施（physical plant）、服务（service）、接待（hospitality）、选择自由（freedom of choice）和参与（involvement）。[③] 这些要素中有的是有形的，有的是无形的。例如，主要旅游产品对外传播的表现和形象，游客与这些旅游产品相关文化和象征意义之间的互动等。具体来看，旅游产业是由实物和服务构成的，包括景点、交通、食宿、娱乐等设施设备、项目及相应服务。建设具有竞争力的旅游目的地，需要协调旅游目的地各项资源以促进旅游产品供应与消费者需求之间的匹配。

根据上述"大黄山"的范围定义，下文分别对黄山市、池州市、宣城市和安庆市四个城市的 4A 及以上风景区、古迹、主题公园（小镇）、旅居车营地、餐馆、四星及以上酒店、五星及以上特色民宿、购物店、特产和文旅活动等旅游产品进行分析，以初步了解目前"大黄山"地区的旅游产品供给情况，而这些旅游产品的丰裕度也是建设"大黄山"国际休闲度假旅游目的地的重要支撑。

---

① "Product Development", UNWTO, May 14, 2023.

② Benur A. M., Bramwell B., "Tourism Product Development and Product Diversification in Destinations", *Tourism Management*, 2015 (50).

③ Smith S. L. J., "The Tourism Product", *Annals of Tourism Research*, 1994, 21 (3).

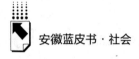

（一）黄山市

根据黄山市政府 2023 年发布的黄山市 A 级旅游景区、旅游度假区名单，黄山市目前共有 5A 景区 3 家 8 处，4A 景区 22 处。通过携程网搜索得知，黄山市目前有 20 家五星级酒店和 13 家五星级民宿。在文旅活动、主题小镇、营地和特产方面都具备相对丰富的配套资源，且大众点评网好评前 10 的餐馆皆为当地特色徽菜馆。

（二）池州市

根据池州市文化和旅游局提供的信息，池州市目前共有 5A 景区 1 处，4A 景区 17 处，均属于"大黄山"范围内。通过携程网搜索得知，池州市目前有 13 家五星级酒店和 4 家五星级民宿。在主题小镇和特产方面都具备相对丰富的配套资源，且大众点评网好评前 10 的餐馆为风景区酒店（5家）、当地特色徽菜馆（3家）、融合菜系餐馆（2家）。

（三）宣城市

根据宣城市文化和旅游局于 2022 年发布的宣城 A 级景区名录，宣城市目前共有 5A 景区 1 处，4A 景区 23 处。其中，在"大黄山"范围内共有 5A 景区 1 处，4A 景区 12 处。通过携程网搜索得知，宣城市目前有 6 家五星级酒店和 10 家四星级民宿，暂无五星级民宿。在主题小镇、文旅活动和营地方面都具备相对丰富的配套资源，且大众点评网好评前 10 的餐馆为当地特色徽菜馆（7家）、融合菜系餐馆和蛋糕店各 1 家。

（四）安庆市

根据安庆市文化和旅游局发布的 2021 年安庆市 A 级旅游景区名单，安庆市目前共有 5A 景区 1 处，4A 景区 21 处。其中，在"大黄山"范围内共有 5A 景区 1 处，4A 景区 14 处。通过携程网搜索得知，安庆市目前有 6 家五星级酒店和 6 家四星级民宿，暂无五星级民宿。在主题小镇和营地方面都具备相对丰富的配套资源，且大众点评网好评前 10 的餐馆中，7 家皆为连锁快餐店，仅有 1 家当地特色徽菜馆。

旅游基础设施，如酒店、餐饮、交通、通信、保险、旅游咨询、旅游购物等相关服务设施，对吸引国际游客具有重要的意义和作用。高品质的酒店、餐饮服务可以提供舒适、安全、便利的旅游环境，为国际游客提供良好的住宿和用餐体验，提高游客的满意度和忠诚度。这对于吸引国际游客来说非常重要，因为国际游客通常注重旅游体验和服务质量，并且会根据个人体验宣传旅游经历，这对于塑造旅游目的地的品牌形象和声誉都非常有益。从上述数据中得知，目前池州市、宣城市、安庆市特色民宿的高端业务还未完全开发，增加五星级酒店及民宿的资源配置可以更好地满足境外旅客需求。此外，池州和安庆两市还需持续增强当地特色菜餐馆的影响力。

二 "大黄山"国际传播现状

在旅游业中，传播与营销在打造旅游目的地的知名度、独特身份、形象和忠诚度方面发挥关键作用。旅游目的地形象在信息空间中的投影会对消费者感知目的地形象产生重要影响，为了吸引国内外游客，旅游目的地会采取多种传播与营销方式来塑造自身形象。而消费者也会通过收集官方、他人分享的各种信息，并依靠这样的信息来源创建关于某个旅游目的地的图像或"心理印象"①。由于旅游服务是无形的，旅游目的地的形象、口碑往往变得更为重要。本部分将重点聚焦"大黄山"区域内的标志性景点、新闻事件在各种传播媒介上的传播情况。

（一）全球网民对"大黄山"关注情况与地域分布

谷歌趋势（trends. google. com）是谷歌旗下一款基于搜索数据的分析工

---

① Tapachai N., Waryszak R., "An Examination of the Role of Beneficial Image in Tourist Destination Selection", *Journal of Travel Research*, 2000, 39 (1).

具。它通过分析谷歌搜索引擎每日搜索数据，了解某一关键词或者话题各个时期在谷歌搜索引擎中展示的频率及其相关统计数据。在谷歌趋势平台上，利用"大黄山"相关关键词进行检索，以了解全球网民对"大黄山"话题的关注情况。结果发现，2014年以来，全球互联网关于"大黄山"的搜索情况整体保持稳定，部分事件会引发搜索量的快速增加。

从搜索关键词来看，黄山的热度最高，成为网民搜索的热门关键词（见图1）。谷歌趋势的逻辑是按相对比例计算得分，最热门搜索主题得100分，搜索频率是前者一半的主题得50分，以此类推。黄山在2014~2022年的平均搜索指数为58.5分，累计有10个月的搜索指数在90分以上。其中2018年5月的搜索指数为100分，热度最高。2017年3~6月的搜索指数也达到99分，黄山以其独特的自然风光和深厚的文化底蕴吸引了全球网民的关注。相较于黄山，九华山和天柱山的全球搜索指数较低，2014~2022年，九华山和天柱山的全球搜索指数均值分别为3.7分和1.3分，显著低于黄山。受到新冠疫情对全球旅游业的影响，2020年后整体搜索量明显下降。

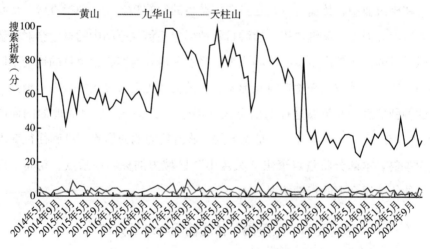

图1　黄山、九华山、天柱山全球搜索量（2014~2022年）

从地域分布情况来看，搜索黄山排名靠前的是中国澳门、中国香港、新加坡、马来西亚、韩国、泰国、新西兰、瑞士、澳大利亚、奥地利、日本、捷克、德国、加拿大等。搜索九华山排名靠前的是中国台湾①、中国澳门、中国香港、新加坡、马来西亚、韩国、泰国、新西兰、瑞士、澳大利亚、奥地利、日本、捷克、德国、加拿大等。搜索天柱山排名靠前的是中国澳门、中国香港、中国台湾、新加坡、马来西亚、韩国、泰国、新西兰、瑞士、澳大利亚、奥地利、日本、捷克、德国、加拿大等。整体来看，以港澳台、东南亚和日韩为重点区域，也覆盖了加拿大、澳大利亚、新西兰等华人较多的国家。

整体来看，关于"大黄山"景点的知识和信息是最常见的搜索内容，如"黄山四绝""黄山海拔""黄山世界遗产""黄山观光""黄山云海""光明顶天气""九华山肉身菩萨"等。

（二）全球主流媒体对"大黄山"报道情况

基于慧科全球媒体数据库，以"黄山""Huangshan mountains""Mount Huang""Yellow Mountain"为关键词进行检索（不含中国大陆地区），2018年1月1日至2022年12月31日，共8875篇新闻报道（见图2）。

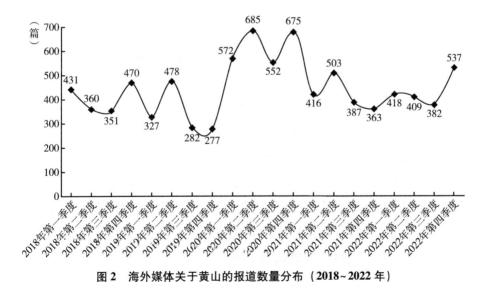

图2 海外媒体关于黄山的报道数量分布（2018~2022年）

---

① 搜索量包含台湾地区九华山。

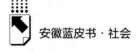

通过抽取一定数量的新闻稿进行阅读，整体来看，媒体关于黄山的报道内容主要聚焦在四个领域。

1. 旅游新闻与旅游业发展

黄山是中国著名的旅游胜地，关于黄山的相关旅游新闻、旅游推介活动等是全球主流媒体关注最多的主题。早在1981年，美国《纽约时报》就报道过黄山历史和丰富的旅游资源。

媒体普遍关注黄山各类旅游新闻，如节假日游客增多、旅游动态信息、旅游推介活动等。基于黄山作为中国著名旅游胜地和世界文化与自然双重遗产的地位，报道内容经常提及黄山的美丽风景、独特的地貌和丰富的历史文化背景。

如2021年5月21日，China Daily以《旅游业为古村落带来新的生活和收入》为题报道了黄山旅游的升级发展及为当地百姓生活带来的改变，报道中指出，"位于安徽省的黄山市被视为中国现代旅游发展的起点，一直在努力推动新时代的产业升级。歙县棠樾村长期以来以村中心一条古道旁的七座保存完好的古代牌坊而闻名"。

2019年2月，美国有线电视新闻网旅游频道（CNN Travel）一篇题为"40 beautiful places to visit in China"的文章中，将宏村排在第一，黄山排在第二。介绍中写道，黄山是一处位于"中国最美山脉"之一的联合国教科文组织世界遗产地。对于许多中国人来说，这是一生中难得一遇的旅行目的地。这座海拔1864.8米的山脉以奇形怪状的松树、壮观的岩石形态、温泉和缭绕着忧伤的雾云而闻名。

黄山热情欢迎客人"走进来"，也在不停地"走出去"。近年来，大黄山地区各级政府和机构开始通过展览和表演等丰富多彩的文化活动向海外推广其独特的地方文化，大黄山在全球的旅游推介活动成为媒体报道的重要议题。如2019年3月和5月黄山在德国柏林和美国纽约市世界贸易中心（WTC）举行了旅游宣传活动，以展示黄山作为著名旅游胜地的魅力。2021年11月底，中国黄山（纽约）文化旅游云推介活动以视频形式在黄山和纽约两个会场同时启动。来自黄山市与纽约市的新老朋友"云端"相聚，共同感受创意黄山、美在徽州的独特韵味。

在过去的几年内，新冠疫情对全球旅游业的影响是深远的。由于疫情的传播和疫情防控措施的实施，全球旅游业受到了巨大的冲击，包括旅游消费、旅游产业链和旅游就业等各个方面。媒体报道了黄山景区在抗击疫情期间的各项措施，以及在疫情稳定后恢复旅游业的策略。2022年3月，《环球时报》报道了黄山为失业导游提供采茶工作以"渡过难关"。在国家优化疫情防控之后，旅游业逐步恢复，黄山成为媒体关注旅游业复苏的标志性景点，黄山景区人头攒动的照片登上了如CNN、《纽约时报》等全球主流媒体的版面。

2. 生态保护与可持续旅游

近年来，全球媒体越发关注旅游景区环境保护和可持续发展议题，黄山作为生态旅游的典范也受到关注。媒体的报道内容涉及黄山的生态保护措施、野生动植物保护工作，以及如何在保护生态的同时推动可持续旅游业的发展。2018年，联合国教科文组织（UNESCO）世界遗产中心主任梅希蒂尔德·罗斯勒在接受新华社采访时说："1993年我第一次到访中国，当时我登上了黄山，被多样的自然美景所折服。"谈及中国在保护遗产奇观方面所做的努力，她说中国已经取得了"很大的进步"，"中国政府为保护遗址作出了巨大努力"。

媒体还聚焦"大黄山"地区的生态保护和生物多样性情况。如2019年11月，媒体关注了珍稀野鸳鸯集聚新安江过冬。报道指出，随着新安江流域生态保护方案出台，位于上游的安徽投入巨资改善新安江上游水质及周边环境。

2020年3月6日，CGTN报道了研究人员在黄山发现了两种新的哺乳动物鼩鼱。新物种的发现进一步丰富了黄山哺乳动物的生物多样性，填补了鼩鼱研究的空白。

2022年6月8日，China Daily在一篇报道中指出，黄山以其自然价值和文化价值紧密相连，于1990年被列入联合国教科文组织世界文化和自然遗产名录。黄山的总体规划目前正在实施中，其目标是平衡遗产保护与旅游推广，有效保护黄山的艺术、文化和环境遗产价值。①

3.区域文化传承与创新

徽州文化是安徽省乃至中国的重要文化符号，"大黄山"地区深厚的文化资源、传统文化保护与传承等引起媒体的关注，如对徽州地区文化的介绍、采取的保护措施、开展的文化活动和艺术展览等。2022年12月，China Daily以"Huizhou heritage comes to life"为题，向全球读者介绍了以西递、宏村为代表的徽州地区古村落的历史，并分析了徽州建筑中石雕、木雕和砖雕广泛应用折射出徽州地区人民将审美价值和情感融入建筑的智慧，使建筑更加美丽，并通过图案所蕴含的意义教育子女。②

2021年12月24日，中国妇女网英文版以《在歙县体验徽州文化》为题报道了歙县独特的古建筑群和历史遗迹，还介绍了徽派建筑、徽商文化、新安理学、绘画、医学等领域所取得的成就。

此外，媒体还关注黄山与茶文化的紧密联系，尤其是黄山毛峰、祁门红茶等具有较高知名度。报道内容包括茶叶产业的发展、茶文化的历史和传承以及茶叶贸易等方面。2023年4月，新华网英文频道以《图片故事：安徽祁门红茶制作技艺传承人》为题介绍了祁门红茶制作技艺的传承人谢永忠的故事和祁门茶业的发展现状。

2022年2月，雅虎财经报道了一名网络博主为祁门红茶创作的精美短片《隐居生活》。她将自己对中国文化的感受融入《隐居生活》的拍摄中，再将复杂的内容以唯美浪漫的方式浓缩呈现给全球观众，希望获得更多西方人对中国文化的了解和喜爱。

2021年8月26日，一位游客在黄山拍摄著名迎宾松形状的冰激淋。受黄山著名地标迎宾松形状的启发，这种创新的文化和创意产品引起了游客的

---

① "World Cultural and Natural Heritage Site in China：Huangshan Mountain", *China Daily*, https：//www.chinadaily.com.cn/a/202206/08/WS62a05cb8a310fd2b29e6177f_2.html, June 8, 2022.

② "Huizhou Heritage Comes to Life", *China Daily*, https：//global.chinadaily.com.cn/a/202212/29/WS63acf432a31057c47eba6c45_3.html, December 29, 2022.

兴趣。

4.重大国际外事活动

标志性事件的对外传播，能够有效提高"大黄山"的"可见性"和"可感知性"。近年来，"大黄山"着力打造"世界会客厅"的概念，多场中国主场外交先后成功举行。如2022年3月31日，第三次阿富汗邻国外长会在屯溪举行。第三次阿富汗邻国外长会期间，还召开了阿富汗问题"中美俄+"磋商机制会议，中国、美国、俄罗斯、巴基斯坦四国阿问题特使和特别代表参加。3月中下旬和4月上旬，赞比亚、阿尔及利亚、泰国、菲律宾、缅甸、巴拿马等国外长也来到屯溪。2022年12月，时任国务院总理李克强在黄山市同世界银行行长马尔帕斯、国际货币基金组织总裁格奥尔基耶娃、世界贸易组织总干事伊维拉、经济合作与发展组织秘书长科尔曼、金融稳定理事会主席诺特和国际劳工组织总干事洪博的特别代表李昌徽举行第七次"1+6"圆桌对话，并游览黄山，相关国际主流媒体和国际机构均予以关注。如此密集的外交活动在黄山市举行，使得世界的目光汇聚到这里，黄山已成为国际化"桥头堡"和世界级会客厅。

总体来说，全球主流新闻媒体对黄山的报道集中在旅游业发展、生态保护、区域文化传承与创新、重大国际外事活动等方面，展现了黄山多元化的特点和在各个领域逐步提升的影响力。

（三）旅游类媒体上"大黄山"的传播情况

新媒体时代，包括社交媒体平台、旅游博客、旅游评论网站在内的旅游媒体已成为游客出游决定的重要信息来源，在塑造景区品牌和形象方面发挥着重要作用。一方面，旅游媒体如何描绘一个景点对其品牌和形象有着重要的影响，从而也影响着游客对景区的认知。来自值得信赖的旅游博主或旅游评论网站的正面评价或推荐可以吸引更多的游客，并有助于为景区营造良好的声誉。另一方面，旅游媒体可以影响游客对景区的忠诚度。旅游媒体对一个景点的频繁正面报道可以令游客产生熟悉感和依恋感，从而可能导致游客的重复访问和正面口碑推荐。当然，旅游媒体也会对景区的品牌和形象产生负面影响。

社交媒体或旅游评论网站上的负面评论会吓退潜在游客并损害景点的声誉。在本部分，我们将统计全球最大的旅行者社区 Tripadvisor、国内最大旅游网站携程、全球最大的私人旅游指南出版社 Lonely Planet Publications 和全球知名的旅游频道 Travel Channel 等关于"大黄山"地区六个代表性景点的传播情况。

Tripadvisor 目前在全球 45 个国家设有分站，包括美国、英国、西班牙、印度、中国等地，覆盖 28 种语言。拥有超过 60 万的会员以及超过 165 万家旅馆、53 万个景点的信息。在 Tripadvisor 网站上，"大黄山"地区六个代表性景点的评分均不低于 4 分（满分 5 分），其中天柱山的评分最高，为 5.0 分，但评论量只有 6 条。黄山、九华山、西递、宏村的评分为 4.5 分。从评论数量来看，关于黄山的旅游点评数量最多，有 3121 条。随着移动社交时代的到来和分享文化的兴起，游客越来越乐于通过在线系统为景点评分并留下评论，分享他们的旅行经历、印象和感受。这些评分和评论不仅可以帮助其他游客更好地了解景点的质量和特点，还能反映游客们真实的感受和建议。此外，这些评分和评论还为旅游从业者提供了有价值的反馈和信息，帮助他们了解游客对服务和设施的评价和需求，以更好地改进和提升服务质量。

在游客分享照片数量方面，黄山以 3561 张位列第一，宏村以 1072 张排名第二。游客通过分享照片，展示他们的旅行经历、美景、活动和体验，进而获得认可与赞赏，有利于增强自信和满足感。对于旅游从业者来说，游客分享的照片也是一种宣传和推广的机会。游客视角拍摄照片可以展示景点的美丽和特色，吸引更多游客前来旅游（见表 1）。

表 1 Tripadvisor 网站上"大黄山"相关景区的传播数据

景点名称	评星（分）	评论数量（条）	5 分评价数量（条）	照片数量（张）
黄山	4.5	3121	2356	3561
九华山	4.5	296	175	190
天柱山	5.0	6	6	36
西递	4.5	189	91	267
宏村	4.5	591	341	1072
龙川	4.0	19	6	9

在携程网上，黄山、九华山和天柱山的评分均为 4.7 分（满分 5 分），属于评分较高的景点。在评论数量方面，黄山以 35204 条评论位居榜首，而宏村则以 28354 条评论排名第二。在携程根据用户访问量和点评量综合计算得出的热度排名中，黄山以 9.1 分位列第一（见表 2）。

表 2　携程网站上"大黄山"相关景区的传播数据

单位：分，条

景点名称	评星	评论数量	热度
黄山	4.7	35204	9.1
九华山	4.7	8463	8.2
天柱山	4.7	2935	7.3
西递	4.5	6326	7.9
宏村	4.5	28354	8.7
龙川	4.3	1007	5.5

Lonely Planet（孤独星球）是全球著名的旅行出版物品牌，其核心精神是负责任的旅行，有态度的探索。在其网站推出的"安徽必去景点"中，西递排名第一，黄山排名第二，呈坎、九华山、查济、南屏、齐云山等景点上榜。

（四）纪录片成为"大黄山"对外传播的重要渠道

纪录片独特地融合了讲故事、视觉吸引力和教育内容，可以向观众介绍景点知识和文化，已成为对外传播的有力工具。在"大黄山"对外传播的过程中，纪录片在宣传其独特的景观、文化和历史方面发挥了至关重要的作用，日益成为促进文化理解和分享知识的重要媒介。"大黄山"地区的一些标志性景点出现在许多有影响力的纪录片中，有的被翻译成多种语言在全球发行，向全球观众展示其自然美景、文化遗产和历史故事，传达了"大黄山"地区的山水和人文魅力，提高其在国际上的知名度和美誉度（见表 3）。

表3 "大黄山"相关纪录片

年份	纪录片名称	出品方
2013	《黄山》	中央广播电视总台
2013	《美在黄山》	中央广播电视总台、中共黄山市委宣传部
2014	《大黄山》	中央广播电视总台、安徽广播电视台
2014	《徽之韵》	中央新影集团、安徽省文化厅
2018	《黄山短尾猴》	安徽广播电视台
2019	《天下徽商》	安徽广播电视台、安徽广电集团、安徽出版集团
2019	《入梦·徽州》	新浪影视
2020	《水墨徽州》	安徽广播电视台
2020	《航拍中国安徽篇》	中央广播电视总台
2022	《创意黄山 美在徽州》	中共黄山市委、黄山市人民政府

　　早在2004年,央视就推出十集纪录片《徽州》,以人性化的视角,第一次真实而诗化地再现了徽州美丽的山水和精细雅致的人文景观,全方位地诠释了这方华夏名区的村落、民居、祠堂、牌坊、老桥、书院、戏曲、绘画、医学、工艺、商帮、市井民俗、人文思想等,揭示了这些文化遗存背后蕴含的内在文化精神。[①] 2013年,央视推出了8集纪录片《黄山》。这部纪录片主要从历史视角出发,重点介绍了黄山过去的名人故事,以迎合对黄山历史知识了解较少的年轻观众以及对中国文化有浓厚兴趣的西方游客,力争加深他们对黄山的了解和认识。[②] 2014年1月20日起,高清纪录片《大黄山》在央视综合频道、纪录频道及安徽卫视同步播出。该片分为《人间仙境》《生灵天堂》《石破天惊》《筑梦徽州》《山水画卷》《秘境之地》6集,以"奇山奇人奇事"的题材魅力引人关注,全景展示了黄山和徽文化之美,被誉为影像版"黄山百科全书"的自然题材纪录片。该纪录片相关视频在

[①] https://movie.douban.com/subject/19945735/.
[②] 张利:《大美黄山的各美其美——评纪录片〈大黄山〉、〈黄山〉》,《中国电视》2014年第9期。

全球最大的流媒体网站 YouTube 上累计播放量超过 500 万次。

2019 年国内首部全景式反映徽商、徽州和徽州文化的大型人文纪录片《天下徽商》上映。该纪录片通过典型人物、重大事件、具体故事和细节，用影像复原数百年前真实的徽州，在全球大背景下全面考察徽商的兴衰沉浮。

2021 年安徽广播电视台纪录片中心与日本 NHK、株式会社地球总研公司、株式会社黄山美术社，在六集纪录片《大黄山》的基础上，联合摄制《谜一般的立体山水画——中国大黄山》。该片从地质、科学探索、人文的角度讲述世界遗产之黄山的故事，于 2021 年 3 月 13 日在日本 NHK BSP 纪录片频道播出，收视率创下近年新高。[①]

此外，一些商业平台、独立工作者、当地的旅游企业和景区也积极借用纪录片的力量进行宣传推广。如 2019 年，新浪影视出品了国内首部讲述徽州古建筑民宿经营者故事的人文风光纪录片《入梦·徽州》。该纪录片通过寻访徽州当地民宿主，以真切动人的故事展现中华民族优秀文化遗产。

纪录片作为一种传播形式，具有真实、客观、贴近生活的特点。通过纪录片的传播，"大黄山"的美景、历史和文化得到了更广泛的宣传。各种类型的纪录片通过深入挖掘"大黄山"的文化和历史内涵，不仅可以加深公众对"大黄山"的了解和认知，还可以增加观众对"大黄山"的好奇心和兴趣度，吸引更多游客前来参观和体验，促进"大黄山"的可持续发展。

（五）流媒体平台上"大黄山"的传播情况

从旅游宣传推广的渠道来看，过去以报纸、杂志、电视、广播等媒介发布广告为主。随着社交传播时代的到来，旅游景点传播形态从集中式向多节点、分布式转变，各类流媒体平台（短视频、长视频）成为人们分享和获取旅游信息的重要渠道，流媒体视频平台具有生动、直观、易传播等特点，对旅游景点的推广起到了极大的促进作用。研究报告也表明，2/3 的全球旅

[①] https：//weibo.com/6593947782/MeOU049WS.

行者在观看流媒体节目或电影后考虑过去往该目的地，流媒体服务将激发消费者的旅行决策。

YouTube 作为全球最大的视频播放平台，截至 2023 年 4 月 30 日，该平台已有超过 3.79 万条黄山相关视频。其中单条播放量最高的为 CCTV 纪录频道上传的《大黄山》第一集，播放量为 469 万次。播放量第二的视频是由一名外国博主发表的，视频标题为"Walking on Air at Huang Shan-The Yellow Mountain"，播放量为 108 万次。台湾地区一档电视节目《大陆寻奇》中关于黄山的视频，播放量为 74 万次，排名第三。

此外，大量的自媒体账号在多个平台分享游览黄山的 Vlog，成为黄山对外传播的重要力量。随着传播格局从"我们想讲的"变成"受众想听的"，自媒体特别是专业自媒体、意见领袖往往更加注重用户思维，能够较为准确地把握人群的兴趣点，在细分群体中具备较强的影响力。自媒体已成为旅游景点对外传播的见证者、书写者、传播者，需要引起足够的重视。

整体来看，流媒体视频平台作为一种新兴的传播媒介，具有受众基数大、传播效率高、视觉传播效果好等特点，已成为"大黄山"对外传播的重要平台，拓展了传播边界。尤其是将短视频与直播相结合的推广模式，助力"大黄山"出圈，找到了当下旅游资源营销创新与受众消费习惯的契合点。

（六）"大黄山"相关景点自建国际传播渠道情况

旅游景点自建国际传播渠道是适应旅游业国际化发展的必要措施，对于提高旅游景区的知名度、品牌价值和形象，了解国际市场需求和趋势，促进旅游业的国际化发展等都有重要的意义和价值。相关研究报告也表明，有 75% 的受访者表示其受到社交媒体的启发而前往目的地，特别是年轻旅行群体，他们深受电影、电视节目和 Instagram 的影响。[①] 通过自建国际传播渠道，旅游景区可以直接与国际市场接触和沟通，提高知名度和曝光度。本部分将统计分析"大黄山"地区各主要旅游景点在国际社交传播平台 Twitter

---

① "Global Travel Trends in 2023: Personalized Itineraries and Unique Experiences", April 15, 2023.

自建账号的传播情况。

Twitter 是全世界最大的社交平台之一，覆盖了 34 种语言，拥有超过 6 亿的注册用户。根据《2023 年全球数字报告》，该平台拥有超过 556 万月度活跃用户（MAU）。在 Twitter 上，黄山的推文数量排名第一，达到 2.6 万条（见表 4）。宏村以 1692 条的推文数量排名第二，九华山、天柱山和西递的推文数量皆少于 1000 条。在自建账号方面，选取发布"大黄山"主要旅游景点相关内容且推文数多于 10 条的账号进行分析。其中，黄山的自建账号数量最多，占"大黄山"地区自建账号的 87.7%，其境内开设账号 59 个，境外开设账号 62 个。宏村、天柱山、九华山、西递等四个景点的自建账号呈断崖式下降，其自建账号数量皆为个位数。由此可见，黄山在 Twitter 平台上的境外自媒体传播效果是这五个景点中最佳的。总体来看，目前以 Twitter 为代表的全球性社交媒介仍然缺少境外意见领袖对安徽景点的主动宣传。

表 4　Twitter 上"大黄山"地区自建账号的传播数据

单位：条，个

景点名称	推文总量	相关推文数≥10 的账号数量	境内开设账号数量	境外开设账号数量
黄山	26006	121	59	62
九华山	921	3	2	1
天柱山	528	4	3	1
西递	172	2	2	0
宏村	1692	8	5	3

三　"大黄山"国际传播存在的挑战与对策建议

（一）"大黄山"国际传播存在的挑战

一是全球旅游市场竞争激烈。由于全球化、数字化和交通便利化等因素，各个国家和地区在争夺国际游客的同时，也面临激烈的竞争，游客对服务水平和设施的要求也越来越高。全球各个旅游目的地都在加大宣传推广力度，游客有着更为多元化的选择。因此，"大黄山"如果想在国际旅游市场上脱颖而出，吸引游客的眼球，就需要制定更具竞争力的国际传播战略。

二是社交媒体时代对"讲故事"能力提出更高要求。当今社会数字化和社交媒体的普及对旅游目的地国际传播产生了深远的影响，传统的海外稿件发布、社媒账号发布等已经难以满足社交媒体时代的传播需要，而"讲故事"则是国际传播的最佳方式。以故事为传播载体，让更多人看见，被更多人听见，打动大部分人。客观来说，"大黄山"与国外成熟的景区传播方式、沟通方式相比，仍有欠缺和短板，所取得的传播效果也与政府、公众的期许存在差距。

三是对外传播存在"碎片化"与"套路化"倾向。随着"大黄山"国际传播格局的不断完善，从国家到地方、从政府到企业、从民众到媒体，全社会参与国际传播的热情已经有了，但各方面资源力量的整合还没有到位，各主体间协同效应未能发挥，存在"碎片化"的特征，还未形成可聚合的大外宣格局。此外，往往容易将国际传播简化为海外媒体发稿、纽约时代广场投屏、召开国际会议等形式。这类活动往往存在重复打造和同质化竞争的问题，未能发挥整体的集聚效应。

（二）加强"大黄山"国际传播的建议

2023年5月9日，国际旅游组织（UNWTO）发布的数据显示，国际旅游业正在恢复到新冠疫情大流行前的水平。据估计，2023年第一季度有2.35亿游客出国旅游，是2022年同期的两倍[1]，世界旅游业有望全面复苏。世界旅游和旅行理事会（WTTC）也预计2023年全球旅游业的就业岗位将恢复到2019年水平的95%。

"美丽中国建设先行区、世界一流旅游目的地、中国优秀传统文化传承创新区"的战略定位，决定了"大黄山"需要参与在全球范围内竞争市场

---

[1] "Tourism on Track for Full Recovery as New Data Shows Strong Start to 2023", May 15, 2023.

份额的任务。尤其是在全球化动荡、国际环境高度复杂的当下，旅游目的地之间竞争更加激烈、更加残酷。此外，新技术和新传播手段的出现也带来了新的挑战与机遇，"大黄山"地区相关旅游主体需要寻找新的方式、途径来获得可持续的竞争优势。

1. 心中有"数"：准确把握当代旅游发展新趋势

随着旅行者对新体验的渴望、传播技术的快速进步，旅行和旅游业正在不断转变，出现了一系列新的变化和趋势。了解这些趋势将有助于旅游业利益相关者更好地满足旅行者的需求和偏好。根据世界旅游和旅行理事会（WTTC）、携程及 Deloitte（德勤）联合发布的《不断变化的世界——2022年以来消费者旅行趋势的转变》报告，世界旅游业呈现了一些新的趋势。

（1）社交媒体发挥重要影响，成为旅行计划的重要灵感来源

随着线上经济的持续发展，越来越多的人转向 Instagram、Facebook 和 TikTok 等社交媒体寻找旅行灵感。Skyscanner 的一份调查报告显示，Instagram 是最受欢迎的旅行灵感来源（40%的受访者提到了 Instagram），其次是 Facebook（33%）和 TikTok（25%）。一些旅行者转向使用在线旅游社区，譬如让旅游爱好者与其他用户分享照片、技巧和灵感的时刻旅行。携程平台上，近 1/4（22%）使用时刻旅行的用户在观看平台内容后的一个月内通过该平台进行了旅行预订。社交媒体的影响力越来越大，推动了使用移动设备进行旅行预订的用户激增。此外，还催生了直播等新的营销手段，近一半的携程直播观众在观看直播内容后的 24 小时内提交了旅游订单。

（2）旅行支出的弹性更大，青年群体更加关注可负担性

在通胀和利率上升、外汇市场动荡以及全球能源危机的共同影响下，全球经济的不确定性进一步提升，人们越发担心自身的财务状况。不过人们仍然青睐旅行，大多数人依然将度假列为可自由支配支出的首要事项。但许多消费者的旅行预算有所下降，节约开支是旅行预算的优先考虑。特别是对于青年群体而言，可负担性尤其重要，他们认为优惠和折扣是最有用的旅行资源。当他们计划旅行时，可负担性的优先程度远远高于其他因素。

（3）与旅游目的地的"邂逅"，商务和休闲的混合式旅行日渐流行

出差是发现新旅游目的地的重要途径，商务旅行可能是一个让个体邂逅意料之外的人和目的地的机会。越来越多的人开始把工作和娱乐结合起来，从商务旅行中抽出时间去探索当地的景点和文化，商务和休闲旅游逐渐融为一体。根据 Skyscanner 的数据，1/6 的受访者可能会在 2023 年进行混合式旅行。欧睿预测到 2027 年，商务与休闲相结合的旅行方式市场规模预计达到3600 亿美元左右。

（4）践行低碳承诺，追求可持续的旅行者日益增多

越来越多的旅游消费者接受了可持续发展和低碳生活理念，正在积极采取措施减少他们的碳足迹。携程集团的调查报告表明，超过一半（59%）的旅行者近年来选择了某种形式的可持续旅行，69% 的旅行者积极（总是或偶尔）寻求可持续旅行选项，如从减少酒店用水到自带牙刷等可重复使用的物品。近 70% 的旅行者表示，如果他们知道酒店对地球友好，他们就更有可能预订住宿。[①] 可持续旅游对社区也有影响，越来越多的人选择在旅行时购买当地生产的商品，积极把支持当地经济的活动纳入他们的旅行行程计划，并强调尽量减少对当地文化环境的影响。

（5）旅游者更加关注旅游个性化行程和独特体验

旅游科技的应用加速。新冠疫情加快了旅游业采用技术的速度，比如客房服务机器人、在线预订系统等。随着人工智能的进步，酒店、航空公司、预订网站和其他机构正在使用聊天机器人为客户提供服务，采用面部识别技术进行验证。[②]

美食体验在旅行决策中变得至关重要。据 Cultuer. org 发布的"Global Travel Trends in 2023"，食物正成为人们选择旅行地点的一个越来越重要的因素。大多数（81%）受访者最期待在旅行时尝试当地特色美食。对于66% 的 Z 世代和千禧一代，社交媒体是他们旅行期间就餐体验的主要灵感来

---

① "Booking. com Reveals Key Findings from its 2019 Sustainable Travel Report", May 15, 2023.
② "Top Travel Industry Trends（2023-2026）", January 28, 2021.

源。此外，近一半（47%）的年轻旅行者计划整个假期都围绕着一家特定的餐厅。①

健康浪潮：优先考虑自我保健和恢复性假期。人们越来越渴望以精神、身体和情感健康为重点的恢复性假期，有着健康服务的酒店或者提供健康体验的旅游目的地更能够吸引游客。

不走寻常路：体验式旅游和独自旅行的兴起。体验式旅游正在成为一种常态，今天的旅行者越来越有兴趣发现隐藏的景点，探索新的地方和感受新的体验。体验式旅行强调的不再是简单地购买商品或服务，而是获得生活体验。此外，自由和独立的感觉促使相当一部分旅行者采取单人旅行的方式，尤其是在青年群体中，越来越多地使用和熟悉数字技术是其在旅行时的显著特征。这意味着提供替代旅游和传统路线的组合可以成为吸引独自旅行者的成功策略。

2. 手中有"策"：基于旅游者获取旅游资讯的媒介偏好和决策行为开展营销活动

（1）信息与信任是影响消费者旅行决策至关重要的因素

旅游是一项高度个性化的消费活动，旅游者需要在对旅游目的地陌生的环境中作出决策。如果旅游者对旅游产品提供者的信任程度高，他们可能会更愿意相信产品的描述和推荐，进而作出消费决策。因此，建立和维护信任是旅游服务提供者的重要任务之一。

在这个决策过程中，信息无疑是构成信任的重要前提条件，旅游消费者需要获取足够的信息来作出决策。一般而言，旅游者的信息来源主要可以划分为内部和外部两个大部分，内部主要是旅游者个体相关消费体验的经验。外部信息则是来自他人的，其可以划分为功利性和非功利性的信息来源。功利性的信息来源是指那些来自旅游目的地或营销机构的信息，如广告宣传等，这些信息具有明确的目的即吸引消费者，但这种宣传往往容易受到消费者的抵制与反感，从而效果比较有限。非功利性的信息来源则是指那些不受

---

① Felipe, "10 Travel Trends that will Shape Tourism-Smart Destination", December 7, 2022.

营销者所控制的用户生产内容（UGC），如有相关旅游经历的朋友或熟人，以及具备相关专业知识的组织等。因为这些信息往往处于客观、中立的位置，旅游者对其接受与信任程度更高。这些社交媒体上的内容生产者代表了一种新型"独立第三方代言人"，他们通过社交媒体平台来塑造公众对特定旅游景点的态度[①]，即人们常说的"口碑"。特别是一些意见领袖，他们能够增加普通公众收到相关信息的可能性，并产生更为直接的影响。

信任和信息供给是相互关联的。如果旅游服务提供者能够提供足够的信息，旅游消费者就更容易建立信任。相反，如果旅游服务提供者缺乏信息或者提供虚假信息，旅游消费者就难以建立信任。因此，信息供给是建立信任的一个重要途径。旅游产品提供者可以通过提供高质量的服务、透明的信息和良好的客户支持来建立信任。旅游产品提供者还可以通过获得认证或参加评级计划来增强信任。

（2）社交媒体对旅行决策有着积极影响

随着社交媒体的发展，社会媒体的传播已经成为塑造感知、感受和体验的工具，社交媒体越来越多地调节旅游业领域的消费者行为，消费者对社交媒体的信任、对旅行决策的每个阶段都有积极影响。[②] 社交媒体对购买决策过程的影响已在旅游业中进行了研究，并被证明会影响追随者的旅行意图[③]，增加访问特定目的地的可能性。社交媒体上的旅游内容可以为旅游消费者提供灵感和建议，旅游消费者可以通过浏览社交媒体上的旅游照片、游记、评价等内容，了解不同的旅游目的地、旅游活动和旅游体验，从而激发他们的兴趣和热情。此外，社交媒体上的旅游专家和旅游博主也可以提供有用的旅游建议和技巧，帮助旅游消费者作出更好的决策。

---

① Jalilvand M. R. , "Word-of-mouth vs. Mass Media: Their Contributions to Destination Image Formation", *Anatolia*, 2017, 28 (2).

② Pop R-A, Săplăcan Z. , Dabija D. -C. , et al. , "The Impact of Social Media Influencers on Travel Decisions: The Role of Trust in Consumer Decision Journey", *Current Issues in Tourism*, 2022, 25 (5).

③ Magno F. , Cassia F. , "The Impact of Social Media Influencers in Tourism", *Anatolia*, 2018, 29 (2).

因此，需要准确把握消费者媒介接触习惯，精准施策，充分发挥口碑传播和人际传播高说服力、无障碍性的特性，通过讲好故事、改善服务、活动引导、及时处置、扶持激励等途径，提高透明度和真实性，激发各类个体对于"大黄山"的好感，让他们成为"大黄山"故事与形象的宣传员。通过他们的"小镜头"营造"大黄山"形象的"大口碑"。

（3）构建多元协同的传播主体

在新的传播生态中，牢固树立习近平总书记所说的"大宣传"工作理念，强化社会共识，拓展传播渠道和传播主体，形成政府牵引、上下协同、全民传播"大合唱"的新格局。"大黄山"对外传播与形象塑造本质上是关于"大黄山"各类信息、感知和认知的分享过程，是不同传播主体互动与协商的结果。需要打破传统宣传观念，"大黄山"对外传播与形象塑造的主体应当是多元的，不单单依靠政府宣传部门和景区管理者。政府宣传部门和景区管理者不应是单一的宣传主体，可以居于主导地位，但不能是垄断地位。应积极吸纳和利用媒体、意见领袖、普通网民等多元主体参与，让他们成为"大黄山"故事的分享者、情感的体验者，使"大黄山"形象表达更具活力，传播更有效力。

政府部门可以制定旅游目的地的宣传策略和计划，投资和管理旅游基础设施和旅游资源，监管旅游市场和旅游服务质量，提供旅游信息和咨询服务等。政府部门强化与其他主体合作，共同推广旅游目的地。旅游行业是旅游目的地传播的重要主体之一，旅游行业可以通过提供高质量的旅游产品和服务，为旅游目的地的宣传和推广作出贡献。普通民众、外来游客等是"大黄山"形象塑造与传播的感受者、检验者、参与者，是一支不容忽视的潜在力量。

3.行动有方：注重用户思维和情感传播，强化服务供给与关系构建

（1）积极管理和发展社交媒体账号

社交媒体代表了一种革命性的新趋势，成为旅游营销战略的一个组成部分。旅游业的各种经营者必须重视新媒体渠道的建设与运营，承担起向消费者提供准确、及时的信息和提高消费者忠诚度的责任，积极运用新媒体打造

优质 IP。

（2）重视在线社交媒体和旅游社区的口碑管理

各类社交媒体平台和在线社区用户可以获得的信息的范围、丰富度、可靠性和及时性可能远远大于通过传统方式获得的信息。旅游业的各种经营者应该相应地适应并拥抱这个新的空间。在线社区作为一种营销工具，能够满足人们对其希望前往的地方的求知欲和愿望。[①] 善用流量思维，实现内容精准化分发。流量运用得当，也是一种生产力，特别是抓住意料之外的传播契机，如山东淄博抓住流量，让城市成功"出圈"。

（3）从商品交换到服务提供的营销范式转变

这种新逻辑关注的是无形资源而不是有形资源，注重的是与旅游者的关系而不是交易。作为旅游景点管理者和服务者应当更加明确以服务为中心的运营逻辑和营销范式，注重用户的体验与情感需求。通过服务来交换顾客的"关系"与"忠诚"，制造情感依恋。与消费者建立良好的关系会给某些旅游目的地的相关业务带来竞争优势。

（4）强化旅游资源网络的整合

"大黄山"本身就是一个整合的概念，各种旅游资源集聚在一起，为游客提供有价值的体验。从网络结构的角度来看，网络通过资源的协调互补，能够增强整个网络的竞争力和优势，网络中的个体也会受益。在"大黄山"建设过程中，要树立网络思维，将各种旅游服务者和旅游资源集中在一个网络之中，相互协同。

（5）可感知性是"大黄山"对外传播的"关键支点"

"大黄山"形象的塑造与传播，不可能通过一系列抽象的方式完成，需要基于一系列景观、人物、故事、活动等，公众结合自己的经验、感受，动态累积而成。正如前文所述，黄山通过承办一系列重要的标志性活动，"世界会客厅"的形象已初步形成。"大黄山"形象的塑造与传播不是管理者

---

① Wang Y., Yu Q., Fesenmaier D. R., "Defining the Virtual Tourist Community: Implications for Tourism Marketing", *Tourism Management*, 2002, 23 (4).

"营造"一种形象、创造一个口号就可以完成的，而是要持续通过各种可以感知的"场景"，让公众能够感知、体验。因此，构建各种与"大黄山"形象相符合的场景就显得尤为关键。比如可以通过举办各类活动、展览、会议、新闻发布会等方式，吸引更多游客参观、体验"大黄山"。亲身感受一座城市、一个地区，会使它的形象更加完整、饱满。我们有理由相信，看到的、感受到的"大黄山"比听到的"大黄山"要更好。

（6）善用共情机制，讲好"大黄山"的情感故事

长期以来，在城市形象、旅游景点等宣传工作中，往往会忽视情感因素的存在，使用的宣传话语偏"宏观""抽象"。在影响传播效果的诸多研究中，情感因素的作用日益得到重视，出现了一种情感转向（emotional turn）。[1] 强情感属性的内容更易"出圈"，更容易突破地理空间、社会阶层的区隔，激发更多的共鸣。情感传播从一定程度上契合了当前新媒体传播的发展趋势，符合社会化媒介环境下用户的信息获取方式，情感传播使信息更易在较短时间和移动化空间中抢占用户注意力，影响受众的参与行为。从一定意义上来说，旅游目的地形象的塑造与传播，更为重要的是受众接收信息的环境，以及对一座城市的认知，而不是信息本身。因此，情感因素无疑是"大黄山"形象塑造与传播中需要关注的重要变量，需要讲好"大黄山"的情感故事。

此外，强化旅游产业运行的外部环境诊断，培养高层次国际旅游传播人才，制定旅游产品国际市场推广战略，重点面向生活在长三角地区的外籍人士推广旅游产品等也是"大黄山"开展国际传播需要关注的内容。

四　结语

习近平总书记在党的十九大报告中指出，"推进国际传播能力建设，讲

---

[1] Karin Wahl-Jorgensen, "An Emotional Turn in Journalism Studies?", *Digital Journalism*, 2020, 8（2）.

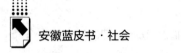
好中国故事,展现真实、立体、全面的中国,提高国家文化软实力"。作为国家形象的有机组成部分,有效的区域传播有利于构建动态多元的国家形象,提升国家在全球化进程中的话语能力。

"大黄山"特殊的地理位置、宜人的气候、得天独厚的自然和休闲资源,以及数量众多的历史和文化古迹,为旅游业集约化发展创造了机遇,部分代表性景点不断强化国际传播能力建设,在国际传播方面取得了不俗的成绩,为示范区开启高质量发展新征程奠定了坚实基础。但客观来说,许多旅游景点没有充分参与国际旅游进程,在国际市场的营销策略方面还需要进一步加强。充分依托"大黄山"顶级山水、人文等资源优势,瞄准国际一流,推进对外开放合作,大力开发高品质文化旅游新产品、新业态,推动文旅深度融合,以战略规划力、文旅引领力、对外传播力为"底座",加快建成生态型、国际化、世界级休闲度假旅游目的地。

B.17
"双创"背景下我国科技人才
政策环境优化研究[*]

——以合肥市为例

王云飞　黄静萍　谢莹莹[**]

摘　要： 科技的竞争是人才的竞争。合肥市对引进科技人才做了大量的工作，出台了诸多政策，包括科技人才的引进政策、培养政策、激励政策和综合性政策等。分析这些政策发现存在政策颁布频繁、科技人才政策落实体制不健全、体系不完善，以及科技人才政策措施与环境建设不匹配等问题。为此，需要健全科技人才引进政策体制，完善科技人才政策体系，优化科技人才政策的配套措施。

关键词： "双创"　科技人才政策　环境优化　合肥市

一　合肥科技实力的提升和人才政策的出台

（一）合肥科技实力迅速提升

当前，世界各国都在进行科技创新和产业变革，希望能够在科技创新和

---

* 基金项目：安徽省社科联社会科学创新发展研究课题"疫情防控中的基层社会应急治理机制研究"（2020CX052）。

** 王云飞，安徽大学社会与政治学院副教授，武汉大学博士，研究方向为发展社会学；黄静萍，安徽大学社会与政治学院硕士生，研究方向为发展社会学；谢莹莹，安徽大学社会与政治学院硕士生，研究方向为发展社会学。

产业转型两个方面有所突破。我国正处于建设创新型国家的关键时期，经济已经进入了"新常态"阶段，就业压力依然存在，推进科技创新与产业转型显得尤为迫切。科技创新已经成为各国发展竞争的关键，而科技创新的关键在于人才，良好的工作以及生活环境才能吸引科技人才，优化"双创"背景下科技人才的政策环境，有助于激发科技人才创新创业的积极性与创造力，促使合肥市科技人才积极投身到创新和创业中，在良好的政策环境中，使科技人才发挥更大的价值。

近十年来，合肥综合实力大大提高。科技创新、新兴产业、生态文明建设、改革开放和民生保障等方面都取得巨大的成就。2012 年合肥 GDP 在全国城市排名中居第 32 位。2021 年，合肥 GDP 排名上升到第 19 位。① 由此，合肥被称为"新一线城市"。显然，合肥的崛起在于新兴产业和科技创新，而新兴产业和高科技的背后是人才的支持。合肥是高度重视科技人才创新的城市。

随着我国经济快速转型和产业结构升级，科技人才供需失衡问题日益严重，科技人才环境差距成为制约合肥市进一步发展的重要因素。正是人才规划、引进和培育的成功使得合肥经济快速发展，但是，正如经济迅速发展起来的城市一样，合肥市科技人才工作也存在一定问题，比如一些科技人才，要么处于低水平的重复研究当中，要么从事与自己专业并不相关的工作，甚至出现人才"闲置"，由此造成了巨大的人才浪费。在这种背景下，提前规划，整合资源，优化科技人才政策环境是合肥市人民政府科技人才工作的重点。

因此，分析合肥市科技人才政策环境各方面现状，找到其中存在的问题和不足，提出优化科技人才政策环境的对策建议，是开展本研究的重点，也是对我国科技人才环境政策优化的思考。

---

① 姚晓芳、龙丹：《合肥、深圳两地科技型创业者素质的比较研究》，《中国软科学》2008 年第 1 期。

（二）科技人才政策与科技实力

科技人才政策环境优化是我国城市发展中遇到的一个普遍性问题。合肥市是一个短期内崛起的城市，从城市的发展看，具有一定的典型性。对合肥人才政策环境优化的研究具有代表性，由此，对合肥的个案研究可以总结出具有普遍意义的规律。这些研究，一方面可以给相关研究人员提供一些理论上的案例支持；另一方面也有利于后来研究者梳理出一个理论研究的脉络。

我国正处于创新型国家建设的关键时期，2014年9月在夏季达沃斯论坛上，李克强总理公开发出"大众创业、万众创新"的号召，由此我国各城市与企事业单位等开始了两项创建工作。创业和创新的核心是科技的发展。在"双创"背景下，科技人才是实现由科技知识顺利转化为生产力的桥梁。优化科技人才政策环境，激发科技人才创新创业的激情、热情和创造性，促进创新创业的高质量产出，是一个城市提高竞争力的需要，更是国家层面提高国际竞争力的需要。

城市良好的科技人才政策和社会环境有利于吸引人才、留住人才，从而培养创新人才。本研究的目标是通过分析总结给决策部门提供一种依据，从而在全社会营造鼓励创新创业的社会氛围以及建立创新创业的支持系统。有的学者将其总结为对教育导向的宏观指导、加大科研创新的资金投入，以及营造符合时代特征的人才观的舆论导向，此外，还要建立以教育科研为基础、科技创新为核心的国家创新体制。① 本报告的意义在于，通过研究发现问题及问题产生的原因，进而找到解决问题的办法。

（三）研究合肥科技人才政策是研究的切入点

首先，通过对合肥市科技人才政策文本内容的研究，对照现实中政策的

---

① 岑朝阳、陈蕾：《长三角省会城市高层次人才政策比较研究——基于杭州与合肥的对比》，《领导科学论坛》2021年第4期。

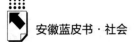

影响，透过问题的表象来看问题的本质。并且通过量化合肥市科技人才政策文本研究的最终结果，将政策文本内容转化为数量关系，从而发现合肥市科技人才政策文本的本质特征以及优势和劣势，最终达到完善科技人才政策框架的目的。

其次，本报告采取的访谈形式为以结构式访谈为主，以非结构式访谈为辅。通过对落户合肥市的企业科技创业人才、合肥市高校教授、合肥市在读硕士和博士研究生等政策受益人员进行访谈，以此获取真实有效的第一手调研资料，了解合肥市科技人才对相关人才政策的知晓情况、认可情况以及受益情况，从而分析合肥市科技人才政策实施的效果和存在的问题。

（四）合肥市人才政策汇总

本报告选用的政策文本均来自网络，是合肥市人民政府及其主要部门在官方网站上公开的科技人才政策。这些文件的时间跨度为 2016～2021 年。研究政策文本依照以下三个标准，利用这些标准对 2016～2021 年合肥市科技人才政策进行了分类整理。

第一，按照政策内容，合肥市科技人才政策内容广泛，主要选取与科技人才引进、培养、激励等方面相关的政策文件。第二，按照政策文本类型，主要选择合肥市相关部门颁布的科技人才政策，如通知、意见以及办法等。第三，按照政策发布部门，选取合肥市人民政府、合肥市科技局、合肥市人力资源和社会保障局、合肥市财政局以及合肥市委在其官网出台的政策文件，进而筛选出 43 项科技人才政策，并按照政策发布时间进行排序。这些政策文件如表 1 所示。

表 1 合肥市相关科技人才政策

编号	政策名称
1	关于开展 2021/2022 年度合肥市就业创业一站式服务中心引才奖补申报工作的通知
2	关于申报 2021 年度省级引进境外人才项目计划的通知
3	关于开展 2021 年度省支持科技创新有关政策申报工作的通知

续表

编号	政策名称
4	关于印发《安徽省支持科技创新若干政策专项资金管理办法》的通知
5	关于印发《安徽省关于建立引进海外高层次人才和急需紧缺人才职称评审绿色通道的指导意见》的通知
6	关于印发安徽省工程技术领域高技能人才申报专业技术资格评审标准条件(试行)的通知
7	关于印发《安徽省博士后研究人员高级职称评审认定工作实施办法(试行)》的通知
8	关于印发《合肥市引才引智示范基地管理办法》的通知
9	关于印发《合肥市科技局专家库管理办法(修订)》的通知
10	关于印发《合肥市科技特派员工作站认定管理办法(暂行)》的通知
11	合肥市大学生创业创新引导资金管理办法
12	关于申报实施"海外金蓝领援皖"计划的通知
13	合肥市人民政府办公室关于支持高校毕业生来肥就业创业的意见
14	合肥市人民政府办公室关于印发加快集成电路产业人才队伍发展若干政策的通知
15	合肥市第三方机构引进急需紧缺人才奖补实施细则(试行)
16	合肥市留学回国人员创新创业扶持计划实施细则
17	合肥市博士后经费资助使用实施细则
18	合肥市"鸿雁计划"实施细则
19	合肥市支持院士(科学家、专家)工作站(室)建设实施细则(暂行)
20	合肥市领军人才引进计划实施办法
21	合肥市高层次人才创业团队引进计划实施办法
22	合肥市技能大师工作室建设管理办法
23	合肥市引进高层次人才子女接受基础教育保障办法
24	庐州英才培养计划实施办法
25	安徽省扶持高层次科技人才团队在皖创新创业实施细则(修订)
26	关于进一步支持人才来肥创新创业的若干政策
27	合肥市就业创业一站式服务中心建设管理实施细则
28	合肥市高校毕业生创业项目扶持资助实施细则
29	合肥市"引进外国高端人才计划"实施办法
30	合肥市双创英才实施办法(试行)
34	合肥市新落户人才租房补贴发放实施细则
32	合肥市人才购房资格认定实施细则
33	关于实施新时代"江淮英才计划"全面夯实创新发展人才基础的若干意见
34	合肥市人民政府关于推进技能强市的实施意见

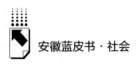

续表

编号	政策名称
35	中共合肥市委合肥市人民政府关于建设合肥市综合性国家科学中心打造创新之都人才工作的意见
36	国内外顶尖人才引领计划资助支持暂行办法
37	合肥市高层次人才学术研修资助办法
38	关于合肥市综合性国家科学中心建设人才工作的意见(试行)
39	关于开展2016年肥西领军人才、肥西英才及产业创新团队申报工作的预通知
40	关于印发《安徽省国有科技型企业股权和分红激励实施细则》的通知
41	安徽省人民政府办公厅关于深入推行科技特派员制度的实施意见
42	合肥市学术和技术带头人及后备人选选拔管理办法
43	合肥市专业技术拔尖人才选拔培养暂行办法

二 合肥市科技人才政策的文本分析

(一)合肥市科技人才政策的文本形式分析

合肥市科技人才政策文本的形式比较丰富,主要包括政策、通知、实施细则、办法以及意见等。其中颁布的实施细则与政策共11项,占总数的25.6%,其他的通知、办法以及意见等政策文本形式共32项,占总数的74.4%。由此可见,合肥市科技人才政策大多是比较抽象的政策文件,需要用人单位根据情况进行细化,给用人单位留下更多的自由裁量空间,而这一过程往往也使得政策在执行过程中容易发生偏离的倾向。具体政策文本类型分布情况见表2。

表2 2016~2021年合肥市科技人才政策文本类型分布及占比

单位:项,%

形式	通知	办法	实施细则	意见	政策
数量	15	12	10	5	1
占比	34.9	27.9	23.3	11.6	2.3

（二）合肥市科技人才政策的类型分析

根据选取样本政策的内容以及侧重点的不同，可以把合肥市 2016~2021 年发布的科技人才政策分为四个种类：一是人才的引进政策，二是人才的培养政策，三是人才的激励政策，四是综合类政策。2016~2021 年合肥市的人才引进政策共 14 项，约占总数的 33%；人才培养政策共 18 项，约占总数的 42%；人才激励政策共 6 项，约占总数的 14%；综合类政策共 5 项，约占总数的 12%。

合肥市颁布的科技人才政策，一方面反映合肥经济发展带来的需求变化，另一方面反映了某一领域的特殊需求，具有较强的针对性。比较可以看出，既注重人才引进，也注重人才培养，尤其是海外高层次人才的引进以及高层次人才的培养。

调研发现，政府在人才激励政策以及综合类政策上存在一些可以改进的空间。比如人才供需脱节，激励体制、人才流动体制以及人才管理体制等方面还不健全。

（三）合肥市科技人才政策的颁布频率分析

由图 1 可以看出，2016~2021 年，合肥市共颁布了 43 项科技人才政策。其中，2016~2019 年，合肥市颁布的科技人才政策数量呈现上升的趋势，共计 28 项，约占总数的 65%。2016 年颁布的政策较少，只有 5 项。2018 年、2019 年颁布的政策各有 9 项，波动较大。2019~2020 年颁布的政策有所减少。2020~2021 年合肥市共颁布 15 项政策，约占总数的 35%，数量有所增加，其间颁布的科技人才数量有所波动，但是总体保持稳定。

总体上看，几年内出台的人才优惠政策非常密集。具体表现为涵盖面广，涉及各种层次的人才。人才安置方面条件明晰，给出各种具体的资助和奖励政策规定。政策具有针对性，对一些急需人才制定了专门的政策。

2017 年，合肥市被确立为继北京、上海之后的又一个综合性国家科学中心，科技创新快速发展。自该年度开始，合肥市颁布的科技人才政策数量

图1　2016~2021年合肥市科技人才政策数量情况

不断增加。由此可见，合肥市人民政府根据本市的具体情况，在积极响应国家的号召，紧跟国家政策步伐的同时，非常重视本地区科技人才队伍的建设与发展。

根据对各种政策分析不难发现，从宏观上看，合肥市政府制定的人才政策是一种战略规划，为经济发展提供长远的布局；从中观层面看，是针对在肥企业发展制定的政策，为企业发展储备人才服务；从微观层面看，制定的政策有的是针对企业发展的专门人才。

总之，合肥市的人才政策是基于合肥发展的实际情况而作出的规划。规划注重实效，不搞形式主义。从政策制定的逻辑看，科技人才政策也呈现不断自我调整与完善的趋势。虽然合肥市的政策颁布数量波动较大，连续性不高，但是总体来看，颁布的政策数量有所增加，这也反映了政府制定科技人才政策的一种紧迫感。

三　合肥市科技人才政策存在的问题

（一）科技人才政策落实体制不够健全

创新型科技人才是创新型城市建设的核心要素。科技人才政策的落实需要一套有效的运行体制，良好的引进和安置人才的政策可以吸引更多高层次人才集聚。从技术发展方面看，城市的经济发展、科技创新和技术进步靠的是高质量的人才支撑。吸引高层次人才集聚，从而形成城市科技发展的中坚力量，它是由一系列政策组合而形成的。

近些年，全国各省区市为了吸引人才资源尤其是高层次的科技人才，先后出台了一系列引进高层次人才的相关政策。这些政策除了涉及科技人才之外，也涉及其他专业的高端人才。合肥市也出台了一系列科技人才政策，在人才引进方面取得了很大的成效，然而这其中依然存在一些问题，这些问题具有普遍性。

第一，科技人才发展体制与市场经济人才培养路径不适应。合肥市现行的高层次人才引进政策，仍然是政府发挥主导作用，未能有效地发挥市场在配置高层次人才资源中的决定性作用。[①] 并且在人才引进以及制定科技人才政策时没有充分考虑到合肥市现有城市的容纳量和承载能力、专业市场情况以及人才就业意向，导致人才引进困难以及人才引进后流失等情况。

第二，科技人才激励体制不健全。当前，合肥市的科技人才激励往往局限于传统的发放津贴补助、提供住房和编制、优先评聘职称等手段，这种以物质激励为主的激励体制，难以满足现在科技人才对更高层次的精神和发展追求。陈某，211 理工类高校博士生，2020 年来合肥就业，表示虽然刚来合肥每年可以领取 3.6 万元的租房补贴，但是只能领取 3 年，加上合肥的房价较高以及政策所给予的优惠有限，租房以及日常开销等生活压力比较大，后续也不一定能在合肥买房落户，有辞职离开合肥的打算。而且激励对象以个人为主，对人才团队的激励较少，不利于科技人才队伍的建设。刘某，科技企业员工，表示其就职企业在激励员工时注重个人，以团队为单位的激励较少，并且在团队激励中由于分配标准不合理，团队凝聚力下降，激励效果大打折扣。合肥市现有的激励政策体系不健全，导致高层次人才政策执行效果

---

① 杨环、胡乔石、杨剑：《合肥市科技人才政策文本分析》，《安徽工业大学学报》（社会科学版）2018 年第 5 期。

不佳。吴某，综合类高校教授，表示其在合肥主要享受了人才等级认定以及相应待遇，比如评职称等，其他的激励措施较少。相较于南京、杭州、苏州等城市来说，合肥市科技人才政策还有诸多不如意的地方，政策激励力度不如北上广深等地。

第三，科技人才流动体制不完善。在科技人才流动方面，合肥市机关事业单位普遍存在晋升困难、基层晋升渠道狭窄等问题。此外，企业在人才的流动方面往往也存在问题，主要包括程序复杂、晋升难以及离职的手续审批时间长等问题。白某，科技企业员工，表示在办理离职手续时，要经过填写离职申请表、上报部门经理、部门经理签署意见、上报人力资源部、人力资源部约见等程序，过程烦琐，离职手续审批时间久。没有完善的人才晋升以及流动政策，在很大程度上会直接降低科技人才在合肥市的工作幸福感，最终导致人才的流失。

第四，科技人才管理方式与现代治理体系不相适应。党的十九届五中全会提出要把科技自立自强作为国家发展的战略支撑，而科技人才又是推动科技创新、实现科技自立自强的重要主心骨，为了进一步增强人才活力，释放出更高的人才效能，需要建立健全"科学规范、开放包容、运行高效"的人才发展治理体系。但在实际的工作环境中，合肥市的主流人才工作理念以及方法还不够先进，存在管得过多、过宽以及不灵活的问题。因此，完善人才政策体制，建立行之有效的现代治理体系势在必行。

（二）科技人才政策体系不完善

政策多表明对人才的重视，政策内容涉及方方面面。一方面，这些人才政策文件复杂而又烦琐，2016~2021年合肥市颁布的科技人才政策主要是通知、办法以及意见等，对人才的"申报条件"和"申报材料"及申报过程的相关规定非常复杂。这些复杂的申报条件和流程并未充分发挥政策的引导作用。另一方面，这些科技人才政策主要存在以下三个问题。

首先是政策扶持力度不够。合肥市出台了优化住房、生活等配套服务的政策，但对于可以享受该类政策的人才限制条件较多，因此在实际生活中，只有一部分科技人才真正享受了合肥市的人才政策实惠。此类政策的扶持力度相当有限，对于高层次科技人才的吸引力是远远不够的。李某，985理工类高校硕士，表示原本希望通过合肥市的人才引进政策在合肥买房，可是合肥相关人才政策要求其前两年必须在合肥有参加社保的记录。本科毕业后李某参加过工作，之前的单位也给他缴纳过社保，因为在合肥没有记录导致他无法在合肥买房，购房成了问题。

其次是政策宣传力度不足。合肥市的科技人才政策宣传力度不够，从而导致科技人才政策的知晓度低，很多合肥市高校毕业生以及从外地引进的科技人才并不了解合肥市的人才政策。陈某，211理工类高校博士，表示当他想通过人才引进政策在合肥就业，在查找相关政策时，发现自己在合肥市人民政府等相关网站都无法直接通过关键词搜索到相关政策，花费了不少时间，了解渠道有限。很多时候网络媒体对于这些相关人才政策的报道推文，是这些人才知晓政策细节最主要的途径。合肥市有关科技人才政策的宣传力度不够，大大降低了对国内外高层次人才的吸引力。针对这一点很多受访者都表示有这个困扰，他们表示合肥市的科技人才政策在官网上不是很好找，不够显眼，也没有成立专题栏目，收集相关政策信息时不够便捷，无法快速对合肥市相关的科技人才政策有一个较为全面的了解。

最后是政策执行落实不到位。政策出台和政策落实之间还有一定差距，政策落实的情况与政策执行者对政策的理解和执行力度密切相关，有些政策落实到位，如住房临时安置等，成效显著。但也有些政策落实不到位，没有发挥其应有的作用，比如购买住房补贴标准的落实等。比如2016~2021年合肥市颁布的科技人才政策以通知、意见等为主，用人单位有比较大的自由裁量权，这也使得政策在具体落实的过程中出现偏差。自由裁量的过程往往也导致政策在执行过程中容易发生偏离的倾向，很多政策规定并不能很好地落实，也会出现为了吸引人才而做出一些不切合实际的许诺。根据《合肥市产业紧缺人才引进资助暂行办法》，自2019年7月1日至2020年6月30日，首次引进至合肥市申报范围内企业工作的急需紧缺人才可以享受3年生活补助，一年一申报，按时补助。用人单位在实际执行过程中，承诺2020

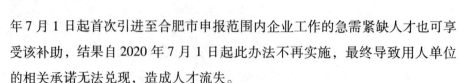

年7月1日起首次引进至合肥市申报范围内企业工作的急需紧缺人才也可享受该补助，结果自2020年7月1日起此办法不再实施，最终导致用人单位的相关承诺无法兑现，造成人才流失。

（三）科技人才政策措施与环境建设不匹配

一个地区的经济发展水平影响着该地民众的收入水平，也是影响高层次人才集聚的首要因素。① 除此之外，城市的基础设施和公共交通、医疗卫生、生态环境等公共服务硬件设施也是影响高层次人才就业与生活的重要因素。合肥市虽已成为新一线城市，正在大力进行城市基础设施建设，但依旧还有很大的提升空间。相较于北京、上海等经济发达地区来说，合肥市人才管理服务的市场化、社会化程度不高，人力资源服务业发展不足，不能很好地为科技人才提供优质且高效的一站式服务。汪某，高校教授，表示合肥市当前的科技人才政策主要存在一站式服务不到位等问题，有时候需要解决一些临时突发问题，却没有职能部门对接，后续的跟踪服务、监督检测以及调整反馈等一系列程序都需要不断完善。

政府应当深入开展人才体制改革，鼓励、引导企业等用人单位充分发挥主观能动性，创造更优质的硬件条件，提供更高效的服务，打造更好的生活居住环境、医疗卫生环境和教育环境等，吸引高层次人才留在合肥市，使其充分发挥主动性和创造性，共同打造养人之城。

四 合肥市人才政策优化的对策建议

（一）健全科技人才体制

首先，要健全科技人才引进体制，优化人才引进方式。立足于合肥市的

---

① 王洪波：《科技人才创新创业的政策环境及优化——以浙江省为例》，《中国高校科技》2018年第4期。

科技人才发展，理清政府与市场的职能范围，以市场为导向，发挥市场在配置科技人才资源中的决定性作用。一方面，针对合肥市紧缺的科技人才，政府应该开辟专门的科技人才引进渠道，建立有关科技人才工作的站点，特别是出台切实可行的科技人才引进政策。既要加大对科技人才的政策优惠力度，也要明确可完全兑现的条件，不夸张、不乱承诺。另一方面，政府在制定人才政策时，原则上要简政放权，提高用人单位自主权，不干涉单位的自主决策权，鼓励用人单位通过多种方式引进科技人才。另外，对于某些具有同质性的人才引进措施，政府也可以委托或外包等形式，交付第三方人力资源服务机构做好科技人才认定和挑选工作，定期评估与反馈科技人才需求，提高科技人才工作的积极性。政府应建立多元的人才制度，只要是符合合肥市发展需要的，都可以作为人才引进，做好人才分类，平衡人才结构。与此同时，在引进优秀的国外高层次人才的同时，也不能忽视本土科技人才在合肥市发展中发挥的重要作用，使国内外科技人才享受同等待遇，只要满足补助条件，应当不受任何限制地享有与国外高层次人才同等的待遇，防止本土优秀科技人才的流失。

其次，要完善科技人才培养体系，激发人才创新动力。探索建立符合我国国情的科技人才培养体系，挖掘与扶持优秀科技人才项目，打造本土化的科技人才培养项目，发挥带头示范作用。合肥市在制定科技人才政策的过程中要充分考虑当地的实际情况，因地制宜、实事求是，避免影响科技人才政策的实施效果。合肥市位于长三角地区，地理位置优越，在科技人才的培养方面，可以调动周边的优秀资源，例如可以邀请上海、南京、杭州等周边地区的专业团队来合肥市发展，或者组织合肥市的科技人才前往上海、南京、杭州等周边地区学习经验，结合合肥市的实际情况，完善合肥市科技人才培养体系。

再次，要优化科技人才的激励制度，加大人才奖励力度。一方面，发挥政府部门的示范作用，加大对科技人才的财政性投入，对具有突出贡献的科技人才提高奖励，努力提高基层科技人才的薪资待遇，落实基层科技人才的激励制度。另一方面，物质奖励与精神奖励并重，既要加大对科技人才引

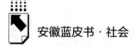
进、培养和奖励等的资金投入，设立科技人才发展专项资金，提高科技人才的薪资待遇，也要通过表彰、职称认定等手段在精神上激励科技人才。

最后，要改进科技人才流动体制，提高人才服务质量。合肥市应当建立涵盖不同领域、企业、岗位的科学、规范的人才流动体制，灵活应用，具体问题具体分析，做好人才流动的对接工作，为科技人才提供更为高效、便捷的服务。

（二）完善科技人才政策体系

在政策制定方面，第一，明确科技人才政策制定主体。科技人才政策的制定一般涉及合肥市人民政府、市科技局、市人力资源和社会保障局、市财政局等主体，过多主体参与政策的制定，会导致主体不清晰、过程繁杂、成本高等弊端。因此，在制定科技人才政策时应明确主体，依据实际情况联合相关部门，提高科技人才政策的约束性。合肥市人民政府需要统筹领导各个部门，发挥各部门优势，加强跨部门之间的协作与沟通，立足实际，充分考虑科技人才所需的各种保障和服务，提高科技人才政策制定的科学性与有效性。在这个过程中要注意两点：一是各部门之间要统筹协作，信息共享，提高办事效率。二是各部门之间要明确各自的职责，包括后期的政策执行、讲解以及宣传等。此外，在后期的政策执行过程中，相关部门应当根据出现的新问题或新情况，及时、灵活地修订原先的政策。第二，规范科技人才政策制定程序，科学制定各类政策，提高政策的权威性。以人才政策目标为出发点，定好方案流程，商讨与确定政策措施，形成初步的政策方案，政策试行与调整，政策落地。合肥市现有的科技人才政策有相当一部分是以试行的形式颁布，在试行过程中，需要根据实际情况不断调整修正政策实施过程中发现的问题，形成科学、权威、因地制宜的人才政策。同时，要重视合肥市科技人才政策发文的连续性，避免因发文断档等情况影响科技人才的引进、培养与激励。第三，优化科技人才政策结构，均衡不同类别的科技人才政策。一方面，相关部门应综合考虑科技人才引进、培养、奖励以及评价等情况制定科技人才政策，确保各项政策能够有序运行，避免出现结构失衡的情况。另一方面，促进科技人才政策对象的多元化发展，不仅要重视优秀科技人才的引进、培养，还要重视科技人才队伍的建设与发展。第四，丰富科技人才政策的类型。合肥市现有的科技人才政策以人才引进政策与人才培养政策为主，相较而言，人才激励政策以及综合类政策较少。因此，需要有针对性地增加人才激励政策以及综合类政策，还应增加具有可操作性的科技人才政策，减少抽象政策的数量。

在政策宣传方面，要加大宣传力度。通过电视、媒体、网络和报纸等多种媒介加大对合肥市科技人才政策的宣传力度，提高科技人才对相关政策的知晓度，帮助符合条件的科技人才享受相应的人才认定与优惠政策。此外，在整理和评估已经出台的政策时，要经过专家的充分论证，避免出现不切实际的政策，以及政策之间互相矛盾和相互冲突的现象，要对多年来的政策文本逐个加以分析，以形成若干个可行的统一文本报告。有的城市做了很好的示范，如早在 2015 年深圳市政府就对人才引进政策和业务指南进行汇编，对当地相关人才引进政策、人才引进相关业务查询网站以及业务办理流程进行汇总，形成政策文件汇编，以便于网上查询和选择指导。[①] 2021 年重庆市人才工作领导小组办公室对人才引进政策进行分类，分别从人才引进、人才培养、人才流动、人才评价等 8 个方面汇编文件；[②] 2022 年潍坊市委对市级层面人才政策进行了全面梳理，按照人才引进培养、人才安居保障、人才激励评价、人才平台载体、人才服务保障等 5 个方面编印了《潍坊市人才政策要点汇编》。[③] 当前，合肥市科技人才政策方面还没有形成统一的文本报告，可由科技局带头全面梳理合肥市科技人才政策，形成一个完整的人才政策汇编，有助于科技人才快速、高效获取相关信息。

（三）优化科技人才政策的配套措施

早在 2003 年，就有学者从思想观念、用人体制、动力机制、职称改革、

---

① 《2015 年度深圳市人才引进政策及业务指南汇编》，http://jifenpx.com/zcfg/153.html。

② 《重庆市人才政策汇编》，http://www.yunzhan365.com/basic/101-150/94327647.html。

③ 《潍坊市人才政策要点汇编》，http://rc.wfzzb.cn/zhengce/。

成果转化等方面提出了用好现有科技人才政策的对策建议。① 随着近 20 年来经济高速增长，必须优化科技人才政策的配套措施。

第一，完善科技人才政策配套措施，加大保障力度。要想吸引、留住科技人才，就需要在相关福利保障方面多下功夫，对科技人才关心的户籍问题、子女教育问题、就医问题等做出具体详细说明，减少科技人才的顾虑。例如在住房方面，加大科技人才的租住房优惠和补贴力度，稳定房价。政府可以成立专门工作小组统筹规划，出台相关住房政策，遵循公平、公开的透明原则，减少申报流程，避免资源浪费，提高科技人才申报住房的效率。也可以鼓励企业自建科技人才公寓，拓宽科技人才申报住房渠道，提高科技人才生活水平。在福利方面，出台相关的社会保障政策，建立专门工作窗口，及时回应科技人才的福利需求，让科技人才享受应有的福利。此外，还应建立专业的科技人才服务机构或组织，追踪与反馈科技人才的需求，为科技人才提供后续服务。

第二，做好科技人才政策的解释工作。目前，有一部分用人单位对于科技人才资源的认识不充分，导致出现用人单位或科技人才需要政策却不了解政策的情况。因此，政府在出台科技人才政策后应当辅以媒体宣传以及政策解读工作。通过媒体宣传、政府部门解读政策等多种方式让用人单位和科技人才知晓、了解相关的人才引进、培养以及奖励等政策。此外，政府还可以为政策制定部门、用人单位负责人、科技人才、专家等搭建平台，使用人单位和科技人才可以及时、高效地获取相关政策资讯。

第三，优化科技人才的科研环境，保护科技人才的知识产权。在工作环境方面，创造有利于工作开展的良好环境。完善科技人才激励制度，大力发展各类科研基金，加大科研投入，激发科技人员的创造活力；在生活环境方面，推动基础设施建设，完善城市交通网络，加大住房优惠力度，丰富教育资源，提高医疗服务水平，打造宜业、宜居环境，提高科技人才的归属感。

此外，政府应建立健全保障科技人才知识产权的行政执法体系，提高执

---

① 夏志云：《关于用好现有科技人才的几点思考》，《科技进步与对策》2003 年第 8 期。

法水平与效率，保护科技人才在创业就业过程中的知识成果与产出，为科技人才创业就业营造良好的知识产权环境。

五　结语

科技人员的创新创业问题一直受到党和政府的高度关注和重视，在新时代背景下，科技人才政策发展在建设人才强市及加强人才工作方面显得尤为重要。本研究在"双创"政策背景下，以合肥市科技人才政策环境为研究主题，首先对合肥市科技人才政策发展现状做了梳理分析，通过合肥市科技人才政策调研情况总结出其中存在的问题，如科技人才体制不健全、科技人才政策体系不完善、科技人才政策措施与环境建设不匹配等。并相应从科技人才体制、科技人才政策体系、科技人才政策配套措施几个方面提出具体的对策建议。通过本报告的调查研究，希望能为合肥市科技人才政策实施和完善提供一定的参考价值，以期让政策更好地发挥作用，推动合肥市科技创新产业又好又快发展。

B.18

2021年安徽省及各市社会高质量发展指数

金文龙　姜曼　胡伟*

摘　要： 根据测算，2021年安徽省社会高质量发展指数为0.3720，相较于2020年测算的指数偏低。在新的社会高质量发展指标体系中合肥市稳居第一，马鞍山市、芜湖市分别排第二、第三，其中合肥科学技术发展依旧有着抢眼的表现。2021年新冠疫情对安徽省的发展产生了重大的影响，尤其对黄山市、宣城市等主要旅游城市的影响巨大。尽管最近几年皖北地区经济、社会发展表现亮眼，但因为自然环境相比于皖南地区要差，因此在新的社会高质量发展指标体系中，皖北地区依然整体上落后于皖南地区。

关键词： 市域治理现代化　高质量发展　指标体系　安徽

重大突发公共卫生事件对安徽省各个行业的发展造成了一定的冲击，2021年安徽省面对新冠疫情，一方面积极抗疫防控，一方面努力促进经济社会发展，坚定不移贯彻创新、协调、绿色、开放、共享的新发展理念，推动社会高质量发展。该指标体系的建构充分考量了科学性和操作性的有机结合，应用性强，能够客观、定量、定时地反映每年安徽省及其各地市社会发展情况。本报告所使用的数据全部来源于《安徽统计年鉴2022》。

---

* 金文龙，安徽大学社会与政治学院讲师，硕士生导师；姜曼，安徽大学社会与政治学院研究生；胡伟，安徽大学社会与政治学院研究生。

一 2021年安徽省社会高质量发展指数总体情况

根据《安徽统计年鉴2022》的数据，计算得出了2021年全省和各地市社会高质量发展指数及其子指数的数值，具体结果见表1。根据此表的结果与历年来安徽省社会高质量发展指数，绘制2020年和2021年安徽省社会高质量发展指数对比图、2011~2021年安徽省社会高质量发展指数变化趋势、2021年安徽省各地市社会高质量发展水平排名图和2021年安徽省各地市社会高质量发展子指数图。

表1　2021年安徽省各地市社会高质量发展指数及其子指数的数值与排名结果

排名	地区	人口指数	教育指数	科学指数	保障指数	卫生指数	自然环境指数	社会环境指数	人民生活指数	社会高质量发展指数
	全省水平	0.3974	0.3499	0.1925	0.3606	0.4003	0.2512	0.5957	0.4288	0.3720
1	合肥市	0.7119	0.6829	0.9712	0.9226	0.7672	0.2061	0.3101	0.5967	0.6461
2	马鞍山市	0.2733	0.3271	0.2714	0.5357	0.4182	0.8891	0.6579	0.5555	0.4910
3	芜湖市	0.3235	0.3534	0.4244	0.5857	0.2380	0.4316	0.8719	0.6867	0.4894
4	滁州市	0.3898	0.5670	0.2359	0.2933	0.4173	0.1475	0.6290	0.3449	0.3781
5	宿州市	0.5812	0.4215	0.0511	0.1674	0.5105	0.1263	0.6998	0.3579	0.3645
6	蚌埠市	0.4771	0.4209	0.1329	0.3752	0.5006	0.1210	0.7313	0.4492	0.4010
7	安庆市	0.3907	0.4953	0.1784	0.3141	0.3047	0.1837	0.5232	0.6022	0.3741
8	黄山市	0.2323	0.3570	0.1032	0.3060	0.0731	0.7128	0.7169	0.3903	0.3614
9	铜陵市	0.2163	0.3248	0.1320	0.3088	0.7559	0.2382	0.4349	0.3171	0.3410
10	阜阳市	0.6331	0.1188	0.1579	0.1974	0.6633	0.0987	0.4960	0.3826	0.3435
11	淮北市	0.5006	0.4179	0.0293	0.4008	0.4939	0.0948	0.3753	0.2102	0.3154
12	六安市	0.3181	0.2543	0.1240	0.3209	0.1774	0.1622	0.5577	0.4693	0.2980
13	亳州市	0.4974	0.0527	0.0726	0.2062	0.3687	0.0786	0.5407	0.3890	0.2757
14	宣城市	0.2124	0.1984	0.1330	0.4112	0.1493	0.1657	0.8483	0.3928	0.3139
15	淮南市	0.3929	0.3293	0.0240	0.3237	0.3235	0.2175	0.5094	0.2155	0.2920
16	池州市	0.2073	0.2764	0.0386	0.1007	0.2429	0.1448	0.6295	0.5015	0.2677

由表 1 与图 1 可知，2021 年安徽省社会各个方面仍然处于不均衡发展状态，社会环境发展最好，其次是人民生活和卫生、人口方面的发展。值得关注的是安徽省卫生指数在 2021 年呈现显著下降趋势，体现了安徽省医师队伍数量存在严重不足，应健全完善医疗人才引进措施，扩大医学类院校招生规模，继续推进健康安徽建设。高质量发展的一个重要方面是社会环境的优化，安徽省自然环境指数呈现下降趋势，这说明安徽省社会高质量发展在一些重要维度仍然需要加大控制力度。

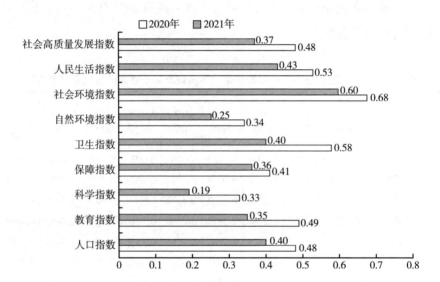

图 1　2020 年和 2021 年安徽省社会高质量发展指数对比

图 2 是 2011~2021 年安徽省社会高质量发展指数变化趋势，相较于 2013~2020 年的上升趋势，2021 年安徽社会高质量发展指数明显下降。

图 3 是 2021 年安徽省各地市社会高质量发展水平的排名情况。2021 年安徽省内部社会高质量发展指数呈现差距扩大的趋势。特别是合肥市社会高质量发展指数为 0.646，比池州市要高 0.378。安徽省社会高质量发展指数中的梯队效应更加凸显，皖南地区相对于皖北地区在自然环境方面有着天然的优势，这也是安徽省省情的一个重要特征。

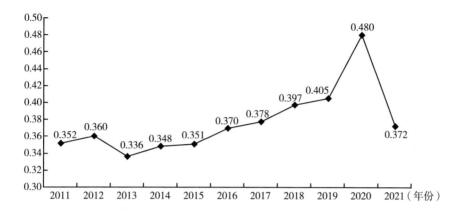

图2 2011~2021年安徽省社会高质量发展指数变化趋势

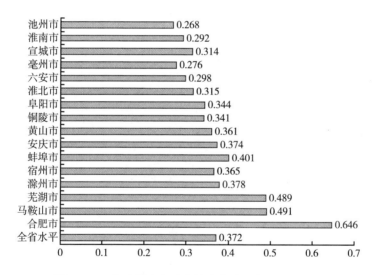

图3 2021年安徽省各地市社会高质量发展水平排名

表2则是2011~2021年安徽省各地市社会高质量发展指数排名情况。我们发现，合肥市2011~2021年基本上保持上升的趋势。2011年合肥市在全省排名中位列第7，但是到了2019年跃居第1位，并在2021年继续保持。其他各市排名的变化幅度相对较小。

表2 2011~2021年安徽省各地市社会高质量发展指数排名

排名	2021年	2020年	2019年	2018年	2017年	2016年	2015年	2014年	2013年	2012年	2011年
1	合肥市	合肥市	合肥市	芜湖市	黄山市	芜湖市	黄山市	铜陵市	铜陵市	铜陵市	铜陵市
2	马鞍山市	马鞍山市	芜湖市	马鞍山市	芜湖市	黄山市	池州市	黄山市	黄山市	黄山市	黄山市
3	芜湖市	芜湖市	黄山市	黄山市	马鞍山市	马鞍山市	芜湖市	池州市	池州市	池州市	池州市
4	蚌埠市	滁州市	马鞍山市	合肥市	合肥市	合肥市	马鞍山市	芜湖市	芜湖市	芜湖市	宣城市
5	滁州市	宿州市	宣城市	铜陵市	池州市	铜陵市	铜陵市	马鞍山市	宣城市	宣城市	芜湖市
6	安庆市	蚌埠市	铜陵市	池州市	铜陵市	池州市	宣城市	宣城市	马鞍山市	合肥市	淮北市
7	宿州市	安庆市	安庆市	宣城市	宣城市	宣城市	合肥市	合肥市	淮南市	淮南市	合肥市
8	黄山市	黄山市	蚌埠市	安庆市	安庆市	蚌埠市	安庆市	淮南市	滁州市	马鞍山市	马鞍山市
9	阜阳市	铜陵市	池州市	六安市	蚌埠市	安庆市	六安市	安庆市	合肥市	安庆市	淮南市
10	铜陵市	阜阳市	淮南市	阜阳市	六安市	六安市	蚌埠市	滁州市	淮北市	六安市	安庆市
11	淮北市	淮北市	六安市	蚌埠市	滁州市	淮南市	滁州市	蚌埠市	蚌埠市	滁州市	滁州市
12	宣城市	六安市	淮北市	淮南市	淮南市	滁州市	淮北市	淮北市	安庆市	蚌埠市	蚌埠市
13	六安市	亳州市	滁州市	滁州市	淮北市	淮北市	阜阳市	六安市	六安市	淮北市	六安市
14	淮南市	宣城市	阜阳市	宿州市	阜阳市	阜阳市	淮南市	阜阳市	阜阳市	阜阳市	阜阳市
15	亳州市	淮南市	宿州市	亳州市	宿州市	亳州市	宿州市	宿州市	宿州市	宿州市	宿州市
16	池州市	池州市	亳州市	淮北市	亳州市	宿州市	亳州市	亳州市	亳州市	亳州市	亳州市

二 2021年安徽省各地市社会高质量发展子指数

接下来根据2021年各地市社会高质量发展子指数，本报告主要从人口、教育、科学等方面，分析各地市总体及其分项与全省平均水平的差异，并研究相关子指数的具体含义及影响因素，以期为今后进一步实现各地市社会高质量发展提供相应的途径。

图4是合肥市2021年社会高质量发展子指数分布情况。从图4可以看到，合肥市除自然环境指数、社会环境指数低于全省平均水平外，其他各项子指数均领先于全省平均水平。从全省的角度看，合肥市在安徽省内的首位度优势明显。特别是，合肥市科学指数在2021年达到0.97，比全省平均水平高了0.78，合肥市高新技术产业近几年的发展显而易见，科研实力带动了科技创新能力，进而推动合肥经济社会的发展。同时，合肥市保障指数也达到0.92，相较于2020年提高约33%。但仍可明显看到合肥市自然环境指数与社会环境指数低于全省平均水平。

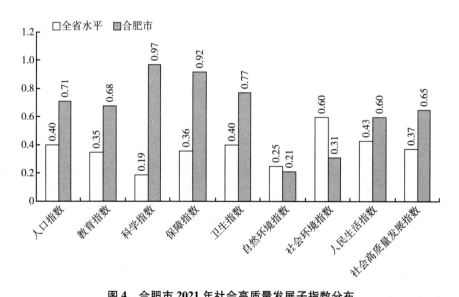

图4 合肥市2021年社会高质量发展子指数分布

图 5 是马鞍山市 2021 年社会高质量发展子指数分布情况。从图 5 可以看到，马鞍山市社会高质量发展指数中除人口、教育指数略低于全省平均水平外，其他指数均高于全省平均水平。2021 年，马鞍山市在科学、保障、卫生、自然环境、社会环境、人民生活、社会高质量发展等方面高于全省平均水平，特别是自然环境方面发展质量较高，但是其人口、教育两个方面则略低于全省平均水平。为此，马鞍山市应该进一步推动人口及教育事业方面的发展，充分利用自身突出区位优势，提升并巩固社会发展质量。

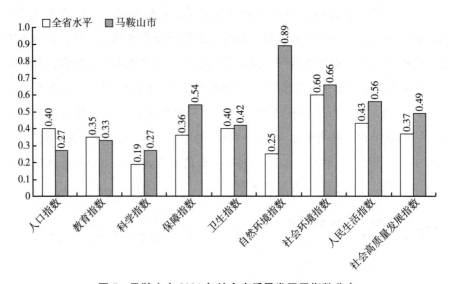

图 5　马鞍山市 2021 年社会高质量发展子指数分布

图 6 是芜湖市 2021 年社会高质量发展子指数分布情况。从图 6 可以看到，芜湖市各项指数中，科学、保障、自然环境、社会环境及人民生活等指数都领先于全省平均水平，这也从侧面反映芜湖市城市宜居度及人民生活幸福水平较高。此外，芜湖市社会高质量发展指数虽略高于全省平均水平，但也要注重医疗卫生事业方面的发展，弥补自身短板，进一步提升社会高质量发展水平。

图 7 是滁州市 2021 年社会高质量发展子指数分布情况。滁州市社会高质量发展指数略高于全省平均水平。在具体的子指数方面，教育指数、科学指数、卫生指数以及社会环境指数高于全省平均水平，但是在人口、保障、

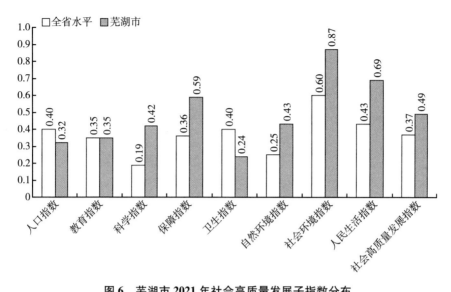

图6　芜湖市2021年社会高质量发展子指数分布

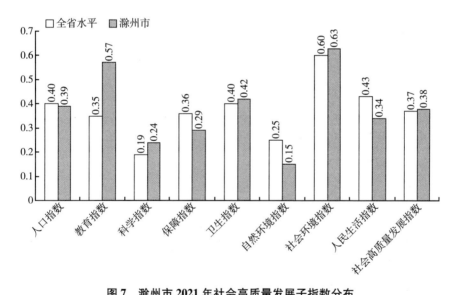

图7　滁州市2021年社会高质量发展子指数分布

卫生、自然环境和人民生活方面则落后于全省平均水平。因此,滁州市当前所面临的社会高质量发展方面的挑战依然较多。

图8是宿州市2021年社会高质量发展子指数分布情况。宿州市社会高

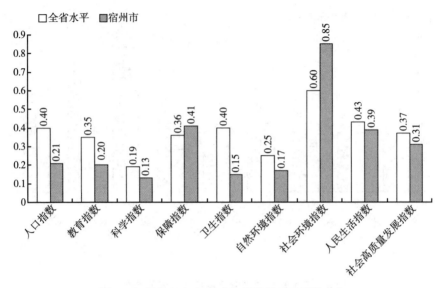

图8 宿州市2021年社会高质量发展子指数分布

质量发展指数低于全省平均水平。其中,除保障指数和社会环境指数高于全省水平外,其余各项指数均呈现落后于全省平均水平的状况,特别是卫生指数相比全省平均水平差距较大,可以明显看出宿州市社会高质量发展面临着较为严峻的挑战。

图9是蚌埠市2021年社会高质量发展子指数分布情况。蚌埠市社会高质量发展指数略高于全省平均水平。其中,科学指数和自然环境指数相比全省差距较大,保障指数与人民生活指数大致处于平均水平,其余各项指标均较全省平均水平高。对此,蚌埠市要想进一步提升社会高质量发展水平,未来可以从科学技术及自然环境方面着手,在巩固现有发展基础的同时,提高社会整体发展水平。

图10是安庆市2021年社会高质量发展子指数分布情况。从图10可以看到,安庆市社会高质量发展指数与全省平均水平持平。从具体的指标上看,安庆市在教育以及人民生活方面超过全省平均水平,但是其他方面均落后于全省平均水平。安庆市在推动社会高质量发展的过程中,要注重综合发力,实现社会各方面的同步发展。

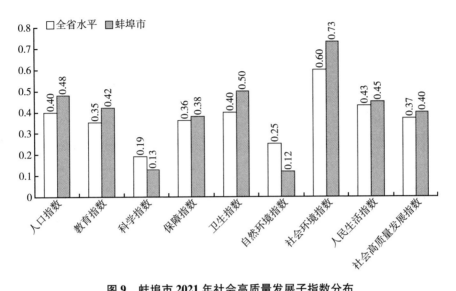

图9　蚌埠市2021年社会高质量发展子指数分布

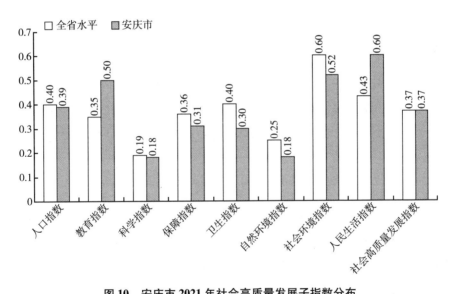

图10　安庆市2021年社会高质量发展子指数分布

图11是黄山市2021年社会高质量发展子指数分布情况。黄山市作为安徽省对外的窗口城市之一，特别是其辖区内的黄山是安徽省著名旅游景点，更是国家级风景名胜、国家5A级旅游景区，其自然环境、社会环境相对较

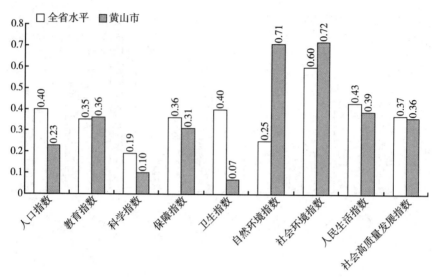

图11 黄山市 2021 年社会高质量发展子指数分布

好。结合其他各地市的子指数来看，黄山市虽然能够在自然环境及社会环境方面保持高水准的均衡发展，但是其社会高质量发展指数却略低于全省平均水平，未来黄山市需要更加注重科学技术和医疗卫生方面的发展，同时利用好自身旅游资源，推动社会高质量发展。另外，黄山市因其自身特殊因素，城市人口流动较快，因此，社会治安方面也应作为推动社会高质量发展的重点内容。

图 12 是铜陵市 2021 年社会高质量发展子指数分布情况。从图 12 可以看到，铜陵市社会高质量发展指数低于全省平均水平。其中，虽然卫生指数明显高于全省水平，但在人口、教育、科学、保障、自然环境和社会环境、人民生活等方面均落后于全省水平，特别是在人口方面相比全省差距较大。铜陵市未来需要从人口规模及结构等方面着手，为提高社会整体发展水平打好基础。

图 13 是阜阳市 2021 年社会高质量发展子指数分布情况。从图 13 可以看到，阜阳市社会高质量发展指数略低于全省平均水平。在具体的子指数方面，阜阳市主要在人口和卫生方面领先于全省平均水平，科学指数与社会环

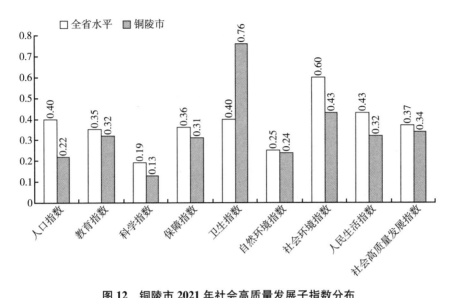

图 12　铜陵市 2021 年社会高质量发展子指数分布

境指数低于全省平均水平，同时在教育、保障和自然环境方面都与全省平均
水平有较大的差距。综合来看，阜阳市在提升社会高质量发展过程中的优势
与劣势都比较明显。

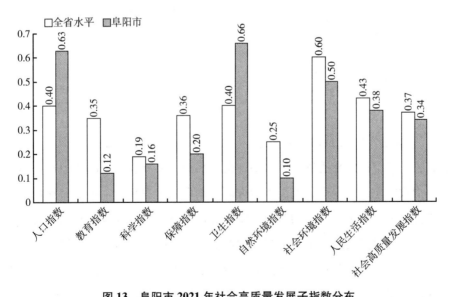

图 13　阜阳市 2021 年社会高质量发展子指数分布

图 14 是淮北市 2021 年社会高质量发展子指数分布情况。淮北市的自然环境指数、社会环境指数、科学指数及人民生活指数与全省平均水平有着较大差距。随着社会进步与发展，人民对城市自然环境质量的要求越来越高。在本研究所涉及的具体子指数中，淮北市自然环境指数排名靠后。从统计数据中可以看到，淮北市 2021 年空气质量达到二级及以上的天数比例为78.4%，处于全省下游水平，而 2021 年黄山市空气质量达到二级及以上天数比例高达 99.7%，安徽省平均水平为 84.6%。可见淮北市自然环境方面的高质量发展仍有较大的进步空间。

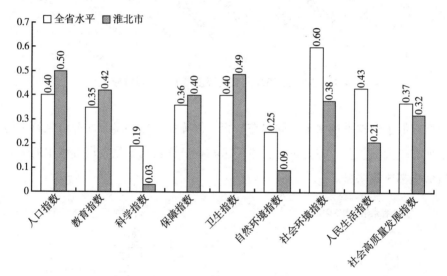

图 14　淮北市 2021 年社会高质量发展子指数分布

图 15 是六安市 2021 年社会高质量发展子指数分布情况。从图 15 可以看到，六安市社会高质量发展水平与全省平均水平有着一定的差距。在具体的子指数方面，六安市在人民生活方面略领先于全省平均水平，而其余指标均与全省平均水平有较大的差距，特别是在科学、卫生和自然环境方面差距较大。六安市需要进一步加强相关领域的发展，提升全市高质量发展水平。

图 16 是亳州市 2021 年社会高质量发展子指数分布情况。从图 16 可以看到，亳州市社会高质量发展水平与全省平均水平基本持平。在具体的子指

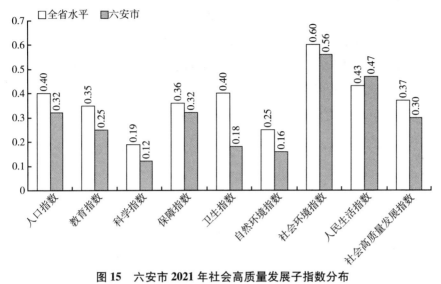

图15 六安市2021年社会高质量发展子指数分布

数方面，亳州市虽然在人口、教育、卫生和社会环境方面领先于全省平均水平，但是在科学、保障、自然环境和人民生活方面与全省平均水平存在差距。综合各项数据来看，与阜阳市的特征类似，亳州市在社会高质量发展方面优势与劣势都比较明显。

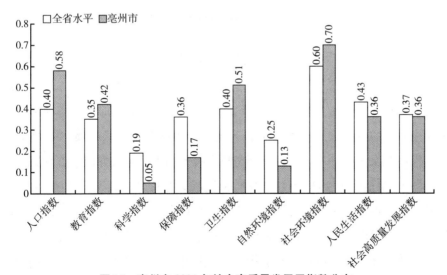

图16 亳州市2021年社会高质量发展指数分布

图 17 是宣城市 2021 年社会高质量发展子指数分布情况。从图 17 可以看到，宣城市社会高质量发展水平与全省平均水平有着一定的差距。从具体指标来看，宣城市保障指数和社会环境指数较高，特别是在社会环境方面远超全省平均水平，但是其他方面与全省平均水平则有着明显的差距，从整体上看宣城市社会高质量发展水平处于全省较低的位置。

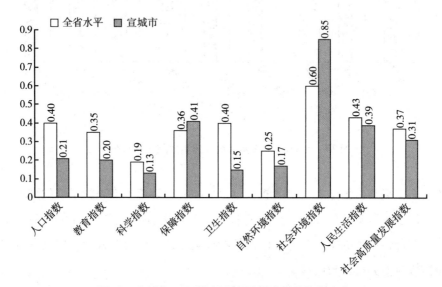

图 17 宣城市 2021 年社会高质量发展子指数分布

图 18 是淮南市 2021 年社会高质量发展子指数分布情况。淮南市社会高质量发展水平与全省平均水平有着较大的差距。在具体的子指数方面，淮南市在科学和人民生活方面与全省平均水平的差距很大，同时其余各项指数均处于全省平均水平之下，可以明显看出淮南市社会高质量发展水平整体偏低。淮南未来需在各个方面，特别是科学技术和人民生活方面重点发展。

图 19 是池州市 2021 年社会高质量发展子指数分布情况。从图 19 可以看到，池州市社会高质量发展水平与全省平均水平有着较大的差距，同时根据表 1 可以看出，池州市社会高质量发展指数处于全省垫底的位置，在具体的子指数方面，池州市社会环境指数与人民生活指数略高于全省平均水平，但是在人口、科学、保障方面与全省平均水平的差距很大，池州市未来需在

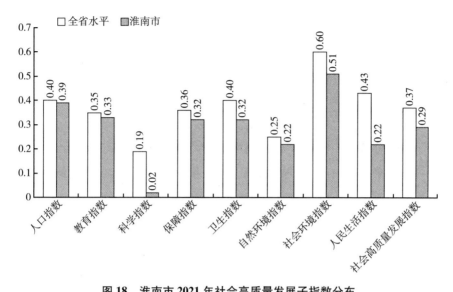

图18　淮南市2021年社会高质量发展子指数分布

科学技术和社会保障等方面努力，同时需要进一步扩大在社会环境方面的优势，以期取得全方位的提升和进步，推动池州市社会高质量发展。

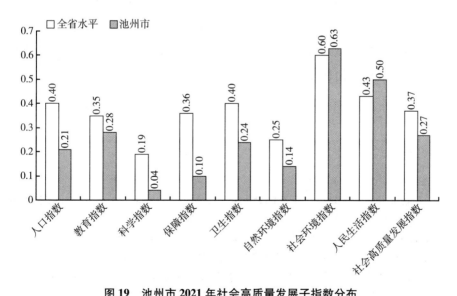

图19　池州市2021年社会高质量发展子指数分布

三　总结

2021年受新冠疫情的冲击，安徽作为旅游资源丰富、第三产业比重较大的省份，在经济、社会等各方面受到的影响较大，特别是对黄山市、宣城市等主要旅游城市的影响是无法忽视的。为有效应对外部环境变化带来的影响和疫情带来的附加冲击，安徽需因时因地有针对性地推出各项政策措施，推动旅游业等服务业有序复苏。此外，根据本次测算我们注意到，安徽省内皖南地区与皖北地区的各方面差距依然存在，整体上皖南地区较皖北地区社会高质量发展水平更高。

高质量发展是全面建设社会主义现代化国家的首要任务，推动经济社会高质量发展，必须坚定不移贯彻创新、协调、绿色、开放、共享的新发展理念。坚持稳中求进工作总基调，完整、准确、全面贯彻新发展理念，加快构建新发展格局，以强有力的举措护航经济社会稳定发展。充分运用市场的逻辑、调动资本的力量、发挥平台的作用，扩大开放合作，加快发展新兴产业，持续推进省内"三地一区"建设，按照高质量发展要求，促进经济社会继续保持良好发展态势，同时逐步缩小省内区域差距、城乡差距，推进城乡融合发展和区域协调发展。

参考文献

《安徽统计年鉴2022》，安徽统计局网站，http://tjj.ah.gov.cn/ssah/qwfbjd/tjnj/index.html，2023年5月28日。

周长城：《生活质量的指标构建及其现状评价》，经济科学出版社，2009。

章友德：《城市现代化指标体系研究》，高等教育出版社，2006。

李冠华：《重大突发公共卫生事件对河南省经济的影响与对策——以新冠肺炎疫情为例》，《决策探索（下）》2020年第14期。

Abstract

2022 is the year of the successful inauguration of the 20th National Congress of the Communist Party of China, which is also the first year of embarking on a new journey of building a modern socialist country in an all-round way and marching towards the second centenary goal. Anhui Province adheres to the guidance of Xi Jinping Thought on Socialism with Chinese Characteristics for a New Era, conscientiously implements the spirit of the 20th National Party Congress, comprehensively implements the new development concept, adheres to reform and opening up, insists on high-quality development, with a great boost of Anhui Charm, and solid steps taken in the construction of a modern and beautiful Anhui. Efforts have been made to coordinate epidemic control and socio-economic development, ensuring continued recovery of provincial economy in 2022; to constantly deepen the One Change and Two For's; to make fruitful sci-tech achievements; to join efforts in investment promotion and talent attraction; to conduct multi-level docking with the Yangtze River Delta; to launch heart-warming projects for people's livelihood; to accelerate green development; to enhance Anhui Charm; to make new achievements in the three areas of agriculture-related development; and to open a new chapter for high-quality development of Hefei. Meanwhile, the high-quality development of Anhui Province is still facing many unstable and uncertain factors such as increasing downward pressure on the economy, imperfect sci-tech innovation system, limited integrated development of the Yangtze River Delta, unbalanced economic development for counties, difficulty in the transformation of low-carbon industries, and challenges for employment and income growth. This report objectively outlines the overall context of the socio-economic development between 2022 and 2023, comprehensively analyzes the contradictions and problems in the process, and points out a feasible path to accelerate the construction of a modern and beautiful Anhui and promote high-quality development.

In the section on high-quality development, this report argues that the economic growth rate of Anhui has been higher than the national average for many years, top among the central provinces, and the economic gap between Anhui and Jiangsu, Zhejiang and Shanghai is narrowing, with Anhui entering the first echelon in China. The establishment of the Jiangsu-Anhui Cooperation Demonstration Zone is an important measure for Anhui to fully connect Shanghai, Jiangsu and Zhejiang, and it is necessary to accelerate the construction of an inter-provincial cooperation and innovation pilot zone and build an integrated and seamless docking system and mechanism. Specialized, refined, differential, and innovative (SRDI) enterprises are an important support for future industries, and Anhui Province should continue to promote and accelerate the cultivation of SRDI enterprises. Based on the panel data analysis of 16 prefectural cities in Anhui from 2015 to 2020, Anhui should strengthen the guiding role of the industrial demand side in talent development, and give full play to the driving role of Hefei and Wuhu for industries in the surrounding areas.

In the section on urban and rural social construction, this report takes Xiangshan District of Huaibei City as an example, and argues that it is necessary to adhere to the guidance of Party building and give full play to the role of the Three Major Mediations in resolving social contradictions at the grassroots level. By exploring the causal relationship between entrepreneurship ecosystem and entrepreneurial activity in 55 counties in Anhui Province, this report provides theoretical guidance for stimulating regional entrepreneurial vitality. According to the study of the medical reform in Fu'nan County, it is imperative to build a grassroots health community and further improve the primary medical and health service system.

In the section on cultural inheritance and innovation, this report suggests that the refinement of Anhui cultural spirit and cultural symbols is of great significance to the writing of Anhui chapter in Chinese-style modernization, and puts forward suggestions for refining the propaganda of Anhui cultural spirit. Based on the new interpretation of the concept of Yangtze River culture in the new era, this report analyzes the cultural self-confidence embedded in the Yangtze River culture, and explores the path for promoting the Yangtze River culture and enhancing cultural self-confidence. The integration of the Yangtze River Delta requires the integration and innovation of inter-regional cultures, and the contemporary value of Huizhou spatial culture in promoting the high-quality development of the Yangtze River Delta integration should be fully utilized.

In the section on rural revitalization, this report believes that it is necessary to give full play to the comparative advantages of the rich cultural resources of Anhui and strive to explore a path of rural revitalization with Anhui characteristics. By analyzing the Double General model of governance in Zhubo Township of Yuexi County, namely, General Industry + General Governance, we can promote the Zhubo Model of leadership through Party building and digital intelligence empowerment to accelerate the integration of the Four Governance's. Based on the practical experience of the national digital village pilot in four counties of Anhui Province, it is believed that to comprehensively promote the high-quality construction of digital villages, it is imperative to consolidate the foundation of digital technology, optimize the digital environment, improve the digital education system, and enhance digital inclusion.

In the section for special reports, the population development of Anhui Province from 2017 to 2022 was scientifically analyzed and policy suggestions for population development were put forward. The current situation of international promotion of the Greater Huangshan Area was analyzed, with countermeasures and suggestions provided for external promotion. The policy analysis of the introduction of sci-tech talents in Hefei was carried out, and policy optimization measures were proposed. Finally, by constructing a new index system for the high-quality social development of Anhui Province, the social development of Anhui in 2021 was accurately calculated, and the ranking of the social development level of various cities in Anhui and the sub-index of high quality social development of each city were analyzed, so as to grasp the latest social development trends of Anhui.

Keywords: Social Construction; Rural Revitalization; Hui Culture; Beautiful Anhui

Contents

I General Report

Abstract: The year 2022 is of great significance in the historical process of the Party and the nation. The 20th National Congress of the Communist Party of China (CPC) was successfully held, and China embarked on a new journey of building a modern socialist country in an all-round way and marching towards the second centenary goal. Anhui Province has always adhered to the guidance of Xi Jinping Thought on Socialism with Chinese Characteristics for a New Era, fully implemented the spirit of the 20th National Congress of the Communist Party of China, adhered to the new development concept, continued to promote reform and opening up, unswervingly promoted high-quality development, and made remarkable progress in the construction of a modern and beautiful Anhui: winning the battle of epidemic prevention and control, and continued recovery of provincial economy; constantly deepening the *One Change and Two For's*, and constant improvement of administrative efficiency; fruitful sci-tech achievements, and a stronger development momentum; joint efforts in investment promotion and talent attraction, and the expansion of foreign trade investment; multi-level docking with the Yangtze River Delta, and a new chapter in regional coordinated development; heart-warming projects for people's livelihood, and a significantly higher sense of happiness by the people; accelerated green development, and steadily-improving ecological environment; deep integration of cultural tourism, and shining Anhui Charm; rural revitalization deepened and solidified, and new achievements made in the three areas of agriculture-related development; the integration of the Five Major Cities, and a new stage for high-quality development of Hefei. Meanwhile, the high-quality development of Anhui Province is still facing many unstable and uncertain factors: the downward pressure on the economy is increasing, and it is difficult to stabilize growth and promote development; the sci-tech innovation system is not perfect, and the supply of high-quality talents is insufficient; the integrated development of the Yangtze River Delta is limited, and regional coordination is facing challenges; the power of cities is obviously different, and the economic development of counties is unbalanced; the transformation of low-carbon industries is difficult, and the construction of ecological civilization still needs to be closely monitored; the income level of residents needs to be improved, and the employment and income increase are facing challenges. To address the above issues, suggestions are made for promoting the high-quality economic and social development of Anhui from the aspects of clearly distinguishing the internal and external development environment, serving the construction of *Three Places and One Zone*, improving the modern industrial system, boosting the level of opening up, accelerating the integration of the Yangtze River Delta, paying attention to ecological and environmental protection, continuing to deepen rural reform, and making multiple efforts to ensure people's livelihood.

Keywords: Beautiful Anhui; Yangtze River Delta Integration; High-quality Development; Three Places and One Zone Construction

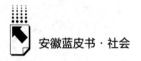

II   High-quality Development

B.2   The Logic and Prospect of the Economic Rise of Anhui
under the Background of Yangtze River Delta Integration

Hong Gongxiang / 046

Abstract: Economic growth rate of Anhui has been higher than the national average for many years, top among the central provinces, and the narrowing economic gap between Anhui and Jiangsu, Zhejiang and Shanghai, and its entry into the first echelon of China indicate the rise of Anhui economy. The strong pull of industrial development, the leading role of central cities, the joint promotion of innovation-driven economic development, and the active integration into the global market system are the logic behind its economic rise. As long as Anhui seizes the new opportunities brought about by the construction of a new development pattern, the concentrated release of the superimposed effects of major national strategies, the orientation of General Secretary Xi Jinping's high-quality development of Anhui, and the pioneering role in innovation contest, Anhui's rise can be sustainable. The development of China is an organic whole, which means that when the economies of various regions have maintained a good development momentum, China's economy will continue its miraculous growth. Therefore, deciphering the code for regional economic development has important theoretical value and reference significance.

Keywords: Economic Rise of Anhui; Strong Industrial Province; Innovation-driven; Leader-driven

B.3   Research on the Integrated Development of Inter-provincial

Adjacent Regions in the Jiangsu-Anhui Cooperation

Demonstration Zone

Wu Wanyun, Zhang Yi, Wu Bo and Luo Jiguo / 063

Abstract: The establishment of the Jiangsu-Anhui Cooperation Demonstration Zone (CDZ) is an important measure to comprehensively connect Shanghai, Jiangsu and Zhejiang. The research team went deep into Liyang of Jiangsu, Langxi County and Guangde City of Anhui Province and other places. Basic conclusion: The Jiangsu-Anhui CDZ has the courage to explore areas such as infrastructure, industrial development, ecological environment, resource utilization, people's livelihood and well-being, and has done a good job in key areas of cooperation, major project layout, and backup measures. However, there is an urgent need to break down administrative barriers in terms of cross-regional benefit sharing, risk sharing, balanced development, and ecological diversification compensation. To find ways to build an inter-provincial cooperation and innovation pilot zone and build an integrated and seamless docking system and mechanism, the research team tries to explore the path of inter-provincial adjacent regional integration from the overall planning and multi-evaluation integration; to establish a cross-regional benefit sharing and risk sharing mechanism to promote the balanced development of the Jiangsu-Anhui CDZ; to accelerate the construction of pilot areas, aiming to seek breakthroughs in the integrated development of the inter-provincial adjacent regional planning and talent co-cultivation of the Jiangsu-Anhui CDZ.

Keywords: Yangtze River Delta Integration; Jiangsu-Anhui Cooperation Demonstration Zone; Innovation Pilot Zone; Inter-provincial Adjacency

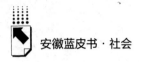

B.4 Research on the Growth Ecology of SRDI

Enterprises in Anhui   *Gao Zhilin*, *Zhao Ying* / 078

Abstract: As an important support for future industries, specialized, refined, differential and innovative (SRDI) enterprises are the main force to chain strengthening and chain supplement. Vigorously promoting the cultivation of SRDI small and medium-sized enterprises (SMEs) and creating a good ecology for SRDI growth is an important step for Chinese enterprises to expand their core competitiveness, which is also an important starting point for China to realize the transformation of innovative elements, as well as an important policy to implement supply-side reform, optimize total factor productivity, and promote the vigorous and healthy development of industrial manufacturing. Starting from national SRDI policies, this study conducts a detailed review of the cultivation policies and paths of SRDI SMEs in Anhui, and thoroughly explores their growth ecology by analyzing the actual provincial situation, so as to provide experience and reference for Anhui to accelerate the cultivation of SRDI enterprises in the context of intensified competition in nation-wide sci-tech innovation, offering insights for the upgrading of industrial foundation and innovation elements.

Keywords: SRDI; Industrial Manufacturing; Sci-tech Innovation; Strengthen Chain and Supplement Chain; Anhui

B.5 Measurement and Analysis of the Coupling and Coordination

Level of Talent Highland Construction and Industrial Structure

Upgrading in Anhui Province   *Song Yujun*, *Song Xiaohao* / 098

Abstract: In view of the current problem of matching talent construction and industry in various cities in Anhui Province, a comprehensive evaluation index system for talent highland construction and industrial structure upgrading is constructed, based on the panel data of 16 cities in Anhui Province from 2015 to

2020, and the entropy weight method and coupling coordination model are employed to measure and analyze the coordination and adaptability of talent highland construction and industrial structure upgrading in Anhui Province. The results show that the coupling coordination degree between the construction of talent highland and the upgrading of industrial structure in various regions of Anhui Province exhibits a steady upward trend, but the overall situation is still in a state of imbalance with obvious regional differences, and the construction of talent highland seriously lags behind the upgrading of industrial structure, with talent development environment being the main factor affecting regional talents. Consequently, it is proposed that Anhui Province should speed up talent development in the future, especially the optimization of talent environment, strengthen the guiding role of the industrial demand side, and give full play to the leadership role of Hefei and Wuhu for industries in the surrounding areas, so as to improve the coordination degree of talent highland construction and industrial structure upgrading in various regions, and jointly promote the high-quality economic development of Anhui.

Keywords: Talent Highland Construction; Industrial Structure Upgrading; Coupling and Coordinated Development; Anhui

III Urban and Rural Social Construction

B.6 Research on the Mechanism and Path Innovation for Resolving Social Contradictions and Disputes at the Grassroots Level

—*Based on the Investigation in Xiangshan District of Huaibei City*

Guo Jingdong, Li Zonglou / 117

Abstract: The linkage mediation mechanism based on the principle of major mediation is an important way to solve the current social contradictions and disputes at the grassroots level. On the basis of conforming to the internal logic and requirements of grassroots social governance, Xiangshan District of Huaibei City actively explores the implementation of the linkage mediation mechanism and

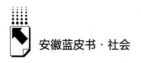
implements innovative governance measures. First, formulate the mediation implementation manuals from the perspective of major mediation to ensure the development of the linkage mediation model at the institutional level. Second, strengthen the construction of mediation organizations and build a comprehensive platform for resolving social contradictions and disputes on the basis of establishing a linkage mechanism. Third, build a grassroots dispute mediation center to meet the diverse interests of the people and prevent the occurrence of social contradictions and disputes at the very beginning. In the face of new developments in social contradictions in the new era, efforts should be made to adhere to the guidance of Party building, give full play to the leading role of Party committees in grassroots social governance, and realize the precise management of the paths for contradiction and dispute resolution. It is necessary to further strengthen the institutional building of the linkage mechanism between people's mediation, administrative mediation, and judicial mediation, and give full play to the role of the comprehensive functions of the Three Major Mediations in resolving social contradictions at the grassroots level. Meanwhile, we should make full use of the advantages of Internet big data to build a database within the framework of major mediation, and create a social contradiction and dispute resolution mechanism with multiple measures.

Keywords: Major Mediation; Social Contradictions; Resolution Mechanism; Huaibei

B.7 A Configuration Study on County-wide Entrepreneurial Ecosystem and Entrepreneurial Dynamics

—*Based on the Example of 55 Counties in Anhui Province*

Liu Yunqing, Dai Zekun and Chu Deyin / 135

Abstract: In the process of promoting rural revitalization, there is still a lack of consensus on how to stimulate entrepreneurial activity in county areas. Based on the configuration perspective of entrepreneurial ecosystem theory, this study explores the complex causal relationship between entrepreneurial ecosystem and entrepreneurial activity in 55 counties in Anhui Province, a typical labor-exporting province, employing an emerging method that combines NCA and QCA. The results show that: (1) Government policies, development potential, financial services, human capital, technology level, and public services are not necessary conditions for high entrepreneurial activity; (2) There are six paths for high entrepreneurial activity, namely, the double engine of government and manpower, the service optimization led by the government and manpower, financial and technological innovation driven by human capital, financial and technological innovation driven by the government relying on public services, the integration of finance and human resources with the help of the government, and the symbiosis of multiple conditions in the absence of development potential; (3) Compared with the national and non-national demonstration counties of entrepreneurship by returned county fellows, the development of entrepreneurial activities in counties encounters an obvious *hat paradox*; (4) There are 5 configuration paths for non-high entrepreneurial activities, with financial services missing in all of them as the core condition; (5) Further analysis shows that northern Anhui, central Anhui and southern Anhui exhibit different characteristics in the process of achieving high entrepreneurial activity, with obvious differences among them. The conclusions of this study provide important theoretical guidance on how to optimize the entrepreneurial environment in rural areas of China and stimulate the vitality of regional entrepreneurship.

Keywords: Entrepreneurial Ecosystem; Entrepreneurial Dynamics; County Economy; Anhui

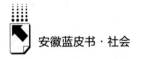

B.8　Adhere to Incentivization, Reshaping and Win-win Cooperation, and Optimize the System for Primary Medical Services

—*Research Report on Medical Reform in Fu'nan County*

Yang Xueyun, *Deng Qi* / 158

Abstract: Medical care is the basic need of people's livelihood, and health is the basic condition for development. Fu'nan County, with a history of weak foundation for primary medical services, slow development, and many contradictions, has constructed a new county-wide hierarchical system for diagnosis and treatment, *i. e.*, treatment of major illnesses inside the county, treatment of minor illnesses in the community, and joint efforts for disease prevention, with reform of the medical community at the core, and development of healthy Fu'nan as the general objective, and attained the goal of reform that boasts benefits for the masses, passion for the doctors, and development for the hospitals. Through the field investigation of the county-wide medical reform in Fu'nan County, it can be found that adhering to the authoritative promotion, adhering to the guidance of ideas, insisting on purifying the ecology, insisting on incentive remodeling, and insisting on system integration are important institutional experiences for its success in medical reform. The survey also finds common problems in the primary medical and health service system, such as insufficient resources for sustainable development, hindered implementation of hierarchical diagnosis and treatment, and great difficulty in attracting and retaining people, therefore efforts should be made to focus on the creation of grassroots healthcare community by improving the integration of the medical system, enhancing the flexibility of personnel management, and expanding the smartness of medical services, so as to further improve the primary medical and health service system and provide health guarantee for the high-quality development of Anhui in the new era.

Keywords: County-wide Medical Reform; Medical Community; Medical Service System; Hierarchical Medical System; Fu'nan County

IV Cultural Inheritance and Innovation

B . 9   The Refinement of Anhui Cultural Spirit and Cultural
Symbols and the Construction of its Cultural Soft Power

Lu Weiling , Liu Shuzhen / 196

Abstract: Cultural spirit and cultural symbols are the commanding heights of cultural soft power. Refining the cultural spirit and cultural symbols of Anhui is of great significance to writing the Anhui chapter of Chinese modernization. By analyzing the current situation of the construction of cultural soft power in Anhui, this study points out that the current *soft power* and *hard power* of Anhui culture do not match, and the problem of weak sense of cultural belonging and identity is particularly prominent. Meanwhile, on the basis of combing the experience inside and outside the province, the connotation of Anhui cultural identity and cultural symbols is further refined, and it is proposed that it is necessary to change the perspective and innovate ideas to solve the problem of cultural spirit refining. Starting from the perspective of water culture, this study puts forward the cultural spirit of Jianghuai based on the image of great rivers nurturing the land of Jianghuai, and puts forward suggestions for further strengthening the propaganda work of combing and refining the cultural spirit of Anhui.

Keywords: Cultural Symbols; Cultural Spirit; Cultural Identity; Surging Anhui

B . 10   Contemporary Practice and Development Path of Anhui
Province to Protect, Inherit and Promote the Yangtze
River Culture

Shen Xin , Huang Linlin / 219

Abstract: Since the 18th National Congress of the Communist Party of

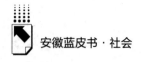

China, the Party has adopted a national strategy for the development of the Yangtze River Economic Belt from the top level of design. Telling the story of the Yangtze River in the new era and singing the songs of the Yangtze River in the new era have become an important measure for China to strengthen its cultural self-confidence. Based on the new interpretation of the concept of Yangtze River culture in the new era, this study analyzes the cultural self-confidence of the excellent traditional culture, revolutionary culture and advanced socialist culture inherent in the Yangtze River culture, focuses on the practice of inheriting and promoting the Yangtze River culture in Anhui Province, and explores the path for jointly inheriting and promoting the Yangtze River culture and enhancing cultural self-confidence.

Keywords: Yangtze River Culture; Cultural Self-confidence; Anhui Section of the Yangtze River; Protection and Inheritance

B.11　Transformation and Development of Huizhou Spatial Culture in the Context of the Yangtze River Delta Integration　　　　　*Yang Hui / 234*

Abstract: The integration of the Yangtze River Delta requires not only the integration of economy and finance, but also the integration and innovation of inter-regional culture. Relying on Huizhou culture, Huizhou Spatial Culture is a branch of Jiangnan culture, the mainstream culture of the Yangtze River Delta, which has a long history and far-reaching influence. From the perspective of Jiangnan culture, the characteristics of Huizhou Spatial Culture are mainly manifested in the relationship between the unreal and real, Dao modelling after nature, harmonious symbiosis, patriarchal law and ethics, and uniformity and regularity. In the context of the integration of the Yangtze River Delta, the value of the research and protection of Huizhou Spatial Culture mainly includes the practice of cultural self-confidence, the enhancement of aesthetic capacity, the reinforcement of regional identity, and the optimization of spatial layout. Against the background of promoting the integrated and high-quality development of the Yangtze River Delta, the transformation and development of Huizhou Spatial Culture should help rural revitalization, and rationally plan rural spaces; integrate culture and tourism, and create tourism with Huizhou characteristics; develop cultural and creative products, and conduct artistic design; integrate teaching, and enrich education of traditional culture.

Keywords: Huizhou Spatial Culture; Jiangnan Culture; Architectural Art Value Application

V   Rural Revitalization

B. 12   Research on the Integrated Development of Culture and

Economy in the Rural Revitalization of Anhui   *Li Benhe* / 246

Abstract: Anhui is currently organizing the implementation of the *Qianwan* Project to comprehensively promote rural revitalization. Among them, the issue of integrated development of culture and economy is one of the priorities of the provincial Party committee and provincial government's leadership regarding the revitalization of rural areas in Anhui, which is also an issue that General Secretary Xi Jinping has long been concerned about. Consequently, this study focuses on the integrated development of culture and economy in the rural revitalization of Anhui Province, and conducts special research from aspects such as cultural advantages and resource transformation, cultural and economic integration and practice effectiveness, experience summary and important enlightenment, existing problems and improvement suggestions, and tries to learn from the experience of Zhejiang while conducting this special research, closely combining the actual situation of Anhui, giving full play to the comparative advantages of rich cultural resources of Anhui, and helping to accelerate the construction of a new pattern of Thousand Villages Leading and Ten Thousand Villages Upgrading for Anhui, and striving to

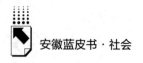
explore a path of rural revitalization with Anhui characteristics.

Keywords: Rural Revitalization; Integrated Development of Culture and Economy in Rural Revitalization; Anhui

B.13　The Experience and Inspiration of Rural Governance through Party Building in Zhubo Township of Yuexi County

Wang Zhonghua / 266

Abstract: By promoting the deep integration of agriculture, culture and tourism industries, Zhubo Township of Yuexi County has implemented the repertoire of eight services, created a double-General model of governance, namely, General Industry + General Governance, and accelerated the integration of autonomy, rule of law, rule of ethics and intelligent governance through leadership of Party building and digital intelligence empowerment. A general planning and promotion of the pilot work of rural governance is carried out in the township, involving the hierarchical coordination of county, township, village and group at all four levels, with synchronous interaction among multiple subjects, which promotes the vitality of rural governance, and stability and harmony in rural communities, significantly boosting the efficiency of rural governance, producing a diversified, all-round, wide-field, collaborative new system and mechanism of interconnection and interaction, and gradually exploring a path of good rural governance with local characteristics, which leads to a generalizable and replicable new practice of rural governance that presents a new sample of rural governance for the entire county and even the whole province for reference.

Keywords: Rural Governance; Whole-area Governance; Led by Party Building; Four-governance Integration; Digital Intelligence Empowerment

B.14 Digital Village Construction under the TOE-C Model:

Analytical Framework, Problem Dilemma and

Improvement Path

Abstract: Digital village construction is an important direction of rural revitalization under the background of digitalization, an important means to eliminate the digital divide between urban and rural areas, and an important path to promote agricultural and rural modernization. Based on the TOE theoretical model, this study constructs a TOE-C analysis framework for digital village construction around technology-driven, organizational change, environment optimization and capacity improvement, and on this basis, empirically analyzes the practical exploration and experience of national digital village pilots in four counties of Anhui Province, and analyzes in depth and reveals the main problems existing in the current rural digital transformation, such as the 'embedding but not incoming' of digital technology, the lack of organizational participants, the shortage of rural digital resources, and the inadequacy in digital literacy of farmers. In the new stage of development, in order to comprehensively promote the high-quality construction of digital villages, it is necessary to empower the modernization of agriculture and rural areas through digital technology; coordinate multiple entities to promote the reform of rural organizations; optimize the digital environment and bridge the digital divide between urban and rural areas; improve the education system, and boost the digital competence of farmers.

Keywords: Digital Village; Digital Empowerment; Rural Revitalization; TOE-C Model

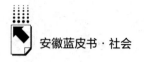
Ⅵ   Special Reports

B.15   Trend and Challenges for Population Development in

Anhui Province（2017－2022）   *Sun Zhongfeng*，*Ye Zihui* / 301

Abstract：Between 2017 and 2022，Anhui has witnessed stable and healthy economic and social development；its regional competitive advantage has become increasingly prominent；it has enjoyed steady growth in population；the process of population urbanization has also been accelerating；and the two-way population flow between regions has accelerated. According to the data of the Seventh National Census（hereinafter referred to as the 7th Census），the population development in Anhui Province shows features such as the weakening of the advantage of demographic dividend，acceleration of population aging，and continuous decline in birth rates，which pose new challenges to the socio-economic development of the province. It is suggested that in the future，the province should continue to accelerate the return of labor force in the short term，continue to attract high-quality talents，and establish a Population Early Warning Mechanism for key cities；in the long term，it is necessary to speed up the provision of supporting measures for childbirth to boost fertility rate，and other relevant actions can be taken，such as establishing and improving the cost compensation mechanism for childbirth，upbringing，and education（in Chinese，the Three *Yu*'s），and its birth support system，improving the population impact assessment mechanism of major economic and social policies，and accelerating the coordinated development of care services both for the young and the old.

Keywords：Population Development；Three Yu Policies；Auhui

B . 16　An Analytic Report on the Current Situation of

　　　　International Promotion of Greater Huangshan

　　　　Area along with Countermeasures and Suggestions

Zheng Zhonghua , Li Xiaojun and Xu Hua ∕ 319

Abstract: The new concept of Greater Huangshan Area signifies a new stage of development for Anhui tourism, especially for the construction of the demonstration zone. In the process of building Greater Huangshan Area as an international destination for leisure and vacation tourism, internationalization is the core key dimension. Based on a survey of the supply of tourism products in the Greater Huangshan Area, this report focuses on the current situation of the international promotion of the Greater Huangshan Area, selects landmark scenic spots and issues within the area as the subject for analysis, and conducts statistical analysis from the aspects of global netizen attention, global mainstream media coverage, tourism media presence, content development for documentaries and other media forms, and channel construction for international promotion, so as to depict the basic status quo of the international promotion of the Greater Huangshan Area. On the basis of data analysis, we try to explore a new path for the international promotion of the Greater Huangshan Area, so as, first, to have numbers in mind and accurately grasp new trends in contemporary tourism development; second, to have measures in hand, and conduct marketing activities based on the media preferences of tourists to obtain tourism information and their decision-making behaviors; and third, to take action, pay attention to consumer mentality and emotional communication, strengthen service supply and relationship construction, in order to create a new pattern for the international promotion of the Greater Huangshan Area.

Keywords: Greater Huangshan Area; Huangshan Tourism; International Tourism; International Promotion

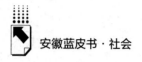

B . 17　Research on the Optimization of Policy Circumstances for China's Sci-tech Talents under the Background of Entrepreneurship and Innovation

　　—*Take Hefei as an Example*

Wang Yunfei, *Huang Jingping and Xie Yingying* / 345

Abstract：The competition in science and technology is the competition of talents. Hefei has done a lot of work on the recruitment of sci-tech talents, and introduced many policies, including those for the introduction of sci-tech talents, their training, incentivization and other general policies. An analysis of those policies reveals problems such as frequent promulgation, inadequate and incomplete systems for policy implementation, and mismatch between policies and measures for sci-tech talents and the improvement of relevant circumstances. To this end, it is necessary to perfect the policy mechanism for the introduction of sci-tech talents, improve the policy system for such talents, and optimize the supporting measures for sci-tech talent policies.

Keywords：Entrepreneurship and Innovation；Policies for Sci-tech Talents；Environmental Optimization；Hefei City

B . 18　High-quality Social Development Index of Anhui Province and All Its Cities in 2021

Jin Wenlong, *Jiang Man and Hu Wei* / 362

Abstract：In our calculation, the average High-quality Social Development Index of Anhui Province in 2021 is 0. 3720, which is lower than that of 2020. In the new index system for high-quality social development, Hefei ranks first, with Ma'anshan and Wuhu in the second and third respectively, whereby Hefei still boasts prominent performance in sci-tech development. The new corona virus pandemic in 2021 has had a significant impact on the development of Anhui

Province, especially on major tourist cities such as Huangshan and Xuancheng. Although the socio-economic development of northern Anhui has been outstanding in recent years, due to a poorer natural environment as compared with that of southern Anhui, northern Anhui still lags behind southern Anhui on the whole in the new index system for high-quality social development.

Keywords: Municipal Governance Modernization; High-quality Social Development; Index System; Anhui

皮 书

智库成果出版与传播平台

❖ 皮书定义 ❖

皮书是对中国与世界发展状况和热点问题进行年度监测，以专业的角度、专家的视野和实证研究方法，针对某一领域或区域现状与发展态势展开分析和预测，具备前沿性、原创性、实证性、连续性、时效性等特点的公开出版物，由一系列权威研究报告组成。

❖ 皮书作者 ❖

皮书系列报告作者以国内外一流研究机构、知名高校等重点智库的研究人员为主，多为相关领域一流专家学者，他们的观点代表了当下学界对中国与世界的现实和未来最高水平的解读与分析。

❖ 皮书荣誉 ❖

皮书作为中国社会科学院基础理论研究与应用对策研究融合发展的代表性成果，不仅是哲学社会科学工作者服务中国特色社会主义现代化建设的重要成果，更是助力中国特色新型智库建设、构建中国特色哲学社会科学"三大体系"的重要平台。皮书系列先后被列入"十二五""十三五""十四五"时期国家重点出版物出版专项规划项目；自2013年起，重点皮书被列入中国社会科学院国家哲学社会科学创新工程项目。

皮书网

（网址：www.pishu.cn）

发布皮书研创资讯，传播皮书精彩内容
引领皮书出版潮流，打造皮书服务平台

栏目设置

◆ 关于皮书

何谓皮书、皮书分类、皮书大事记、
皮书荣誉、皮书出版第一人、皮书编辑部

◆ 最新资讯

通知公告、新闻动态、媒体聚焦、
网站专题、视频直播、下载专区

◆ 皮书研创

皮书规范、皮书出版、
皮书研究、研创团队

◆ 皮书评奖评价

指标体系、皮书评价、皮书评奖

所获荣誉

◆ 2008年、2011年、2014年，皮书网均
在全国新闻出版业网站荣誉评选中获得
"最具商业价值网站"称号；

◆ 2012年，获得"出版业网站百强"称号。

网库合一

2014年，皮书网与皮书数据库端口合
一，实现资源共享，搭建智库成果融合创
新平台。

皮书网

"皮书说"
微信公众号

权威报告·连续出版·独家资源

皮书数据库
ANNUAL REPORT(YEARBOOK)
DATABASE

分析解读当下中国发展变迁的高端智库平台

所获荣誉

- 2022年，入选技术赋能"新闻+"推荐案例
- 2020年，入选全国新闻出版深度融合发展创新案例
- 2019年，入选国家新闻出版署数字出版精品遴选推荐计划
- 2016年，入选"十三五"国家重点电子出版物出版规划骨干工程
- 2013年，荣获"中国出版政府奖·网络出版物奖"提名奖

皮书数据库

"社科数托邦"
微信公众号

成为用户

登录网址www.pishu.com.cn访问皮书数据库网站或下载皮书数据库APP，通过手机号码验证或邮箱验证即可成为皮书数据库用户。

用户福利

- 已注册用户购书后可免费获赠100元皮书数据库充值卡。刮开充值卡涂层获取充值密码，登录并进入"会员中心"—"在线充值"—"充值卡充值"，充值成功即可购买和查看数据库内容。
- 用户福利最终解释权归社会科学文献出版社所有。

社会科学文献出版社 皮书系列
SOCIAL SCIENCES ACADEMIC PRESS (CHINA)
卡号：221939386217
密码：

数据库服务热线：010-59367265
数据库服务QQ：2475522410
数据库服务邮箱：database@ssap.cn
图书销售热线：010-59367070/7028
图书服务QQ：1265056568
图书服务邮箱：duzhe@ssap.cn

S 基本子库
SUB DATABASE

中国社会发展数据库（下设 12 个专题子库）

紧扣人口、政治、外交、法律、教育、医疗卫生、资源环境等 12 个社会发展领域的前沿和热点，全面整合专业著作、智库报告、学术资讯、调研数据等类型资源，帮助用户追踪中国社会发展动态、研究社会发展战略与政策、了解社会热点问题、分析社会发展趋势。

中国经济发展数据库（下设 12 专题子库）

内容涵盖宏观经济、产业经济、工业经济、农业经济、财政金融、房地产经济、城市经济、商业贸易等 12 个重点经济领域，为把握经济运行态势、洞察经济发展规律、研判经济发展趋势、进行经济调控决策提供参考和依据。

中国行业发展数据库（下设 17 个专题子库）

以中国国民经济行业分类为依据，覆盖金融业、旅游业、交通运输业、能源矿产业、制造业等 100 多个行业，跟踪分析国民经济相关行业市场运行状况和政策导向，汇集行业发展前沿资讯，为投资、从业及各种经济决策提供理论支撑和实践指导。

中国区域发展数据库（下设 4 个专题子库）

对中国特定区域内的经济、社会、文化等领域现状与发展情况进行深度分析和预测，涉及省级行政区、城市群、城市、农村等不同维度，研究层级至县及县以下行政区，为学者研究地方经济社会宏观态势、经验模式、发展案例提供支撑，为地方政府决策提供参考。

中国文化传媒数据库（下设 18 个专题子库）

内容覆盖文化产业、新闻传播、电影娱乐、文学艺术、群众文化、图书情报等 18 个重点研究领域，聚焦文化传媒领域发展前沿、热点话题、行业实践，服务用户的教学科研、文化投资、企业规划等需要。

世界经济与国际关系数据库（下设 6 个专题子库）

整合世界经济、国际政治、世界文化与科技、全球性问题、国际组织与国际法、区域研究 6 大领域研究成果，对世界经济形势、国际形势进行连续性深度分析，对年度热点问题进行专题解读，为研判全球发展趋势提供事实和数据支持。

法律声明